U0552730

中国社会科学院财经战略研究院报告
National Academy of Economic Strategy Report Series

中国县域经济发展报告(2018)

ANALYSIS AND EVALUATION ON THE
ECONOMIC DEVELOPMENT OF COUNTY IN CHINA

吕风勇 邹琳华 主编

中国社会科学出版社

图书在版编目（CIP）数据

中国县域经济发展报告.2018／吕风勇，邹琳华主编.—北京：中国社会科学出版社，2019.6

ISBN 978-7-5203-4645-0

Ⅰ.①中… Ⅱ.①吕… ②邹… Ⅲ.①县级经济—区域经济发展—研究报告—中国—2018 Ⅳ.①F127

中国版本图书馆 CIP 数据核字（2019）第 124376 号

出版人	赵剑英
责任编辑	黄晗
特约编辑	王玉静
责任校对	张依婧
责任印制	王超
出　　版	中国社会科学出版社
社　　址	北京鼓楼西大街甲 158 号
邮　　编	100720
网　　址	http://www.csspw.cn
发 行 部	010-84083685
门 市 部	010-84029450
经　　销	新华书店及其他书店
印　　刷	北京君升印刷有限公司
装　　订	廊坊市广阳区广增装订厂
版　　次	2019 年 6 月第 1 版
印　　次	2019 年 6 月第 1 次印刷
开　　本	710×1000　1/16
印　　张	21
插　　页	2
字　　数	334 千字
定　　价	98.00 元

凡购买中国社会科学出版社图书，如有质量问题请与本社营销中心联系调换
电话：010-84083683
版权所有　侵权必究

《中国县域经济发展报告(2018)》课题组名单

主　编　吕风勇　邹琳华

课题组成员

郭宏宇　姜雪梅　刘美萍　刘佳骏

卢文华　王新玲　杨　飞　付圆圆

连　哲

出版前言

中国社会科学院财经战略研究院始终提倡"研以致用",坚持"将思想付诸实践"作为立院的根本。按照"国家级学术型智库"的定位,从党和国家的工作大局出发,致力于全局性、战略性、前瞻性、应急性、综合性和长期性经济问题的研究,提供科学、及时、系统和可持续的研究成果,当为中国社会科学院财经战略研究院科研工作的重中之重。

为了全面展示中国社会科学院财经战略研究院的学术影响力和决策影响力,着力推出经得起实践和历史检验的优秀成果,服务于党和国家的科学决策以及经济社会的发展,我们决定出版"中国社会科学院财经战略研究院报告"。

中国社会科学院财经战略研究院报告,由若干类专题研究报告组成。拟分别按年度出版发行,形成可持续的系列,力求达到中国财经战略研究的最高水平。

我们和经济学界以及广大的读者朋友一起瞩望着中国经济改革与发展的未来图景!

中国社会科学院财经战略研究院
学术委员会
2012 年 3 月

目　录

第一篇　形势报告

第一章　全国县域经济发展形势分析 …………………………（3）
　　一　经济规模与经济增长 …………………………………（4）
　　二　社会消费 ………………………………………………（9）
　　三　全社会固定资产投资 …………………………………（11）
　　四　公共财政收入 …………………………………………（15）
　　五　人均收入 ………………………………………………（18）

第二篇　竞争力报告

第二章　2018年县域经济竞争力排名 …………………………（23）
　　一　中国县域经济竞争力指标的选取原则 ………………（23）
　　二　中国县域经济竞争力指标体系的建立 ………………（23）
　　三　中国县域经济竞争力指标体系权重的确定 …………（25）
　　四　中国县域经济竞争力400强县(市)的选择 …………（25）
　　五　中国县域经济竞争力指标体系数据来源 ……………（27）
　　六　县域经济竞争力排名 …………………………………（27）

第三章　县域经济竞争力百强县(市)分析 ……………………（52）
　　一　竞争力百强县分析 ……………………………………（52）
　　二　分项竞争力分析 ………………………………………（56）

三　竞争力指数与排名 ……………………………………………（77）

第三篇　投资潜力报告

第四章　2017年县域经济投资潜力排名 …………………………（99）
一　中国县域经济投资潜力指标的选取原则 ……………………（99）
二　中国县域经济投资潜力指标体系的建立 ……………………（99）
三　中国县域经济投资潜力指标体系权重的确定 ………………（101）
四　中国县域经济投资潜力400强县（市）的选择 ………………（101）
五　中国县域经济投资潜力指标体系数据的来源 ………………（101）
六　县域经济投资潜力排名 ………………………………………（102）

第五章　县域经济投资潜力百强县（市）分析 ……………………（127）
一　投资潜力百强县（市）分析 ……………………………………（127）
二　投资潜力分项指数分析 ………………………………………（130）
三　投资潜力指数与排名 …………………………………………（142）

第四篇　专题报告

第六章　县域房地产市场监测报告 …………………………………（163）
一　县域房地产市场的发展现状 …………………………………（164）
二　县域房地产开发投资的变化特点 ……………………………（172）
三　房地产库存状况和去化周期 …………………………………（174）
四　结论与展望 ……………………………………………………（177）

第七章　地方政府债务监测报告 ……………………………………（178）
一　地方政府债务的总体状况 ……………………………………（179）
二　地方政府债务的区域比较 ……………………………………（185）
三　地方政府债务与地方经济发展的关系 ………………………（188）
四　理性对待地方政府债务 ………………………………………（189）

第八章 城乡差异、城乡关系与中国乡村振兴战略 ……………… (192)
  一 全国城乡差异的变化特点 …………………………………… (193)
  二 中国城乡关系的独特性和历史性 …………………………… (200)
  三 城乡发展战略思路的调整与对策 …………………………… (202)
  四 推动乡村振兴的政策建议 …………………………………… (204)

第五篇 案例报告

第九章 "郑汴明珠"中牟：鼎力郑汴一体化，竞逐中原出彩时 …… (211)
  一 千年变幻之中牟 ……………………………………………… (211)
  二 中牟的发展成就 ……………………………………………… (213)
  三 中牟的发展经验 ……………………………………………… (217)
  四 中牟的发展愿景 ……………………………………………… (231)
  五 中牟的功能定位 ……………………………………………… (234)

第十章 "黄河特区"韩城：转型升级跃龙门，小城故事再史记 …… (239)
  一 历史长河中的韩城 …………………………………………… (239)
  二 韩城的发展成就 ……………………………………………… (241)
  三 韩城的发展经验 ……………………………………………… (244)
  四 韩城的发展愿景 ……………………………………………… (258)
  五 韩城的功能定位 ……………………………………………… (261)

附录 …………………………………………………………………… (267)
  附表一 全国400样本县（市）的地区分布 …………………… (267)
  附表二 全国县域经济400强竞争力各项指标原始值 ………… (281)
  附表三 全国县域经济400强投资潜力各项指标原始值 ……… (305)

第一篇

形势报告

第一篇

第一章

全国县域经济发展形势分析

县域经济是一个国家或地区的基本经济单元，县域经济体承担着县（市）全域的经济发展任务，也赋有改善全域社会民生的责任，只有县域经济得到更好的发展，国家才能真正实现经济兴隆发达、民众安居乐业的治理目标。因此，对县域经济进行深入跟踪研究，不仅可以了解更为生动活泼的区域发展态势，还能够掌握更为丰富翔实的微观单元经济动态。本书原则上根据地区生产总值超150亿元、地方公共财政收入过10亿元和规模以上工业企业达50家三项标准，在全国近2000个县域经济单元中遴选出400强样本县（市），作为分析研究比较的基础。本章的研究就是基于400强样本县（市）经济发展数据展开的。需要指出的是，由于2017年原400强样本县（市）中有一部分县（市）因区划调整而被划为市辖区或撤县设市，同时部分县（市）经济下滑严重，地区生产总值或者地方公共财政收入严重低于筛选标准，这些县（市）将不再作为本年度报告的研究样本，这样的县（市）共27个，与此同时补充27个更接近筛选条件的县（市），作为新的研究样本。

2017年，中国经济在经历了较长时间向下调整后终于呈现触底反弹走势，GDP增速由上年的6.7%提高到6.9%。县域经济增速总体也呈现回升态势，但是分化却更加明显，部分县域经济特别是辽宁省的县域经济表现令人担忧，成为影响区域振兴的不稳定因素。本章对县域经济总体发展状况进行分析，并以未变更样本前400县（市）的数据为分析基础。

一　经济规模与经济增长

（一）县（市）经济规模差距扩大，神木市等4市首次跨越千亿元大关

县（市）经济规模相差悬殊，江苏省领先，辽宁省垫底。2017年，400样本县（市）地区生产总值之和为19.04万亿元，平均经济规模为476.03亿元，平均经济规模增加33.52亿元，而上年只增加23.8亿元。分地区来看，东部地区样本县（市）平均经济规模为556.1亿元，增加38.0亿元，上年增加24.5亿元；中部地区和西部地区样本县（市）平均经济规模分别为391.9亿元和358.4亿元，分别增加28.5亿元和27.6亿元，而上年分别增加24.7亿元和增加19.3亿元。分省份来看，江苏省样本县（市）平均经济规模最大，地区生产总值平均达到917.3亿元，比排在第2位的福建省高出327.0亿元，上年这一差距为265.8亿元；比浙江省和山东省分别高出337.9亿元和379.4亿元。样本县（市）平均经济规模最小的是辽宁省，地区生产总值平均只有202.1亿元，只比上年增加7.1亿元；山西省略高于辽宁省，只有220.2亿元。样本覆盖的25个省份地区中，宁夏回族自治区、广西壮族自治区、重庆市、山西省和辽宁省样本县（市）地区生产总值平均值低于300亿元，其他省份则高于300亿元。各省份样本县（市）经济规模悬殊，江苏省样本县（市）平均经济规模是辽宁省的4.54倍，比上年的4.37倍仍有扩大。图1—1描述了各省份地区样本县（市）地区生产总值平均值的情况。

前10强排位微变，慈溪市实现反超由9进7。2017年，昆山市、江阴市、张家港市、常熟市、晋江市、宜兴市、慈溪市、长沙县、浏阳市和即墨市地区生产总值排在前10位，分别为3520.4亿元、3488.3亿元、2606.1亿元、2279.6亿元、1981.5亿元、1558.3亿元、1487.75亿元、1431.0亿元、1365.1亿元、1310.6亿元。2017年，慈溪市地区生产总值在上年被长沙县和浏阳市超过后，重新实现反超，由第9位再次上升到第7位。

GDP超千亿县（市）增至24个，神木市、迁安市、如皋市和余姚市4市首入围。2017年地区生产总值超过千亿元的样本县（市）由上年的21增加到24个，分别为昆山市、江阴市、张家港市、常熟市、晋江市、

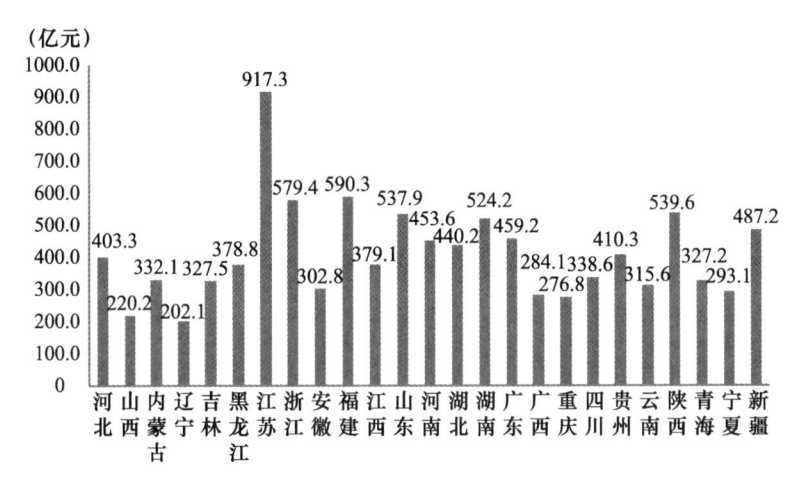

图1—1 分省份样本县（市）地区生产总值平均值情况

宜兴市、慈溪市、长沙县、浏阳市、即墨市、丹阳市、太仓市、宁乡市、龙口市、诸暨市、荣成市、义乌市、滕州市、胶州市、神木市、海门市、迁安市、如皋市和余姚市（见图1—2）。其中，神木市、迁安市、如皋市和余姚市4市地区生产总值首次进入千亿元俱乐部。根据内蒙古自治区对全区各旗市的要求，准格尔旗对数据进行了重新核实调整，2017年地区生产总值滑落至千亿元之下，从而移出千亿元俱乐部。24个千亿元成员中，江苏省县（市）达到9个，山东省有5个，浙江省有4个，湖南省有3个，福建省、陕西省、河北省各有1个。

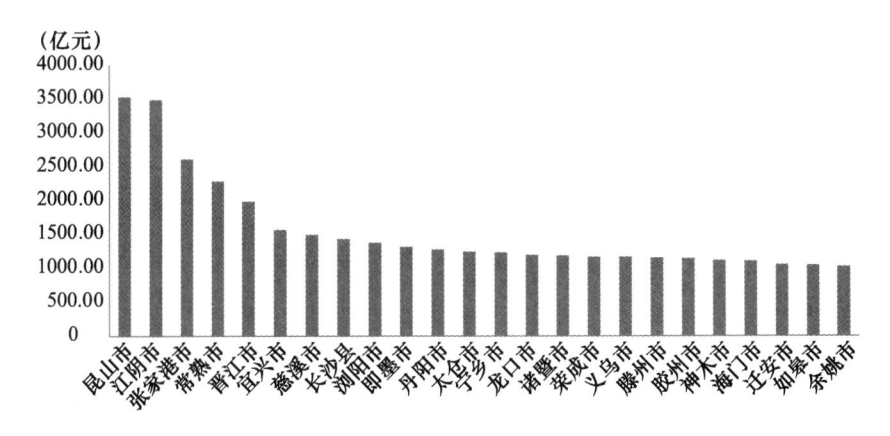

图1—2 24个GDP千亿元规模以上的样本县（市）

4省经济规模首位县（市）有变，德惠市、五常市、巩义市和西昌市4市获晋升。表1—1描述了25个省份地区生产总值各自排在第1位的县（市）。其中，重庆市垫江县、青海省格尔木市都是本省份唯一入选的样本县（市）。与上年相比，吉林省、黑龙江省、河南省三省县域经济规模第1位的县（市）易位，德惠市取代公主岭市、五常市取代肇东市、巩义市取代新密市。另由于郫县划为郫都区不再进入样本池，西昌市为四川省GDP规模最大的样本县（市）。

表1—1　各省（市、区）经济规模最大的样本县（市）　　　　单位：亿元

县（市）	所属地区	所属省份	GDP
迁安市	唐山市	河北省	1047.1
孝义市	吕梁市	山西省	438.9
准格尔旗	鄂尔多斯市	内蒙古自治区	922.4
瓦房店市	大连市	辽宁省	957.2
德惠市	长春市	吉林省	482.0
五常市	哈尔滨市	黑龙江省	437.2
西昌市	凉山州	四川省	481.4
昆山市	苏州市	江苏省	3520.4
慈溪市	宁波市	浙江省	1487.8
肥西县	合肥市	安徽省	685.5
晋江市	泉州市	福建省	1981.5
南昌县	南昌市	江西省	782.0
即墨市①	青岛市	山东省	1310.6
巩义市	郑州市	河南省	784.1
仙桃市	省直管	湖北省	718.7
长沙县	长沙市	湖南省	1431.0
普宁市	揭阳市	广东省	694.6
桂平市	贵港市	广西壮族自治区	357.4
垫江县	重庆市	重庆市	276.8
仁怀市	遵义市	贵州省	640.8

① 即墨市已于2017年撤市划区，如果去除即墨市，则龙口市GDP规模位居山东第一。具体内容将在下一年度报告中反映。

续表

县（市）	所属地区	所属省份	GDP
大理市	大理州	云南省	379.7
神木市	榆林市	陕西省	1110.3
格尔木市	海西州	青海省	327.2
灵武市	银川市	宁夏回族自治区	435.7
库尔勒市	巴音郭楞州	新疆维吾尔自治区	555.7

（二）样本县（市）经济增速总体回升，但区域发展态势出现逆转

样本县（市）经济整体增速回升。2017年，400样本县（市）地区生产总值之和为19.04万亿元，实际同比增长7.57%，相比2016年400样本县（市）地区生产总值提高0.86个百分点①，相比同年全国经济增速0.2个百分点的回升幅度，样本县（市）经济增速回升幅度更大。换一个角度来看，2017年400样本县（市）地区生产总值平均实际增速为7.39%，也比2016年提高了0.83个百分点。上年400样本县（市）中地区生产总值实际增速不低于10.0%的县（市）有32个，2017年降至26个，实际增速不低于8.0%的县（市）也由上年的224个降至198个；不过实际增速低于0的县（市）明显减少，由上年的25个降至2个。这种情况表明，2017年县域经济呈现出一种收敛的趋势，即高速增长的县（市）数目继续减少，同时负增长县（市）数目也出现减少，而中速增长的县（市）数目有所增多。事实上，2017年经济增速位于0—8%区间的县（市）有202个，而2016年只有151个。

县（市）经济增速呈现向中位数收敛趋势。在400个样本县（市）中，158个县（市）2017年地区生产总值实际增长率高于2016年，而上年这一数字为132个。2016年，两个经济呈现负增长态势的县（市）分别是法库县和昌图县，都属于辽宁省，不过相比上年部分县（市）动辄超过10%的负增速，它们经济增速下滑的幅度都不是很大。400样本县（市）中经济增长速度最快的县（市）是云南省的安宁市，增速达到

---

① 本年度报告按照各县（市）公布的2017年GDP实际增速倒推2016年可比价格GDP，以之为基础计算2017年样本县（市）总体GDP增速。

15.5%；其次是浙江省余姚市，为13.1%；其后是贵州省的清镇市、金沙县、兴义市、盘州市、仁怀市和藤县，增速都高于12.0%。从这些数据不难看出，贵州省县域经济的发展仍是全国的亮点。尽管如此，除了藤县意外，以上贵州县（市）经济增速都比上年略有下滑。

区域发展态势逆转，东部县（市）调整初步完成，中西部县（市）调整有所加剧。分地区来看，2017年，东部地区、中部地区和西部地区样本县（市）地区生产总值规模分别为12.01万亿元、5.09万亿元和1.94万亿元，同比实际增速分别为6.96%、7.67%和8.47%，分别比上年同期提高1.63个百分点、回落0.05个百分点和0.22个百分点。2016年东部地区经济增速下滑，中部、西部地区增速上升；而2017年则呈现相反的变化趋势，即东部地区经济增速上升，中部、西部地区下滑。这在一定程度上反映出东部地区在经济周期方面的引领作用，中西部经济调整居于从属地位，但具有一定滞后期。尽管如此，中西部地区经济增速仍然明显高于东部地区，这表明中国经济发展的均衡化趋势仍在延续。

贵州县（市）经济增速保持领先，辽宁县（市）经济增速则由负转正。分省份来看，贵州省样本县（市）实际经济增速最高，达到12.4%，略低于上年13.1%的增速；其次是云南省和广西壮族自治区，实际经济增速分别达到10.6%和9.5%，都比上年提高1.2个百分点。山西省、黑龙江省和陕西省样本县（市）继在上年摆脱经济负增长后，2017年经济增速继续有所提高，分别比上年提高3.4个、0.8个和0.2个百分点；内蒙古自治区则在上年摆脱经济负增长后，2017年经济增速略有下调，比上年降低2.1个百分点。25个省份中，辽宁省、山西省、宁夏回族自治区、广西壮族自治区、云南省、青海省、黑龙江省、浙江省、河南省、陕西省、江西省、福建省和湖南省13个省份地区样本县（市）平均经济增速比上年有所提高，安徽省、新疆维吾尔自治区、山东省、河北省、贵州省、广东省、江苏省、吉林省、湖北省、重庆市和内蒙古自治区11个省份（地区）则比上年有所回落。图1—3a、图1—3b分别描述了2017年和2016年各省份样本县（市）地区生产总值总额实际增长情况。

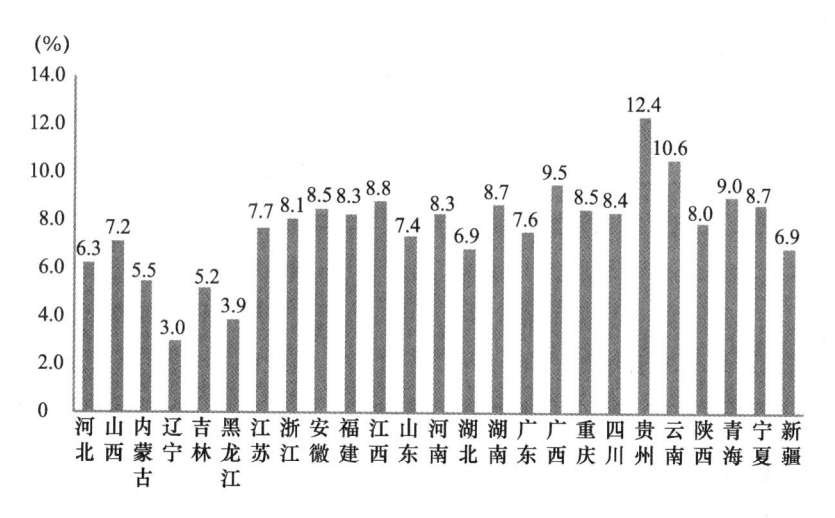

图 1—3a 2017 年分省份样本县（市）地区生产总值平均实际增速

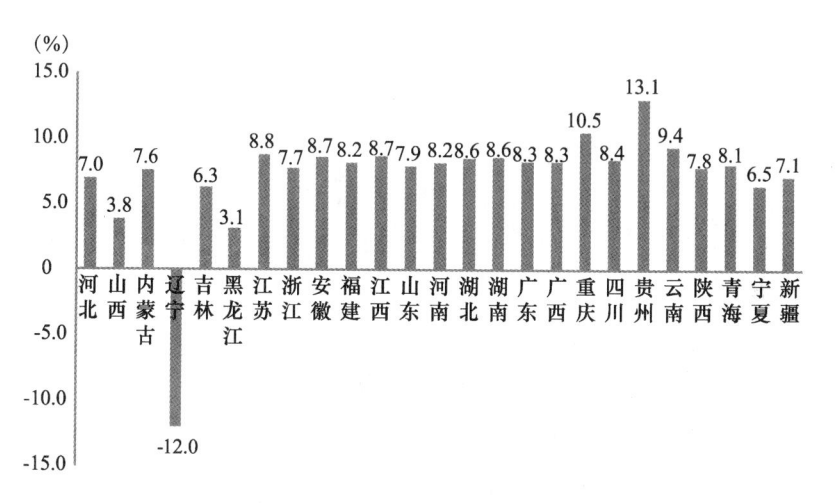

图 1—3b 2016 年分省份样本县（市）地区生产总值平均实际增速

二 社会消费

（一）消费平均增速继续回落，西部地区消费依然平稳

2017 年，400 样本县（市）社会消费品零售总额平均增速为 10.2%，比上年社会消费品零售总额平均增速回落 0.5 个百分点。其中，东部地区县(市)平均增速为9.4%,比上年回落0.5个百分点;中部地区县(市)平均增速为10.9%,比上年回落0.8个百分点;西部地区县(市)平均增速为11.4%,则比上年提高了0.1个百分点。分省份看,贵州省样本县(市)社会消费品零售总额增速最高,达到15.9%;其次是陕西省,社会消费品零售总额增速为14.2%;江西省、四川省、安徽省、广西壮族自治区、云南省、重庆市和河南省也都超过了12.0%(见图1—4)。相比2016年,陕西省、宁夏回族自治区、贵州省、广西壮族自治区、四川省、浙江省和黑龙江省7个省份(地区)社会消费品零售总额增速都有提高,其他省份(地区)则有不同程度的下滑。2017年,社会消费品零售总额增速超过13.0%的样本县(市)从上年的66个降至33个,社会消费品零售总额增速低于10.0%的样本县(市)则从82个增至117个。

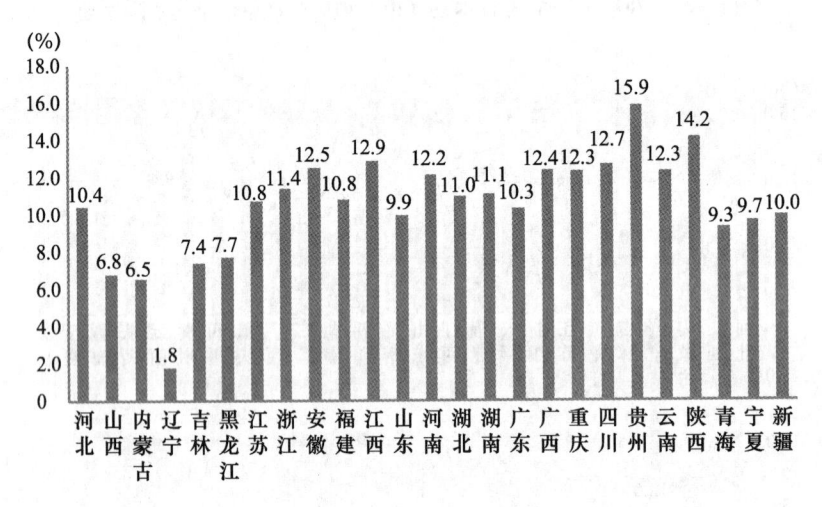

图1—4 分省份样本县(市)社会消费品零售总额平均增速

(二)消费占GDP平均比重继续上升,西部地区提升最快

2017年全国社会消费品零售总额占地区生产总值的平均比重由上年的44.7%下滑到44.3%,但是由于400样本县(市)社会消费增速仍然高于名义经济增速,消费占GDP的比重也继续呈现增加之势。400样本县(市)社会消费品零售总额占地区生产总值的平均比重却由上年的37.9%上升到38.9%,上升幅度比上年收窄0.6个百分点。其中,东部地区样本县(市)由上年的42.2%上升到43.0%;中部地区样本县(市)由上年的

34.1%上升到35.1%;西部地区样本县(市)由上年的29.4%上升到31.4%,提高了2.0个百分点,在三大地区中提高幅度也最大。由于经济增速放缓,辽宁省样本县(市)社会消费品零售总额占地区生产总值的平均比重达到54.3%,在25个省份中占比最高。内蒙古自治区样本(县)市地区生产总值数据进行了重新核对后有所下调,致使2017年社会消费品零售总额占地区生产总值比重上升幅度达到6.6个百分点至27.3%,吉林省的这一比重则紧随其后上升了3.9个百分点。广东省、山东省、福建省和浙江省样本县(市)人口众多而重工业偏少,社会消费品零售总额占地区生产总值比重居于前列,都超过了44.0%。江苏省则由于制造业发达、重工业比重较高、外来人口回乡消费现象普遍,这一比重只有31.3%。宁夏回族自治区这一比重仍然最低,只有9.5%(见图1—5)。

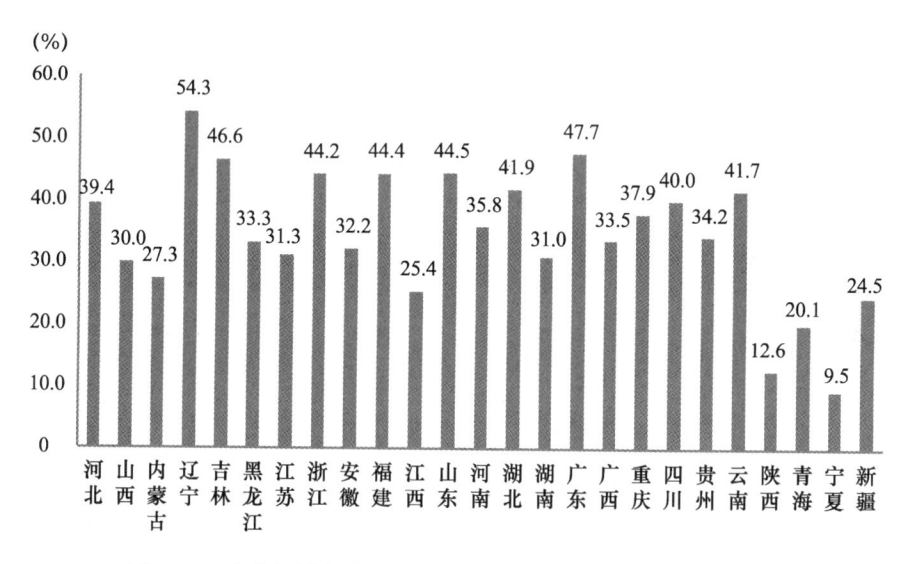

图1—5 分省份样本县(市)社会消费品零售总额占GDP比重

三 全社会固定资产投资

(一)投资平均增速显著回升,但中西部地区出现下滑

2017年,400样本县(市)社会固定资产投资完成额平均增速为

8.9%，比2016年8.1%的增速回升0.8个百分点，扭转了连续下降趋势。其中，东部地区县（市）平均增速由上年的3.0%提高到7.9%，回升幅度达4.9个百分点，是促使400样本县（市）投资平均增速回升的主要因素，而上年为回落5.0个百分点。但是，中部地区和西部地区县（市）投资平均增速都出现明显回落，分别为10.1%和10.2%，分别下滑3.3个百分点、5.4个百分点，中部地区县（市）投资增速已经连续两年下滑。

分省份看，新疆维吾尔自治区和贵州省样本县（市）社会固定资产投资平均增速最高，分别达到22.7%和19.1%，安徽省、青海省和福建省样本县（市）社会固定资产投资平均增速也都超过了15.0%。辽宁省样本县（市）投资平均增速虽然仍然为负，但是已由上年的-54.0%缩小到-5.9%，投资增速回升幅度最大。其次是新疆维吾尔自治区和黑龙江省，投资增速分别比上年回升21.4个百分点和13.2个百分点。内蒙古自治区样本县（市）投资平均增速为-2.0%，为负增长省份。详见图1—6。

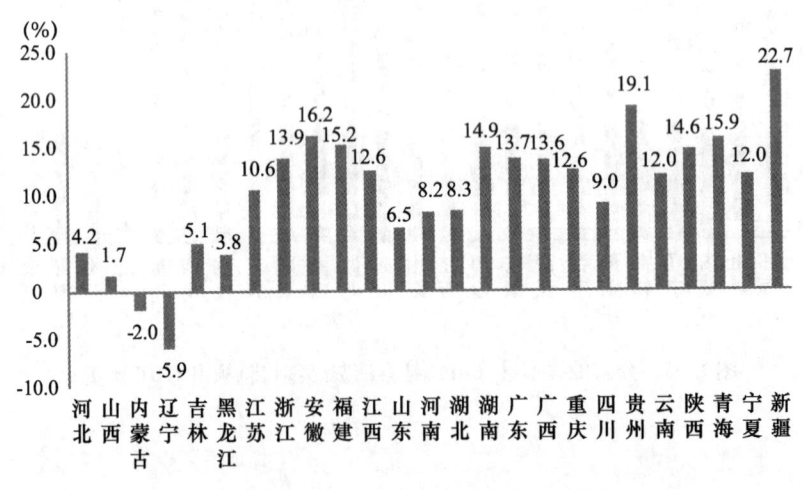

图1—6 分省份样本县（市）社会固定资产投资平均增速

2017年社会固定资产投资完成额增长最快的样本县（市）是瓦房店市、岱山县、农安县、昌吉市、临泉县、界首市、阜新县，增速都超过了30.0%，其中农安县、临泉县和界首市投资增速连续两年维持在

30.0%以上。法库县、栾川县和岫岩县等49个样本县（市）投资增速下滑，其中有9个县（市）增速都低于-30.0%。

（二）投资与GDP比率继续上升，投资与消费比率持续下降

尽管400样本县（市）投资平均增速有所回升，但是高速增长的县（市）数目仍然有所下降，呈现出一种向中位数收敛的态势。2017年，400样本县（市）中社会固定资产投资增速超过30.0%的县（市）有7个，比上年少1个；介于20.0%至30.0%之间的县（市）由上年的43个降至27个；增速低于15.0%的县（市）由上年的245个增至295个（见图1—7）。

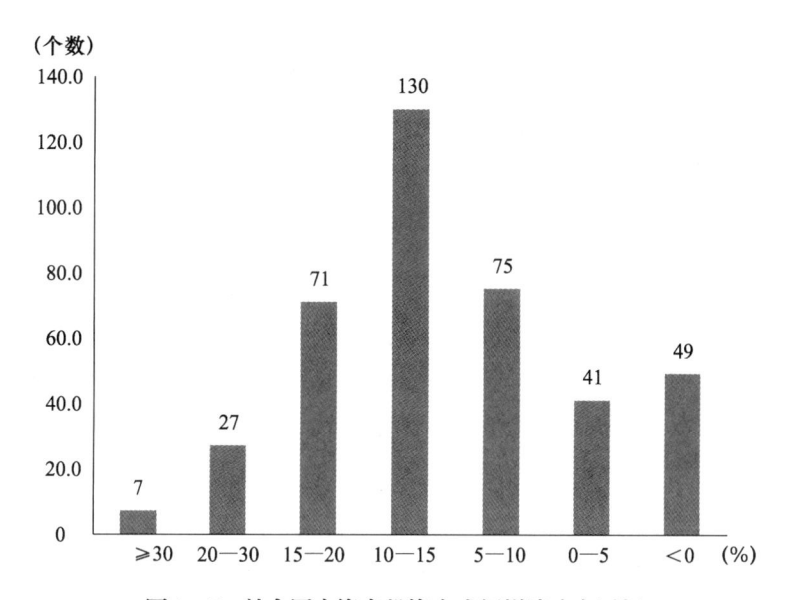

图1—7 社会固定资产投资完成额增速分布区间

2017年400样本县（市）投资增速仍然高于GDP名义增速，投资占GDP的比重继续攀升。2017年，样本县（市）社会固定资产投资完成额占地区生产总值的比重由上年的75.1%上升到76.5%。不过，三大区域表现依然不尽相同，中西部地区这一比重继续提高，东部地区则继续下降。具体来说，中部地区样本县（市）这一比重由2016年的85.4%上升到89.2%，西部地区由81.9%上升到85.2%，而东部地区由67.2%下降到66.7%。中部地区在三大地区中投资比重继续维持最高水平，东部地区则最低。分省份看,重庆市、河南省和安徽省社会固定资产投资完成额占地区生产总值的比重最高,都超过了100%,山西省、辽宁省、黑龙江省样本县(市)这一比重最低,都不足50%(见图1—8)。

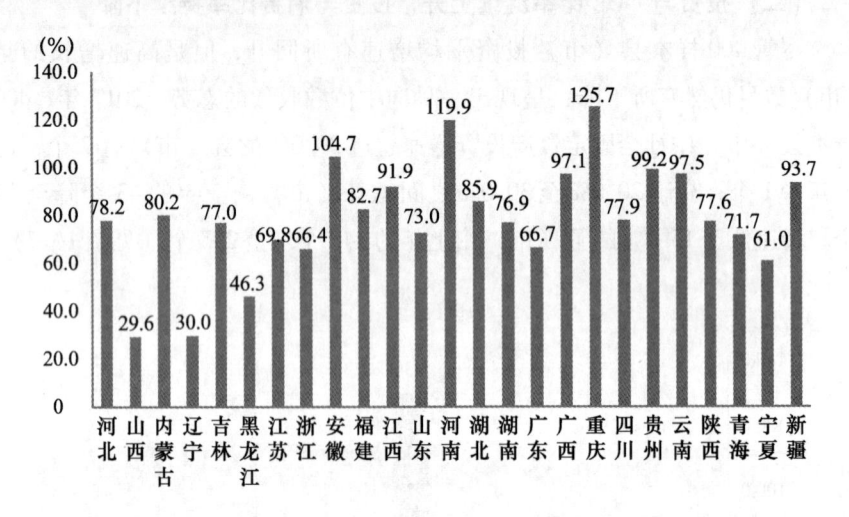

图1—8　分省份样本县(市)社会固定资产投资完成额占GDP比重

2017年三大地区样本县(市)投资增速开始全面低于消费增速,一定程度上表明中国向消费型社会转型的区域范围逐渐增加。社会固定资产投资完成额增速继续低于社会消费品零售总额增速,也使得二者比率继续下降。2017年,400样本县(市)投资与消费比率平均为2.38,比上年降低0.012。不过,主要由于数据分布的原因,西部地区样本县(市)投资与消费比率比上年高0.013,为3.83;东部和中部地区则分别比上年降低0.013和0.022,分别只有1.79和2.77。2017年,投资与消费比率上升的省份有13个。

分省份看,宁夏回族自治区、贵州省和陕西省投资与消费比率最高,都超过了5.0。辽宁省这一比率继续保持最低,只有0.7,比上年继续降低0.04,其次是山西省和黑龙江省,这一比率都不足1.5,表明这些省份县域经济发展遇到了瓶颈,发展后劲不足。不过,广东省、浙江省和山东省等经济发达省份这一比率也不高,都不足2.0,反映的则是向消费型社会转型的不同现象。尽管如此,2017年广东省、浙江省投资与消费比率仍然略有提高,也反映了经济周期景气度的提高会通过促进投资在短期内改变投资与消费的对比情况。如图1—9所示。

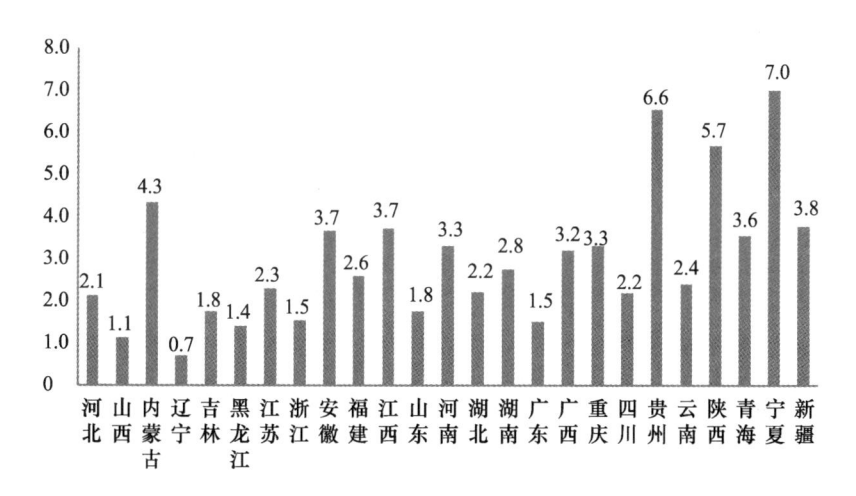

图1—9 分省份样本县（市）社会固定资产投资完成额与社会消费品零售总额比率

四 公共财政收入

（一）样本县（市）地方公共财政收入增速继续回落，九省出现负增长

2017年，400样本县（市）地方公共财政收入平均增速为4.1%，比2016年增速回落1.1个百分点。其中，东部地区样本县（市）地方公共财政收入平均增速为4.7%，比上年提高0.7个百分点；中部地区、西部地区样本县（市）分别增长3.3%和3.9%，分别比上年回落2.9个百分点和3.7个百分点。2017年地方公共财政增速下降，很大程度上受到"营改增"的影响，地方在初次税收分配中所获得份额下降。东部地区样本县（市）地方公共财政收入增速不降反升，则主要是受经济周期阶段的影响，即企业利润大幅增加抵消了"营改增"的冲击；中西部地区部分样本县（市）对统计数据和税收数据进行核实调整的幅度较大，也在很大程度上扩大了对地方公共财政收入增速的调整幅度。

2017年，400样本县（市）地方公共财政收入平均增速大于20%的有35个，比上年增加17个；介于15%到20%之间的有24个，比上年减少 6 个；介于 10% 到 15% 之间的有 71 个，比上年增加 5 个；介于 0 到 10% 之间的有 166 个，比上年减少 46 个；小于 0 的有 104 个，则比上年增加了 30 个。2017 年样本县（市）在地方财政收入方面分化很严重，这与周期阶段变化、财税体制改革、统计体制完善等多种因素相关，使 400 县（市）财政增速的离散程度加大。

2017 年，地方公共财政收入增长最快的县（市）是山阴县，增速达到 99.7%，怀仁市、府谷县、河津县和长治县，其增速都超过了 50%。这些县（市）地方公共财政收入平均增速的提高与上年财政收入增速放缓甚至负增长引发的反弹有关，也与同年工业企业利润大幅增长带来了更多税源有关。各省市样本县（市）地方公共财政收入增速差别也较大。

内蒙古自治区样本县（市）地方公共财政收入下滑幅度最大，达到 −26.3%。湖北省、广西壮族自治区、江西省、湖南省、江苏省、黑龙江省、吉林省和青海省样本县（市）地方公共财政收入也都出现负增长。陕西省、山西省和宁夏回族自治区等省份（地区）样本县（市）地方公共财政收入增速最高，都超过了 20.0%。如图 1—10 所示。

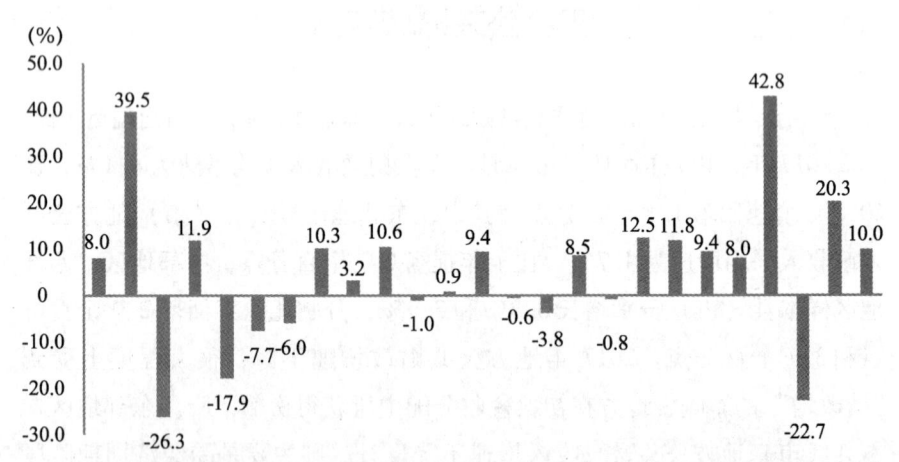

图 1—10 分省份样本县（市）地方公共财政收入平均增速

（二）中部地区县（市）公共财政收入占比最低，降幅也最大

2017年，400样本县（市）地方公共财政收入占地区生产总值的平均比重6.3%，比上年下降0.4个百分点。其中，东部地区样本县（市）地方公共财政收入占地区生产总值的平均比重为6.5%，比上年下降0.3个百分点；中部地区县（市）这一比重平均为5.7%，比上年下降0.5个百分点；西部地区平均为6.4%，比上年下降0.1个百分点。中部地区样本县（市）地方公共财政收入占地区生产总值的平均比重下滑幅度较大，一定程度上与其农业产值比重较大、重化工企业比重较低有关，因为在此种行业结构下大宗商品价格上涨导致的工业企业利润的增加就较少惠及中部地区县（市），税源也相对较少。

分省份地区看，新疆维吾尔自治区、江西省、贵州省和浙江省，样本县（市）地方公共财政收入占地区生产总值的比重都超过8.0%，继续保持前列位置。黑龙江省、吉林省、青海省、湖南省和广东省这一比重下滑较多，都不到5.0%，都排在较后位置。图1—11描述了2017年分省份样本县（市）地方公共财政收入占GDP比重情况。

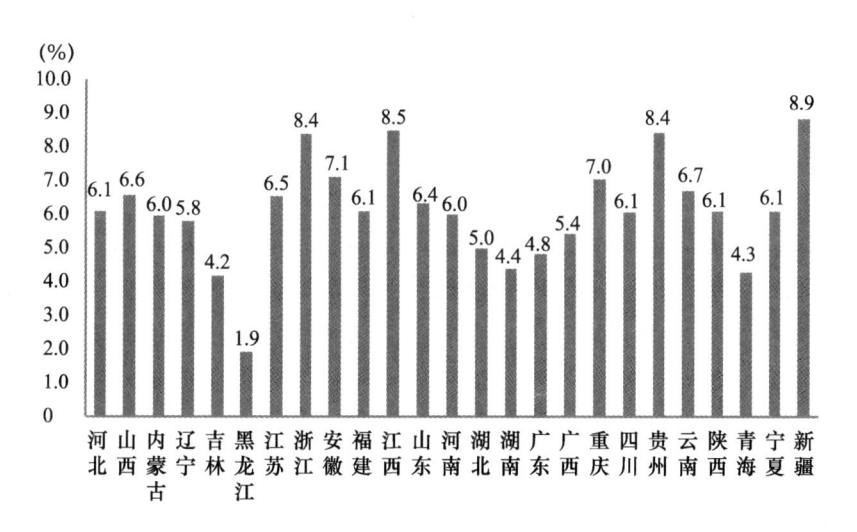

图1—11 分省份样本县（市）地方公共财政收入占GDP比重

五 人均收入

(一) 26县(市)人均收入超50000元,浙江省独占20席

2017年,浙江省义乌市和玉环市城镇居民人均可支配收入超过60000元,分别达到66081元和61057元,领跑400样本县(市)。400样本县(市)城镇居民人均可支配收入超过50000元的达到26个,比上年多出11个。在城镇居民人均可支配收入超过50000元的26个县(市)中,浙江省占了20个,江苏省占了5个,福建省有1个。400样本县(市)中浙江省县(市)城镇居民人均可支配收入平均值超过了49461元,在各省份中居于首位,分别比排在第2位和第3位的内蒙古自治区、江苏省高出10559元和12148元。山东省样本县(市)城镇居民人均可支配收入平均值只有32635元,甚至居于陕西省、云南省和河北省之后。江苏省和山东省县(市)人均收入偏低,主要是由于区域发展不均衡;同时,由于江苏省和山东省县(市)人口规模大而入选样本县(市)数目多,而其他部分省份入选样本县(市)数目虽少,但入选的县(市)在本省发展程度都居于最前列,也导致了陕西省、云南省和河北省等省份样本县(市)人均收入较高。

2017年,东部地区县(市)农村居民人均可支配收入平均值达到18281元,超过中部地区的15943元和西部地区的14976元,但平均增速为8.5%,略低于中部和西部地区的平均增速8.6%和8.8%。从中部地区和西部地区县(市)的比较看,西部地区县(市)城镇居民可支配收入要低于中部地区,但是这一差距在2017年略有缩小。图1—12描述了各省份样本县(市)城镇人均可支配收入和农村居民人均可支配收入情况。

(二) 各区域县(市)城乡收入差距趋于缩小,新疆维吾尔自治区依然最为均等

从城镇居民人均可支配收入与农村人均收入比较来看,400样本县(市)城镇居民可支配收入与农村人均收入比率为1.98,比上年降低了0.01。其中,东部地区这一比率为1.95,比上年降低0.004;中部地区和

(元)

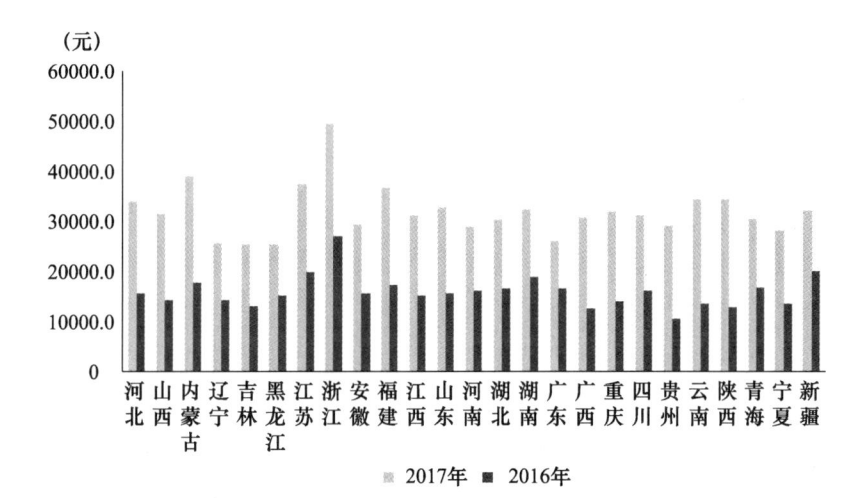

图1—12 分省份样本县（市）城镇人均可支配收入和
农村居民人均可支配收入

西部地区县（市）的这一比率分别为 1.91 和 2.27，分别比上年降低了 0.007 和 0.038。西部地区城乡收入比率缩小速度较快，反映出西部地区仍处于城镇化加速阶段，更多农民的外出打工依然可以对农村居民人均收入的提高产生积极影响，从而有利于缩小城乡收入差距。

农业生产条件是影响农村人均收入继而影响城乡收入差距的重要因素。新疆维吾尔自治区、广东省、黑龙江省、湖南省样本县（市）由于农业生产条件较为优越，农村居民人均可支配收入较高，城镇居民可支配收入与农村居民人均可支配收入的比率在所有考察的25个省市中较低，城乡收入差距较小，而贵州省、陕西省、云南省和广西壮族自治区农业生产条件相对落后，城镇居民可支配收入与农村居民人均可支配收入的比率最高，城乡收入差距较大。不过，主要由于城镇居民可支配收入增速的不同，这些省份之间的排名位置也略有变化，例如广西壮族自治区这一比率在2017年降至陕西省和云南省之后，就主要是由城镇居民可支配收入增速低于后两者所致。图1—13 描述了各省份样本县（市）城镇人均可支配收入与农村居民人均可支配收入的比率。

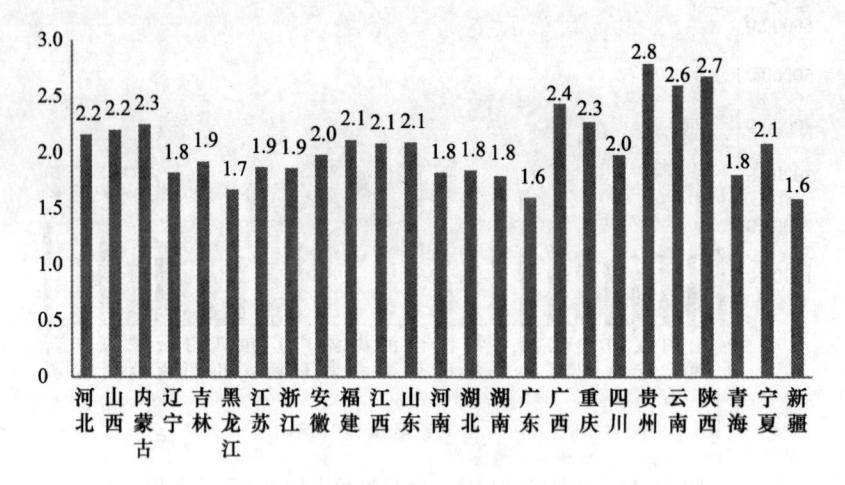

图 1—13　分省份样本县（市）城镇人均可支配收入与农村居民人均可支配收入比率

第二篇

竞争力报告

第 二 章

2018年县域经济竞争力排名

一 中国县域经济竞争力指标的选取原则

中国县域经济竞争力指标的选取应主要遵循四个原则：一是整体性原则，即指标的选择要包含社会经济生态等各主要方面；二是关键性原则，即指标体系在保证整体性原则的基础上应力求简洁，特别是要尽力避免规模类指标的过度相关性；三是结构化原则，即指标体系应更加突出彼此间的比例结构关系，使县域经济发展各方面能够清晰立体地得以展现；四是勾稽性原则，即有些指标虽然难以单独表现原来的含义，但与另一些指标一起却可以通过彼此的互补或消长关系来表现原来的含义。

二 中国县域经济竞争力指标体系的建立

中国县域经济竞争力指标体系由两级指标组成。一级指标体系分为经济规模竞争力、经济结构竞争力、市场需求竞争力、公共财政竞争力、金融资源竞争力、居民收入竞争力、基础教育竞争力、卫生福利竞争力和生态环境竞争力9个子系统。其中，经济规模竞争力和公共财政竞争力系统分别由3个二级指标组成，卫生福利竞争力系统由4个二级指标组成外，其余各竞争力系统都由2个二级指标组成。因此，中国县域经济竞争力指标体系共由9个子系统和22个二级指标构成（见表2—1）。

表 2—1　　中国县域经济竞争力指标体系

一级指标	二级指标	备注
Z1 经济规模竞争力	Z1.1 GDP 规模	当年地区生产总值绝对数
	Z1.2 人均 GDP	新增指标，以常住人口为基数
	Z1.3 GDP 增长率	以不变价格衡量的地区生产总值相对上一年的增长率
Z2 经济结构竞争力	Z2.1 第一产业增加值占 GDP 比重（逆）	该指标数据值越大负面影响越大
	Z2.2 第三产业增加值占 GDP 比重	
Z3 市场需求竞争力	Z3.1 投资消费规模	地区固定资产投资完成额与社会消费品零售总额之和
	Z3.2 投资消费占 GDP 比重	
Z4 公共财政竞争力	Z4.1 地方公共财政收入	
	Z4.2 人均地方公共财政收入	新增指标，以常住人口为基数
	Z4.3 地方公共财政收入占 GDP 比重	
Z5 金融资源竞争力	Z5.1 居民储蓄额	年末城乡居民在金融机构的储蓄额
	Z5.2 人均居民储蓄额	
Z6 居民收入竞争力	Z6.1 城镇居民人均可支配收入	
	Z6.2 农民人均可支配收入	
Z7 基础教育竞争力	Z7.1 小学在校生占常住人口的比重	
	Z7.2 中学在校生占常住人口的比重	
Z8 卫生福利竞争力	Z8.1 千人医院床位数	每一千名常住人口拥有的医院床位
	Z8.2 千人福利床位数	
	Z8.3 城市低保标准占比	城市低保标准占城镇居民人均可支配收入的比重
	Z8.4 农村低保标准占比	农村低保标准占农村人均可支配收入的比重
Z9 生态环境竞争力	Z9.1 建成区绿化覆盖率	
	Z9.2 全境森林覆盖率	

三 中国县域经济竞争力指标体系权重的确定

中国县域经济竞争力指标体系权重的确定采用专家打分法。在确定权重的时候，为适应新形势下党中央、国务院关于不过度追求速度和规模、更加重视经济发展质量和效益、促进社会公平和正义、建设生态友好型社会的执政理念和方针，特别是考虑到诸多规模类指标都和地区生产总值（GDP）高度相关的事实，专家们降低了规模类指标的权重，而适度提高了结构类指标的权重，使得县域经济竞争力排名不再过度依赖于某县（市）的经济规模的大小，从而能够更加全面科学地反映各县（市）的真实竞争力状况。

四 中国县域经济竞争力400强县（市）的选择

400县（市）的选择标准：一是经济规模标准，即地区生产总值超过100亿元；二是财政收入标准，即地方公共财政收入超过10亿元；三是企业发展标准，即规模以上工业企业个数超过50家。但是，由于近两年许多县（市）的经济波动加剧，公共财政收入呈现负增长，部分上年度入选县市的公共财政收入下滑后低于10亿元，为了保持连续性和可比性，仍暂时保留在400县（市）内，只有地区生产总值低于100亿元和地方公共财政收入低于10亿元的县（市），才将其排除在400县（市）外。根据这一原则，凌海市、珲春市、凌源市、永清县、义马市、灯塔市、本溪满族自治县、磁县、阿拉善左旗、昌图县、阜新蒙古族自治县、桓仁满族自治县、北镇市、北票市、辽阳县、岫岩满族自治县、台安县、兴城市、建平县、义县、开原市、朝阳县、宽甸满族自治县和安阳县24个县（市）被移出400样本县（市）。

400县（市）包括县、县级或更高行政级别不设区的市，不包含各行政级别的市辖区。按照原来的计划，由于行政区划变更，2015年后撤县（市）设区的县（市）将仍然包含在400县（市）内，以增强案例城市研究的连续性和可比性,但是,根据部分县市的实践情况和调查反馈,撤县(市)设区后的县(市),土地管理、财政管理、产业规划等权限会出现非常大的变化,失去了独立性,本身已不具有连续性和可比性,所以将上一年度400县(市)中撤县(市)设区的县(市)移出400县(市)外。根据这一原则,上一年度400县(市)内的即墨市、临安市、和长乐市3个县(市)被移出400县(市)外。

根据以上相关标准对上一年度400县(市)的部分县(市)进行清理后,再根据经济规模标准、财政收入标准和企业发展标准全国范围内遴选27个县(市)进入400县(市),这27个县(市)分别是桃源县、凤阳县、凯里市、利辛县、麻城市、舒城县、松滋市、萧县、淳安县、天台县、缙云县、庐江县、太和县、长泰县、邵武市、阳新县、南漳县、云梦县、恩施市、平南县、陆川县、博白县、开阳县、弥勒市、文山市、定边县和靖边县,由于满足条件的待选县(市)数目的限制,其中个别县(市)的地方公共财政收入略低于10亿元。各省份入选400样本县(市)的情况如图2—1所示。

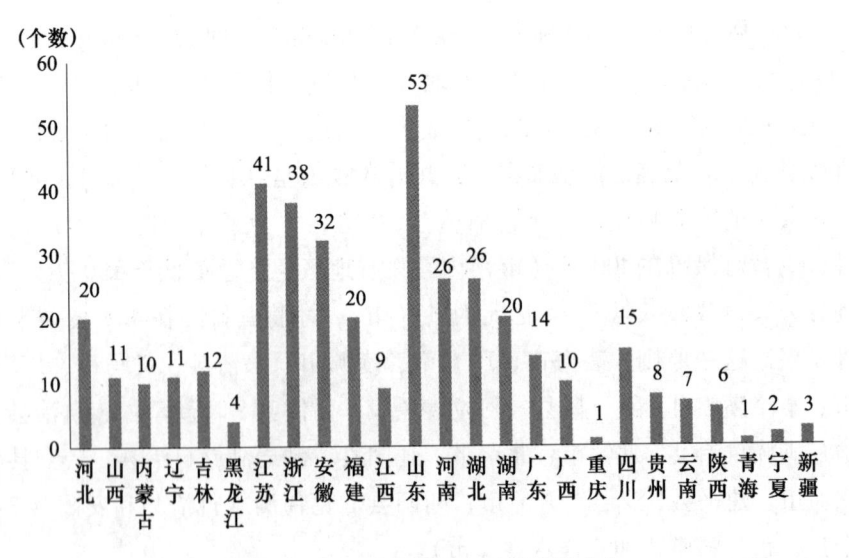

图2—1 400样本县(市)的省份分布

五　中国县域经济竞争力指标体系数据来源

400县（市）数据主要来源于各县（市）国民经济与社会发展统计公报、各县（市）人民政府工作报告、各县（市）发展和改革委员会的国民经济与社会发展规划、各县（市）2017年财政预算执行情况和2018年财政预算草案的报告、《中国县域经济统计年鉴》，或者来源于各县（市）政务信息公开网站、统计局网站、互动百科、百度百科；社会最低保障类数据来源中国民政部网站；其余数据来源于各种途径的网络搜索和调研。其中，居民储蓄额占GDP比重、基础教育竞争力指标数据、卫生福利竞争力指标数据为2016年数据，生态环境竞争力指标数据为最近年份可得数据，其余指标数据都是2017年数据。另外，由于内蒙古自治区大部分地区的特殊地理气候，采取植被覆盖率替代森林覆盖率。

六　县域经济竞争力排名

表2—2　　　　　　　　全国县域经济竞争力100强排名

县（市）	所属地区	综合竞争力排名	指数	县（市）	所属地区	综合竞争力排名	指数
昆山市	苏州	1	1.0000	浏阳市	长沙	15	0.7569
江阴市	无锡	2	0.9581	诸暨市	绍兴	16	0.7555
张家港市	苏州	3	0.9121	海门市	南通	17	0.7423
常熟市	苏州	4	0.8976	宁乡市	长沙	18	0.7164
太仓市	苏州	5	0.8030	乐清市	温州	19	0.7095
义乌市	金华	6	0.7989	伊金霍洛旗	鄂尔多斯	20	0.7048
长沙县	长沙	7	0.7877	启东市	南通	21	0.7048
慈溪市	宁波	8	0.7815	温岭市	台州	22	0.7043
宜兴市	无锡	9	0.7775	准格尔旗	鄂尔多斯	23	0.7042
龙口市	烟台	10	0.7715	神木市	榆林	24	0.7041
晋江市	泉州	11	0.7702	如皋市	南通	25	0.6982
胶州市	青岛	12	0.7700	丹阳市	镇江	26	0.6969
荣成市	威海	13	0.7634	福清市	福州	27	0.6920
余姚市	宁波	14	0.7626	海宁市	嘉兴	28	0.6897

续表

县（市）	所属地区	综合竞争力 排名	综合竞争力 指数	县（市）	所属地区	综合竞争力 排名	综合竞争力 指数
海安市	南通	29	0.6895	登封市	郑州	65	0.5880
瑞安市	温州	30	0.6865	巩义市	郑州	66	0.5869
溧阳市	常州	31	0.6772	扬中市	镇江	67	0.5858
泰兴市	泰州	32	0.6734	沛县	徐州	68	0.5849
靖江市	泰州	33	0.6730	闽侯县	福州	69	0.5847
新郑市	郑州	34	0.6725	桓台县	淄博	70	0.5837
仁怀市	遵义	35	0.6541	平度市	青岛	71	0.5823
东阳市	金华	36	0.6505	惠安县	泉州	72	0.5797
桐乡市	嘉兴	37	0.6498	莱州市	烟台	73	0.5796
邹城市	济宁	38	0.6470	兴化市	泰州	74	0.5761
南安市	泉州	39	0.6359	新泰市	泰安	75	0.5744
邳州市	徐州	40	0.6355	肥城市	泰安	76	0.5706
如东县	南通	41	0.6334	青州市	潍坊	77	0.5696
招远市	烟台	42	0.6330	德清县	湖州	78	0.5689
广饶县	东营	43	0.6298	莱西市	青岛	79	0.5669
石狮市	泉州	44	0.6296	新沂市	徐州	80	0.5661
临海市	台州	45	0.6283	新昌县	绍兴	81	0.5643
迁安市	唐山	46	0.6226	沭阳县	宿迁	82	0.5632
东台市	盐城	47	0.6211	武安市	邯郸	83	0.5612
惠东县	惠州	48	0.6210	中牟县	郑州	84	0.5597
诸城市	潍坊	49	0.6170	玉环市	台州	85	0.5589
博罗县	惠州	50	0.6168	荥阳市	郑州	86	0.5584
南昌县	南昌	51	0.6100	宁海县	宁波	87	0.5551
平湖市	嘉兴	52	0.6092	肥西县	合肥	88	0.5534
长兴县	湖州	53	0.6077	金堂县	成都	89	0.5499
滕州市	枣庄	54	0.6075	高邮市	扬州	90	0.5458
新密市	郑州	55	0.6052	林州市	安阳	91	0.5441
盘州市	六盘水	56	0.6024	乳山市	威海	92	0.5440
寿光市	潍坊	57	0.6019	射阳县	盐城	93	0.5423
嘉善县	嘉兴	58	0.6012	蓬莱市	烟台	94	0.5415
永康市	金华	59	0.6012	邹平县	滨州	95	0.5407
瓦房店市	大连	60	0.5994	济源市	省辖	96	0.5401
仪征市	扬州	61	0.5967	苍南县	温州	97	0.5347
兴义市	黔西南州	62	0.5937	韩城市	渭南	98	0.5347
安宁市	昆明	63	0.5903	枣阳市	襄阳	99	0.5340
嵊州市	绍兴	64	0.5891	肥东县	合肥	100	0.5333

表2—3　全国县域经济400强竞争力排名

县(市)	所属地区	综合竞争力		Z1 经济规模竞争力		Z2 经济结构竞争力		Z3 市场需求竞争力		Z4 公共财政竞争力		Z5 金融资源竞争力		Z6 居民收入竞争力		Z7 教育基础竞争力		Z8 卫生福利竞争力		Z9 生态环境竞争力	
		排名	指数	排名	指数	排名	指数	排名	指数	排名	指数	排名	指数	排名	指数	排名	指数	排名	指数	排名	指数
昆山市	苏州	1	1.0000	2	0.9995	9	0.8533	37	0.8596	5	0.7937	15	0.7085	6	0.9134	286	0.2658	212	0.3547	232	0.5308
江阴市	无锡	2	0.9581	1	1.0000	10	0.8448	8	0.9191	37	0.5911	18	0.6715	5	0.9134	319	0.2380	144	0.4123	236	0.5285
张家港市	苏州	3	0.9121	3	0.9284	8	0.8554	74	0.7978	19	0.6496	6	0.7859	7	0.9113	303	0.2527	13	0.7197	171	0.5713
常熟市	苏州	4	0.8976	4	0.8855	11	0.8445	54	0.8228	15	0.6604	7	0.7818	8	0.9101	350	0.2046	83	0.5028	219	0.5362
太仓市	苏州	5	0.8030	14	0.7520	21	0.8185	187	0.6926	6	0.7862	19	0.6681	9	0.9025	330	0.2269	63	0.5352	193	0.5622
义乌市	金华	6	0.7989	23	0.7093	2	0.9446	14	0.9097	63	0.5371	1	1.0000	1	1.0000	248	0.3023	360	0.1919	99	0.6313
长沙县	长沙	7	0.7877	5	0.8750	140	0.6800	9	0.9161	132	0.4418	80	0.4262	35	0.7132	261	0.2911	356	0.2004	134	0.6002
慈溪市	宁波	8	0.7815	9	0.7916	71	0.7425	16	0.9050	7	0.7553	13	0.7220	11	0.8793	348	0.2066	396	0.0837	306	0.4709
宜兴市	无锡	9	0.7775	10	0.7748	29	0.8050	55	0.8197	58	0.5488	12	0.7457	30	0.7712	346	0.2081	201	0.3624	175	0.5696
龙口市	烟台	10	0.7715	16	0.7496	41	0.7754	34	0.8605	35	0.5948	22	0.6371	54	0.6168	306	0.2477	91	0.4835	32	0.7242
晋江市	泉州	11	0.7702	6	0.8452	25	0.8159	5	0.9293	72	0.5218	88	0.4164	41	0.6860	175	0.3497	393	0.0960	246	0.5189
胶州市	青岛	12	0.7700	11	0.7660	48	0.7688	2	0.9674	30	0.6070	77	0.4285	58	0.6127	283	0.2671	55	0.5491	86	0.6436
荣成市	威海	13	0.7634	13	0.7633	101	0.7153	13	0.9109	113	0.4642	41	0.5346	60	0.6108	341	0.2135	26	0.6332	54	0.6895
余姚市	宁波	14	0.7626	15	0.7520	74	0.7390	44	0.8449	27	0.6208	20	0.6534	17	0.8504	282	0.2685	348	0.2151	94	0.6350
浏阳市	长沙	15	0.7569	7	0.8429	228	0.5858	39	0.8528	191	0.3685	167	0.3127	36	0.7104	153	0.3707	219	0.3461	136	0.5990
诸暨市	绍兴	16	0.7555	25	0.7074	43	0.7738	17	0.8975	96	0.4869	28	0.6001	4	0.9176	147	0.3777	269	0.3010	36	0.7162
海门市	南通	17	0.7423	18	0.7410	50	0.7666	64	0.8130	98	0.4854	5	0.7898	42	0.6691	320	0.2377	182	0.3760	185	0.5664

续表

县(市)	所属地区	综合竞争力 排名	综合竞争力 指数	Z1 经济规模竞争力 排名	Z1 经济规模竞争力 指数	Z2 经济结构竞争力 排名	Z2 经济结构竞争力 指数	Z3 市场需求竞争力 排名	Z3 市场需求竞争力 指数	Z4 公共财政竞争力 排名	Z4 公共财政竞争力 指数	Z5 金融资源竞争力 排名	Z5 金融资源竞争力 指数	Z6 居民收入竞争力 排名	Z6 居民收入竞争力 指数	Z7 基础教育竞争力 排名	Z7 基础教育竞争力 指数	Z8 卫生福利竞争力 排名	Z8 卫生福利竞争力 指数	Z9 生态环境竞争力 排名	Z9 生态环境竞争力 指数
宁乡市	长沙	18	0.7164	8	0.8073	268	0.5391	6	0.9291	277	0.2894	189	0.2951	49	0.6286	186	0.3433	258	0.3098	69	0.6652
乐清市	温州	19	0.7095	28	0.6849	5	0.8714	26	0.8730	41	0.5851	40	0.5375	15	0.8557	230	0.3175	366	0.1670	146	0.5902
伊金霍洛旗	鄂尔多斯	20	0.7048	74	0.5831	14	0.8354	216	0.6628	11	0.7093	2	0.8895	55	0.6148	352	0.2037	133	0.4190	2	0.9498
启东市	南通	21	0.7048	24	0.7083	94	0.7218	53	0.8246	73	0.5180	10	0.7591	57	0.6128	377	0.1674	166	0.3877	198	0.5599
温岭市	台州	22	0.7043	29	0.6823	77	0.7371	27	0.8730	90	0.4946	27	0.6125	19	0.8331	260	0.2913	217	0.3477	180	0.5688
准格尔旗	鄂尔多斯	23	0.7042	27	0.6863	12	0.8420	233	0.6491	75	0.5159	23	0.6362	56	0.6147	247	0.3030	241	0.3272	11	0.7874
神木市	榆林	24	0.7041	17	0.7432	57	0.7600	369	0.4382	100	0.4759	8	0.7651	202	0.3829	171	0.3524	76	0.5182	208	0.5501
如皋市	南通	25	0.6982	21	0.7190	73	0.7410	68	0.8090	87	0.4982	33	0.5754	76	0.5644	318	0.2385	105	0.4589	222	0.5350
丹阳市	镇江	26	0.6969	12	0.7638	35	0.7841	124	0.7370	181	0.3788	34	0.5562	39	0.6932	342	0.2112	299	0.2684	291	0.4802
福清市	福州	27	0.6920	22	0.7131	195	0.6128	1	1.0000	126	0.4551	54	0.4919	53	0.6187	120	0.4064	391	0.1138	35	0.7166
海宁市	嘉兴	28	0.6897	48	0.6397	30	0.8036	38	0.8548	29	0.6139	14	0.7182	10	0.8968	340	0.2139	229	0.3379	332	0.4433
海安市	南通	29	0.6895	26	0.6876	75	0.7381	63	0.8132	95	0.4873	11	0.7501	66	0.5892	375	0.1690	43	0.5683	349	0.4268
瑞安市	温州	30	0.6865	44	0.6485	4	0.8778	36	0.8597	77	0.5135	36	0.5550	16	0.8508	267	0.2838	321	0.2475	106	0.6258
溧阳市	常州	31	0.6772	33	0.6722	68	0.7473	80	0.7905	85	0.5003	32	0.5816	37	0.7032	335	0.2229	119	0.4350	214	0.5414
泰兴市	泰州	32	0.6734	19	0.7235	62	0.7565	41	0.8510	105	0.4713	76	0.4285	70	0.5737	323	0.2346	181	0.3789	297	0.4754
靖江市	泰州	33	0.6730	40	0.6570	13	0.8387	156	0.7122	112	0.4652	26	0.6261	46	0.6438	354	0.1993	46	0.5667	230	0.5316
新郑市	郑州	34	0.6725	47	0.6430	20	0.8195	56	0.8190	28	0.6187	85	0.4215	146	0.4260	24	0.5465	95	0.4762	191	0.5647

第二章 2018年县域经济竞争力排名 / 31

续表

县(市)	所属地区	综合竞争力		Z1 经济规模竞争力		Z2 经济结构竞争力		Z3 市场需求竞争力		Z4 公共财政竞争力		Z5 金融资源竞争力		Z6 居民收入竞争力		Z7 基础教育竞争力		Z8 卫生福利竞争力		Z9 生态环境竞争力	
		排名	指数	排名	指数	排名	指数	排名	指数	排名	指数	排名	指数	排名	指数	排名	指数	排名	指数	排名	指数
仁怀市	遵义	35	0.6541	20	0.7201	146	0.6718	15	0.9061	107	0.4675	309	0.1922	282	0.3096	20	0.5553	248	0.3203	157	0.5787
东阳市	金华	36	0.6505	114	0.5215	15	0.8276	127	0.7349	13	0.6730	24	0.6314	32	0.7676	127	0.3993	59	0.5442	61	0.6757
桐乡市	嘉兴	37	0.6498	60	0.6064	27	0.8105	62	0.8142	67	0.5282	16	0.6993	18	0.8466	311	0.2442	202	0.3623	363	0.4051
邹城市	济宁	38	0.6470	31	0.6770	91	0.7225	107	0.7564	59	0.5482	169	0.3122	135	0.4362	265	0.2852	51	0.5594	178	0.5690
南安市	泉州	39	0.6359	30	0.6785	39	0.7756	25	0.8734	243	0.3147	98	0.4067	52	0.6190	212	0.3290	384	0.1326	71	0.6647
邓州市	徐州	40	0.6355	35	0.6627	242	0.5689	19	0.8968	109	0.4670	223	0.2676	189	0.3936	34	0.5284	134	0.4190	102	0.6280
如东县	南通	41	0.6334	34	0.6650	117	0.7010	59	0.8157	122	0.4586	30	0.5904	69	0.5745	393	0.1228	190	0.3666	250	0.5172
招远市	烟台	42	0.6330	51	0.6344	82	0.7328	137	0.7289	68	0.5267	52	0.5020	51	0.6193	307	0.2473	215	0.3515	113	0.6194
广饶县	东营	43	0.6298	38	0.6605	137	0.6803	69	0.8076	211	0.3464	84	0.4217	74	0.5670	179	0.3483	185	0.3699	143	0.5932
石狮市	泉州	44	0.6296	45	0.6480	23	0.8168	33	0.8611	186	0.3765	43	0.5187	25	0.7986	155	0.3689	398	0.0361	286	0.4853
临海市	台州	45	0.6283	87	0.5559	100	0.7155	181	0.6939	39	0.5876	63	0.4514	33	0.7346	122	0.4054	86	0.4958	51	0.6959
迁安市	唐山	46	0.6226	53	0.6281	103	0.7134	67	0.8109	264	0.2961	29	0.5998	79	0.5577	185	0.3440	187	0.3689	140	0.5955
东台市	盐城	47	0.6211	42	0.6522	181	0.6249	48	0.8342	115	0.4634	49	0.5051	91	0.5247	380	0.1629	97	0.4682	254	0.5152
惠东县	惠州	48	0.6210	50	0.6352	108	0.7089	96	0.7759	170	0.3906	235	0.2555	278	0.3175	44	0.5000	57	0.5483	34	0.7179
诸城市	潍坊	49	0.6170	57	0.6134	128	0.6879	78	0.7916	38	0.5891	122	0.3622	93	0.5211	180	0.3473	171	0.3841	95	0.6341
博罗县	惠州	50	0.6168	49	0.6357	151	0.6637	206	0.6738	134	0.4382	159	0.3208	166	0.4116	67	0.4622	89	0.4888	63	0.6753
南昌县	南昌	51	0.6100	37	0.6615	184	0.6229	11	0.9120	53	0.5554	155	0.3240	114	0.4614	48	0.4950	397	0.0774	266	0.5033

续表

县(市)	所属地区	综合竞争力		Z1 经济规模竞争力		Z2 经济结构竞争力		Z3 市场需求竞争力		Z4 公共财政竞争力		Z5 金融资源竞争力		Z6 居民收入竞争力		Z7 基础教育竞争力		Z8 卫生福利竞争力		Z9 生态环境竞争力	
		排名	指数	排名	指数	排名	指数	排名	指数	排名	指数	排名	指数	排名	指数	排名	指数	排名	指数	排名	指数
平湖市	嘉兴	52	0.6092	79	0.5723	34	0.7857	164	0.7064	9	0.7277	45	0.5128	14	0.8613	382	0.1577	193	0.3659	368	0.3961
长兴县	湖州	53	0.6077	93	0.5488	78	0.7370	71	0.8030	47	0.5749	92	0.4131	23	0.8065	289	0.2615	233	0.3335	26	0.7338
滕州市	枣庄	54	0.6075	32	0.6741	96	0.7202	43	0.8465	123	0.4582	193	0.2936	171	0.4090	240	0.3118	254	0.3111	267	0.5031
新密市	郑州	55	0.6052	54	0.6268	18	0.8210	75	0.7954	270	0.2929	161	0.3206	168	0.4109	90	0.4367	88	0.4906	155	0.5836
盘州市	六盘水	56	0.6024	36	0.6617	217	0.5950	70	0.8070	48	0.5657	359	0.1530	377	0.1718	79	0.4450	40	0.5734	225	0.5336
寿光市	潍坊	57	0.6019	58	0.6117	169	0.6408	83	0.7901	12	0.7010	64	0.4513	85	0.5377	351	0.2039	289	0.2807	184	0.5668
嘉善县	嘉兴	58	0.6012	92	0.5503	63	0.7553	150	0.7198	26	0.6292	31	0.5891	13	0.8702	334	0.2251	281	0.2894	273	0.4978
永康市	金华	59	0.6012	140	0.4851	16	0.8251	241	0.6374	24	0.6405	9	0.7651	27	0.7787	163	0.3617	237	0.3292	77	0.6587
瓦房店市	大连	60	0.5994	43	0.6503	192	0.6161	251	0.6292	168	0.3910	74	0.4308	248	0.3449	397	0.1088	14	0.7195	124	0.6108
仪征市	扬州	61	0.5967	59	0.6109	33	0.7873	121	0.7404	82	0.5028	59	0.4585	73	0.5676	358	0.1948	156	0.3938	261	0.5069
兴义市	黔西南州	62	0.5937	64	0.5995	87	0.7287	117	0.7453	64	0.5368	251	0.2441	317	0.2670	3	0.6999	56	0.5484	355	0.4138
安宁市	昆明	63	0.5903	116	0.5204	22	0.8178	218	0.6610	62	0.5375	118	0.3684	83	0.5390	236	0.3133	8	0.7938	92	0.6365
嵊州市	绍兴	64	0.5891	108	0.5249	116	0.7026	157	0.7118	120	0.4599	44	0.5163	22	0.8087	294	0.2590	73	0.5214	100	0.6309
登封市	郑州	65	0.5880	75	0.5807	32	0.7907	104	0.7613	311	0.2559	219	0.2715	222	0.3688	5	0.6808	62	0.5363	128	0.6068
巩义市	郑州	66	0.5869	41	0.6566	31	0.8008	45	0.8424	180	0.3790	215	0.2776	142	0.4286	237	0.3129	355	0.2010	210	0.5484
扬中市	镇江	67	0.5858	68	0.5950	17	0.8237	255	0.6273	179	0.3792	17	0.6723	28	0.7725	378	0.1670	329	0.2369	326	0.4545
沛县	徐州	68	0.5849	52	0.6288	253	0.5544	47	0.8361	91	0.4925	201	0.2886	216	0.3728	191	0.3386	115	0.4393	183	0.5669

续表

县(市)	所属地区	综合竞争力		Z1 经济规模竞争力		Z2 经济结构竞争力		Z3 市场需求竞争力		Z4 公共财政竞争力		Z5 金融资源竞争力		Z6 居民收入竞争力		Z7 教育基础竞争力		Z8 卫生福利竞争力		Z9 生态环境竞争力	
		排名	指数	排名	指数	排名	指数	排名	指数	排名	指数	排名	指数	排名	指数	排名	指数	排名	指数	排名	指数
闽侯县	福州	69	0.5847	73	0.5878	159	0.6571	24	0.8752	4	0.7939	197	0.2914	92	0.5231	233	0.3147	390	0.1175	117	0.6173
桓台县	淄博	70	0.5837	84	0.5616	52	0.7640	94	0.7793	161	0.3984	168	0.3126	87	0.5326	170	0.3526	27	0.6207	144	0.5926
平度市	青岛	71	0.5823	46	0.6446	254	0.5527	3	0.9384	133	0.4404	145	0.3358	80	0.5573	362	0.1914	349	0.2131	201	0.5579
惠安县	泉州	72	0.5797	62	0.6023	102	0.7153	268	0.6170	208	0.3495	93	0.4109	68	0.5757	70	0.4608	256	0.3102	200	0.5584
莱州市	烟台	73	0.5796	111	0.5224	168	0.6413	52	0.8271	76	0.5155	42	0.5292	61	0.6093	324	0.2302	24	0.6408	203	0.5562
兴化市	泰州	74	0.5761	39	0.6593	218	0.5936	192	0.6893	259	0.3026	105	0.3960	95	0.5102	345	0.2098	150	0.4044	298	0.4746
新泰市	泰安	75	0.5744	72	0.5891	97	0.7202	32	0.8622	213	0.3454	142	0.3383	145	0.5102	220	0.3797	199	0.3633	76	0.6598
肥城市	泰安	76	0.5706	71	0.5903	95	0.7205	29	0.8657	196	0.3658	141	0.3388	126	0.4265	270	0.3255	257	0.3101	59	0.6803
青州市	潍坊	77	0.5696	85	0.5602	115	0.7037	88	0.7856	104	0.4724	47	0.5060	105	0.4770	328	0.2285	211	0.3552	96	0.6341
德清县	湖州	78	0.5689	107	0.5269	55	0.7629	219	0.6608	21	0.6463	53	0.4963	21	0.8123	332	0.2255	372	0.1584	87	0.6424
莱西市	青岛	79	0.5669	94	0.5459	202	0.6058	28	0.8679	45	0.5754	162	0.3188	75	0.5656	65	0.4644	82	0.5029	119	0.6155
新沂市	徐州	80	0.5661	63	0.5998	166	0.6437	65	0.8125	94	0.4898	279	0.2153	293	0.3010	168	0.3556	98	0.4649	242	0.5236
新昌县	绍兴	81	0.5643	182	0.4565	64	0.7513	316	0.5560	50	0.5646	60	0.4544	26	0.7895	85	0.4407	33	0.5983	33	0.7227
沭阳县	宿迁	82	0.5632	61	0.6059	226	0.5880	101	0.7616	138	0.4345	266	0.2258	320	0.2638	168	0.3556	100	0.4637	85	0.6436
武安市	邯郸	83	0.5612	89	0.5547	56	0.7609	225	0.6527	149	0.4238	61	0.4540	149	0.4225	74	0.4515	322	0.2443	24	0.7417
中牟县	郑州	84	0.5597	238	0.4048	36	0.7840	49	0.8293	2	0.9013	35	0.5557	245	0.3488	7	0.6566	39	0.5771	259	0.5088
玉环市	台州	85	0.5589	101	0.5357	114	0.7056	312	0.5589	42	0.5838	66	0.4503	2	0.9285	264	0.2855	387	0.1315	172	0.5712

续表

县（市）	所属地区	综合竞争力		Z1 经济规模竞争力		Z2 经济结构竞争力		Z3 市场需求竞争力		Z4 公共财政竞争力		Z5 金融资源竞争力		Z6 居民收入竞争力		Z7 教育基础竞争力		Z8 卫生福利竞争力		Z9 生态环境竞争力	
		排名	指数	排名	指数	排名	指数	排名	指数	排名	指数	排名	指数	排名	指数	排名	指数	排名	指数	排名	指数
荥阳市	郑州	86	0.5584	67	0.5951	80	0.7341	40	0.8516	150	0.4221	181	0.2997	163	0.4146	159	0.3647	238	0.3287	283	0.4900
宁海县	宁波	87	0.5551	110	0.5228	157	0.6588	194	0.6855	18	0.6507	146	0.3354	20	0.8173	225	0.3216	386	0.1317	58	0.6823
肥西县	合肥	88	0.5534	55	0.6227	212	0.5991	79	0.7911	121	0.4597	212	0.2799	104	0.4792	295	0.2588	338	0.2278	224	0.5338
金堂县	成都	89	0.5499	115	0.5208	236	0.5778	155	0.7125	88	0.4958	210	0.2831	137	0.4356	214	0.3284	4	0.8255	165	0.5746
高邮市	扬州	90	0.5458	70	0.5909	208	0.6004	73	0.7997	205	0.3552	79	0.4284	108	0.4721	361	0.1920	142	0.4136	265	0.5048
林州市	安阳	91	0.5441	105	0.5328	44	0.7734	31	0.8626	331	0.2230	87	0.4206	217	0.3721	11	0.6354	210	0.3556	211	0.5435
乳山市	威海	92	0.5440	88	0.5549	106	0.7094	18	0.8974	184	0.3774	115	0.3740	112	0.4646	394	0.1219	99	0.4648	108	0.6254
射阳县	盐城	93	0.4625	117	0.5191	302	0.5038	207	0.673	240	0.3202	191	0.2943	228	0.363	203	0.3316	114	0.4399	182	0.5679
蓬莱市	烟台	94	0.5415	121	0.5112	66	0.7500	106	0.7570	146	0.4249	55	0.4827	62	0.6082	331	0.2261	170	0.3843	91	0.6371
邹平县	滨州	95	0.5407	66	0.5981	88	0.7284	317	0.5557	70	0.5238	150	0.3308	130	0.4436	217	0.3260	214	0.3526	375	0.3818
济源市	省辖	96	0.5401	77	0.5750	90	0.7241	84	0.7900	136	0.4367	196	0.2921	199	0.3869	146	0.3778	339	0.2246	123	0.6119
苍南县	温州	97	0.5347	126	0.5057	89	0.7253	12	0.9112	144	0.4290	156	0.3235	48	0.6365	162	0.3625	287	0.2817	132	0.6036
韩城市	渭南	98	0.5347	119	0.5146	154	0.6619	91	0.7839	74	0.5176	108	0.3927	103	0.4802	226	0.3199	113	0.4403	170	0.5718
襄阳市	襄阳	99	0.5340	65	0.5994	326	0.4592	77	0.7941	231	0.3299	220	0.2711	159	0.4161	242	0.3091	53	0.5518	346	0.4307
肥东县	合肥	100	0.5333	76	0.5806	290	0.5185	90	0.7855	166	0.3945	216	0.2750	133	0.4397	81	0.4439	280	0.2905	212	0.5420
大理市	大理州	101	0.5325	199	0.4455	65	0.7504	193	0.6870	81	0.5064	73	0.4328	165	0.4131	142	0.3837	5	0.8172	131	0.6041
海盐县	嘉兴	102	0.5321	135	0.4888	81	0.7335	248	0.6302	55	0.5527	39	0.5496	12	0.8770	317	0.2389	194	0.3658	372	0.3855

续表

县(市)	所属地区	综合竞争力 排名	综合竞争力 指数	Z1经济规模竞争力 排名	Z1经济规模竞争力 指数	Z2经济结构竞争力 排名	Z2经济结构竞争力 指数	Z3市场需求竞争力 排名	Z3市场需求竞争力 指数	Z4公共财政竞争力 排名	Z4公共财政竞争力 指数	Z5金融资源竞争力 排名	Z5金融资源竞争力 指数	Z6居民收入竞争力 排名	Z6居民收入竞争力 指数	Z7基础教育竞争力 排名	Z7基础教育竞争力 指数	Z8卫生福利竞争力 排名	Z8卫生福利竞争力 指数	Z9生态环境竞争力 排名	Z9生态环境竞争力 指数
安吉县	湖州	103	0.5316	202	0.4421	79	0.7351	305	0.5727	16	0.6604	90	0.4161	31	0.7703	257	0.2923	235	0.3315	8	0.7970
桐庐县	杭州	104	0.5313	131	0.4959	99	0.7165	303	0.5745	148	0.4242	78	0.4284	34	0.7323	314	0.2426	245	0.3235	15	0.7770
句容市	镇江	105	0.5308	95	0.5440	130	0.6867	200	0.6810	65	0.5316	96	0.4089	45	0.6469	383	0.1531	291	0.2761	220	0.5360
高密市	潍坊	106	0.5285	97	0.5428	131	0.6848	87	0.7883	79	0.5068	152	0.3301	102	0.4813	172	0.3522	350	0.2128	161	0.5758
建德市	杭州	107	0.5236	142	0.4842	149	0.6656	318	0.5556	185	0.3768	89	0.4162	38	0.6957	309	0.2458	64	0.5351	38	0.7130
鄂尔多斯旗	鄂尔多斯	108	0.5225	99	0.5375	86	0.7295	276	0.6090	269	0.2932	132	0.3519	67	0.5856	326	0.2288	196	0.3652	39	0.7126
永嘉县	温州	109	0.5189	181	0.4565	19	0.8198	131	0.7328	83	0.5009	100	0.4048	59	0.6124	136	0.3907	172	0.3836	160	0.5771
楚雄市	楚雄州	110	0.5182	166	0.4704	125	0.6916	76	0.7948	174	0.3839	242	0.2484	260	0.3373	108	0.4188	9	0.7808	81	0.6536
新津县	成都	111	0.5164	127	0.5043	124	0.6919	178	0.6954	147	0.4243	70	0.4406	97	0.4955	329	0.2284	23	0.6419	348	0.4276
大冶市	黄石	112	0.5161	86	0.5581	249	0.5601	23	0.8783	99	0.4849	283	0.2133	96	0.5039	245	0.3080	312	0.2580	271	0.5000
建湖县	盐城	113	0.5156	104	0.5330	135	0.6828	148	0.7207	257	0.303	129	0.3540	136	0.4356	310	0.2446	117	0.4375	318	0.4609
宜都市	宜昌	114	0.5156	100	0.5365	201	0.6060	226	0.6526	241	0.3166	194	0.2928	106	0.4744	387	0.1486	34	0.5939	40	0.7124
长葛市	许昌	115	0.5147	56	0.6162	163	0.6531	132	0.7323	306	0.2650	252	0.2425	265	0.3360	69	0.4610	369	0.1608	327	0.4518
醴陵市	株洲	116	0.5109	83	0.5624	200	0.6064	133	0.7307	140	0.4322	285	0.2124	71	0.5727	279	0.2700	345	0.2175	195	0.5619
平阳县	温州	117	0.5099	150	0.4812	6	0.8608	72	0.8003	130	0.4455	126	0.3559	47	0.6392	152	0.3725	307	0.2634	311	0.4657
龙海市	漳州	118	0.5080	91	0.5509	213	0.5990	331	0.5334	326	0.2353	163	0.3183	113	0.4621	88	0.4382	224	0.3436	66	0.6697
西昌市	凉山州	119	0.5062	204	0.4403	112	0.7067	93	0.7799	61	0.5377	179	0.3017	132	0.4407	23	0.5475	81	0.5046	174	0.5710

续表

县（市）	所属地区	综合竞争力		Z1 经济规模竞争力		Z2 经济结构竞争力		Z3 市场需求竞争力		Z4 公共财政竞争力		Z5 金融资源竞争力		Z6 居民收入竞争力		Z7 基础教育竞争力		Z8 卫生福利竞争力		Z9 生态环境竞争力	
		排名	指数	排名	指数	排名	指数	排名	指数	排名	指数	排名	指数	排名	指数	排名	指数	排名	指数	排名	指数
霍林郭勒市	通辽	120	0.5052	205	0.4400	26	0.8113	347	0.5055	300	0.2692	214	0.2780	40	0.6865	100	0.4242	17	0.6685	49	0.6970
仙桃市	省直管	121	0.5044	80	0.5719	266	0.5397	42	0.8473	265	0.2958	124	0.3589	236	0.3554	205	0.3312	220	0.3449	353	0.4200
昌吉市	昌吉州	122	0.5041	200	0.4437	152	0.6632	61	0.8154	23	0.6422	82	0.4242	206	0.3785	141	0.3846	32	0.6013	338	0.4360
库尔勒市	巴音郭楞州	123	0.5031	133	0.4929	221	0.5919	161	0.7083	101	0.4755	37	0.5530	185	0.3973	164	0.3617	118	0.4357	330	0.4488
宝应县	扬州	124	0.5028	81	0.5710	207	0.6023	154	0.7145	249	0.3121	138	0.3455	208	0.3774	298	0.2575	159	0.3928	315	0.4636
新安县	洛阳	125	0.5006	90	0.5515	98	0.7176	51	0.8280	281	0.2862	357	0.1532	210	0.3757	63	0.4704	324	0.2437	207	0.5535
睢宁县	徐州	126	0.5003	106	0.5295	310	0.4920	196	0.6838	116	0.4631	222	0.2686	333	0.2509	113	0.4137	67	0.5316	168	0.5727
象山县	宁波	127	0.4978	161	0.4733	279	0.5292	324	0.5461	86	0.5001	110	0.3886	24	0.8039	249	0.3021	191	0.3666	205	0.5561
迁西县	唐山	128	0.4965	157	0.4750	136	0.6824	309	0.5690	377	0.1300	99	0.4054	109	0.4720	150	0.3751	49	0.5603	7	0.8193
三河市	廊坊	129	0.4929	302	0.3541	72	0.7410	35	0.8600	25	0.6316	25	0.6300	72	0.5709	157	0.3663	20	0.6488	364	0.4040
阜宁县	盐城	130	0.4925	151	0.4800	233	0.5820	202	0.6792	201	0.3617	188	0.2958	275	0.3249	316	0.2396	54	0.5501	244	0.5202
永安市	三明	131	0.4916	159	0.4734	173	0.6368	262	0.6195	307	0.2636	322	0.1840	141	0.4295	198	0.3334	15	0.6828	6	0.8289
任丘市	沧州	132	0.4902	120	0.5128	204	0.6038	314	0.5574	224	0.3345	65	0.4505	167	0.4110	126	0.4002	204	0.3617	186	0.5664
宁国市	宣城	133	0.4898	224	0.4191	167	0.6432	110	0.7536	43	0.5820	254	0.2418	99	0.4906	337	0.2184	130	0.4200	1	1.0000
永城市	商丘	134	0.4897	112	0.5220	230	0.5835	147	0.7214	114	0.4639	258	0.2347	290	0.3022	22	0.5508	270	0.2998	364	0.5000
潜江市	省直管	135	0.4881	82	0.5684	223	0.5895	81	0.7905	318	0.2493	117	0.3701	244	0.3512	308	0.2471	266	0.3037	322	0.4575
简阳市	资阳	136	0.4873	198	0.4468	323	0.4653	163	0.7067	251	0.3109	120	0.3648	213	0.3745	26	0.5432	7	0.7967	239	0.5272

续表

县(市)	所属地区	综合竞争力		Z1 经济规模竞争力		Z2 经济结构竞争力		Z3 市场需求竞争力		Z4 公共财政竞争力		Z5 金融资源竞争力		Z6 居民收入竞争力		Z7 基础教育竞争力		Z8 卫生福利竞争力		Z9 生态环境竞争力	
		排名	指数	排名	指数	排名	指数	排名	指数	排名	指数	排名	指数	排名	指数	排名	指数	排名	指数	排名	指数
清镇市	贵阳	137	0.4870	98	0.5420	123	0.6923	214	0.6658	283	0.2853	375	0.1349	238	0.3548	114	0.4131	234	0.3316	93	0.6361
高州市	茂名	138	0.4853	109	0.5231	353	0.3967	253	0.6282	356	0.1909	227	0.2646	355	0.2143	17	0.5633	31	0.6117	67	0.6675
丰城市	宜春	139	0.4847	132	0.4952	307	0.4964	151	0.7170	22	0.6440	253	0.2425	195	0.3896	115	0.4131	340	0.2246	97	0.6340
府谷县	榆林	140	0.4840	154	0.4772	70	0.7427	389	0.2797	268	0.2934	4	0.8062	233	0.3585	181	0.3459	77	0.5179	292	0.4789
开平市	江门	141	0.4839	248	0.3959	164	0.6525	130	0.7330	17	0.6510	51	0.5029	285	0.3075	96	0.4282	80	0.5102	79	0.6561
安溪县	泉州	142	0.4835	118	0.5158	147	0.6686	114	0.7507	235	0.3274	290	0.2054	252	0.3434	99	0.4255	317	0.2541	53	0.6918
禹州市	许昌	143	0.4818	69	0.5949	93	0.7219	20	0.8868	360	0.1811	271	0.2201	227	0.3631	392	0.1354	383	0.1338	215	0.5413
天台县	台州	144	0.4804	348	0.3012	38	0.7817	257	0.6261	106	0.4693	103	0.4031	2	0.9285	30	0.5334	37	0.5892	48	0.6978
石河子市	新疆生产建设兵团	145	0.4797	102	0.5352	300	0.5050	259	0.6244	54	0.5528	149	0.3314	77	0.5639	400	0.0000	178	0.3805	301	0.4738
泗阳县	宿迁	146	0.4791	149	0.4813	283	0.5271	170	0.7030	190	0.3704	299	0.1993	329	0.2527	46	0.4979	38	0.5879	74	0.6633
汝州市	平顶山	147	0.4780	128	0.5006	111	0.7079	165	0.7063	143	0.4294	300	0.1984	315	0.2694	15	0.5676	127	0.4235	357	0.4095
偃师市	洛阳	148	0.4776	96	0.5430	46	0.7712	162	0.7078	314	0.2524	148	0.3323	315	0.2694	167	0.3596	325	0.2436	370	0.3952
遵化市	唐山	149	0.4763	137	0.4875	144	0.6738	201	0.6799	383	0.1097	81	0.4252	201	0.3863	133	0.3919	236	0.3304	46	0.6993
普宁市	揭阳	150	0.4748	134	0.4904	160	0.6551	58	0.8169	352	0.2004	209	0.2848	120	0.4553	29	0.5358	161	0.3905	70	0.6650
滦县	唐山	151	0.4713	125	0.5066	232	0.5825	174	0.6985	355	0.1930	56	0.4708	357	0.2137	204	0.3316	268	0.3018	256	0.5110
江油市	绵阳	152	0.4706	183	0.4563	175	0.6367	272	0.6101	275	0.2895	116	0.3733	100	0.4869	353	0.2031	10	0.7699	98	0.6336
资兴市	郴州	153	0.4706	165	0.4712	176	0.6349	205	0.6753	183	0.3779	225	0.2674	148	0.4239	207	0.3308	226	0.3427	20	0.7533

续表

县(市)	所属地区	综合竞争力 排名	综合竞争力 指数	Z1 经济规模竞争力 排名	Z1 指数	Z2 经济结构竞争力 排名	Z2 指数	Z3 市场需求竞争力 排名	Z3 指数	Z4 公共财政竞争力 排名	Z4 指数	Z5 金融资源竞争力 排名	Z5 指数	Z6 居民收入竞争力 排名	Z6 指数	Z7 基础教育竞争力 排名	Z7 指数	Z8 卫生福利竞争力 排名	Z8 指数	Z9 生态环境竞争力 排名	Z9 指数
彭州市	成都	154	0.4700	176	0.4622	288	0.5201	322	0.5481	156	0.4043	94	0.4108	140	0.4297	360	0.1925	22	0.6424	82	0.6510
曲阜市	济宁	155	0.4629	144	0.4831	53	0.7636	183	0.6937	210	0.3485	232	0.2608	297	0.2926	254	0.2956	102	0.4623	161	0.5758
信宜市	茂名	156	0.4584	148	0.4815	340	0.4236	224	0.6539	392	0.0960	261	0.2320	369	0.1972	2	0.7019	48	0.5653	52	0.6952
青田县	丽水	157	0.4578	341	0.3112	37	0.7818	355	0.4800	152	0.4120	3	0.8458	65	0.5944	125	0.4024	149	0.4047	10	0.7910
贵溪市	鹰潭	158	0.4576	143	0.4833	141	0.6748	177	0.6958	102	0.4749	342	0.1666	209	0.3773	165	0.3612	365	0.1676	44	0.7016
上杭县	龙岩	159	0.4572	201	0.4431	251	0.5565	235	0.6453	117	0.4627	317	0.1867	115	0.4610	215	0.3271	145	0.4105	12	0.7849
延吉市	延边州	160	0.4569	322	0.3319	3	0.9340	129	0.7331	119	0.4609	21	0.6509	218	0.3718	325	0.2300	29	0.6174	64	0.6733
霸州市	廊坊	161	0.4560	228	0.4161	58	0.7591	185	0.6934	229	0.3307	58	0.4599	89	0.5310	87	0.4384	239	0.3286	245	0.5197
江山市	衢州	162	0.4554	274	0.3775	109	0.7086	302	0.5748	252	0.3083	72	0.4366	50	0.6267	132	0.3937	135	0.4186	9	0.7965
盱眙县	淮安	163	0.4527	179	0.4599	243	0.5689	126	0.7362	301	0.2689	303	0.1964	150	0.4219	148	0.3771	45	0.5669	167	0.5727
樟树市	宜春	164	0.4523	172	0.4657	198	0.6114	265	0.6187	66	0.5295	166	0.3141	184	0.3975	154	0.3694	300	0.2680	217	0.5398
滨海县	盐城	165	0.4521	152	0.4788	245	0.5681	149	0.7206	175	0.3819	352	0.1594	254	0.3410	193	0.3382	65	0.5337	226	0.5333
谷城县	襄阳	166	0.4514	207	0.4385	294	0.5159	203	0.6778	242	0.3156	200	0.2886	255	0.3402	263	0.2857	12	0.7281	80	0.6557
仙游县	莆田	167	0.4509	208	0.4378	148	0.6663	152	0.7165	215	0.3441	238	0.2544	262	0.3364	80	0.4440	195	0.3656	31	0.7270
长丰县	合肥	168	0.4503	113	0.5220	327	0.4588	92	0.7802	93	0.4902	358	0.1531	192	0.3912	234	0.3146	274	0.2941	374	0.3835
昌邑市	潍坊	169	0.4500	163	0.4723	158	0.6585	105	0.7585	139	0.4323	91	0.4148	121	0.4523	292	0.2599	377	0.1480	264	0.5052
灵武市	银川	170	0.4496	78	0.5726	396	0.1749	395	0.2431	142	0.4313	264	0.2272	259	0.3378	134	0.3915	128	0.4215	275	0.4973

第二章 2018年县域经济竞争力排名 / 39

续表

县(市)	所属地区	综合竞争力		Z1 经济规模竞争力		Z2 经济结构竞争力		Z3 市场需求竞争力		Z4 公共财政竞争力		Z5 金融资源竞争力		Z6 居民收入竞争力		Z7 基础教育竞争力		Z8 卫生福利竞争力		Z9 生态环境竞争力	
		排名	指数	排名	指数	排名	指数	排名	指数	排名	指数	排名	指数	排名	指数	排名	指数	排名	指数	排名	指数
沂水县	临沂	171	0.4495	218	0.4267	132	0.6835	109	0.7558	261	0.2974	165	0.3147	203	0.3820	197	0.3351	58	0.5483	125	0.6107
鹤山市	江门	172	0.4482	223	0.4197	121	0.6969	244	0.6364	78	0.5070	125	0.3582	220	0.3692	232	0.3151	92	0.4830	181	0.5683
凯里市	黔东南州	173	0.4478	351	0.2965	7	0.8608	359	0.4660	36	0.5931	171	0.3101	323	0.2596	8	0.6515	1	1.0000	151	0.5882
孝义市	吕梁	174	0.4469	241	0.4005	76	0.7373	376	0.4031	279	0.2886	50	0.5037	169	0.4104	75	0.4496	28	0.6182	153	0.5868
广汉市	德阳	175	0.4456	136	0.4880	153	0.6622	282	0.6008	323	0.2433	68	0.4461	143	0.4285	369	0.1762	208	0.3597	233	0.5308
兰溪市	金华	176	0.4452	247	0.3965	47	0.7692	261	0.6202	141	0.4316	131	0.3524	86	0.5356	251	0.2991	96	0.4684	142	0.5934
东海县	连云港	177	0.4427	145	0.4831	265	0.5404	111	0.7531	303	0.2675	301	0.1974	242	0.3538	41	0.5111	263	0.3066	234	0.5296
淳安县	杭州	178	0.4426	240	0.4042	188	0.6186	348	0.5055	188	0.3739	160	0.3208	78	0.5606	301	0.2536	71	0.5222	17	0.7749
当涂县	马鞍山	179	0.4425	191	0.4514	220	0.5923	85	0.7890	89	0.4957	183	0.2988	98	0.4931	322	0.2348	251	0.3174	313	0.4648
开阳县	贵阳	180	0.4417	160	0.4734	298	0.5063	100	0.7714	222	0.3361	394	0.0960	241	0.3540	103	0.4219	203	0.3619	75	0.6623
繁昌县	芜湖	181	0.4416	220	0.4222	118	0.7003	231	0.6506	14	0.6634	111	0.3851	198	0.3874	274	0.2737	264	0.3065	282	0.4927
天长市	滁州	182	0.4399	171	0.4683	219	0.5931	159	0.7111	56	0.5510	244	0.2476	231	0.3606	280	0.2696	155	0.3938	361	0.4055
泗洪县	宿迁	183	0.4395	158	0.4742	282	0.5288	171	0.7023	195	0.3662	318	0.1866	343	0.2345	97	0.4270	74	0.5203	262	0.5056
涟水县	淮安	184	0.4385	170	0.4688	229	0.5843	160	0.7084	305	0.2650	313	0.1889	302	0.2852	94	0.4333	50	0.5596	285	0.4876
廉江市	湛江	185	0.4377	103	0.5346	369	0.3627	86	0.7885	386	0.1066	320	0.1841	354	0.2149	111	0.4165	213	0.3526	120	0.6155
天门市	省直管	186	0.4351	129	0.4980	297	0.5064	30	0.8629	332	0.2225	135	0.3491	308	0.2772	277	0.2718	218	0.3472	302	0.4722
涿州市	保定	187	0.4344	225	0.4191	42	0.7743	239	0.6402	108	0.4675	97	0.4088	134	0.4371	272	0.2763	125	0.4255	367	0.3980

续表

县(市)	所属地区	综合竞争力 排名	综合竞争力 指数	Z1 经济规模竞争力 排名	Z1 经济规模竞争力 指数	Z2 经济结构竞争力 排名	Z2 经济结构竞争力 指数	Z3 市场需求竞争力 排名	Z3 市场需求竞争力 指数	Z4 公共财政竞争力 排名	Z4 公共财政竞争力 指数	Z5 金融资源竞争力 排名	Z5 金融资源竞争力 指数	Z6 居民收入竞争力 排名	Z6 居民收入竞争力 指数	Z7 基础教育竞争力 排名	Z7 基础教育竞争力 指数	Z8 卫生福利竞争力 排名	Z8 卫生福利竞争力 指数	Z9 生态环境竞争力 排名	Z9 生态环境竞争力 指数
钟祥市	荆门	188	0.4342	147	0.4819	306	0.4968	57	0.8176	296	0.2728	127	0.3558	196	0.3881	339	0.2149	188	0.3688	296	0.4774
茌平县	聊城	189	0.4336	122	0.5094	277	0.5303	301	0.5768	164	0.3960	178	0.3028	342	0.2349	166	0.3611	271	0.2955	321	0.4576
台山市	江门	190	0.4333	216	0.4285	336	0.4307	182	0.6938	155	0.4066	109	0.3911	330	0.2526	312	0.2438	35	0.5919	65	0.6725
金沙县	毕节	191	0.4322	174	0.4635	262	0.5447	344	0.5166	10	0.7260	399	0.0289	346	0.2245	68	0.4614	108	0.4482	294	0.4787
个旧市	红河州	192	0.4314	263	0.3889	92	0.7224	146	0.7231	316	0.2508	224	0.2675	224	0.3676	238	0.3126	21	0.6447	37	0.7138
海阳市	烟台	193	0.4309	255	0.3926	361	0.3825	4	0.9375	57	0.5507	134	0.3505	82	0.5563	321	0.2369	252	0.3153	122	0.6131
正定县	石家庄	194	0.4307	269	0.3836	126	0.6915	136	0.7293	159	0.4001	48	0.5057	193	0.3906	139	0.3873	232	0.3339	154	0.5857
赤壁市	咸宁	195	0.4288	180	0.4567	211	0.5992	66	0.8120	293	0.2751	305	0.1954	261	0.3372	250	0.3001	103	0.4603	209	0.5492
齐河县	德州	196	0.4278	130	0.4979	161	0.6544	269	0.6143	158	0.4028	282	0.2137	352	0.2151	259	0.2919	319	0.2483	163	0.5754
桂阳县	郴州	197	0.4268	195	0.4498	231	0.5835	167	0.7051	324	0.2391	325	0.1795	147	0.4240	60	0.4756	302	0.2671	83	0.6502
沁阳市	焦作	198	0.4260	124	0.5088	129	0.6869	204	0.6765	361	0.1809	295	0.2024	215	0.3734	105	0.4198	381	0.1376	300	0.4741
丰县	徐州	199	0.4260	175	0.4627	330	0.4451	258	0.6249	221	0.3386	245	0.2476	337	0.2438	137	0.3905	52	0.5518	221	0.5355
耒阳市	衡阳	200	0.4259	162	0.4727	239	0.5745	158	0.7117	367	0.1651	180	0.3013	138	0.4346	39	0.5221	374	0.1535	268	0.5028
微山县	济宁	201	0.4240	156	0.4752	145	0.6737	326	0.5416	127	0.4542	343	0.1662	281	0.3100	304	0.2527	132	0.4192	279	0.4961
伊川县	洛阳	202	0.4237	194	0.4502	133	0.6835	7	0.9232	248	0.3124	373	0.1370	300	0.2897	37	0.5227	382	0.1362	187	0.5660
永春县	泉州	203	0.4223	169	0.4692	138	0.6803	377	0.4013	374	0.1420	306	0.1943	268	0.3340	160	0.3636	124	0.4313	19	0.7565
固安县	廊坊	204	0.4220	310	0.3412	170	0.6383	291	0.5874	1	1.0000	144	0.3360	158	0.4170	196	0.3355	277	0.2923	196	0.5617

第二章 2018年县域经济竞争力排名 / 41

续表

县(市)	所属地区	综合竞争力		Z1 经济规模竞争力		Z2 经济结构竞争力		Z3 市场需求竞争力		Z4 公共财政竞争力		Z5 金融资源竞争力		Z6 居民收入竞争力		Z7 基础教育竞争力		Z8 卫生福利竞争力		Z9 生态环境竞争力	
		排名	指数	排名	指数	排名	指数	排名	指数	排名	指数	排名	指数	排名	指数	排名	指数	排名	指数	排名	指数
辛集市	石家庄	205	0.4208	164	0.4718	238	0.5753	221	0.6586	364	0.1761	75	0.4289	188	0.3942	194	0.3368	292	0.2747	312	0.4655
长垣县	新乡	206	0.4201	197	0.4475	191	0.6168	228	0.6524	203	0.3577	158	0.3223	305	0.2800	9	0.6511	342	0.2214	380	0.3685
枝江市	宜昌	207	0.4188	155	0.4753	49	0.7668	234	0.6478	337	0.2149	176	0.3050	151	0.4216	395	0.1161	146	0.4069	341	0.4343
垫江县	重庆	208	0.4171	261	0.3893	316	0.4802	113	0.7516	160	0.3985	192	0.2943	225	0.3672	32	0.5289	79	0.5116	293	0.4788
昌乐县	潍坊	209	0.4170	281	0.3724	210	0.5998	97	0.7743	125	0.4554	198	0.2908	153	0.4204	135	0.3910	104	0.4590	192	0.5646
福安市	宁德	210	0.4151	189	0.4530	293	0.5165	352	0.4946	266	0.2950	362	0.1519	180	0.3992	95	0.4286	284	0.2842	21	0.7526
芜湖县	芜湖	211	0.4150	258	0.3913	187	0.6207	142	0.7267	20	0.6464	195	0.2927	94	0.5207	239	0.3120	318	0.2505	336	0.4367
老河口市	襄阳	212	0.4149	213	0.4310	292	0.5167	315	0.5568	137	0.4366	267	0.2229	173	0.4065	252	0.2987	60	0.5437	276	0.4971
临清市	聊城	213	0.4148	190	0.4529	127	0.6911	180	0.6946	308	0.2611	182	0.2989	378	0.1686	84	0.4417	152	0.4007	323	0.4570
响水县	盐城	214	0.4146	215	0.4292	261	0.5452	238	0.6406	135	0.4380	390	0.1034	283	0.3093	128	0.3972	47	0.5667	253	0.5155
邵阳县	邵阳	215	0.4141	187	0.4541	272	0.5360	184	0.6936	345	0.2058	199	0.2903	179	0.3999	16	0.5670	358	0.1962	304	0.4716
鄄城县	菏泽	216	0.4121	217	0.4275	214	0.5981	307	0.5707	169	0.3907	207	0.2851	376	0.1752	27	0.5409	176	0.3815	202	0.5570
湘潭县	湘潭	217	0.4120	153	0.4776	318	0.4774	338	0.5264	267	0.2935	255	0.2410	155	0.4184	174	0.3500	337	0.2278	138	0.5967
攸县	株洲	218	0.4116	192	0.4511	274	0.5334	374	0.4257	172	0.3889	291	0.2048	81	0.5567	218	0.3256	323	0.2442	126	0.6090
永兴县	郴州	219	0.4112	209	0.4378	143	0.6739	240	0.6395	342	0.2087	369	0.1452	230	0.3616	55	0.4838	243	0.3236	111	0.6231
冷水江市	娄底	220	0.4111	252	0.3938	84	0.7322	293	0.5833	363	0.1784	230	0.2621	118	0.4565	53	0.4847	90	0.4880	197	0.5599
京山市	荆门	221	0.4106	178	0.4611	334	0.4367	254	0.6276	302	0.2684	154	0.3261	204	0.3814	366	0.1848	154	0.3957	116	0.6188

续表

县(市)	所属地区	综合竞争力 排名	综合竞争力 指数	Z1 经济规模竞争力 排名	Z1 经济规模竞争力 指数	Z2 经济结构竞争力 排名	Z2 经济结构竞争力 指数	Z3 市场需求竞争力 排名	Z3 市场需求竞争力 指数	Z4 公共财政竞争力 排名	Z4 公共财政竞争力 指数	Z5 金融资源竞争力 排名	Z5 金融资源竞争力 指数	Z6 居民收入竞争力 排名	Z6 居民收入竞争力 指数	Z7 教育基础竞争力 排名	Z7 教育基础竞争力 指数	Z8 卫生福利竞争力 排名	Z8 卫生福利竞争力 指数	Z9 生态环境竞争力 排名	Z9 生态环境竞争力 指数
香河县	廊坊	222	0.4099	347	0.3029	119	0.6988	349	0.5028	3	0.8039	38	0.5518	84	0.5389	221	0.3243	174	0.3822	281	0.4933
博兴县	滨州	223	0.4098	262	0.3892	120	0.6982	242	0.6371	84	0.5006	112	0.3831	160	0.4157	192	0.3385	293	0.2743	243	0.5204
什邡市	德阳	224	0.4085	251	0.3939	186	0.6217	340	0.5220	250	0.3113	143	0.3369	156	0.4183	370	0.1749	36	0.5916	45	0.7002
莱阳市	烟台	225	0.4083	222	0.4202	248	0.5645	141	0.7284	291	0.2767	173	0.3083	44	0.6607	333	0.2251	341	0.2215	206	0.5561
达拉特旗	鄂尔多斯	226	0.4080	259	0.3899	190	0.6173	306	0.5724	348	0.2029	211	0.2812	88	0.5318	228	0.3180	148	0.4047	14	0.7810
梅河口市	通化	227	0.4078	226	0.4185	67	0.7475	108	0.7562	218	0.3427	205	0.2859	287	0.3069	343	0.2110	177	0.3810	179	0.5688
湘乡市	湘潭	228	0.4077	139	0.4854	312	0.4887	330	0.5346	346	0.2045	236	0.2555	157	0.4183	262	0.2901	255	0.3105	213	0.5418
龙游县	衢州	229	0.4065	336	0.3177	69	0.7449	271	0.6107	220	0.3397	153	0.3273	64	0.5993	266	0.2846	41	0.5707	29	0.7288
四会市	肇庆	230	0.4065	260	0.3895	250	0.5590	195	0.6842	354	0.1933	107	0.3956	129	0.4441	54	0.4846	260	0.3096	88	0.6406
峨眉山市	乐山	231	0.4050	278	0.3747	105	0.7109	278	0.6059	216	0.3434	106	0.3957	187	0.3956	363	0.1894	101	0.4630	41	0.7075
连江县	福州	232	0.4048	196	0.4482	399	0.0187	99	0.7725	128	0.4519	136	0.3478	139	0.4337	208	0.3306	364	0.1699	62	0.6755
巢湖市	合肥	233	0.4043	227	0.4173	177	0.6298	212	0.6663	245	0.3138	175	0.3050	181	0.3989	256	0.2951	110	0.4431	308	0.4706
黄骅市	沧州	234	0.4034	273	0.3796	216	0.5975	191	0.6898	239	0.3220	102	0.4032	211	0.3755	110	0.4174	78	0.5168	339	0.4347
汉川市	孝感	235	0.4022	146	0.4821	289	0.5185	191	0.7856	290	0.2771	286	0.2108	191	0.3928	344	0.2108	221	0.3440	383	0.3444
庄河市	大连	236	0.4016	138	0.4855	382	0.3074	89	0.7856	295	0.2733	86	0.4214	186	0.3958	389	0.1438	186	0.3692	218	0.5376
无为县	芜湖	237	0.4013	173	0.4645	185	0.6227	166	0.7051	219	0.3413	208	0.2848	170	0.4092	275	0.2724	335	0.2311	385	0.3292
化州市	茂名	238	0.4012	177	0.4621	329	0.4454	320	0.5511	382	0.1198	302	0.1969	360	0.2103	6	0.6567	167	0.3877	199	0.5596

续表

县（市）	所属地区	综合竞争力		Z1 经济规模竞争力		Z2 经济结构竞争力		Z3 市场需求竞争力		Z4 公共财政竞争力		Z5 金融资源竞争力		Z6 居民收入竞争力		Z7 基础教育竞争力		Z8 卫生福利竞争力		Z9 生态环境竞争力	
		排名	指数	排名	指数	排名	指数	排名	指数	排名	指数	排名	指数	排名	指数	排名	指数	排名	指数	排名	指数
宜城市	襄阳	239	0.4005	211	0.4331	352	0.3972	197	0.6837	154	0.4073	315	0.1884	237	0.3553	313	0.2432	61	0.5377	249	0.5172
邵武市	南平	240	0.3994	335	0.3182	284	0.5259	21	0.8849	319	0.2492	257	0.2372	176	0.4041	222	0.3240	11	0.7422	13	0.7818
缙云县	丽水	241	0.3993	354	0.2915	61	0.7568	362	0.4602	244	0.3146	177	0.3038	90	0.5291	93	0.4341	25	0.6351	5	0.8398
宁阳县	泰安	242	0.3989	184	0.4558	222	0.5907	102	0.7615	381	0.1249	310	0.1922	197	0.3875	195	0.3363	309	0.2616	156	0.5807
武义县	金华	243	0.3985	355	0.2889	107	0.7090	365	0.4546	44	0.5815	57	0.4676	107	0.4736	246	0.3072	66	0.5318	22	0.7438
邓州市	南阳	244	0.3951	186	0.4543	384	0.2971	144	0.7257	357	0.1909	332	0.1746	322	0.2608	28	0.5364	44	0.5681	378	0.3725
漳浦县	漳州	245	0.3946	214	0.4295	286	0.5237	210	0.6699	317	0.2505	341	0.1668	119	0.4557	184	0.3441	331	0.2353	60	0.6797
乐平市	景德镇	246	0.3944	265	0.3883	224	0.5885	82	0.7904	69	0.5241	288	0.2086	207	0.3785	66	0.4633	357	0.1967	284	0.4878
平阴县	济南	247	0.3943	264	0.3883	273	0.5359	211	0.6695	151	0.4171	260	0.2327	331	0.2525	253	0.2980	19	0.6604	237	0.5276
绵竹市	德阳	248	0.3938	286	0.3697	224	0.5885	304	0.5733	110	0.4668	185	0.2980	154	0.4190	379	0.1666	30	0.6134	166	0.5736
长泰县	漳州	249	0.3930	231	0.4136	172	0.6373	283	0.5956	289	0.2789	330	0.1759	110	0.4702	278	0.2704	304	0.2662	30	0.7286
岱山县	舟山	250	0.3929	257	0.3918	343	0.4122	123	0.7382	153	0.4079	229	0.2626	29	0.7712	396	0.1159	334	0.2320	130	0.6043
浦江县	金华	251	0.3911	362	0.2740	59	0.7586	341	0.5201	124	0.4554	95	0.4107	63	0.6035	173	0.3508	72	0.5222	43	0.7029
分宜县	新余	252	0.3907	279	0.3746	122	0.6931	339	0.5243	32	0.6063	395	0.0867	239	0.3545	131	0.3947	314	0.2574	25	0.7344
金湖县	淮安	253	0.3896	242	0.3990	199	0.6088	292	0.5843	145	0.4271	203	0.2876	131	0.4422	381	0.1600	111	0.4423	241	0.5242
丹江口市	十堰	254	0.3894	311	0.3410	275	0.5316	246	0.6338	227	0.3322	151	0.3306	366	0.2023	211	0.3297	3	0.8405	84	0.6438
当阳市	宜昌	255	0.3883	193	0.4509	349	0.4026	252	0.6291	341	0.2097	164	0.3161	128	0.4443	372	0.1717	180	0.3795	227	0.5332
格尔木市	海西州	256	0.3853	168	0.4696	54	0.7635	345	0.5134	329	0.2287	139	0.3394	205	0.3806	143	0.3825	162	0.3896	400	0.0000

续表

县(市)	所属地区	综合竞争力 排名	综合竞争力 指数	Z1 经济规模竞争力 排名	Z1 经济规模竞争力 指数	Z2 经济结构竞争力 排名	Z2 经济结构竞争力 指数	Z3 市场需求竞争力 排名	Z3 市场需求竞争力 指数	Z4 公共财政竞争力 排名	Z4 公共财政竞争力 指数	Z5 金融资源竞争力 排名	Z5 金融资源竞争力 指数	Z6 居民收入竞争力 排名	Z6 居民收入竞争力 指数	Z7 基础教育竞争力 排名	Z7 基础教育竞争力 指数	Z8 卫生福利竞争力 排名	Z8 卫生福利竞争力 指数	Z9 生态环境竞争力 排名	Z9 生态环境竞争力 指数
南陵县	芜湖	257	0.3849	304	0.3521	257	0.5515	179	0.6950	97	0.4859	190	0.2944	122	0.4478	123	0.4044	207	0.3602	257	0.5106
文山市	文山州	258	0.3799	285	0.3704	110	0.7083	243	0.6368	92	0.4909	226	0.2669	304	0.2804	38	0.5225	326	0.2413	317	0.4611
锡林浩特市	锡林郭勒盟	259	0.3797	368	0.2625	139	0.6802	351	0.4954	60	0.5416	67	0.4467	43	0.6623	64	0.4655	112	0.4419	231	0.5316
广德县	宣城	260	0.3794	314	0.3395	174	0.6368	173	0.6997	46	0.5752	308	0.1935	101	0.4831	273	0.2750	296	0.2721	68	0.6661
孟州市	焦作	261	0.3787	212	0.4313	189	0.6185	134	0.7302	336	0.2198	346	0.1628	229	0.3626	291	0.2600	197	0.3649	288	0.4832
辉县市	新乡	262	0.3774	236	0.4089	240	0.5719	285	0.5953	165	0.3958	248	0.2461	280	0.3117	25	0.5439	354	0.2016	352	0.4232
孟津县	洛阳	263	0.3763	219	0.4248	179	0.6281	169	0.7044	284	0.2825	335	0.1699	328	0.2530	89	0.4368	301	0.2678	299	0.4745
灵宝市	三门峡	264	0.3761	203	0.4411	271	0.5363	139	0.7284	309	0.2587	239	0.2524	292	0.3017	188	0.3417	363	0.1758	277	0.4971
济阳县	济南	265	0.3753	206	0.4388	325	0.4594	120	0.7418	202	0.3584	338	0.1684	249	0.3436	302	0.2532	278	0.2906	309	0.4685
岑溪市	梧州	266	0.3737	233	0.4121	313	0.4883	237	0.6434	230	0.3302	379	0.1311	258	0.3382	102	0.4223	368	0.1646	42	0.7065
沂源县	淄博	267	0.3733	300	0.3558	171	0.6381	213	0.6662	157	0.4028	293	0.2047	111	0.4665	187	0.3419	362	0.1775	28	0.7322
汨罗市	岳阳	268	0.3724	235	0.4094	252	0.5558	280	0.6051	292	0.2759	364	0.1513	235	0.3555	213	0.3285	158	0.3935	173	0.5712
高唐县	聊城	269	0.3723	185	0.4546	244	0.5686	321	0.5507	350	0.2013	278	0.2158	370	0.1970	169	0.3551	347	0.2171	104	0.6262
兰陵县	临沂	270	0.3704	266	0.3882	259	0.5462	198	0.6829	351	0.2009	316	0.1880	273	0.3265	18	0.5570	205	0.3614	258	0.5096
巨野县	菏泽	271	0.3699	289	0.3673	193	0.6146	342	0.5187	118	0.4624	256	0.2399	375	0.1825	51	0.4905	175	0.3821	149	0.5893
灌南县	连云港	272	0.3661	253	0.3936	315	0.4820	297	0.5794	187	0.3751	391	0.1025	327	0.2531	83	0.4422	75	0.5186	269	0.5025
水城县	六盘水	273	0.3657	221	0.4207	372	0.3583	186	0.6931	103	0.4737	398	0.0293	392	0.1297	91	0.4353	120	0.4345	247	0.5187
恩施市	恩施州	274	0.3647	363	0.2702	234	0.5800	118	0.7419	52	0.5580	281	0.2142	341	0.2368	151	0.3740	6	0.8078	139	0.5958

续表

县(市)	所属地区	综合竞争力 排名	综合竞争力 指数	Z1 经济规模竞争力 排名	Z1 经济规模竞争力 指数	Z2 经济结构竞争力 排名	Z2 经济结构竞争力 指数	Z3 市场需求竞争力 排名	Z3 市场需求竞争力 指数	Z4 公共财政竞争力 排名	Z4 公共财政竞争力 指数	Z5 金融资源竞争力 排名	Z5 金融资源竞争力 指数	Z6 居民收入竞争力 排名	Z6 居民收入竞争力 指数	Z7 基础教育竞争力 排名	Z7 基础教育竞争力 指数	Z8 卫生福利竞争力 排名	Z8 卫生福利竞争力 指数	Z9 生态环境竞争力 排名	Z9 生态环境竞争力 指数
渑池县	三门峡	275	0.3638	237	0.4064	183	0.6231	103	0.7615	80	0.5065	327	0.1774	257	0.3387	76	0.4482	313	0.2580	399	0.1170
费县	临沂	276	0.3634	267	0.3863	196	0.6126	298	0.5777	171	0.3895	272	0.2200	221	0.3688	189	0.3394	351	0.2126	150	0.5890
麻城市	黄冈	277	0.3625	296	0.3611	367	0.3661	50	0.8282	198	0.3633	234	0.2564	336	0.2439	223	0.3237	131	0.4193	72	0.6646
怀仁市	朔州	278	0.3623	339	0.3143	51	0.7653	392	0.2681	359	0.1839	113	0.3812	175	0.4046	1	1.0000	371	0.1586	188	0.5660
桃源县	常德	279	0.3615	239	0.4047	354	0.3936	217	0.6627	368	0.1598	263	0.2276	312	0.2736	288	0.2628	87	0.4936	73	0.6637
高安市	宜春	280	0.3612	330	0.3229	328	0.4533	220	0.6596	34	0.6020	240	0.2522	232	0.3595	78	0.4452	253	0.3148	141	0.5944
灌云县	连云港	281	0.3611	232	0.4132	333	0.4387	176	0.6963	232	0.3296	372	0.1381	345	0.2252	121	0.4057	192	0.3664	272	0.4986
东明县	菏泽	282	0.3594	230	0.4137	180	0.6253	334	0.5321	214	0.3449	333	0.1721	389	0.1387	13	0.5857	297	0.2691	354	0.4171
安丘市	潍坊	283	0.3590	276	0.3751	281	0.5291	143	0.7257	167	0.3928	187	0.2972	178	0.4012	241	0.3092	367	0.1667	223	0.5343
农安县	长春	284	0.3580	141	0.4847	301	0.5041	95	0.7778	366	0.1661	287	0.2093	356	0.2139	373	0.1705	343	0.2184	376	0.3808
大竹县	达州	285	0.3567	270	0.3833	364	0.3705	175	0.6980	334	0.2200	186	0.2980	256	0.3393	116	0.4122	279	0.2906	129	0.6060
仁寿县	眉山	286	0.3565	280	0.3745	370	0.3619	232	0.6493	197	0.3637	147	0.3344	264	0.3360	357	0.1971	121	0.4343	135	0.5991
阳春市	阳江	287	0.3560	243	0.3979	263	0.5434	319	0.5520	376	0.1325	270	0.2208	338	0.2433	119	0.4076	129	0.4203	114	0.6192
平果县	百色	288	0.3547	282	0.3723	247	0.5655	346	0.5081	131	0.4419	393	0.0966	276	0.3238	86	0.4385	265	0.3057	127	0.6085
进贤县	南昌	289	0.3544	229	0.4158	332	0.4400	368	0.4425	312	0.2551	250	0.2444	172	0.4070	72	0.4554	385	0.1321	158	0.5785
北流市	玉林	290	0.3542	297	0.3605	295	0.5149	250	0.6293	288	0.2791	339	0.1684	161	0.4157	4	0.6878	376	0.1501	229	0.5327
宣威市	曲靖	291	0.3535	275	0.3755	341	0.4192	22	0.8825	322	0.2436	378	0.1321	270	0.3321	33	0.5285	303	0.2666	260	0.5080
平潭县	福州	292	0.3534	350	0.2972	235	0.5779	10	0.9153	8	0.7337	328	0.1769	123	0.4462	219	0.3256	370	0.1600	228	0.5327

续表

县(市)	所属地区	综合竞争力		Z1 经济规模竞争力		Z2 经济结构竞争力		Z3 市场需求竞争力		Z4 公共财政竞争力		Z5 金融资源竞争力		Z6 居民收入竞争力		Z7 基础教育竞争力		Z8 卫生福利竞争力		Z9 生态环境竞争力	
		排名	指数	排名	指数	排名	指数	排名	指数	排名	指数	排名	指数	排名	指数	排名	指数	排名	指数	排名	指数
沙河市	邢台	293	0.3534	318	0.3345	28	0.8069	311	0.5668	362	0.1792	128	0.3555	288	0.3062	45	0.4983	276	0.2936	148	0.5895
曹县	菏泽	294	0.3522	244	0.3976	215	0.5979	215	0.6653	294	0.2737	307	0.1938	384	0.1537	42	0.5100	140	0.4151	384	0.3379
宝丰县	平顶山	295	0.3510	271	0.3817	150	0.6652	288	0.5908	370	0.1558	365	0.1510	351	0.2178	62	0.4742	225	0.3433	90	0.6389
松滋市	荆州	296	0.3508	292	0.3642	319	0.4741	119	0.7418	182	0.3780	218	0.2720	267	0.3346	364	0.1878	244	0.3236	103	0.6273
滦南县	唐山	297	0.3499	250	0.3943	386	0.2922	153	0.7158	373	0.1440	221	0.2706	162	0.4150	224	0.3232	116	0.4375	287	0.4847
德惠市	长春	298	0.3497	123	0.5094	270	0.5365	260	0.6217	389	0.1018	268	0.2223	361	0.2098	255	0.2956	380	0.1409	396	0.2417
桐城市	安庆	299	0.3488	298	0.3583	258	0.5489	122	0.7392	260	0.3006	119	0.3652	296	0.2928	268	0.2830	143	0.4125	342	0.4343
公主岭市	四平	300	0.3480	188	0.4537	345	0.4105	138	0.7288	372	0.1531	249	0.2458	349	0.2202	269	0.2823	198	0.3634	390	0.3075
常宁市	衡阳	301	0.3473	246	0.3967	276	0.5313	336	0.5297	378	0.1294	312	0.1901	246	0.3475	82	0.4436	311	0.2599	110	0.6246
福鼎市	宁德	302	0.3463	283	0.3707	321	0.4704	264	0.6193	287	0.2799	344	0.1654	183	0.3979	229	0.3177	328	0.2393	27	0.7328
尉氏县	开封	303	0.3448	210	0.4373	304	0.5000	190	0.6900	298	0.2724	383	0.1230	364	0.2062	71	0.4575	333	0.2343	388	0.3177
海城市	鞍山	304	0.3440	327	0.3263	24	0.8168	308	0.5701	129	0.4512	46	0.5085	263	0.3363	359	0.1929	306	0.2636	351	0.4243
莒南县	临沂	305	0.3437	329	0.3249	194	0.6129	245	0.6348	313	0.2531	157	0.3232	286	0.3071	118	0.4076	184	0.3711	109	0.6250
禹城市	德州	306	0.3392	287	0.3681	246	0.5658	168	0.7046	177	0.3808	280	0.2146	362	0.2094	182	0.3446	290	0.2791	248	0.5184
武穴市	黄冈	307	0.3392	293	0.3640	358	0.3857	189	0.6906	200	0.3627	228	0.2642	284	0.3086	107	0.4190	179	0.3802	373	0.3842
单县	菏泽	308	0.3387	256	0.3923	241	0.5692	323	0.5469	347	0.2032	298	0.1993	391	0.1332	77	0.4467	94	0.4805	335	0.4374
藤县	梧州	309	0.3375	268	0.3855	378	0.3205	229	0.6520	233	0.3280	388	0.1121	359	0.2104	43	0.5032	310	0.2616	107	0.6254
定州市	保定	310	0.3370	277	0.3750	388	0.2591	145	0.7233	228	0.3314	170	0.3109	294	0.2958	98	0.4265	286	0.2833	329	0.4494

第二章 2018年县域经济竞争力排名 / 47

续表

县(市)	所属地区	综合竞争力 排名	综合竞争力 指数	Z1 经济规模竞争力 排名	Z1 经济规模竞争力 指数	Z2 经济结构竞争力 排名	Z2 经济结构竞争力 指数	Z3 市场需求竞争力 排名	Z3 市场需求竞争力 指数	Z4 公共财政竞争力 排名	Z4 公共财政竞争力 指数	Z5 金融资源竞争力 排名	Z5 金融资源竞争力 指数	Z6 居民收入竞争力 排名	Z6 居民收入竞争力 指数	Z7 基础教育竞争力 排名	Z7 基础教育竞争力 指数	Z8 卫生福利竞争力 排名	Z8 卫生福利竞争力 指数	Z9 生态环境竞争力 排名	Z9 生态环境竞争力 指数
衡南县	衡阳	311	0.3362	245	0.3968	366	0.3671	287	0.5927	320	0.2470	326	0.1778	177	0.4029	129	0.3972	375	0.1520	152	0.5878
弥勒市	红河州	312	0.3358	337	0.3175	256	0.5516	230	0.6519	225	0.3341	382	0.1258	251	0.3435	138	0.3883	147	0.4050	49	0.6970
南漳县	襄阳	313	0.3330	301	0.3558	355	0.3917	172	0.7016	297	0.2725	323	0.1839	279	0.3165	355	0.1993	84	0.4995	101	0.6291
栾川县	洛阳	314	0.3330	356	0.2882	165	0.6441	375	0.4250	49	0.5648	370	0.1437	324	0.2573	117	0.4078	141	0.4143	18	0.7699
濉溪县	淮北	315	0.3327	288	0.3676	311	0.4912	199	0.6823	247	0.3129	259	0.2333	358	0.2135	158	0.3660	168	0.3866	331	0.4483
宾县	哈尔滨	316	0.3326	167	0.4701	255	0.5521	353	0.4886	398	0.0422	392	0.1021	347	0.2244	305	0.2489	273	0.2942	289	0.4816
临邑县	德州	317	0.3310	284	0.3704	205	0.6029	209	0.6704	262	0.2970	265	0.2262	363	0.2071	199	0.3334	240	0.3275	319	0.4606
怀远县	蚌埠	318	0.3309	290	0.3655	385	0.2925	128	0.7333	238	0.3230	368	0.1480	313	0.2734	61	0.4745	106	0.4543	369	0.3952
太和县	阜阳	319	0.3306	334	0.3201	375	0.3513	135	0.7293	40	0.5875	243	0.2482	344	0.2268	56	0.4829	85	0.4972	393	0.2768
玉田县	唐山	320	0.3300	254	0.3929	350	0.4024	273	0.6101	385	0.1068	83	0.4239	152	0.4204	209	0.3302	327	0.2402	379	0.3695
庐江县	合肥	321	0.3282	305	0.3513	322	0.4672	98	0.7725	212	0.3457	241	0.2506	243	0.3527	227	0.3185	295	0.2733	343	0.4338
灵石县	晋中	322	0.3252	345	0.3042	60	0.7585	388	0.2822	173	0.3868	62	0.4528	116	0.4603	109	0.4186	392	0.1078	164	0.5749
界首市	阜阳	323	0.3248	320	0.3324	320	0.4736	360	0.4617	111	0.4661	276	0.2160	316	0.2690	106	0.4196	70	0.5230	366	0.4000
宜章县	郴州	324	0.3247	346	0.3031	134	0.6828	222	0.6563	304	0.2666	366	0.1509	374	0.1837	36	0.5228	138	0.4165	89	0.6399
海丰县	汕尾	325	0.3246	323	0.3305	206	0.6027	46	0.8378	387	0.1052	350	0.1604	321	0.2631	50	0.4921	230	0.3375	189	0.5658
土默特右旗	包头	326	0.3237	299	0.3582	178	0.6293	270	0.6108	286	0.2813	351	0.1602	124	0.4458	365	0.1849	294	0.2742	216	0.5398
宣汉县	达州	327	0.3232	321	0.3321	377	0.3254	115	0.7485	207	0.3532	262	0.2288	394	0.1106	58	0.4796	169	0.3848	115	0.6190
罗源县	福州	328	0.3228	308	0.3460	376	0.3423	363	0.4596	272	0.2921	381	0.1267	269	0.3323	235	0.3139	68	0.5316	55	0.6893

续表

县(市)	所属地区	综合竞争力		Z1 经济规模竞争力		Z2 经济结构竞争力		Z3 市场需求竞争力		Z4 公共财政竞争力		Z5 金融资源竞争力		Z6 居民收入竞争力		Z7 基础教育竞争力		Z8 卫生福利竞争力		Z9 生态环境竞争力	
		排名	指数	排名	指数	排名	指数	排名	指数	排名	指数	排名	指数	排名	指数	排名	指数	排名	指数	排名	指数
新兴县	云浮	329	0.3226	315	0.3382	362	0.3809	373	0.4329	194	0.3663	213	0.2796	326	0.2543	149	0.3762	122	0.4330	118	0.6159
嘉祥县	济宁	330	0.3210	353	0.2915	237	0.5759	279	0.6056	246	0.3134	204	0.2873	309	0.2748	10	0.6370	173	0.3830	334	0.4430
上饶县	上饶	331	0.3201	344	0.3051	278	0.5292	384	0.3203	189	0.3710	360	0.1530	382	0.1611	40	0.5199	160	0.3923	3	0.8935
桂平市	贵港	332	0.3187	272	0.3797	356	0.3911	266	0.6186	380	0.1274	324	0.1822	314	0.2722	19	0.5564	379	0.1413	145	0.5916
靖边县	榆林	333	0.3179	324	0.3289	197	0.6125	366	0.4444	321	0.2454	314	0.1886	194	0.3900	57	0.4820	285	0.2838	177	0.5693
安岳县	资阳	334	0.3175	307	0.3473	381	0.3127	313	0.5583	343	0.2069	217	0.2728	240	0.3542	130	0.3968	137	0.4170	238	0.5274
彬州市	咸阳	335	0.3168	328	0.3260	280	0.5291	289	0.5895	333	0.2217	294	0.2044	247	0.3450	276	0.2718	93	0.4806	137	0.5979
汶上县	济宁	336	0.3102	295	0.3612	296	0.5093	223	0.6542	315	0.2521	284	0.2132	298	0.2905	299	0.2550	206	0.3604	350	0.4244
蒙城县	亳州	337	0.3045	319	0.3324	337	0.4284	281	0.6028	223	0.3349	363	0.1516	340	0.2368	47	0.4977	216	0.3492	320	0.4585
无棣县	滨州	338	0.3024	338	0.3168	260	0.5457	294	0.5822	276	0.2895	304	0.1954	200	0.3869	156	0.3689	250	0.3184	295	0.4783
应城市	孝感	339	0.3024	316	0.3371	348	0.4038	140	0.7284	237	0.3244	247	0.2464	174	0.4053	371	0.1746	222	0.3437	358	0.4073
高青县	淄博	340	0.2995	340	0.3116	227	0.5877	350	0.4969	206	0.3532	321	0.1841	271	0.3313	216	0.3264	242	0.3241	204	0.5562
广水市	随州	341	0.2925	309	0.3422	351	0.4012	112	0.7522	340	0.2105	202	0.2885	307	0.2780	300	0.2539	246	0.3216	359	0.4066
涡阳县	亳州	342	0.2910	313	0.3400	303	0.5007	275	0.6098	325	0.2364	334	0.1719	386	0.1459	112	0.4144	165	0.3883	344	0.4338
萧县	宿州	343	0.2908	306	0.3493	342	0.4169	125	0.7370	217	0.3432	331	0.1756	397	0.0939	200	0.3331	282	0.2868	314	0.4640
昌黎县	秦皇岛	344	0.2876	326	0.3274	379	0.3196	367	0.4430	353	0.1953	114	0.3803	272	0.3295	258	0.2922	107	0.4536	328	0.4506
祁东县	衡阳	345	0.2853	294	0.3632	371	0.3591	332	0.5326	393	0.0915	273	0.2200	372	0.1935	140	0.3861	288	0.2807	159	0.5784
舒城县	六安	346	0.2848	361	0.2745	308	0.4951	290	0.5889	33	0.6040	231	0.2617	380	0.1620	281	0.2687	261	0.3085	169	0.5726

续表

县(市)	所属地区	综合竞争力 排名	综合竞争力 指数	Z1 经济规模竞争力 排名	Z1 经济规模竞争力 指数	Z2 经济结构竞争力 排名	Z2 经济结构竞争力 指数	Z3 市场需求竞争力 排名	Z3 市场需求竞争力 指数	Z4 公共财政竞争力 排名	Z4 公共财政竞争力 指数	Z5 金融资源竞争力 排名	Z5 金融资源竞争力 指数	Z6 居民收入竞争力 排名	Z6 居民收入竞争力 指数	Z7 教育基础竞争力 排名	Z7 教育基础竞争力 指数	Z8 卫生福利竞争力 排名	Z8 卫生福利竞争力 指数	Z9 生态环境竞争力 排名	Z9 生态环境竞争力 指数
介休市	晋中	347	0.2833	376	0.2435	45	0.7733	385	0.3178	192	0.3684	101	0.4045	223	0.3681	144	0.3803	247	0.3215	252	0.5162
颍上县	阜阳	348	0.2829	333	0.3207	373	0.3544	247	0.6309	176	0.3812	347	0.1623	353	0.2150	101	0.4227	315	0.2552	278	0.4966
怀宁县	安庆	349	0.2773	349	0.2980	269	0.5385	267	0.6178	299	0.2721	130	0.3531	291	0.3022	293	0.2598	344	0.2178	280	0.4946
云梦县	孝感	350	0.2766	342	0.3104	331	0.4421	236	0.6452	253	0.3077	275	0.2163	190	0.3928	338	0.2149	183	0.3717	381	0.3602
陆川县	玉林	351	0.2766	369	0.2621	267	0.5391	325	0.5457	236	0.3267	376	0.1337	299	0.2901	12	0.5864	336	0.2285	121	0.6134
敦化市	延边州	352	0.2740	381	0.2113	287	0.5228	300	0.5770	282	0.2854	137	0.3476	365	0.2048	287	0.2657	69	0.5290	4	0.8415
沙洋县	荆门	353	0.2736	291	0.3645	380	0.3183	329	0.5376	379	0.2854	292	0.2047	214	0.3735	398	0.1009	164	0.3889	316	0.4613
平南县	贵港	354	0.2716	331	0.3221	363	0.3723	343	0.5168	335	0.2199	355	0.1551	306	0.2784	21	0.5516	353	0.2029	290	0.4812
横县	南宁	355	0.2715	332	0.3211	383	0.3026	256	0.6271	328	0.2319	329	0.1759	250	0.3435	315	0.2424	320	0.2480	112	0.6228
五常市	哈尔滨	356	0.2696	249	0.3953	374	0.3524	356	0.4775	399	0.0365	336	0.1690	348	0.2223	388	0.1464	157	0.3936	307	0.4706
凤台县	淮南	357	0.2695	357	0.2868	305	0.4970	358	0.4768	71	0.5235	340	0.1675	266	0.3348	92	0.4350	378	0.1459	347	0.4284
襄垣县	长治	358	0.2680	377	0.2363	113	0.7057	397	0.1871	162	0.3981	71	0.4387	164	0.4145	271	0.2800	262	0.3083	176	0.5693
抚松县	白山	359	0.2655	371	0.2589	209	0.6000	361	0.4608	397	0.0543	269	0.2220	385	0.1524	367	0.1825	2	0.9390	194	0.5621
成武县	菏泽	360	0.2636	366	0.2673	264	0.5427	371	0.4353	369	0.1566	296	0.1997	390	0.1348	49	0.4947	228	0.3399	16	0.7765
固镇县	蚌埠	361	0.2618	325	0.3282	392	0.2347	277	0.6082	310	0.2563	387	0.1153	303	0.2805	190	0.3390	209	0.3563	333	0.4432
博白县	玉林	362	0.2575	370	0.2607	397	0.1267	208	0.6717	209	0.3493	367	0.1488	325	0.2553	14	0.5763	332	0.2346	78	0.6576
榆树市	长春	363	0.2570	234	0.4097	299	0.5051	274	0.6099	390	0.0997	354	0.1556	383	0.1577	290	0.2604	352	0.2117	398	0.1259
定边县	榆林	364	0.2569	343	0.3069	182	0.6232	337	0.5293	330	0.2272	311	0.1915	212	0.3745	183	0.3442	189	0.3671	397	0.1456

续表

县(市)	所属地区	综合竞争力		Z1 经济规模竞争力		Z2 经济结构竞争力		Z3 市场需求竞争力		Z4 公共财政竞争力		Z5 金融资源竞争力		Z6 居民收入竞争力		Z7 基础教育竞争力		Z8 卫生福利竞争力		Z9 生态环境竞争力	
		排名	指数	排名	指数	排名	指数	排名	指数	排名	指数	排名	指数	排名	指数	排名	指数	排名	指数	排名	指数
阳新县	黄石	365	0.2555	375	0.2488	389	0.2508	60	0.8156	199	0.3630	319	0.1856	388	0.1418	52	0.4873	163	0.3893	255	0.5125
宾阳县	南宁	366	0.2531	352	0.2943	357	0.3868	116	0.7460	263	0.2968	371	0.1437	253	0.3411	73	0.4526	373	0.1568	387	0.3200
枞阳县	安庆	367	0.2530	359	0.2829	309	0.4939	249	0.6293	371	0.1553	206	0.2853	387	0.1432	284	0.2665	139	0.4152	240	0.5260
涟源市	娄底	368	0.2527	312	0.3406	339	0.4240	263	0.6194	391	0.0980	385	0.1216	400	0.0000	243	0.3091	109	0.4476	274	0.4974
五河县	蚌埠	369	0.2504	358	0.2840	390	0.2504	227	0.6525	273	0.2915	380	0.1294	311	0.2743	161	0.3636	123	0.4319	345	0.4331
文安县	廊坊	370	0.2463	387	0.1910	162	0.6535	328	0.5397	274	0.2914	140	0.3392	125	0.4455	104	0.4219	249	0.3188	324	0.4561
满洲里市	呼伦贝尔盟	371	0.2460	382	0.2072	1	1.0000	286	0.5950	256	0.3046	133	0.3518	127	0.4449	349	0.2049	395	0.0844	303	0.4722
利辛县	亳州	372	0.2436	367	0.2657	347	0.4075	335	0.5305	271	0.2921	348	0.1617	367	0.2010	35	0.5242	231	0.3367	337	0.4366
泽州县	晋城	373	0.2393	365	0.2679	142	0.6747	396	0.1926	234	0.3278	384	0.1223	234	0.3570	336	0.2191	330	0.2354	56	0.6883
鄄城县	菏泽	374	0.2374	374	0.2511	285	0.5248	354	0.4804	358	0.1892	277	0.2158	396	0.0950	31	0.5289	151	0.4034	263	0.5055
会理县	凉山州	375	0.2327	360	0.2775	368	0.3642	382	0.3358	285	0.2816	389	0.1096	274	0.3249	176	0.3493	272	0.2950	147	0.5898
凤阳县	滁州	376	0.2250	373	0.2530	344	0.4109	327	0.5411	51	0.5591	374	0.1353	395	0.1098	177	0.3489	275	0.2937	365	0.4005
长治县	长治	377	0.2232	379	0.2131	85	0.7298	399	0.1137	31	0.6069	297	0.1993	226	0.3632	231	0.3156	394	0.0861	133	0.6003
河津市	运城	378	0.2138	385	0.1989	83	0.7326	394	0.2452	278	0.2891	237	0.2552	334	0.2508	124	0.4034	136	0.4183	324	0.4561
高平市	晋城	379	0.2063	384	0.2016	156	0.6590	393	0.2599	178	0.3800	172	0.3087	277	0.3202	206	0.3309	346	0.2175	305	0.4712
达茂旗	包头	380	0.2057	378	0.2185	155	0.6592	284	0.5955	384	0.1077	396	0.0771	117	0.4569	399	0.0914	42	0.5693	382	0.3590
肇东市	绥化	381	0.2046	317	0.3367	387	0.2773	333	0.5321	395	0.0725	386	0.1203	310	0.2744	368	0.1781	308	0.2633	389	0.3080
磐石市	吉林	382	0.2018	372	0.2558	314	0.4879	295	0.5821	388	0.1043	361	0.1524	373	0.1863	347	0.2076	227	0.3401	235	0.5290

第二章 2018年县域经济竞争力排名 / 51

续表

县（市）	所属地区	综合竞争力		Z1 经济规模竞争力		Z2 经济结构竞争力		Z3 市场需求竞争力		Z4 公共财政竞争力		Z5 金融资源竞争力		Z6 居民收入竞争力		Z7 基础教育竞争力		Z8 卫生福利竞争力		Z9 生态环境竞争力	
		排名	指数	排名	指数	排名	指数	排名	指数	排名	指数	排名	指数	排名	指数	排名	指数	排名	指数	排名	指数
前郭县	松原	383	0.1916	364	0.2685	346	0.4078	188	0.6921	375	0.1395	274	0.2193	371	0.1945	297	0.2577	389	0.1210	371	0.3866
扎鲁特旗	通辽	384	0.1871	386	0.1915	360	0.3836	387	0.2978	349	0.2013	400	0.0000	332	0.2511	327	0.2287	18	0.6662	23	0.7426
扶余市	松原	385	0.1787	303	0.3539	359	0.3849	299	0.5772	400	0.0000	397	0.0621	398	0.0913	296	0.2581	399	0.0070	386	0.3259
山阴县	朔州	386	0.1580	388	0.1759	40	0.7754	400	0.0000	193	0.3670	121	0.3644	182	0.3980	244	0.3082	400	0.0000	360	0.4060
临泉县	阜阳	387	0.1566	383	0.2045	317	0.4778	296	0.5801	226	0.3329	289	0.2075	381	0.1614	59	0.4789	259	0.3096	392	0.3011
大石桥市	营口	388	0.1563	390	0.1506	324	0.4637	381	0.3693	258	0.3027	104	0.3974	144	0.4277	386	0.1509	316	0.2547	362	0.4051
安达市	绥化	389	0.1336	380	0.2128	335	0.4313	364	0.4570	396	0.0591	353	0.1567	319	0.2642	374	0.1695	223	0.3437	394	0.2698
桦甸市	吉林	390	0.1329	392	0.1280	291	0.5174	310	0.5674	394	0.0842	345	0.1640	335	0.2507	285	0.2659	283	0.2863	47	0.6986
吴忠市	吴忠	391	0.1220	389	0.1518	203	0.6042	378	0.3811	327	0.2334	349	0.1607	350	0.2196	178	0.3486	359	0.1934	356	0.4100
凤城市	丹东	392	0.1181	399	0.0238	104	0.7113	383	0.3242	254	0.3072	123	0.3590	379	0.1641	385	0.1517	16	0.6703	57	0.6863
东港市	丹东	393	0.1113	393	0.0926	394	0.1899	372	0.4330	280	0.2882	69	0.4458	289	0.3056	384	0.1521	153	0.3967	310	0.4668
霍邱县	六安	394	0.1107	391	0.1484	365	0.3676	370	0.4371	255	0.3052	377	0.1321	393	0.1159	202	0.3323	200	0.3629	391	0.3030
新民市	沈阳	395	0.0660	394	0.0893	395	0.1895	386	0.3152	339	0.2140	233	0.2570	295	0.2945	376	0.1676	126	0.4248	377	0.3768
洪洞县	临汾	396	0.0568	396	0.0385	104	0.7113	391	0.2715	365	0.1706	337	0.1687	368	0.1997	210	0.3298	361	0.1848	190	0.5653
法库县	沈阳	397	0.0384	395	0.0739	338	0.4248	398	0.1287	344	0.2062	356	0.1534	339	0.2401	356	0.1990	267	0.3026	340	0.4346
绥中县	葫芦岛	398	0.0373	398	0.0302	393	0.2195	390	0.2757	204	0.3573	184	0.2983	399	0.0839	201	0.3329	305	0.2642	251	0.5166
盖州市	营口	399	0.0164	400	0.0000	391	0.2434	380	0.3707	338	0.2143	246	0.2473	318	0.2651	390	0.1408	298	0.2686	105	0.6261
盘山县	盘锦	400	0.0000	397	0.0385	398	0.0281	379	0.3726	163	0.3968	174	0.3064	301	0.2866	391	0.1359	388	0.1243	395	0.2656

第三章

县域经济竞争力百强县(市)分析

一 竞争力百强县分析

(一)综合竞争力百强县(市)前10强

综合竞争力排名第1位的是昆山市,第2位的是江阴市,第3位的是张家港市,其次分别是常熟市、太仓市、义乌市、长沙县、慈溪市、宜兴市和龙口市(见图3—1)。百强县(市)前10强中,有8个是长三角地区的县(市),其中,江苏省占据10强县(市)中的前5名及第9名,浙江省占据第6名和第8名,湖南省有1个县(市)占据第7名,山东省有1个县(市)进入前10强。

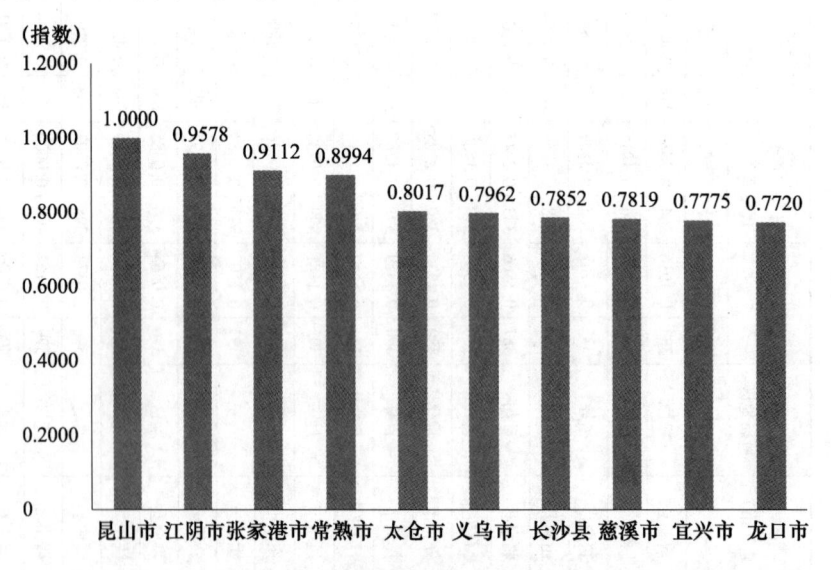

图3—1 县域经济综合竞争力前10强

（二）综合竞争力百强县（市）区域分布

综合竞争力百强县（市）主要集中于东部地区，西部地区百强县（市）数量最少。东部地区、中部地区和西部地区百强县（市）个数分别是76个、15个和9个。长三角地区拥有的百强县（市）最多，苏浙两省共有百强县（市）46个，其余百强县（市）散落于其他地区。

分省份来看，共有17省（市）拥有竞争力百强县（市），分别是河北省、内蒙古自治区、辽宁省、江苏省、浙江省、安徽省、福建省、江西省、山东省、河南省、湖北省、湖南省、广东省、四川省、贵州省、云南省和陕西省。其中，江苏省百强县（市）数量最多，其次是浙江省和山东省，3省占据了百强县（市）的65席，比上年67席减少2席。江苏省百强县（市）有25席，与上年持平，浙江省和山东省百强县（市）分别为21席和19席，浙江省与上年持平，山东省则减少2席，与其他省市相比仍拥有绝对数量优势。河南省、福建省百强县（市）也较多，分别有8席和6席。在所考察的25个省份中，山西省、吉林省、黑龙江省、广西壮族自治区、重庆市、青海省、宁夏回族自治区和新疆维吾尔自治区8个省（市）无缘百强县（市）（见图3—2）。

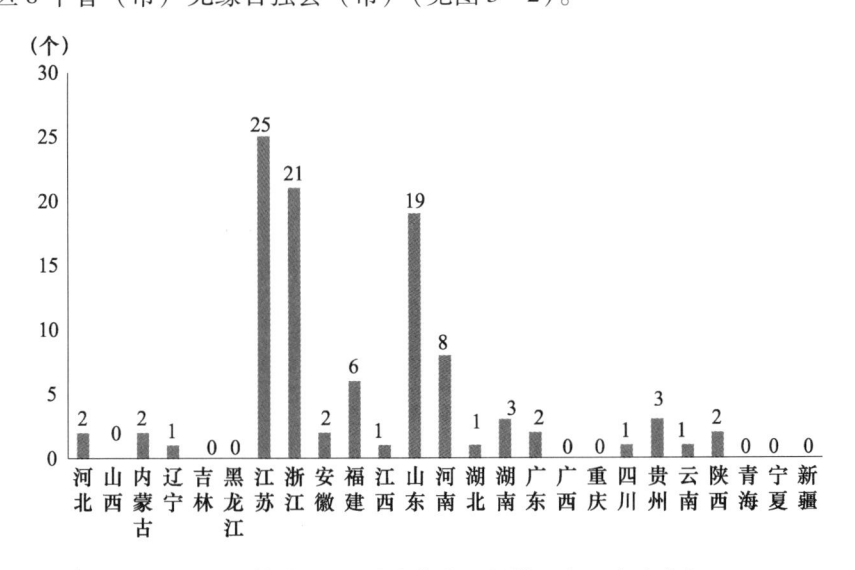

图3—2　县域经济综合竞争力百强县（市）省域分布

(三）综合竞争力百强县（市）与 400 样本县（市）比较

百强县（市）生产能力突出，投资需求持续弱化。综合竞争力百强县（市）占有 400 样本县（市）的 1/4 席位，2017 年 GDP 总额达到 89176 亿元，占 400 样本县（市）GDP 总额的 46.5%，比上年提高 0.1 个百分点。同时，百强县（市）公共财政收入和居民储蓄总额占 400 样本县（市）公共财政收入和居民储蓄总额的比重也分别达到了 52.6% 和 42.7%，分别比上年提高 1.2 个百分点和 0.4 个百分点。百强县（市）在生产能力、GDP 创造财政收入的能力等方面明显高于其他样本县（市），并且具有逐步增强的趋势（见图 3—3）。百强县（市）投资总额和消费总额占 400 样本县（市）投资总额和消费总额的比重分别只有 43.6% 和 41.3%，分别比上年下降 0.3 个百分点和提高 0.3 个百分点，市场需求能力相对生产能力而言仍然偏弱，特别是百强县（市）投资总额所占比重呈现下降趋势，表明百强县（市）发展到一定程度后投资潜力有所下降，未来的发展将更多依靠转型升级。

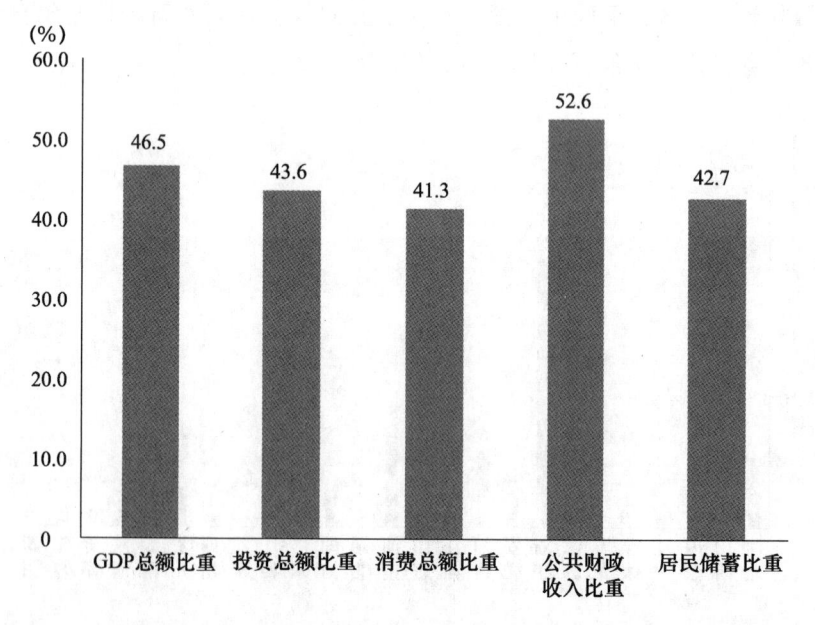

图 3—3　县域经济综合竞争力百强县（市）主要指标值占 400 样本县（市）比重

百强县（市）卫生福利水平较高，但基础教育改革亟须推进。综合竞争力百强县（市）平均的城镇居民人均可支配收入达到41731元，高出400样本县（市）平均水平8357元；农村人均可支配收入达到21676元，高出400样本县（市）平均水平4684元。同时，百强县（市）城镇居民人均可支配收入与农村人均收入的比率为1.93，低于400样本县（市）平均1.96的水平，表明这些百强县（市）并没有因为社会经济的发展和收入水平的提高而使城乡收入差距进一步拉大，甚至还使这一差距略有缩小。从卫生福利指标来看，按照常住人口计算的百强县（市）平均千人医院床位数为4.66张，略高于400样本县（市）4.53张的平均水平，同时百强县（市）平均千人福利床位数达到7.56张，而400样本县（市）只有5.81张，百强县福利事业显著优于400样本县（市）。从基础教育看，百强县（市）外来人口较多，但随迁子女入学却存在困难，导致小学在校生占常住人口比重降低，只有6.65%，低于400样本县（市）7.16%的比重。不过，百强县（市）中学在校生占常住人口的比重为4.43%，虽然仍然低于400样本县（市）的4.75%，但相比小学在校生比重而言差距已经明显缩小，这也表明百强县（市）的中学教育在吸引外来子女入学方面更有优势。百强县（市）基础教育的欠缺对外来人口子女入学造成很大的困扰，亟须通过改革来推动教育公平优质化和均衡化。详见表3—1。

表3—1　县域经济综合竞争力百强县（市）主要指标水平比较

指标	400样本县（市）	竞争力百强县（市）
城镇居民人均可支配收入（元）	33374	41731
农村人均可支配收入（元）	16992	21676
中学在校生占常住人口的比重（%）	4.75	4.43
小学在校生占常住人口的比重（%）	7.16	6.65
千人医院床位数（张）	4.53	4.66
千人福利床位数（张）	5.81	7.56

二 分项竞争力分析

（一）经济规模竞争力分析

经济规模竞争力前10强的县（市）散布在5省，江苏省和湖南省依然合占8席。经济规模竞争力考察了样本县（市）GDP规模、人均GDP和GDP增速等情况。从这3个指标综合来看，综合竞争力前4名即江苏省的昆山市、江阴市、张家港市和常熟市继续占据了经济规模竞争力的前4名，不过江阴市超越昆山市位居第1位，此外江苏省宜兴市排在第10位，使经济规模竞争力前10强江苏省占据5席。湖南省县域经济体在经济规模竞争力方面表现出色，长沙县、浏阳市和宁乡市继续进入前10强，使湖南省在经济规模竞争力前10强中依然保持占据3席的地位。除此之外，福建省和浙江省各有1个县（市）进入经济规模竞争力前10强，分别是晋江市和慈溪市。

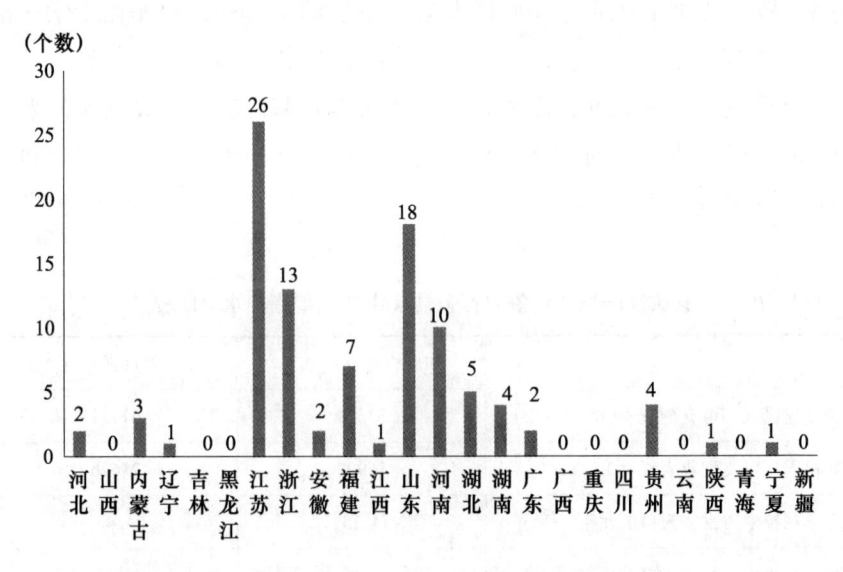

图3—4 县域经济规模竞争力百强县（市）省域分布

从地区看，东部地区、中部地区和西部地区经济规模竞争力百强县分别有70个、21个和9个。分省份来看，共有16个省份拥有经济规模竞争力百强县（市），山西省、吉林省、黑龙江省、广西壮族自治区、重庆市、四川省、云南省、青海省和新疆维吾尔自治区9个省市（地区）没有县（市）进入经济规模竞争力百强县。江苏省和山东省遥遥领先，经济规模竞争力较强，百强县（市）各有26个和18个，浙江省有13个。

从GDP规模来看，江苏省和山东省占据百强44席。按照GDP规模排名的百强县（市），江苏省占了26席，山东省紧随其后，占了18席，浙江省和河南省分别有13个和9个县（市）GDP规模进入百强。其中，昆山市、江阴市、张家港市、常熟市、晋江市、宜兴市、慈溪市、长沙县、浏阳市和丹阳市GDP规模排在前10位。图3—5描述了县域经济GDP规模百强县（市）的省域分布情况，表3—2详细列举了全国GDP规模排在前100位的县（市）名单。

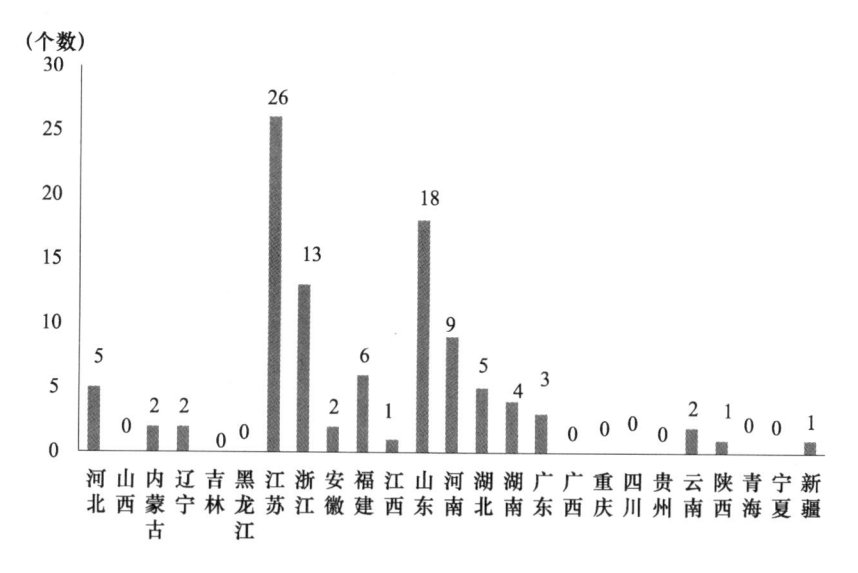

图3—5 县域经济GDP规模百强县（市）省域分布

表3—2　　　　　　　　地区生产总值（GDP）百强县（市）

县（市）	所属地区	GDP 排名	GDP 数值	县（市）	所属地区	GDP 排名	GDP 数值
昆山市	苏州	1	3520.4	张家港市	苏州	3	2606.1
江阴市	无锡	2	3488.3	常熟市	苏州	4	2279.6

续表

县（市）	所属地区	GDP 排名	GDP 数值	县（市）	所属地区	GDP 排名	GDP 数值
晋江市	泉州	5	1981.5	平度市	青岛	36	875.2
宜兴市	无锡	6	1558.3	寿光市	潍坊	37	866.7
慈溪市	宁波	7	1487.8	海宁市	嘉兴	38	866.1
长沙县	长沙	8	1431.0	海安市	南通	39	865.0
浏阳市	长沙	9	1365.1	瑞安市	温州	40	863.0
丹阳市	镇江	10	1270.3	兴化市	泰州	41	862.3
太仓市	苏州	11	1241.0	溧阳市	常州	42	858.0
宁乡市	长沙	12	1224.5	如东县	南通	43	854.0
龙口市	烟台	13	1190.9	广饶县	东营	44	850.0
诸暨市	绍兴	14	1180.0	新泰市	泰安	45	842.6
荣成市	威海	15	1160.0	诸城市	潍坊	46	824.7
义乌市	金华	16	1158.0	东台市	盐城	47	812.8
滕州市	枣庄	17	1150.4	桐乡市	嘉兴	48	802.6
胶州市	青岛	18	1137.0	巩义市	郑州	49	784.1
神木市	榆林	19	1110.3	南昌县	南昌	50	782.0
海门市	南通	20	1100.0	肥城市	泰安	51	773.0
迁安市	唐山	21	1047.1	石狮市	泉州	52	772.7
如皋市	南通	22	1038.0	莱州市	烟台	53	769.3
余姚市	宁波	23	1023.2	新密市	郑州	54	765.9
福清市	福州	24	996.6	沭阳县	宿迁	55	765.0
温岭市	台州	25	990.4	沛县	徐州	56	756.8
启东市	南通	26	980.0	招远市	烟台	57	740.1
南安市	泉州	27	977.4	新郑市	郑州	58	737.5
邹城市	济宁	28	968.6	仙桃市	省直管	59	718.7
泰兴市	泰州	29	964.1	普宁市	揭阳	60	694.6
瓦房店市	大连	30	957.2	荥阳市	郑州	61	690.1
乐清市	温州	31	947.5	惠安县	泉州	62	688.7
靖江市	泰州	32	923.4	肥西县	合肥	63	685.5
准格尔旗	鄂尔多斯	33	922.4	博罗县	惠州	64	680.4
邳州市	徐州	34	917.7	潜江市	省直管	65	671.9
邹平县	滨州	35	910.3	武安市	邯郸	66	660.5

续表

县（市）	所属地区	GDP 排名	GDP 数值	县（市）	所属地区	GDP 排名	GDP 数值
青州市	潍坊	67	658.4	莱西市	青岛	84	595.7
惠东县	惠州	68	652.6	长葛市	许昌	85	594.1
禹州市	许昌	69	647.4	大冶市	黄石	86	590.9
登封市	郑州	70	647.3	桓台县	淄博	87	581.0
新沂市	徐州	71	644.3	盘州市	六盘水	88	578.4
高密市	潍坊	72	643.2	宜都市	宜昌	89	575.8
任丘市	沧州	73	641.0	宝应县	扬州	90	574.9
仁怀市	遵义	74	640.8	遵化市	唐山	91	568.4
庄河市	大连	75	633.3	伊金霍洛旗	鄂尔多斯	92	564.4
仪征市	扬州	76	628.4	闽侯县	福州	93	564.0
枣阳市	襄阳	77	617.5	睢宁县	徐州	94	560.1
济源市	省辖	78	612.5	林州市	安阳	95	558.0
高邮市	扬州	79	608.4	库尔勒市	巴音郭楞州	96	555.7
醴陵市	株洲	80	607.2	东阳市	金华	97	553.9
平湖市	嘉兴	81	605.8	长兴县	湖州	98	553.2
临海市	台州	82	600.3	三河市	廊坊	99	547.5
肥东县	合肥	83	596.1	扬中市	镇江	100	546.2

（二）经济结构竞争力分析

江浙和部分西部地区样本县（市）经济结构竞争力表现出色。经济结构竞争力前10强的县（市）有4个属于浙江省，有3个属于江苏省。此外，经济结构竞争力前10强县（市）内蒙古自治区、吉林省和贵州省各有1个县（市）。分省份看，经济结构竞争力前100名县（市）最多的是浙江省，达到29个，其次是江苏省、山东省和河南省，分别有16个、11个和11个。黑龙江省、安徽省、江西省、广东省、广西壮族自治区、重庆市、四川省、宁夏回族自治区和新疆维吾尔自治区9个省市（地区）没有县（市）进入经济结构竞争力前100名（见图3—6）。西部地区县（市）第二、第三产业占GDP比重较高，第一产业增加值相应较低，相对于中部地区而言经济结构竞争力整体较强。

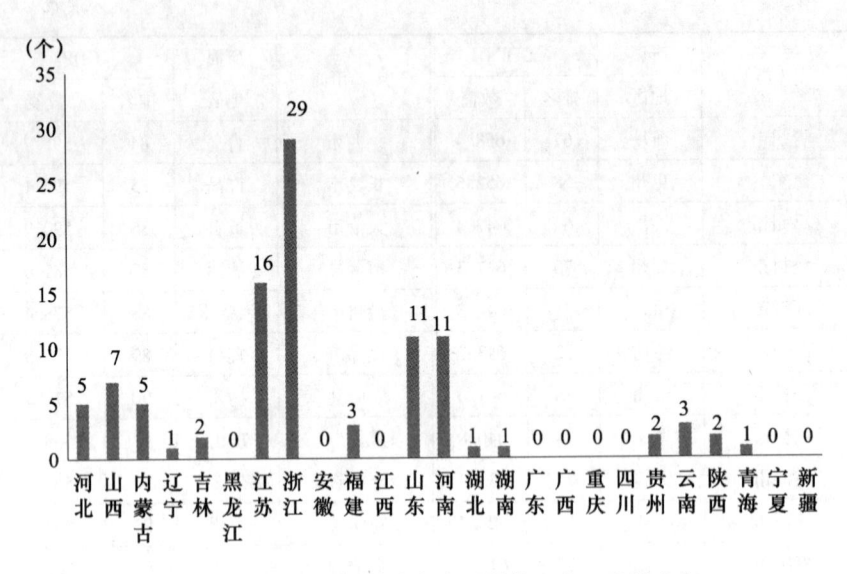

图3—6 县域经济结构竞争力百强县（市）省域分布

2017年，400样本县（市）第三产业增加值占GDP的平均比重升至38.8%。对比上一年度数据，400样本县（市）第三产业增加值占GDP的比重介于50%至60%之间的县（市）由上年的18个增至26个，介于40%至50%之间的县（市）由上年的149个增至157个，介于30%至40%之间的县（市）由上年的222个降至206个（见图3—7）。2017年，第三产业增加值比重超过60%的县（市）达到8个，分别是满洲里市、凯里市、义乌市、海城市、绥中县、延吉市、固安县和中牟县。第三产业增加值比重最低的县（市）仍然是灵武市（13.0%）、彬州市（17.3%）和上饶县（15.2%），也是低于20.0%的三个县（市）。

(三) **市场需求竞争力分析**

山东省和福建省的部分县（市）市场需求竞争力尤为突出。市场需求竞争力前10位分别是福清市、胶州市、平度市、海阳市、晋江市、宁乡市、伊川县、江阴市、长沙县和平潭县，其中，山东省和福建省各占3席。河南省伊川县市场需求竞争力排在第7位，主要是因为该县投资相对于自身GDP而言规模庞大，伊川县2017年固定资产投资达到529.4亿

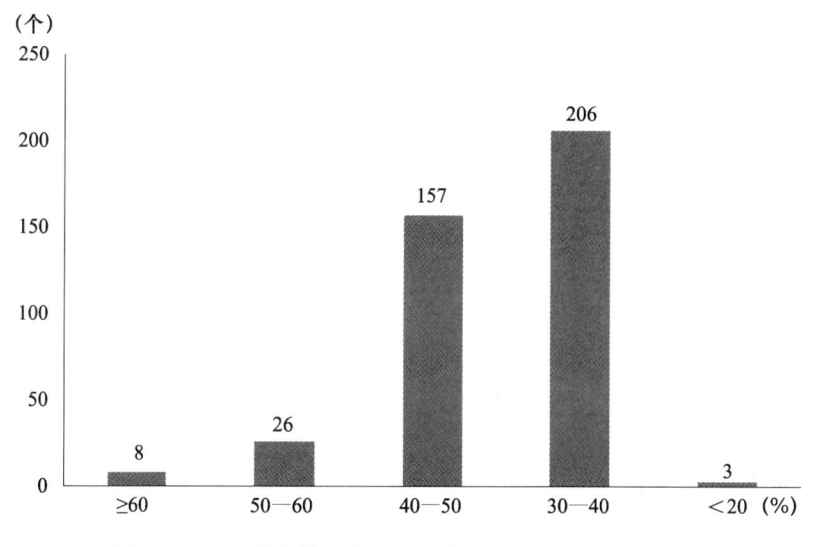

图 3—7　400 样本县（市）第三产业增加值比重分布区间

元，而 GDP 只有 378.1 亿元。分地区看，市场需求竞争力前 100 位的县（市）中，东部地区有 61 个，中部地区有 31 个，西部地区有 8 个。分省份看，山东省和江苏省进入市场需求竞争力前 100 强的县（市）最多，分别有 18 个和 17 个。山西省、内蒙古自治区、辽宁省、黑龙江省、广西壮族自治区、重庆市、青海省和宁夏回族自治区没有县（市）进入市场需求竞争力前 100 强。图 3—8 描述了市场需求竞争力前 100 位县（市）的省域分布情况。

贵州省县（市）投资消费最为活跃，辽宁省县（市）投资消费活动较为疲弱。投资消费占 GDP 的比重排在前 10 位的县（市）分别是平潭县、邵武市、海阳市、宣威市、阳新县、伊川县、海丰县、岱山县、开阳县和恩施市，其中山东省海阳市和河南省伊川县连续三年、福建省平潭县连续两年进入前 10 位，表明这些县（市）投资和消费活动频繁，发展潜力较大。分省份看，安徽省投资消费占 GDP 比重排在前 100 位的样本县（市）最多，达到 20 个，而山东省则由上年的 16 个减少到 14 个。此外，湖北省县（市）表现也较为出色，投资消费占 GDP 比重前 100 位的县（市）达到 14 个。尽管如此，从 400 样本县（市）平均来看，贵州省、江西省和四川省样本县（市）投资消费占 GDP 平均比重居于前列，

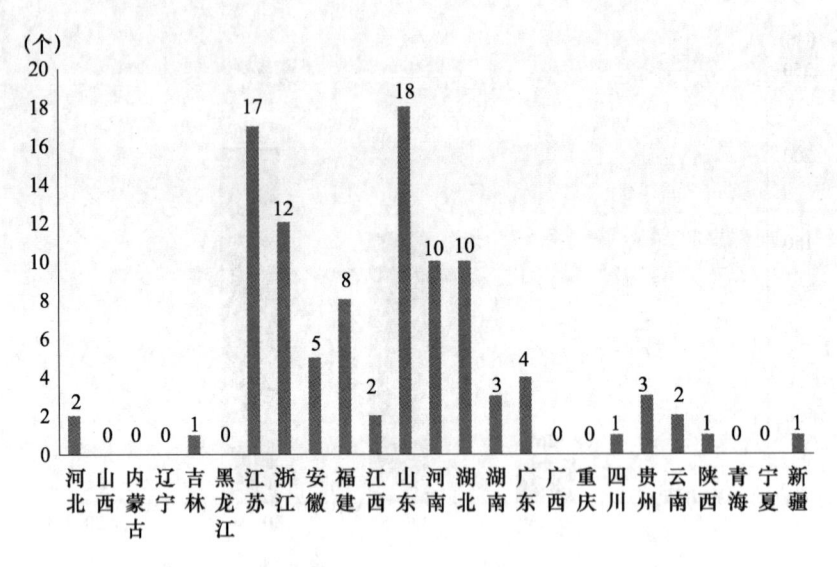

图3—8 市场需求竞争力前100位县（市）省域分布

数据：河北2、山西0、内蒙古0、辽宁0、吉林1、黑龙江0、江苏17、浙江12、安徽5、福建8、江西2、山东18、河南10、湖北10、湖南3、广东4、广西0、重庆0、四川1、贵州3、云南2、陕西1、青海0、宁夏0、新疆1

都超过了130.0%，而辽宁省样本县（市）只有62.8%，内蒙古自治区、河北省、江苏省、陕西省和广东省也都不超过100.0%，区域之间的投资消费活动差异较大。图3—9描述了投资消费占GDP比重前100位县（市）省域分布情况。

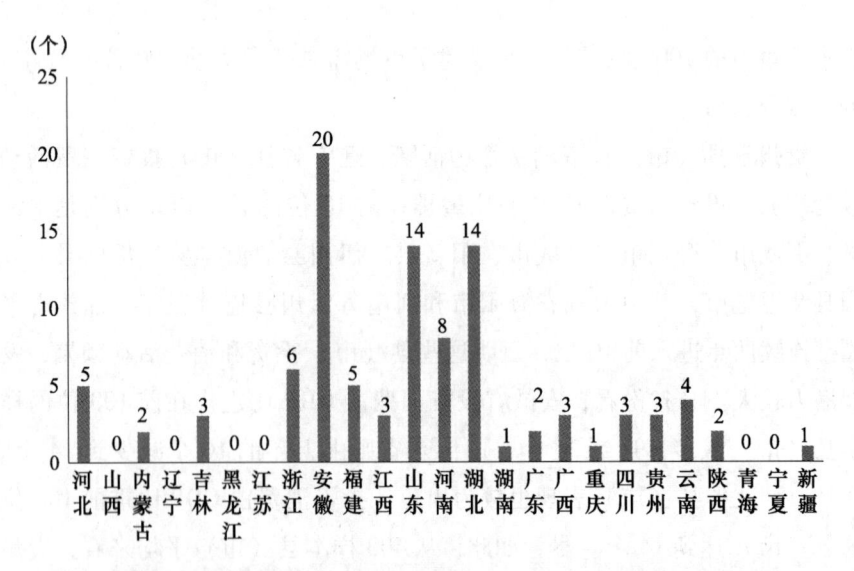

图3—9 投资消费占GDP比重前100位县（市）省域分布

数据：河北5、山西0、内蒙古2、辽宁0、吉林3、黑龙江0、江苏6、浙江20、安徽5、福建3、江西14、山东8、河南14、湖北1、湖南2、广东3、广西1、重庆3、四川3、贵州4、云南2、陕西0、青海0、宁夏1、新疆

（四）公共财政竞争力分析

东部县（市）公共财政竞争力优势突出，浙江省百强县（市）数目遥遥领先。县域经济公共财政竞争力前10强分别是固安县、中牟县、香河县、闽侯县、昆山市、太仓市、慈溪市、平潭县、平湖市、金沙县。公共财政竞争力前100位中，有59个县（市）属于东部地区，25个县（市）属于中部地区，16个属于西部地区。其中，由于本年度增加了人均地方公共财政收入这一指标的权重，公共财政竞争力前100位江苏省占15个，比上年减少了10个；浙江省占24个，比上年增加1个；山东省有12个县（市），比上年减少1个。此外，安徽省有12个、江西省有6个、贵州省有4个县（市）进入公共财政竞争力前100位（见图3—10）。

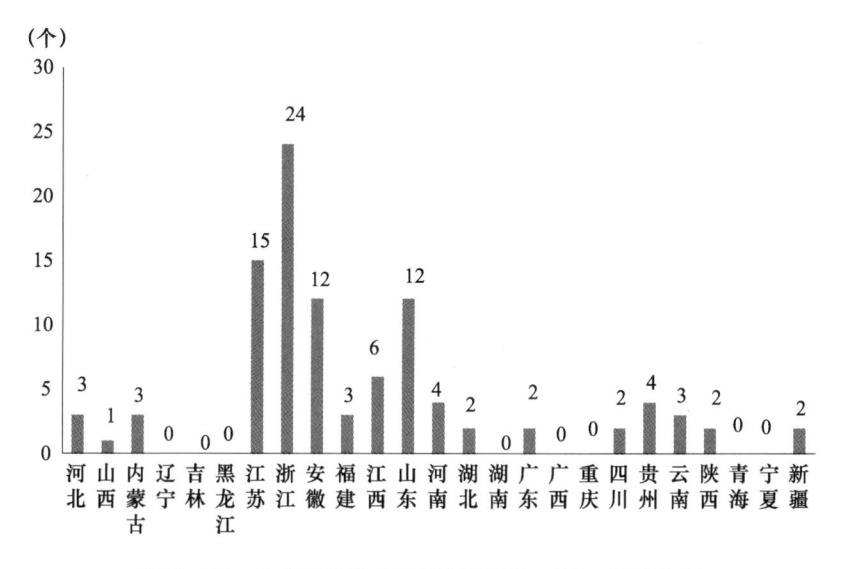

图3—10 公共财政竞争力前100位县（市）省域分布

地方公共财政收入占GDP比重普遍下滑，但中部地区县（市）最为明显。地方公共财政收入占GDP比重前10位的县（市）分别是固安县、中牟县、香河县、平潭县、闽侯县、金沙县、繁昌县、平湖市、太仓市和芜湖县，其中固安县、香河县、中牟县、闽侯县和芜湖县上年度也进入前10位，财政创收能力较强。从地区来看，东部地区县（市）地方公共财政收入占 GDP 平均比重为 6.53%，中部地区和西部地区县（市）这一比重分别为 5.79% 和 6.47%。主要受"营改增"的影响，三大区域地方公共财政收入占 GPD 平均比重都出现明显下滑，其中中部地区下滑最为明显，而东部地区下滑幅度最小，因此东部地区样本县（市）这一比重由最低排位一跃而领先中西部地区。2017 年，地方公共财政收入占 GDP 比重超过 15% 的只有 2 个县（市），比上年减少 1 个；另有 30 个县（市）这一比重介于 10%—15%，比上年减少 7 个县（市）；但同时有 129 个县（市）这一比重低于 5%，比上年增加了 18 个县（市），表明各县（市）之间财政收入普遍受到"营改增"的影响（见图 3—11）。

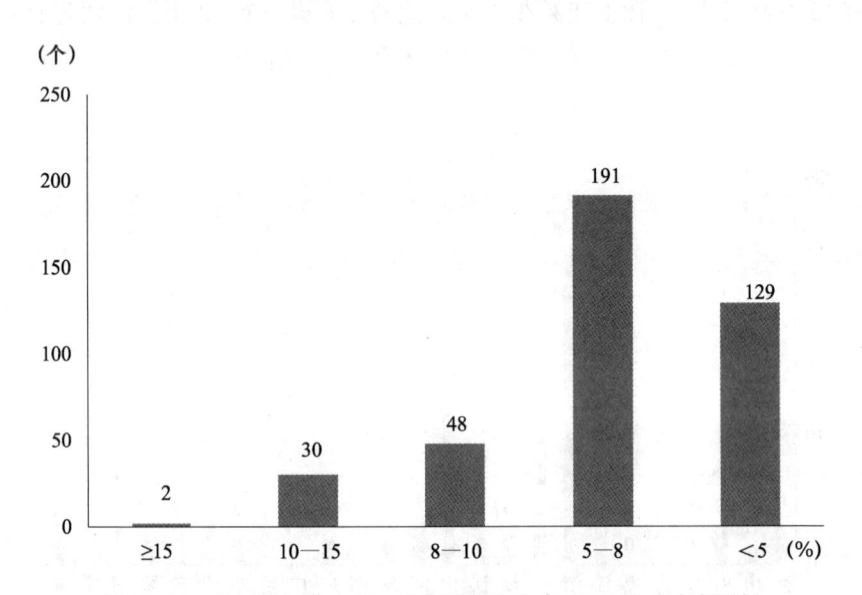

图 3—11　400 样本县（市）公共财政收入占 GDP 比重分布区间

因人口稠密和发展不足，中部地区财政能力偏弱。人均财政收入相差悬殊，人均地方公共财政收入最高的前 10 个县（市）分别是伊金霍洛旗、昆山市、太仓市、准格尔旗、张家港市、神木市、霍林郭勒市、江阴市、龙口市、鄂托克旗，伊金霍洛旗、昆山市、太仓市、准格尔旗、霍林郭勒市、江阴市、鄂托克旗 7 市（旗）人均地方公共财政收入上年也排在前 10 位。分地区看，人均地方公共财政收入最高的前 100 个县（市），东部地区占了 68 个，中部地区占了 16 个，西部地区占了 16 个。

分省份看,浙江省有 22 个县(市)进入人均地方公共财政收入前 100 名,江苏省、山东省和内蒙古自治区分别有 19 个、17 个和 5 个进入前 100 名。400 样本县(市)中,有 18 个县(市)人均地方公共财政收入超过 10000 元,其中,超过 30000 元的只有伊金霍洛旗,超过 20000 元而低于 30000 元的只有昆山市。超过 6000 元而不到 10000 元的有 70 个县(市),另有 84 个县(市)不足 2000 元(见图3—12)。在 16 个人均公共财政收入不足 1000 元的县(市)中,有 10 个属于中部地区,东部和西部地区各有 3 个,这主要是由于中部地区人口数量众多而经济发展能力不足导致的。

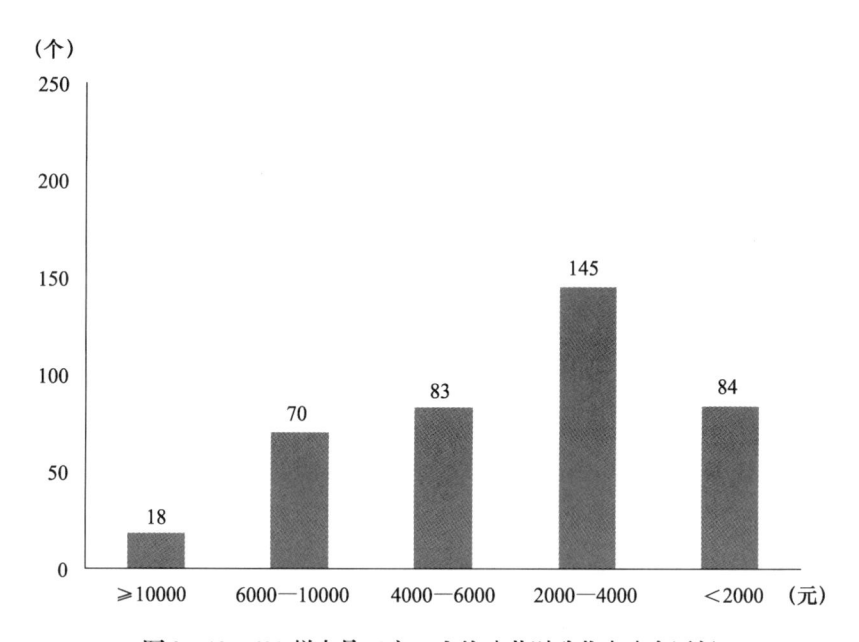

图3—12 400 样本县(市)人均公共财政收入分布区间

(五)金融资源竞争力分析

义乌市金融资源竞争力继续居于榜首,伊金霍洛旗金融资源竞争力次之。金融资源竞争力前 10 位分别是义乌市、伊金霍洛旗、青田县、府谷县、海门市、张家港市、常熟市、神木市、永康市、启东市。由于人均储蓄额相对于储蓄规模占 GDP 比重更能衡量该地区人民的富裕程度,本年度人均储蓄额代替了储蓄规模占 GDP 比重这一指标,因此各县

（市）金融资源竞争力排名变化较大。尽管如此，义乌市、青田县、永康市和启东市4个县（市）仍然位居前10强，而其中3个县（市）都属于浙江省，表明浙江省部分县（市）无论是居民储蓄占GDP比重还是人均储蓄额都表现突出。在前10强中，江苏省占4位，浙江省占3位，内蒙古自治区占1位，陕西省占2位。

浙江省县（市）金融资源竞争力更显突出。县域经济金融资源竞争力前100位中，浙江省占了28位，江苏省占了20位，山东省占了10位，3省县（市）在县域经济金融资源竞争力排名中占据了超过5成的席位。黑龙江省、安徽省、江西省、湖北省、广西壮族自治区、重庆市、贵州省、青海省、宁夏回族自治区没有县（市）进入金融资源竞争力前100位（见图3—13）。相比上一年度，那些主要作为劳务输出地而获得大量汇款收入的县（市），金融资源竞争力减弱，而居民富裕地区的金融资源竞争力增强。

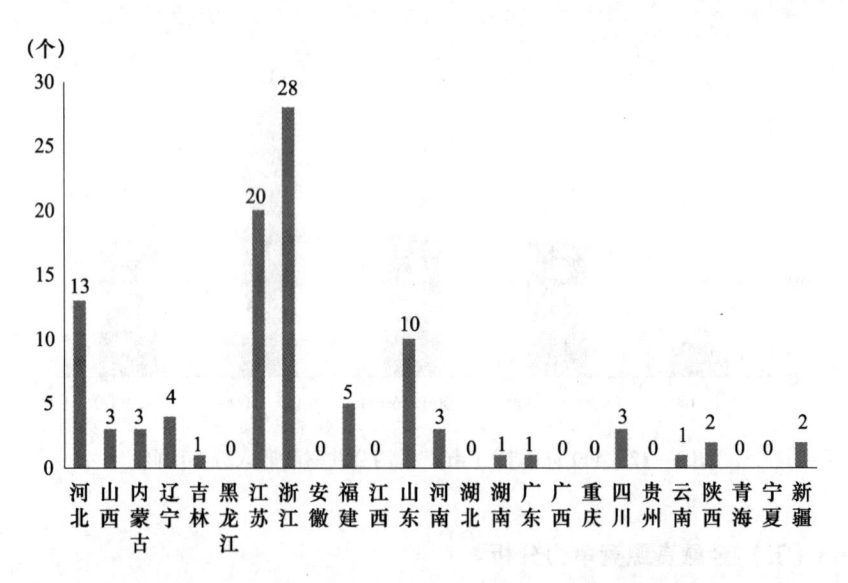

图3—13 金融资源竞争力前100位县（市）省域分布

400样本县（市）人均居民储蓄为36750元，其中东部地区为42156元，西部地区为35958元，中部地区最低，只有29456元。分省份来看，广西壮族自治区和黑龙江省最低，样本县（市）人均储蓄额都不到20000

元；贵州省、江西省、湖南省和安徽省也偏低，都不足30000元。浙江省、陕西省和内蒙古自治区人均居民储蓄额较高，都超过了50000元。不过，由于陕西省和内蒙古自治区入选400样本县（市）的都是本省（区）经济发展较好的地区，其人均居民储蓄额较高并不能代表全省（区）的普遍情况；而浙江省样本县（市）数目达到38个，其人均居民储蓄额较高则基本反映了全省的普遍情况。图3—14则描述了400样本县（市）人均居民储蓄区间分布的情况，其中，绝大部分县（市）人均居民储蓄介于20000—50000元，而大于50000元的有70个，低于20000元的则有42个，区域差异明显。

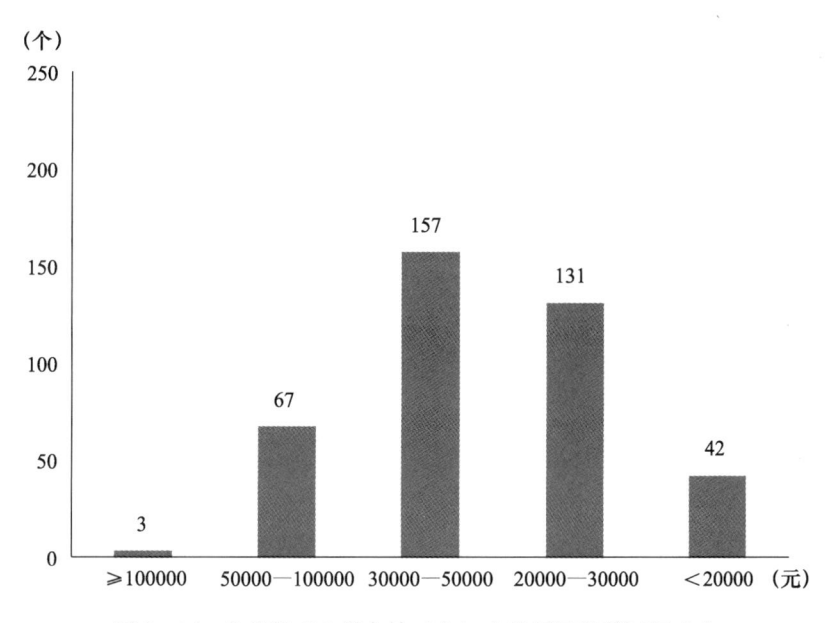

图3—14 各省份400样本县（市）人均居民储蓄区间分布

图3—15进一步描述了人均居民储蓄额前100位中各省份县（市）占据的席数。如图所示，400样本县（市）人均居民储蓄额前100席县（市）中，浙江省占28席，江苏省占19席，河北省占12席，山东省占8席，山西省、内蒙古自治区各占6席。人均居民储蓄额前100位县（市）的数目，河北省超过了山东省，一方面是由于河北省部分县（市）是传统的重工业县（市），央企数目比较多，部分企业员工收入较高，带动了

人均储蓄额的增长；另一方面是由于河北省环京区域在北京工作的人口较多，提高了人均储蓄额。山西省和内蒙古自治区部分县（市）则主要是由于人口稀少和重工业发达，人均储蓄额因此居于高位。

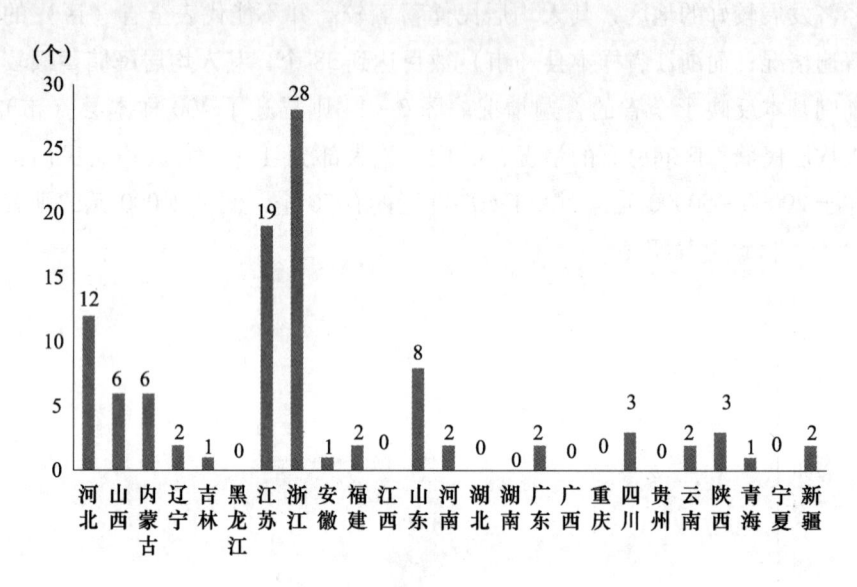

图3—15　人均居民储蓄前100位县（市）省域分布

（六）居民收入竞争力分析

居民收入竞争力地区集中度偏高，浙苏鲁3省占据百强超7成。居民收入竞争力前10位的县（市）分别是义乌市、玉环市、天台县、诸暨市、江阴市、昆山市、张家港市、常熟市、太仓市、海宁市。相比上一年度，本年度慈溪市退出前10强，天台县进入前10强。分省份看，居民收入竞争力前100位中，浙江省占据了37席，样本县（市）中只有1个县（市）没有进入前100位；其次是江苏省和山东省，分别占据了20席和14席（见图3—16）。与东部地区相比，中西部地区县（市）居民收入竞争力明显偏低，合计只有18个县（市）进入了前100位。

400样本县（市）城镇居民人均可支配收入平均为33374元。其中，东部地区样本县（市）平均为36477元，中部地区县（市）为29360元，西部地区为32525元。在25个省份（地区）中，浙江省38个样本县（市）城镇人均可支配收入平均达到49247元，依然是唯一城镇人均可支

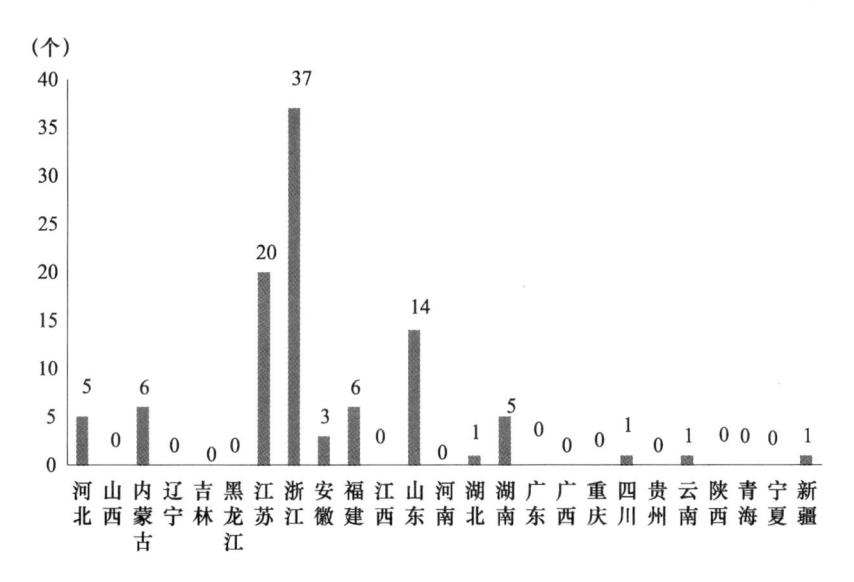

图3—16 居民收入竞争力前100位县（市）省域分布

配收入平均值超过40000元的省份。黑龙江省样本县（市）城镇人均可支配收入依然最低，只有25327元；吉林省和广东省也偏低，分别只有25369元和26137元。广东省大多数发达县（市）已经成为市辖区，入选400样本县（市）的有很多是广东省发展相对滞后的区域，这直接导致其样本县（市）城镇人均可支配收入偏低。内蒙古自治区虽然属于西部地区，收入水平在全国也不算高，但是入选的样本县（市）的收入水平却很高，仅次于浙江省，达到39066元。详见图3—17。

（七）基础教育竞争力分析

基础教育竞争力区域差异较大，半城镇化现象较为严重。基础教育竞争力前10位的县（市）分别是怀仁市、信宜市、兴义市、北流市、登封市、化州市、中牟县、凯里市、长垣县、嘉祥县。宾阳县、北流市、凯里市、嘉祥县4县（市）基础教育竞争力首次进入前10位。由于本年度都以计算中学在校生占常住人口比重代替了中学在校生与小学在校生比率，来反映某县（市）提供中学学位是否充足的情况，再加上新替换了部分样本县（市），所以基础教育竞争力前10位县（市）名单变化较大。

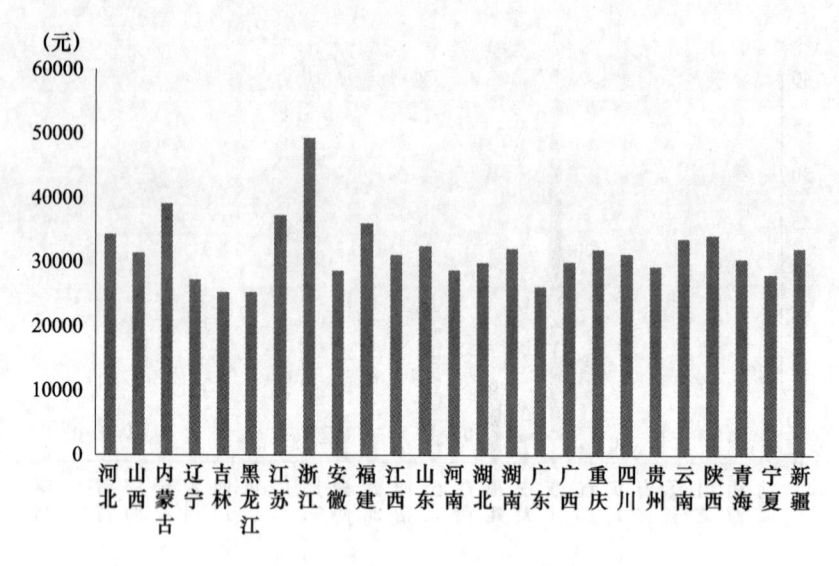

图 3—17 各省份 400 样本县（市）平均城镇人均可支配收入

基础教育竞争力前 100 位的县（市）中，有 17 个属于河南省，江苏省和浙江省分别只有 8 个和 2 个进入前 100 位（见图 3—18）。分地区看，基础教育竞争力前 100 位的县（市）中，东部地区有 39 个，中部地区有

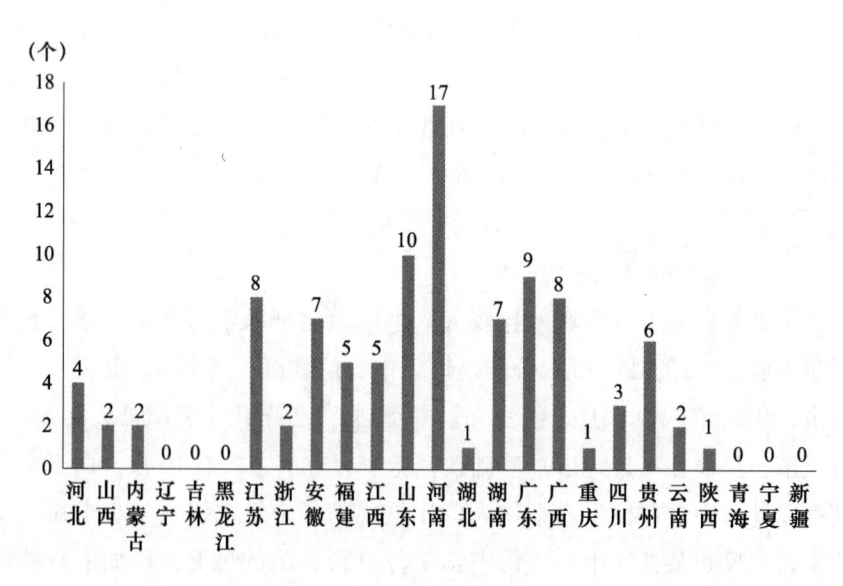

图 3—18 基础教育竞争力前 100 位县（市）省域分布

39个，西部地区有22个。相对400样本县（市）中的样本数，东部地区基础教育竞争力相对较弱，这主要是因为东部地区外来务工人员较多，但是这些人员的子女却不能在东部地区就学，导致东部地区县（市）小学在校生占常住人口比重偏低，严重削弱了其基础教育竞争力。而河南省由于外出人口较多，减少了常住人口数量，同时中小学生被大量滞留在本地，导致中小学生占常住人口比重上升。从这一角度来讲，河南省基础教育竞争力并不能真正反映该地区的基础教育实力情况。半城镇化现象的普遍存在，导致基础教育竞争力指标选择的困难。尽管如此，有些县（市）凭借自身较高的教育质量，吸引了更多其他县（市）的中小学生来区内就读，仍然可以使用当前的指标充分反映其教育竞争力。

400样本县（市）小学在校生占常住人口比重、中学在校生占常住人口比重的平均值分别为7.2%和4.7%。西部地区分别达到7.4%和5.2%，中部地区这两项指标的平均值分别为7.2%和4.9%，东部地区分别为7.0%和4.5%。分省份来看，广西壮族自治区样本县（市）小学生在校生占常住人口比重最高，达到10.3%，这与广西壮族自治区人口结构有一定关系，也受留守儿童较多的影响。而黑龙江省和辽宁省这一比重最低，主要是受这些地区的县（市）人口老龄化现象比较严重，适龄儿童比重偏低等因素的影响。重庆市和贵州省样本县（市）的中学在校生占常住人口比重较高，很大程度上是因为入选样本城市在当地中学教育质量较好，吸引了周边区域适龄学生来当地就读，带动中学生数量的增加。图3—19和图3—20分别描述了各省份样本县（市）小学在校生占常住人口比重及中学在校生占常住人口比重情况。

（八）卫生福利竞争力分析

卫生福利竞争力较强的县（市）相对分散，广东省卫生福利竞争力表现突出。卫生福利竞争力前10位分别是凯里市、抚松县、丹江口市、金堂县、大理市、恩施市、简阳市、安宁市、楚雄市、江油市。其中，云南省和四川省各有2个县（市）进入前10位。卫生福利竞争力前100位中，江苏省占18席，其次是浙江省和山东省，分别占12席和11席。

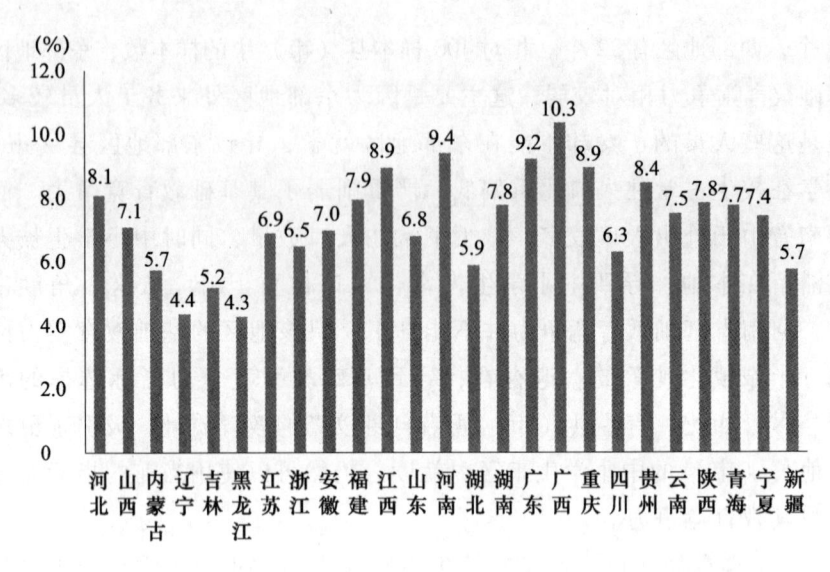

图3—19 各省份400样本县（市）小学在校生占常住人口平均比重

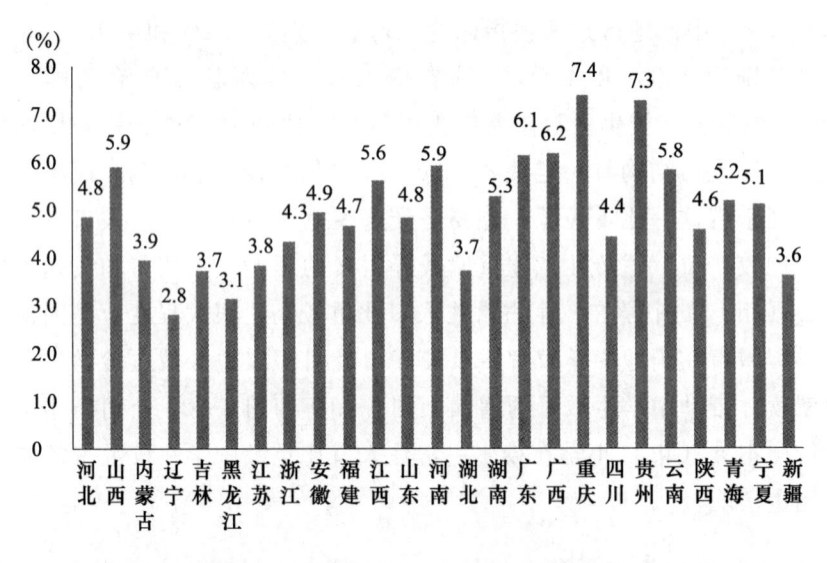

图3—20 各省份400样本县（市）中学在校生占常住人口平均比重

相比上一年度，由于使用城乡低标准占城乡人均可支配收入比重代替原来的城乡低保实际支出占城乡人均可支配收入比重，以及提高了千人医院床位数的权重，卫生福利竞争力排名出现较大变化。25个省份中，黑龙江省、江西省、广西壮族自治区、青海省和宁夏回族自治区没有县

（市）进入卫生福利竞争力前100位。图3—21描述了卫生福利竞争力前100位的省域分布情况。

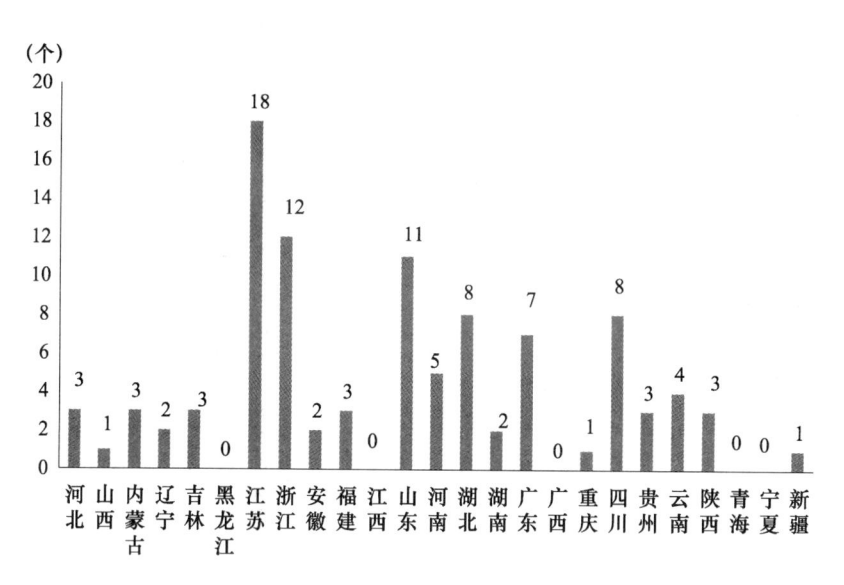

图3—21 卫生福利竞争力前100位县（市）省域分布

河北 3、山西 1、内蒙古 3、辽宁 2、吉林 3、黑龙江 0、江苏 18、浙江 12、安徽 2、福建 3、江西 0、山东 11、河南 5、湖北 8、湖南 2、广东 7、广西 0、重庆 1、四川 8、贵州 3、云南 4、陕西 3、青海 0、宁夏 0、新疆 1

400样本县（市）千人医院床位数平均值为4.5张，西部地区样本县（市）千人医院床位数达到5.5张，在三大区域中最高；而东部地区只有4.3张，甚至低于中部地区的4.4张。这主要是由于部分东部发达县（市）非户籍常住人口偏多，同时这些人口青壮年比例偏高，从供给和需求两个方面抑制了其千人医院床位数的提高。不过，反观千人福利床位数，400样本县（市）千人平均值为5.8张，而东部地区千人福利床位数达到7.7张，高于中部地区的4.3张，也高于西部地区的4.5张。

分省份看，云南省、新疆维吾尔自治区和青海省样本县（市）千人医院床位数最多，分别达到7.4张、7.2张和6.3张，广西壮族自治区、黑龙江省、宁夏回族自治区和江西省最少，都不超过3.5张；浙江省和江苏省千人福利床位数最高，分别为11.0张和8.9张，青海省和新疆维吾尔自治区最低，都不到2张。这些数据表明，东部地区县（市）倾向于发展社会福利性事业，在医养结合方面做出了有益的尝试；而西部地区部分县

（市）在发展医疗卫生事业方面所做的努力效果显著。图3—22和图3—23分别描述了各省份400样本县（市）平均千人医院床位数、各省份400样本县（市）平均千人福利床位数的情况。

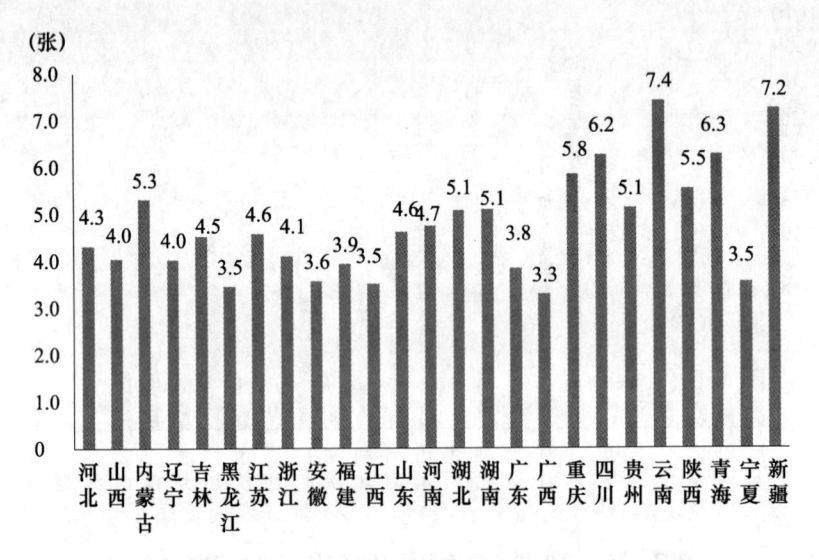

图3—22 各省份400样本县（市）平均千人医院床位数

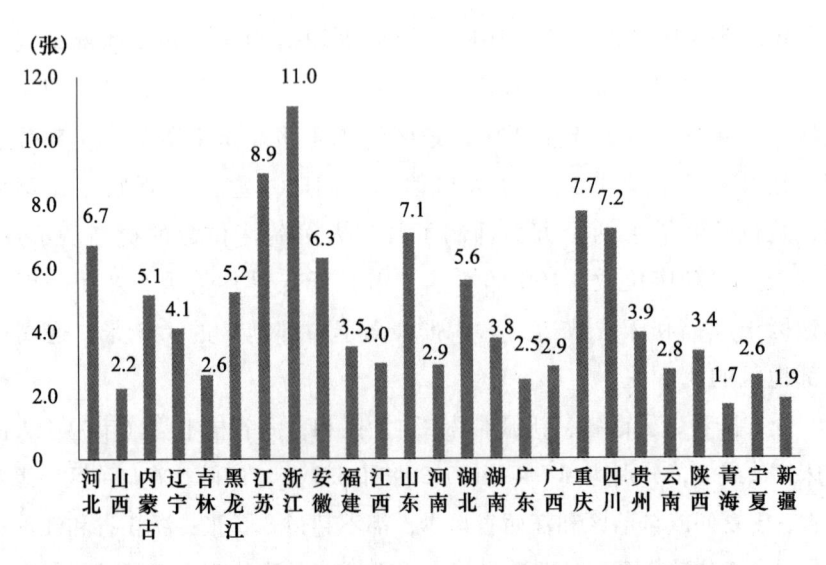

图3—23 各省份400样本县（市）平均千人福利床位数

（九）生态环境竞争力分析

各县（市）建成区绿化覆盖率迅速提高，宁国市生态竞争力升至首位。生态环境竞争力前10位的县（市）分别是宁国市、伊金霍洛旗、上饶县、敦化市、缙云县、永安市、迁西县、安吉县、江山市、青田县。其中，宁国市、上饶县、迁西县、敦化市和永安市也是上一年度的前10强。生态环境竞争力前100位的县（市）中，浙江省和福建省最多，分别占了22个和15个。图3—24描述了生态环境竞争力前100位县（市）的省域分布情况。2017年全国400样本县（市）绿化覆盖率平均为39.83%，森林覆盖率平均为40.43%。图3—25显示，400个样本县（市）中，已经有203个县（市）绿化覆盖率超过了40%。此外，样本县（市）中还有7个县（市）这一比例还低于30%。图3—26显示，400个样本县（市）中，有148个森林覆盖率（内蒙古各旗市为植被覆盖率）超过45%，低于30%的有133个，而居于30%—45%之间的县（市）只有119个，呈现出两边高中间低的形态。这主要是因为高森林覆盖率的县（市）多是山区，自然因素对高森林覆盖率发挥了更大的作用；低于30.0%的县（市）多是平原地区，其森林覆盖率难以实现大幅的提升；而既有山区又有平原的地区的森林覆盖率

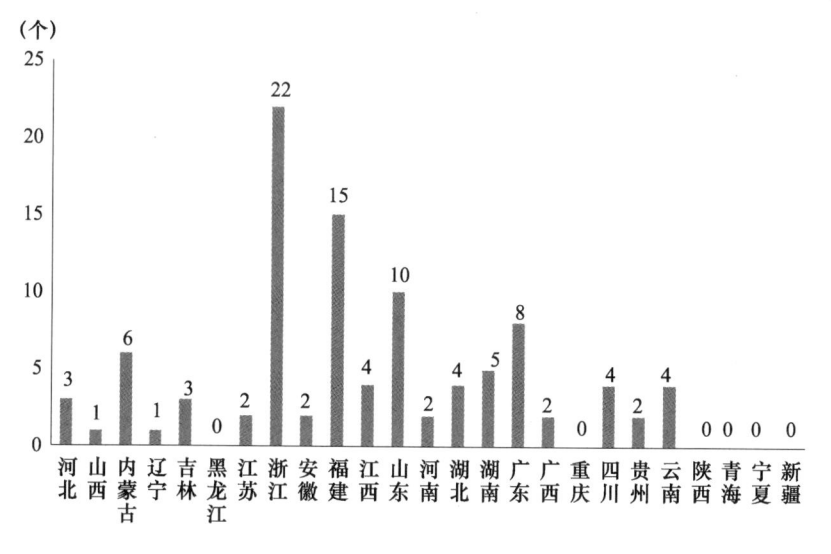

图3—24　生态环境竞争力前100位县（市）省域分布

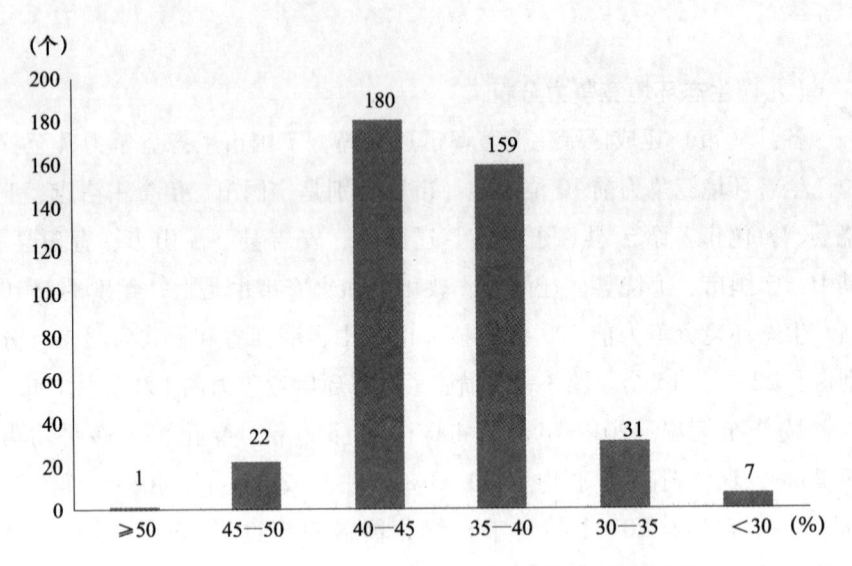

图 3—25 400 县（市）建成区绿化覆盖率区间分布情况

多居于其间。自然因素在提高森林覆盖率的决定性作用，使不同森林覆盖率县（市）的分布不能像建成区绿化覆盖率那样呈现近似中间高两边低的类正态分布。

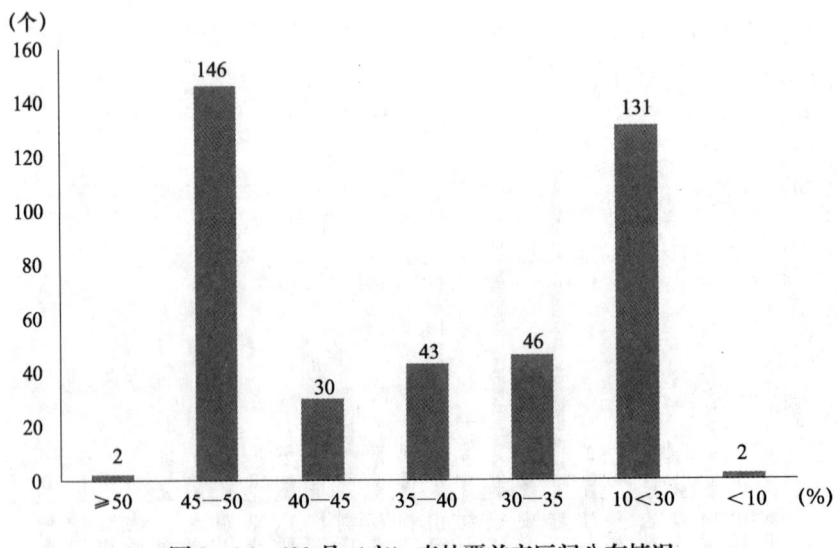

图 3—26 400 县（市）森林覆盖率区间分布情况

三 竞争力指数与排名

(一) 综合竞争力百强县（市）指数与排名

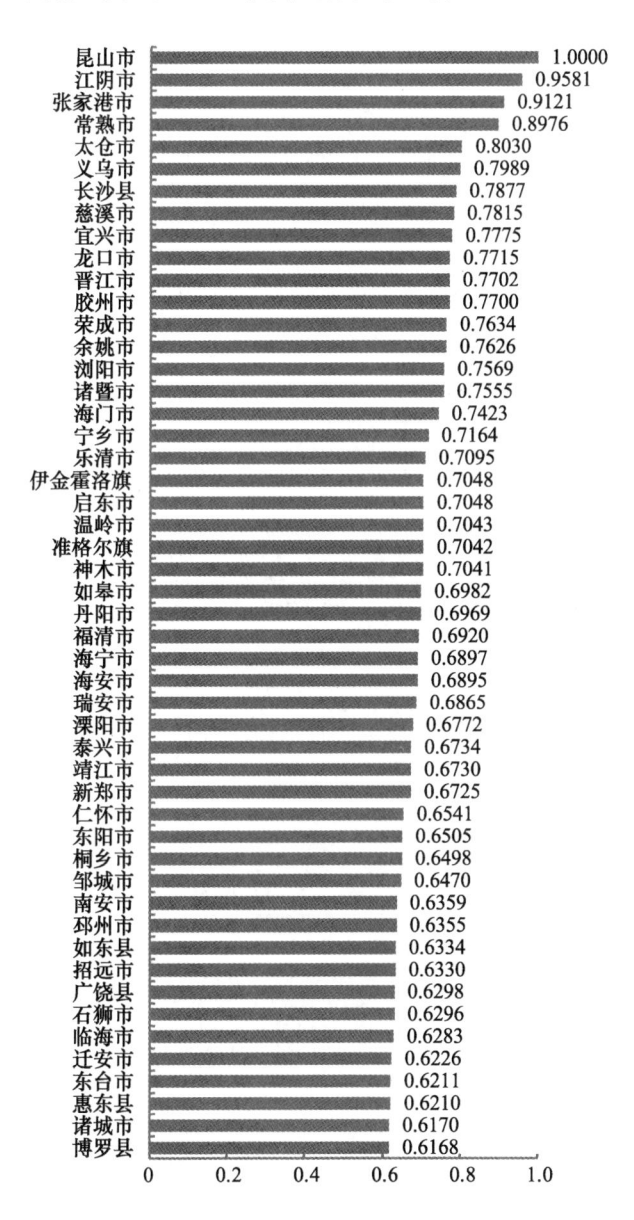

县（市）	指数
昆山市	1.0000
江阴市	0.9581
张家港市	0.9121
常熟市	0.8976
太仓市	0.8030
义乌市	0.7989
长沙县	0.7877
慈溪市	0.7815
宜兴市	0.7775
龙口市	0.7715
晋江市	0.7702
胶州市	0.7700
荣成市	0.7634
余姚市	0.7626
浏阳市	0.7569
诸暨市	0.7555
海门市	0.7423
宁乡市	0.7164
乐清市	0.7095
伊金霍洛旗	0.7048
启东市	0.7048
温岭市	0.7043
准格尔旗	0.7042
神木市	0.7041
如皋市	0.6982
丹阳市	0.6969
福清市	0.6920
海宁市	0.6897
海安市	0.6895
瑞安市	0.6865
溧阳市	0.6772
泰兴市	0.6734
靖江市	0.6730
新郑市	0.6725
仁怀市	0.6541
东阳市	0.6505
桐乡市	0.6498
邹城市	0.6470
南安市	0.6359
邳州市	0.6355
如东县	0.6334
招远市	0.6330
广饶县	0.6298
石狮市	0.6296
临海市	0.6283
迁安市	0.6226
东台市	0.6211
惠东县	0.6210
诸城市	0.6170
博罗县	0.6168

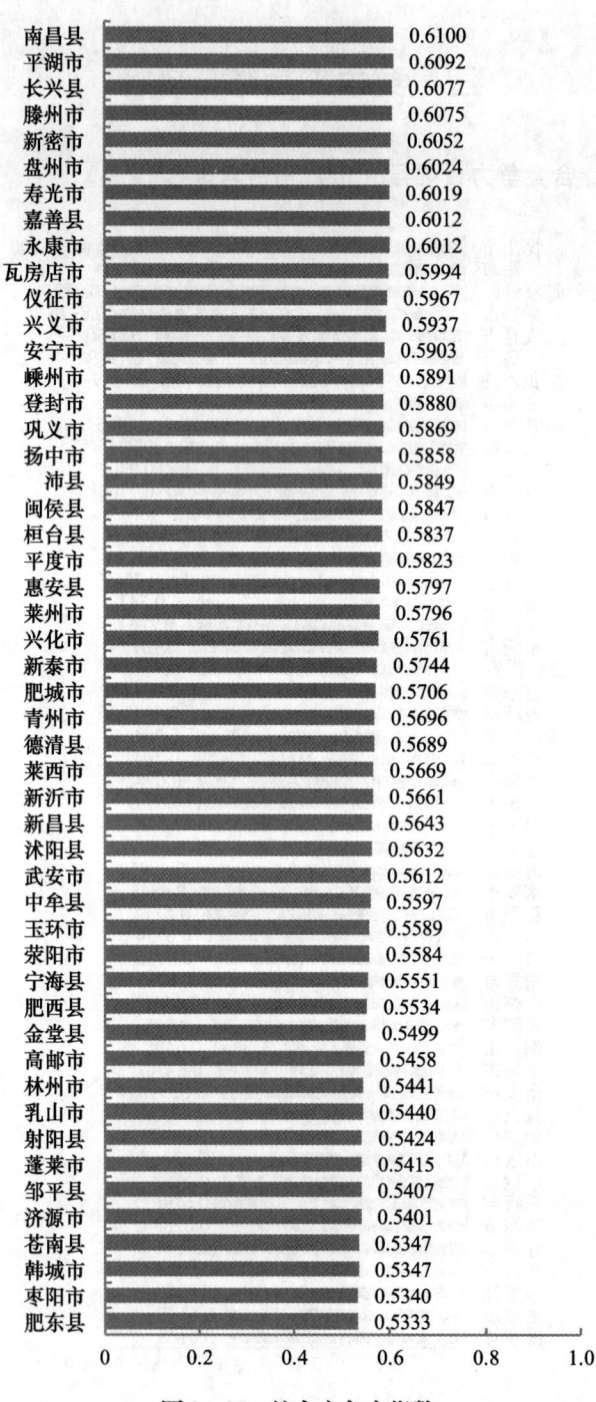

县市	综合竞争力指数
南昌县	0.6100
平湖市	0.6092
长兴县	0.6077
滕州市	0.6075
新密市	0.6052
盘州市	0.6024
寿光市	0.6019
嘉善县	0.6012
永康市	0.6012
瓦房店市	0.5994
仪征市	0.5967
兴义市	0.5937
安宁市	0.5903
嵊州市	0.5891
登封市	0.5880
巩义市	0.5869
扬中市	0.5858
沛县	0.5849
闽侯县	0.5847
桓台县	0.5837
平度市	0.5823
惠安县	0.5797
莱州市	0.5796
兴化市	0.5761
新泰市	0.5744
肥城市	0.5706
青州市	0.5696
德清县	0.5689
莱西市	0.5669
新沂市	0.5661
新昌县	0.5643
沭阳县	0.5632
武安市	0.5612
中牟县	0.5597
玉环市	0.5589
荥阳市	0.5584
宁海县	0.5551
肥西县	0.5534
金堂县	0.5499
高邮市	0.5458
林州市	0.5441
乳山市	0.5440
射阳县	0.5424
蓬莱市	0.5415
邹平县	0.5407
济源市	0.5401
苍南县	0.5347
韩城市	0.5347
枣阳市	0.5340
肥东县	0.5333

图3—27 综合竞争力指数

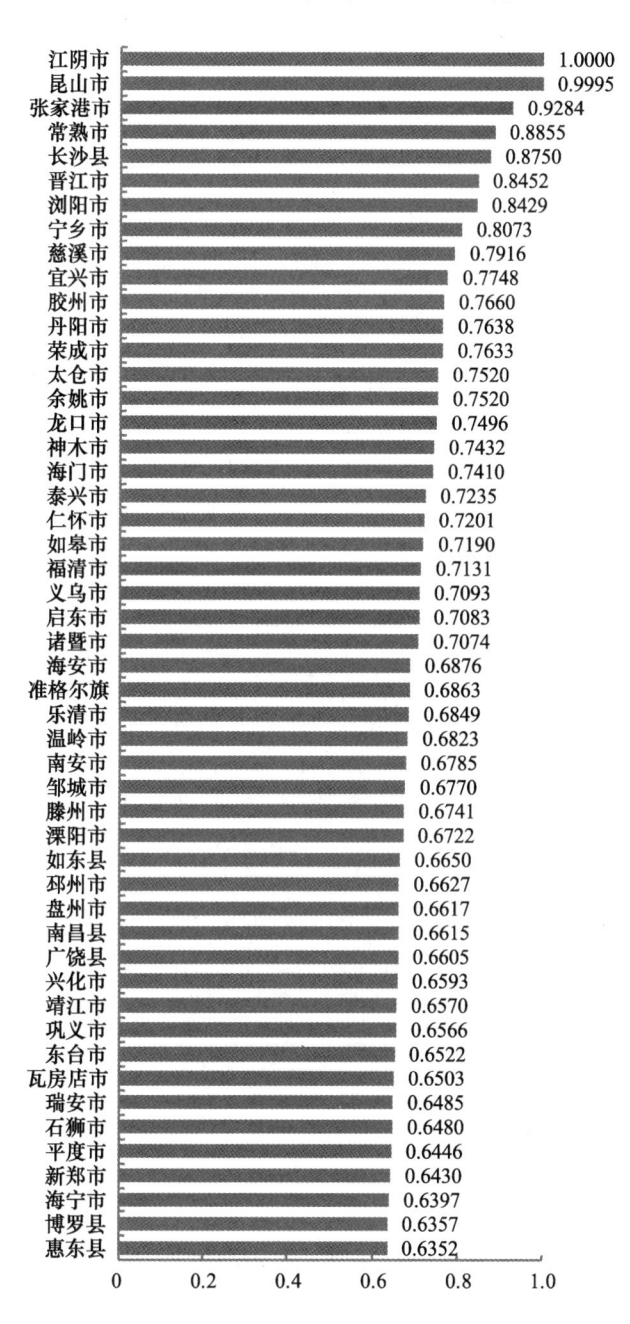

(二) 经济规模竞争力百强县（市）指数与排名

县（市）	指数
江阴市	1.0000
昆山市	0.9995
张家港市	0.9284
常熟市	0.8855
长沙县	0.8750
晋江市	0.8452
浏阳市	0.8429
宁乡市	0.8073
慈溪市	0.7916
宜兴市	0.7748
胶州市	0.7660
丹阳市	0.7638
荣成市	0.7633
太仓市	0.7520
余姚市	0.7520
龙口市	0.7496
神木市	0.7432
海门市	0.7410
泰兴市	0.7235
仁怀市	0.7201
如皋市	0.7190
福清市	0.7131
义乌市	0.7093
启东市	0.7083
诸暨市	0.7074
海安市	0.6876
准格尔旗	0.6863
乐清市	0.6849
温岭市	0.6823
南安市	0.6785
邹城市	0.6770
滕州市	0.6741
溧阳市	0.6722
如东县	0.6650
邳州市	0.6627
盘州市	0.6617
南昌县	0.6615
广饶县	0.6605
兴化市	0.6593
靖江市	0.6570
巩义市	0.6566
东台市	0.6522
瓦房店市	0.6503
瑞安市	0.6485
石狮市	0.6480
平度市	0.6446
新郑市	0.6430
海宁市	0.6397
博罗县	0.6357
惠东县	0.6352

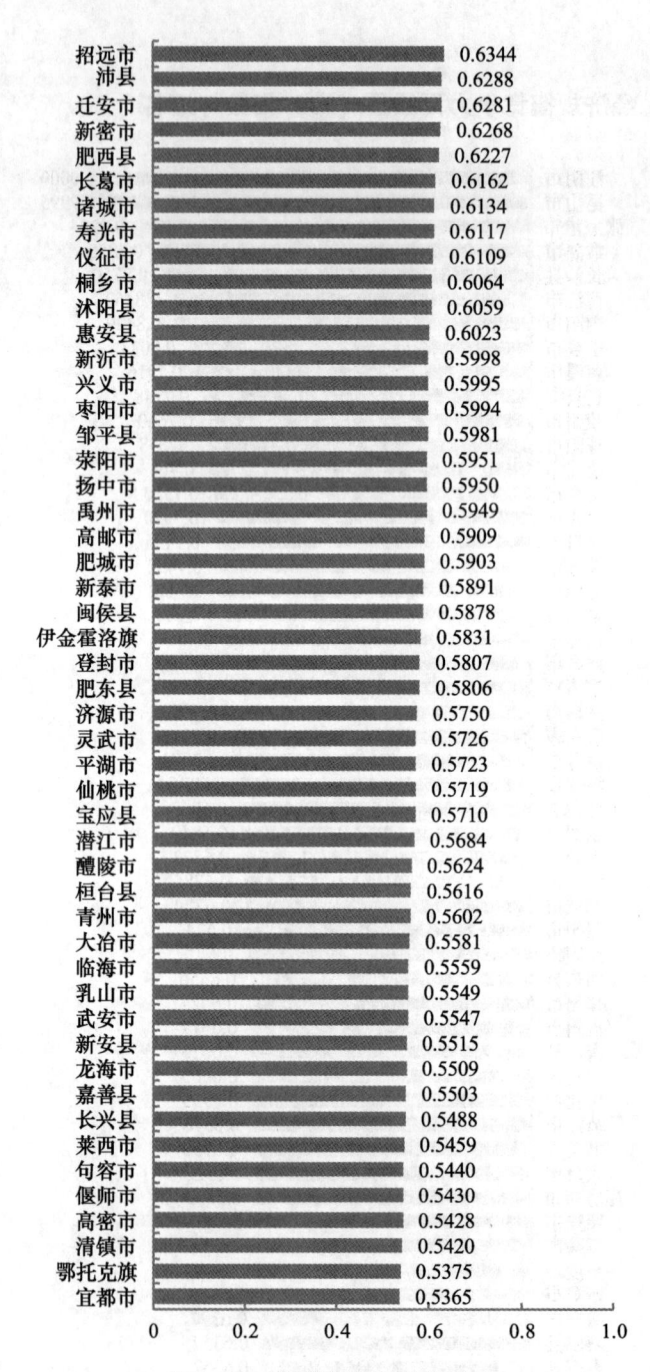

县市	指数
招远市	0.6344
沛县	0.6288
迁安市	0.6281
新密市	0.6268
肥西县	0.6227
长葛市	0.6162
诸城市	0.6134
寿光市	0.6117
仪征市	0.6109
桐乡市	0.6064
沭阳县	0.6059
惠安县	0.6023
新沂市	0.5998
兴义市	0.5995
枣阳市	0.5994
邹平县	0.5981
荥阳市	0.5951
扬中市	0.5950
禹州市	0.5949
高邮市	0.5909
肥城市	0.5903
新泰市	0.5891
闽侯县	0.5878
伊金霍洛旗	0.5831
登封市	0.5807
肥东县	0.5806
济源市	0.5750
灵武市	0.5726
平湖市	0.5723
仙桃市	0.5719
宝应县	0.5710
潜江市	0.5684
醴陵市	0.5624
桓台县	0.5616
青州市	0.5602
大冶市	0.5581
临海市	0.5559
乳山市	0.5549
武安市	0.5547
新安县	0.5515
龙海市	0.5509
嘉善县	0.5503
长兴县	0.5488
莱西市	0.5459
句容市	0.5440
偃师市	0.5430
高密市	0.5428
清镇市	0.5420
鄂托克旗	0.5375
宜都市	0.5365

图3—28 经济规模竞争力指数

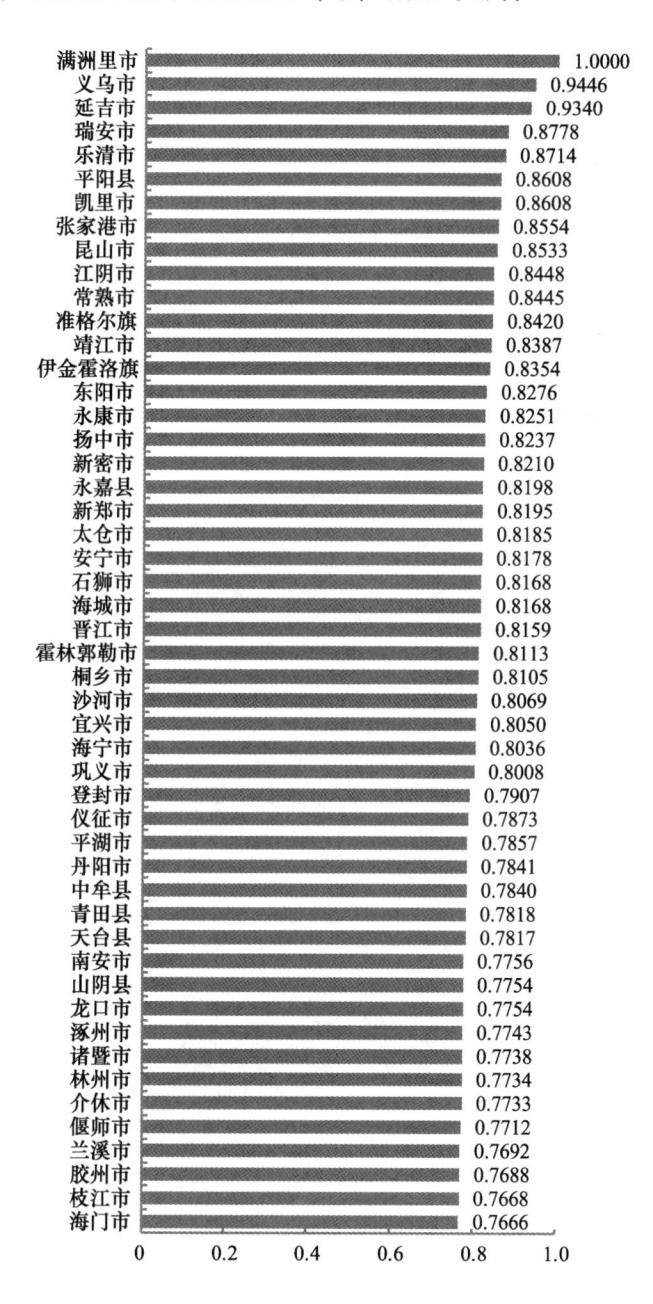

（三）经济结构竞争力百强县（市）指数与排名

排名	县（市）	指数
	满洲里市	1.0000
	义乌市	0.9446
	延吉市	0.9340
	瑞安市	0.8778
	乐清市	0.8714
	平阳县	0.8608
	凯里市	0.8608
	张家港市	0.8554
	昆山市	0.8533
	江阴市	0.8448
	常熟市	0.8445
	准格尔旗	0.8420
	靖江市	0.8387
	伊金霍洛旗	0.8354
	东阳市	0.8276
	永康市	0.8251
	扬中市	0.8237
	新密市	0.8210
	永嘉县	0.8198
	新郑市	0.8195
	太仓市	0.8185
	安宁市	0.8178
	石狮市	0.8168
	海城市	0.8168
	晋江市	0.8159
	霍林郭勒市	0.8113
	桐乡市	0.8105
	沙河市	0.8069
	宜兴市	0.8050
	海宁市	0.8036
	巩义市	0.8008
	登封市	0.7907
	仪征市	0.7873
	平湖市	0.7857
	丹阳市	0.7841
	中牟县	0.7840
	青田县	0.7818
	天台县	0.7817
	南安市	0.7756
	山阴县	0.7754
	龙口市	0.7754
	涿州市	0.7743
	诸暨市	0.7738
	林州市	0.7734
	介休市	0.7733
	偃师市	0.7712
	兰溪市	0.7692
	胶州市	0.7688
	枝江市	0.7668
	海门市	0.7666

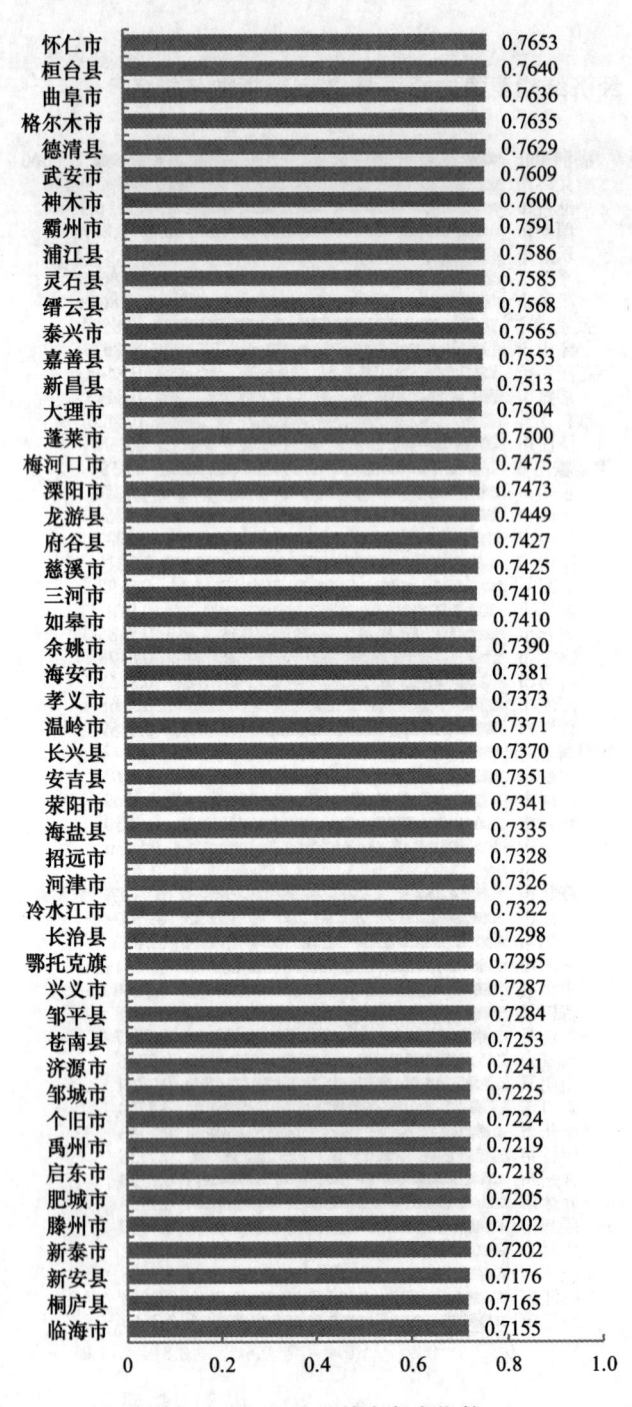

县市	指数
怀仁市	0.7653
桓台县	0.7640
曲阜市	0.7636
格尔木市	0.7635
德清县	0.7629
武安市	0.7609
神木市	0.7600
霸州市	0.7591
浦江县	0.7586
灵石县	0.7585
缙云县	0.7568
泰兴市	0.7565
嘉善县	0.7553
新昌县	0.7513
大理市	0.7504
蓬莱市	0.7500
梅河口市	0.7475
溧阳市	0.7473
龙游县	0.7449
府谷县	0.7427
慈溪市	0.7425
三河市	0.7410
如皋市	0.7410
余姚市	0.7390
海安市	0.7381
孝义市	0.7373
温岭市	0.7371
长兴县	0.7370
安吉县	0.7351
荥阳市	0.7341
海盐县	0.7335
招远市	0.7328
河津市	0.7326
冷水江市	0.7322
长治县	0.7298
鄂托克旗	0.7295
兴义市	0.7287
邹平县	0.7284
苍南县	0.7253
济源市	0.7241
邹城市	0.7225
个旧市	0.7224
禹州市	0.7219
启东市	0.7218
肥城市	0.7205
滕州市	0.7202
新泰市	0.7202
新安县	0.7176
桐庐县	0.7165
临海市	0.7155

图 3—29　经济结构竞争力指数

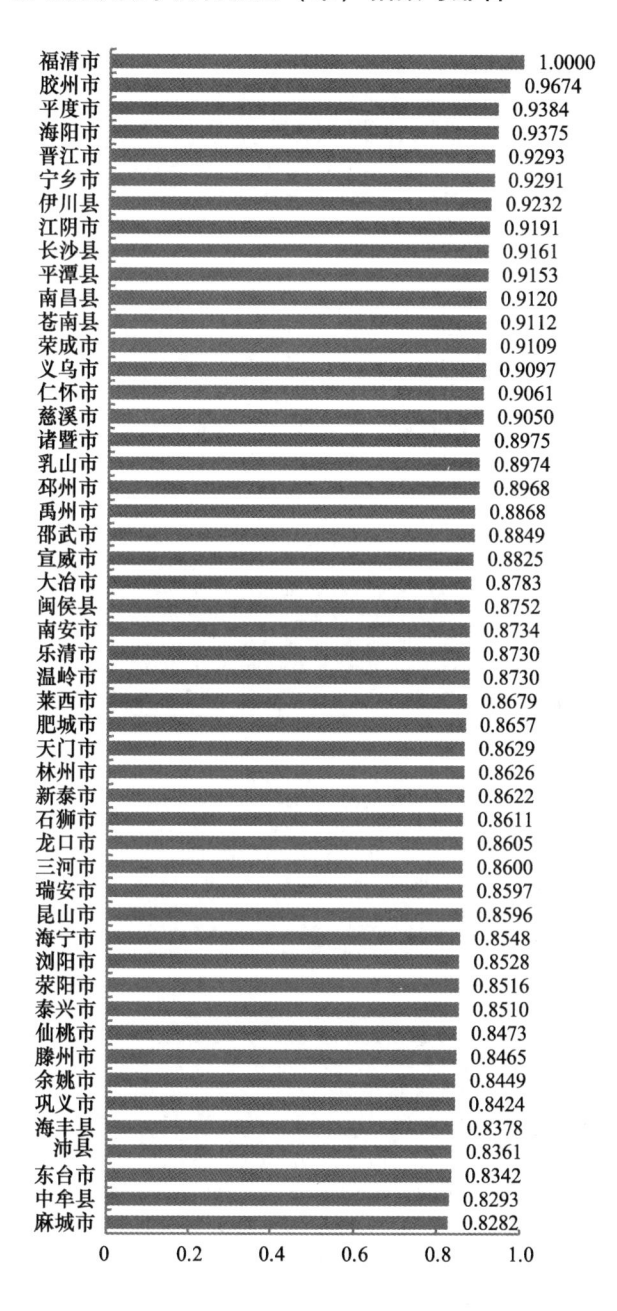

(四)市场需求竞争力百强县(市)指数与排名

县(市)	指数
福清市	1.0000
胶州市	0.9674
平度市	0.9384
海阳市	0.9375
晋江市	0.9293
宁乡市	0.9291
伊川县	0.9232
江阴市	0.9191
长沙县	0.9161
平潭县	0.9153
南昌县	0.9120
苍南县	0.9112
荣成市	0.9109
义乌市	0.9097
仁怀市	0.9061
慈溪市	0.9050
诸暨市	0.8975
乳山市	0.8974
邳州市	0.8968
禹州市	0.8868
邵武市	0.8849
宣威市	0.8825
大冶市	0.8783
闽侯县	0.8752
南安市	0.8734
乐清市	0.8730
温岭市	0.8730
莱西市	0.8679
肥城市	0.8657
天门市	0.8629
林州市	0.8626
新泰市	0.8622
石狮市	0.8611
龙口市	0.8605
三河市	0.8600
瑞安市	0.8597
昆山市	0.8596
海宁市	0.8548
浏阳市	0.8528
荥阳市	0.8516
泰兴市	0.8510
仙桃市	0.8473
滕州市	0.8465
余姚市	0.8449
巩义市	0.8424
海丰县	0.8378
沛县	0.8361
东台市	0.8342
中牟县	0.8293
麻城市	0.8282

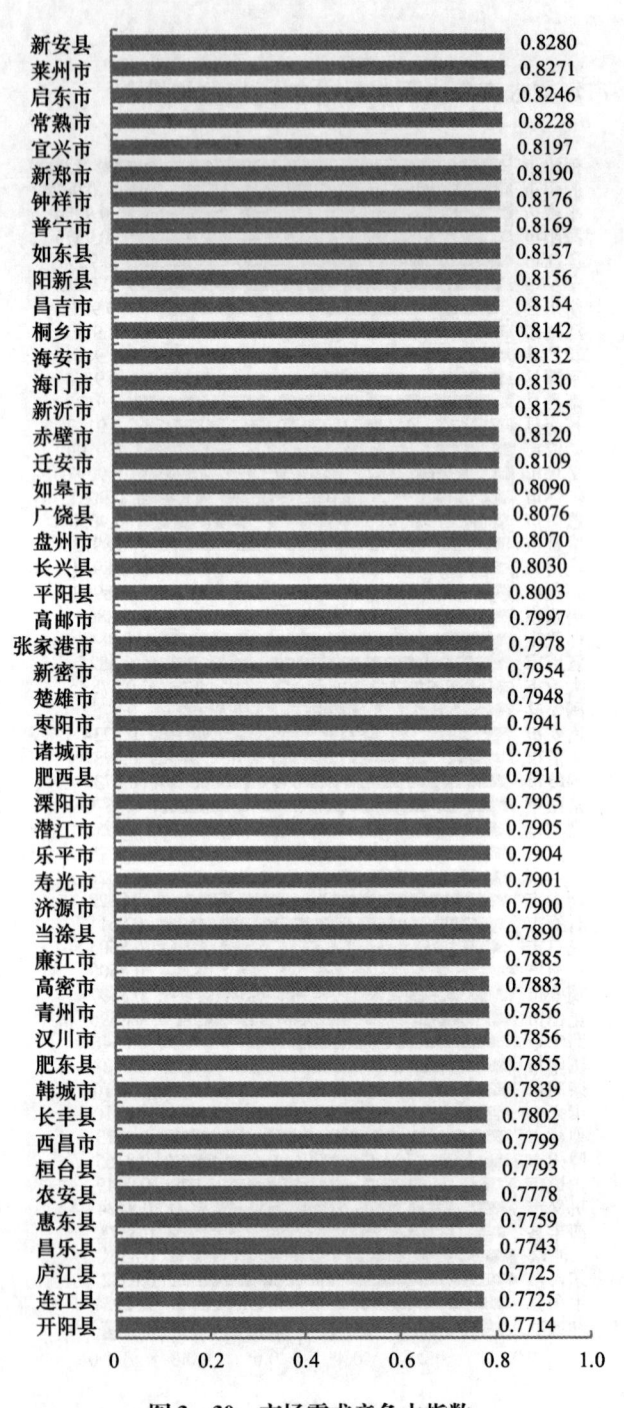

县市	指数
新安县	0.8280
莱州市	0.8271
启东市	0.8246
常熟市	0.8228
宜兴市	0.8197
新郑市	0.8190
钟祥市	0.8176
普宁市	0.8169
如东县	0.8157
阳新县	0.8156
昌吉市	0.8154
桐乡市	0.8142
海安市	0.8132
海门市	0.8130
新沂市	0.8125
赤壁市	0.8120
迁安市	0.8109
如皋市	0.8090
广饶县	0.8076
盘州市	0.8070
长兴县	0.8030
平阳县	0.8003
高邮市	0.7997
张家港市	0.7978
新密市	0.7954
楚雄市	0.7948
枣阳市	0.7941
诸城市	0.7916
肥西县	0.7911
溧阳市	0.7905
潜江市	0.7905
乐平市	0.7904
寿光市	0.7901
济源市	0.7900
当涂县	0.7890
廉江市	0.7885
高密市	0.7883
青州市	0.7856
汉川市	0.7856
肥东县	0.7855
韩城市	0.7839
长丰县	0.7802
西昌市	0.7799
桓台县	0.7793
农安县	0.7778
惠东县	0.7759
昌乐县	0.7743
庐江县	0.7725
连江县	0.7725
开阳县	0.7714

图3—30 市场需求竞争力指数

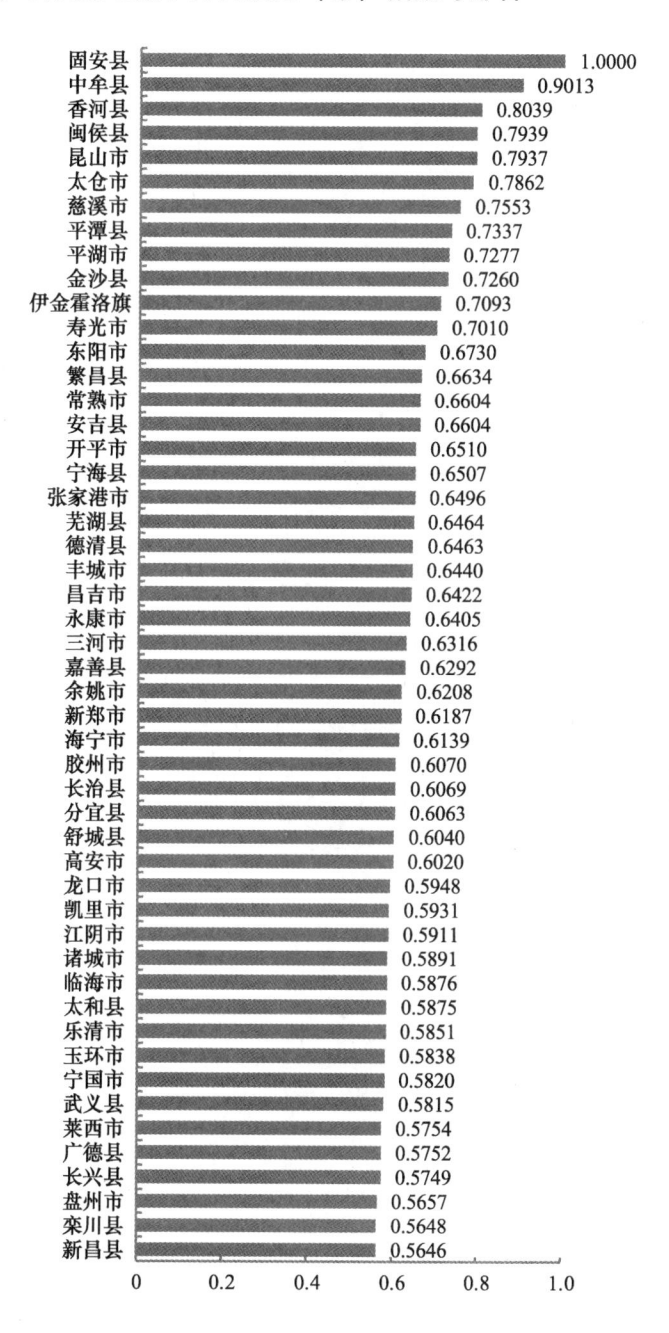

(五) 公共财政竞争力百强县（市）指数与排名

县市	指数
固安县	1.0000
中牟县	0.9013
香河县	0.8039
闽侯县	0.7939
昆山市	0.7937
太仓市	0.7862
慈溪市	0.7553
平潭县	0.7337
平湖市	0.7277
金沙县	0.7260
伊金霍洛旗	0.7093
寿光市	0.7010
东阳市	0.6730
繁昌县	0.6634
常熟市	0.6604
安吉县	0.6604
开平市	0.6510
宁海县	0.6507
张家港市	0.6496
芜湖县	0.6464
德清县	0.6463
丰城市	0.6440
昌吉市	0.6422
永康市	0.6405
三河市	0.6316
嘉善县	0.6292
余姚市	0.6208
新郑市	0.6187
海宁市	0.6139
胶州市	0.6070
长治县	0.6069
分宜县	0.6063
舒城县	0.6040
高安市	0.6020
龙口市	0.5948
凯里市	0.5931
江阴市	0.5911
诸城市	0.5891
临海市	0.5876
太和县	0.5875
乐清市	0.5851
玉环市	0.5838
宁国市	0.5820
武义县	0.5815
莱西市	0.5754
广德县	0.5752
长兴县	0.5749
盘州市	0.5657
栾川县	0.5648
新昌县	0.5646

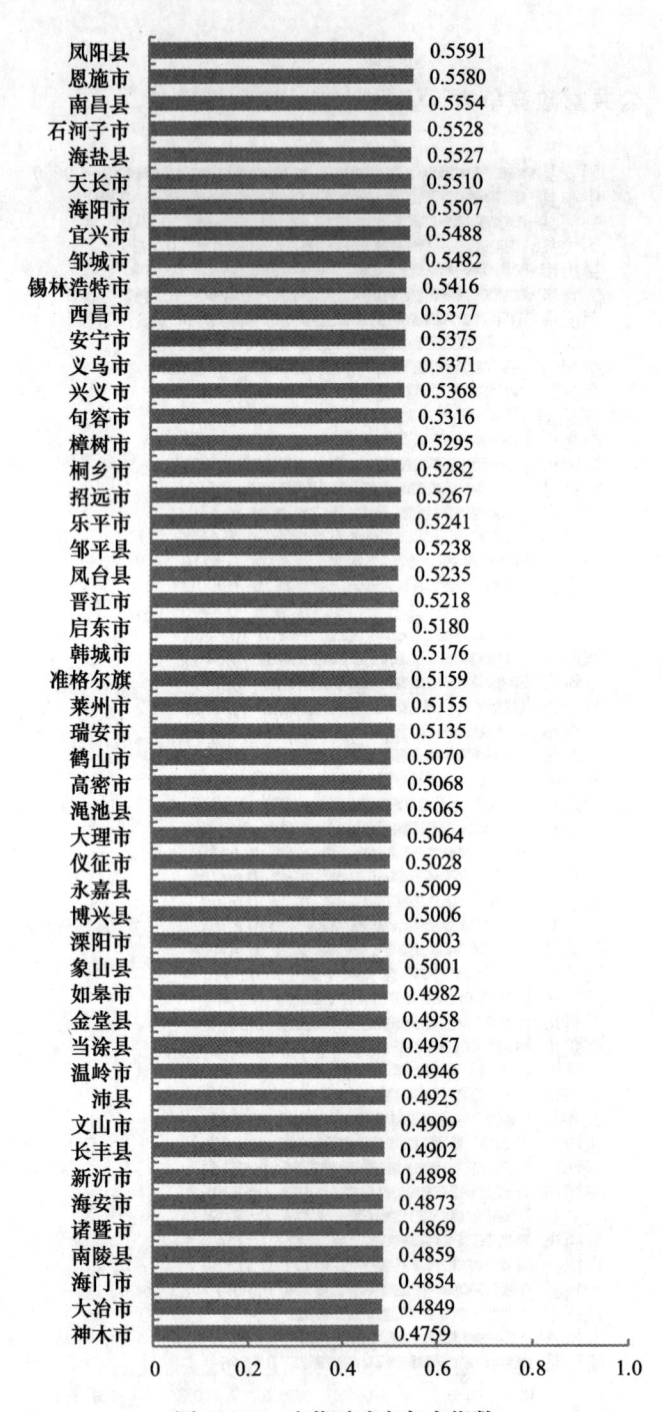

县市	指数
凤阳县	0.5591
恩施市	0.5580
南昌县	0.5554
石河子市	0.5528
海盐县	0.5527
天长市	0.5510
海阳市	0.5507
宜兴市	0.5488
邹城市	0.5482
锡林浩特市	0.5416
西昌市	0.5377
安宁市	0.5375
义乌市	0.5371
兴义市	0.5368
句容市	0.5316
樟树市	0.5295
桐乡市	0.5282
招远市	0.5267
乐平市	0.5241
邹平县	0.5238
凤台县	0.5235
晋江市	0.5218
启东市	0.5180
韩城市	0.5176
准格尔旗	0.5159
莱州市	0.5155
瑞安市	0.5135
鹤山市	0.5070
高密市	0.5068
渑池县	0.5065
大理市	0.5064
仪征市	0.5028
永嘉县	0.5009
博兴县	0.5006
溧阳市	0.5003
象山县	0.5001
如皋市	0.4982
金堂县	0.4958
当涂县	0.4957
温岭市	0.4946
沛县	0.4925
文山市	0.4909
长丰县	0.4902
新沂市	0.4898
海安市	0.4873
诸暨市	0.4869
南陵县	0.4859
海门市	0.4854
大冶市	0.4849
神木市	0.4759

图3—31 公共财政竞争力指数

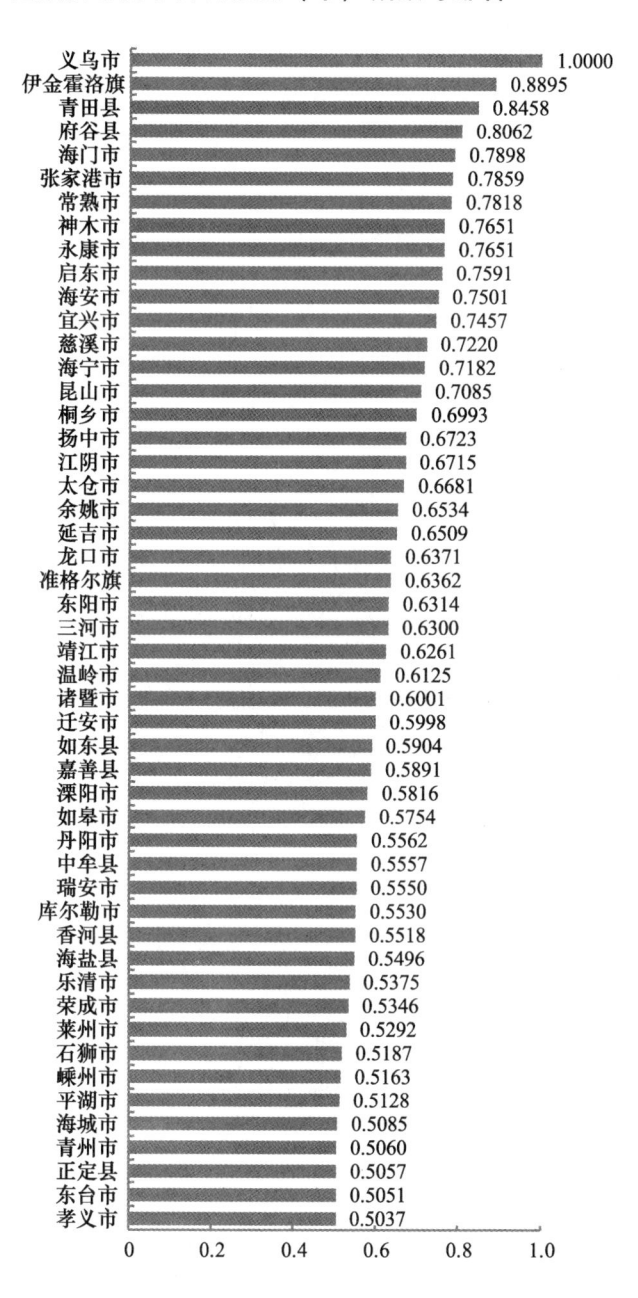

（六）金融资源竞争力百强县（市）指数与排名

县（市）	指数
义乌市	1.0000
伊金霍洛旗	0.8895
青田县	0.8458
府谷县	0.8062
海门市	0.7898
张家港市	0.7859
常熟市	0.7818
神木市	0.7651
永康市	0.7651
启东市	0.7591
海安市	0.7501
宜兴市	0.7457
慈溪市	0.7220
海宁市	0.7182
昆山市	0.7085
桐乡市	0.6993
扬中市	0.6723
江阴市	0.6715
太仓市	0.6681
余姚市	0.6534
延吉市	0.6509
龙口市	0.6371
准格尔旗	0.6362
东阳市	0.6314
三河市	0.6300
靖江市	0.6261
温岭市	0.6125
诸暨市	0.6001
迁安市	0.5998
如东县	0.5904
嘉善县	0.5891
溧阳市	0.5816
如皋市	0.5754
丹阳市	0.5562
中牟县	0.5557
瑞安市	0.5550
库尔勒市	0.5530
香河县	0.5518
海盐县	0.5496
乐清市	0.5375
荣成市	0.5346
莱州市	0.5292
石狮市	0.5187
嵊州市	0.5163
平湖市	0.5128
海城市	0.5085
青州市	0.5060
正定县	0.5057
东台市	0.5051
孝义市	0.5037

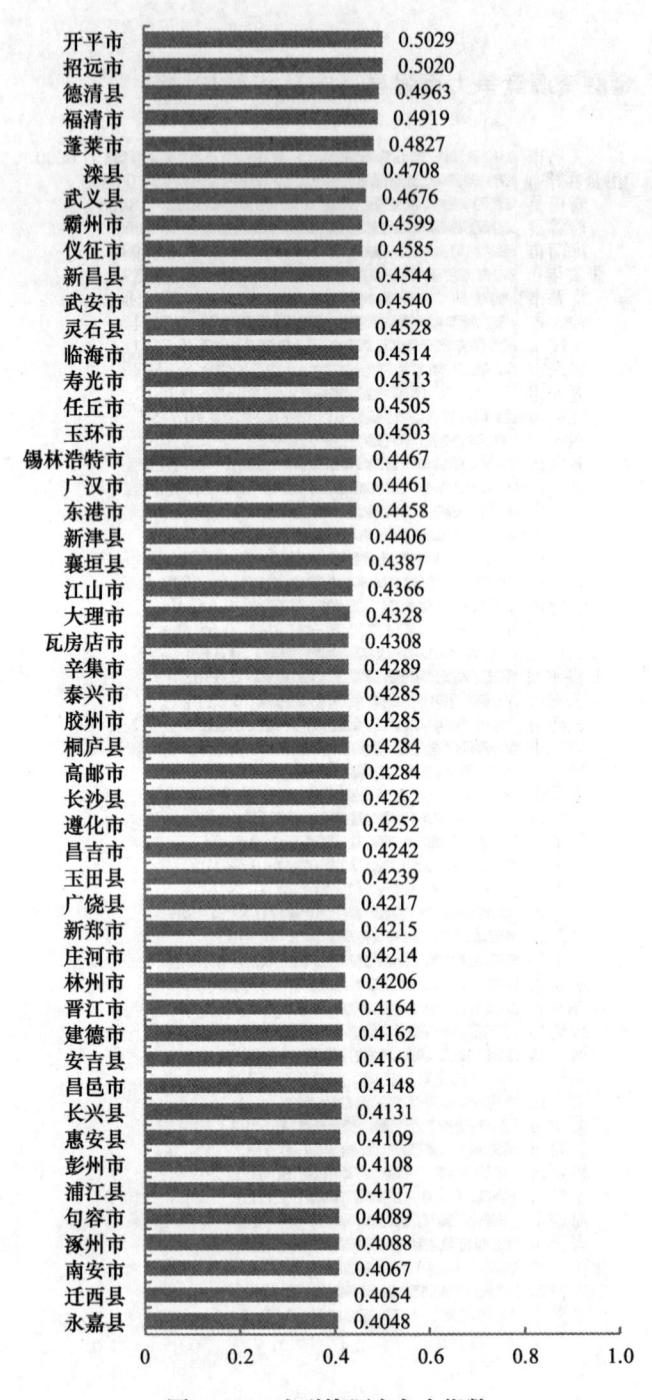

县市	指数
开平市	0.5029
招远市	0.5020
德清县	0.4963
福清市	0.4919
蓬莱市	0.4827
滦县	0.4708
武义县	0.4676
霸州市	0.4599
仪征市	0.4585
新昌县	0.4544
武安市	0.4540
灵石县	0.4528
临海市	0.4514
寿光市	0.4513
任丘市	0.4505
玉环市	0.4503
锡林浩特市	0.4467
广汉市	0.4461
东港市	0.4458
新津县	0.4406
襄垣县	0.4387
江山市	0.4366
大理市	0.4328
瓦房店市	0.4308
辛集市	0.4289
泰兴市	0.4285
胶州市	0.4285
桐庐县	0.4284
高邮市	0.4284
长沙县	0.4262
遵化市	0.4252
昌吉市	0.4242
玉田县	0.4239
广饶县	0.4217
新郑市	0.4215
庄河市	0.4214
林州市	0.4206
晋江市	0.4164
建德市	0.4162
安吉县	0.4161
昌邑市	0.4148
长兴县	0.4131
惠安县	0.4109
彭州市	0.4108
浦江县	0.4107
句容市	0.4089
涿州市	0.4088
南安市	0.4067
迁西县	0.4054
永嘉县	0.4048

图3—32　金融资源竞争力指数

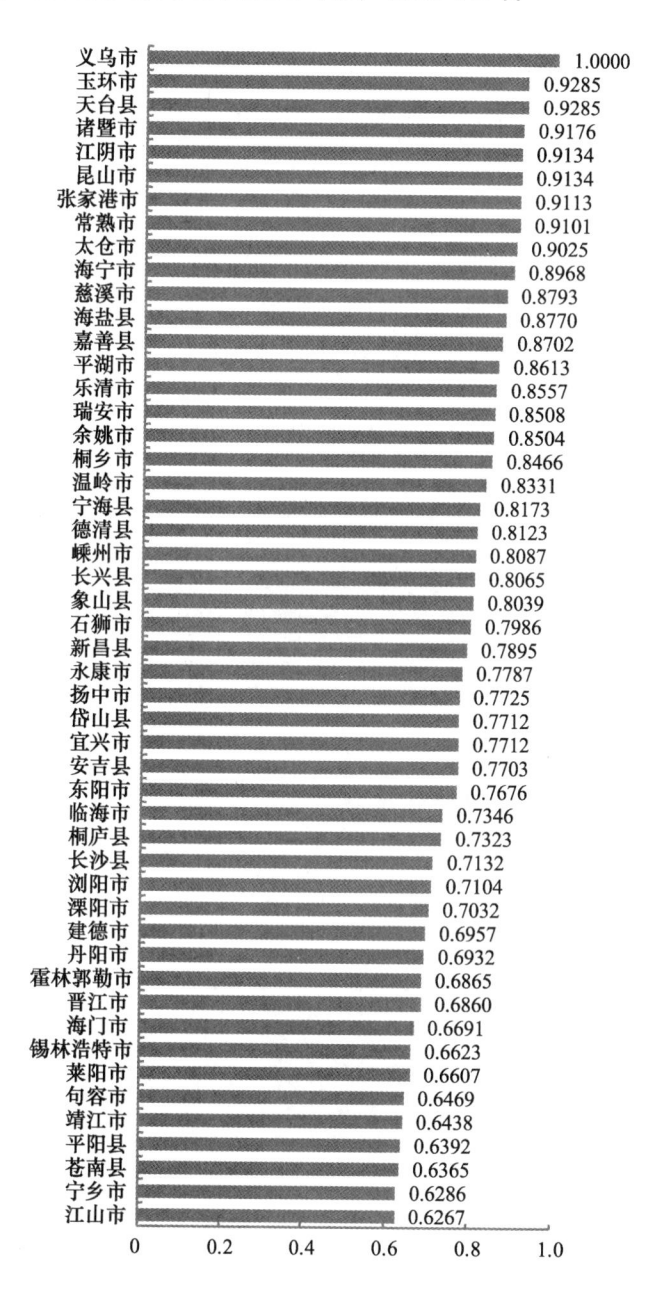

（七）居民收入竞争力百强县（市）指数与排名

县（市）	指数
义乌市	1.0000
玉环市	0.9285
天台县	0.9285
诸暨市	0.9176
江阴市	0.9134
昆山市	0.9134
张家港市	0.9113
常熟市	0.9101
太仓市	0.9025
海宁市	0.8968
慈溪市	0.8793
海盐县	0.8770
嘉善县	0.8702
平湖市	0.8613
乐清市	0.8557
瑞安市	0.8508
余姚市	0.8504
桐乡市	0.8466
温岭市	0.8331
宁海县	0.8173
德清县	0.8123
嵊州市	0.8087
长兴县	0.8065
象山县	0.8039
石狮市	0.7986
新昌县	0.7895
永康市	0.7787
扬中市	0.7725
岱山县	0.7712
宜兴市	0.7712
安吉县	0.7703
东阳市	0.7676
临海市	0.7346
桐庐县	0.7323
长沙县	0.7132
浏阳市	0.7104
溧阳市	0.7032
建德市	0.6957
丹阳市	0.6932
霍林郭勒市	0.6865
晋江市	0.6860
海门市	0.6691
锡林浩特市	0.6623
莱阳市	0.6607
句容市	0.6469
靖江市	0.6438
平阳县	0.6392
苍南县	0.6365
宁乡市	0.6286
江山市	0.6267

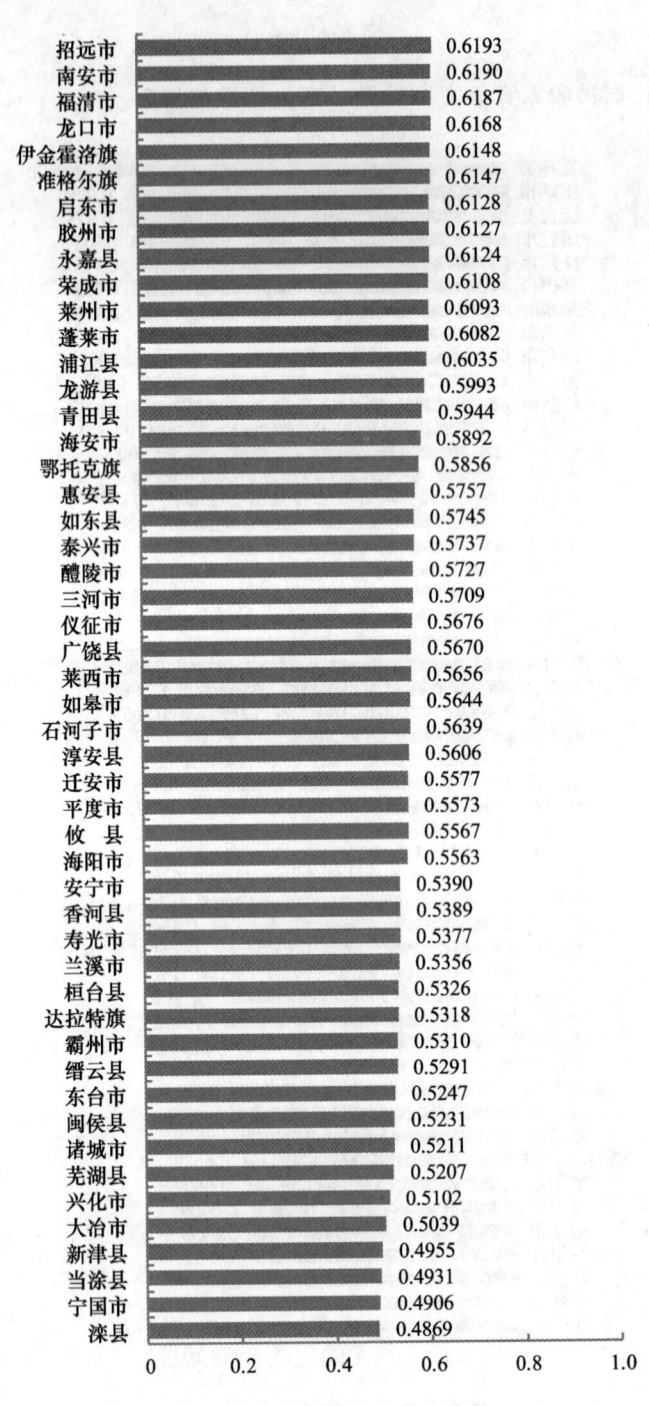

县市	指数
招远市	0.6193
南安市	0.6190
福清市	0.6187
龙口市	0.6168
伊金霍洛旗	0.6148
准格尔旗	0.6147
启东市	0.6128
胶州市	0.6127
永嘉县	0.6124
荣成市	0.6108
莱州市	0.6093
蓬莱市	0.6082
浦江县	0.6035
龙游县	0.5993
青田县	0.5944
海安市	0.5892
鄂托克旗	0.5856
惠安县	0.5757
如东县	0.5745
泰兴市	0.5737
醴陵市	0.5727
三河市	0.5709
仪征市	0.5676
广饶县	0.5670
莱西市	0.5656
如皋市	0.5644
石河子市	0.5639
淳安县	0.5606
迁安市	0.5577
平度市	0.5573
攸县	0.5567
海阳市	0.5563
安宁市	0.5390
香河县	0.5389
寿光市	0.5377
兰溪市	0.5356
桓台县	0.5326
达拉特旗	0.5318
霸州市	0.5310
缙云县	0.5291
东台市	0.5247
闽侯县	0.5231
诸城市	0.5211
芜湖县	0.5207
兴化市	0.5102
大冶市	0.5039
新津县	0.4955
当涂县	0.4931
宁国市	0.4906
滦县	0.4869

图3—33 居民收入竞争力指数

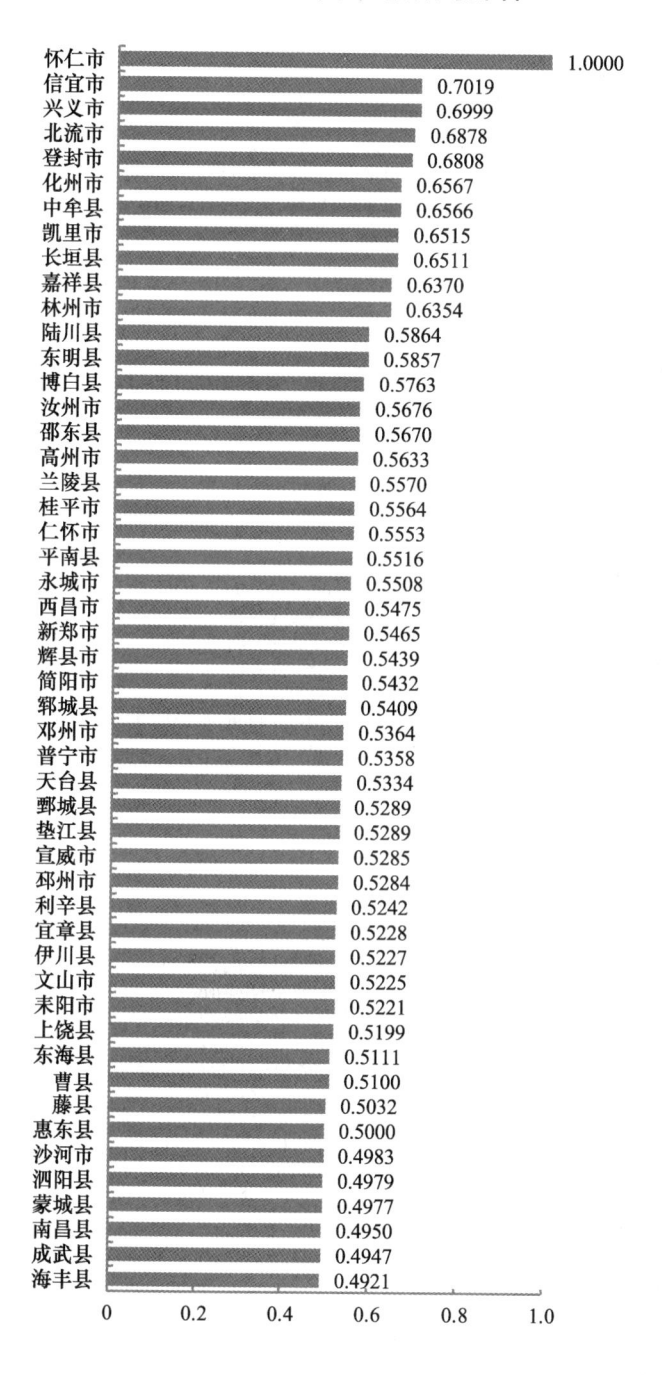

(八) 基础教育竞争力百强县（市）指数与排名

县（市）	指数
怀仁市	1.0000
信宜市	0.7019
兴义市	0.6999
北流市	0.6878
登封市	0.6808
化州市	0.6567
中牟县	0.6566
凯里市	0.6515
长垣县	0.6511
嘉祥县	0.6370
林州市	0.6354
陆川县	0.5864
东明县	0.5857
博白县	0.5763
汝州市	0.5676
邵东县	0.5670
高州市	0.5633
兰陵县	0.5570
桂平市	0.5564
仁怀市	0.5553
平南县	0.5516
永城市	0.5508
西昌市	0.5475
新郑市	0.5465
辉县市	0.5439
简阳市	0.5432
郓城县	0.5409
邓州市	0.5364
普宁市	0.5358
天台县	0.5334
鄄城县	0.5289
垫江县	0.5289
宣威市	0.5285
邳州市	0.5284
利辛县	0.5242
宜章县	0.5228
伊川县	0.5227
文山市	0.5225
耒阳市	0.5221
上饶县	0.5199
东海县	0.5111
曹县	0.5100
藤县	0.5032
惠东县	0.5000
沙河市	0.4983
泗阳县	0.4979
蒙城县	0.4977
南昌县	0.4950
成武县	0.4947
海丰县	0.4921

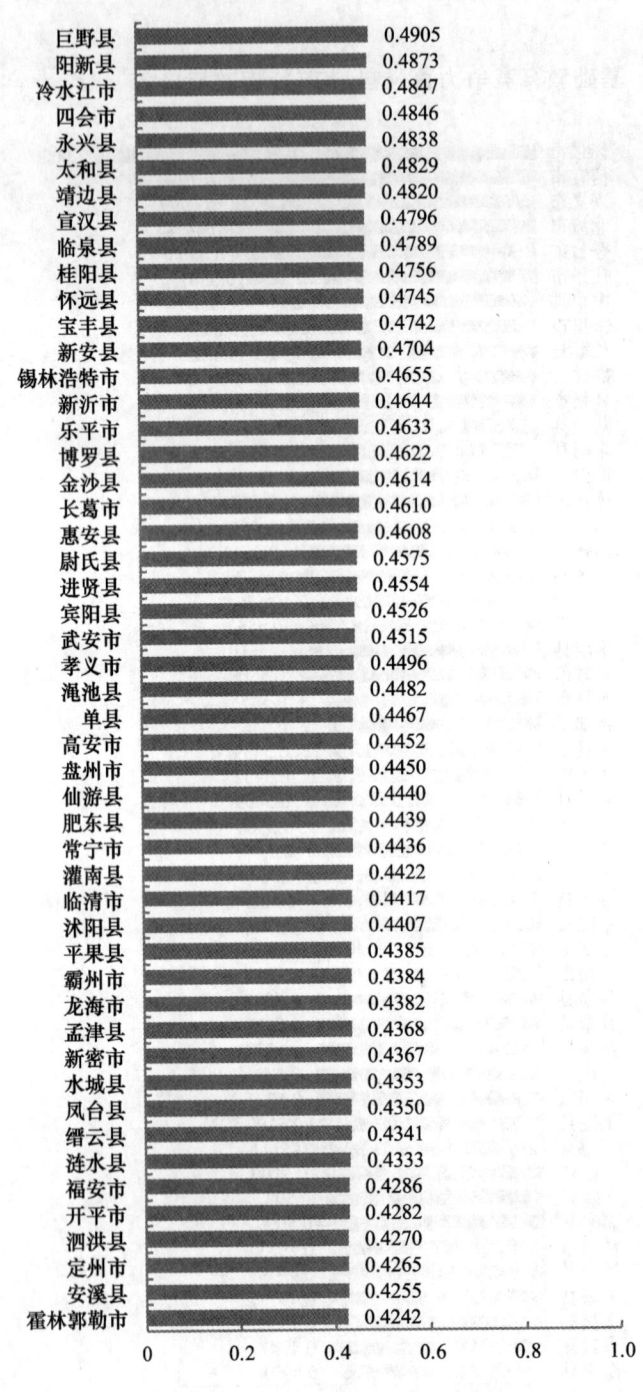

县市	指数
巨野县	0.4905
阳新县	0.4873
冷水江市	0.4847
四会市	0.4846
永兴县	0.4838
太和县	0.4829
靖边县	0.4820
宣汉县	0.4796
临泉县	0.4789
桂阳县	0.4756
怀远县	0.4745
宝丰县	0.4742
新安县	0.4704
锡林浩特市	0.4655
新沂市	0.4644
乐平市	0.4633
博罗县	0.4622
金沙县	0.4614
长葛市	0.4610
惠安县	0.4608
尉氏县	0.4575
进贤县	0.4554
宾阳县	0.4526
武安市	0.4515
孝义市	0.4496
渑池县	0.4482
单县	0.4467
高安市	0.4452
盘州市	0.4450
仙游县	0.4440
肥东县	0.4439
常宁市	0.4436
灌南县	0.4422
临清市	0.4417
沭阳县	0.4407
平果县	0.4385
霸州市	0.4384
龙海市	0.4382
孟津县	0.4368
新密市	0.4367
水城县	0.4353
凤台县	0.4350
缙云县	0.4341
涟水县	0.4333
福安市	0.4286
开平市	0.4282
泗洪县	0.4270
定州市	0.4265
安溪县	0.4255
霍林郭勒市	0.4242

图3—34 基础教育竞争力指数

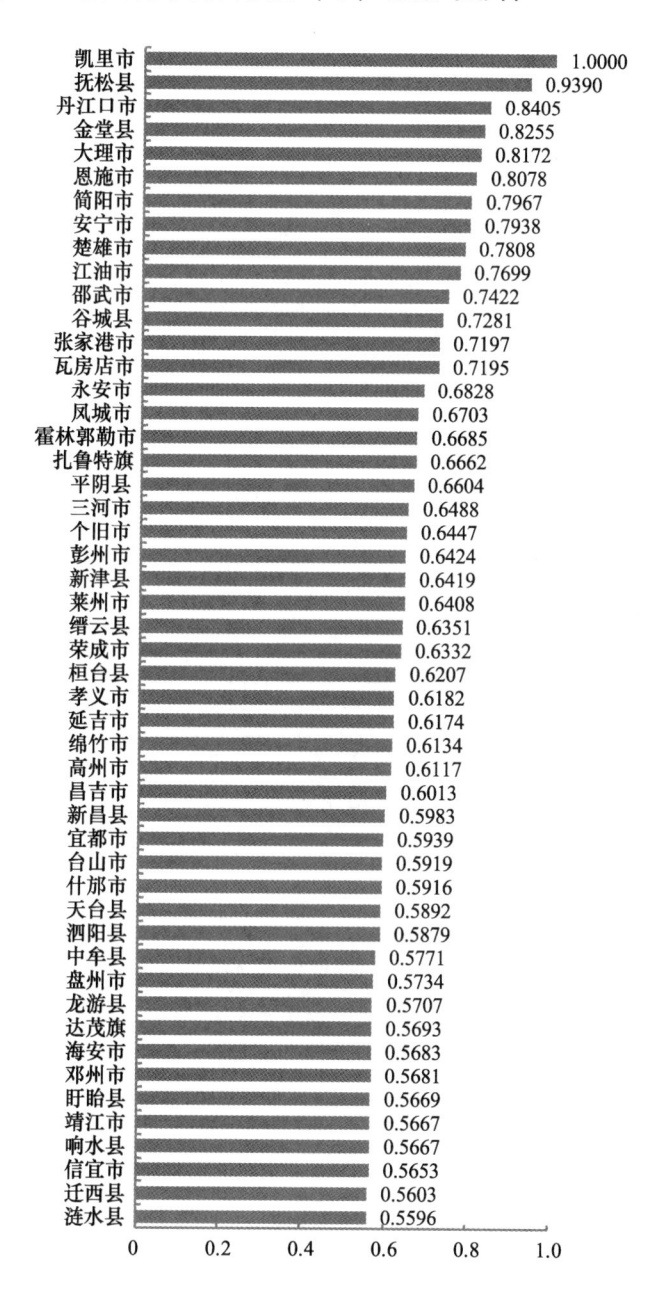

（九）卫生福利竞争力百强县（市）指数与排名

县（市）	指数
凯里市	1.0000
抚松县	0.9390
丹江口市	0.8405
金堂县	0.8255
大理市	0.8172
恩施市	0.8078
简阳市	0.7967
安宁市	0.7938
楚雄市	0.7808
江油市	0.7699
邵武市	0.7422
谷城县	0.7281
张家港市	0.7197
瓦房店市	0.7195
永安市	0.6828
凤城市	0.6703
霍林郭勒市	0.6685
扎鲁特旗	0.6662
平阴县	0.6604
三河市	0.6488
个旧市	0.6447
彭州市	0.6424
新津县	0.6419
莱州市	0.6408
缙云县	0.6351
荣成市	0.6332
桓台县	0.6207
孝义市	0.6182
延吉市	0.6174
绵竹市	0.6134
高州市	0.6117
昌吉市	0.6013
新昌县	0.5983
宜都市	0.5939
台山市	0.5919
什邡市	0.5916
天台县	0.5892
泗阳县	0.5879
中牟县	0.5771
盘州市	0.5734
龙游县	0.5707
达茂旗	0.5693
海安市	0.5683
邓州市	0.5681
盱眙县	0.5669
靖江市	0.5667
响水县	0.5667
信宜市	0.5653
迁西县	0.5603
涟水县	0.5596

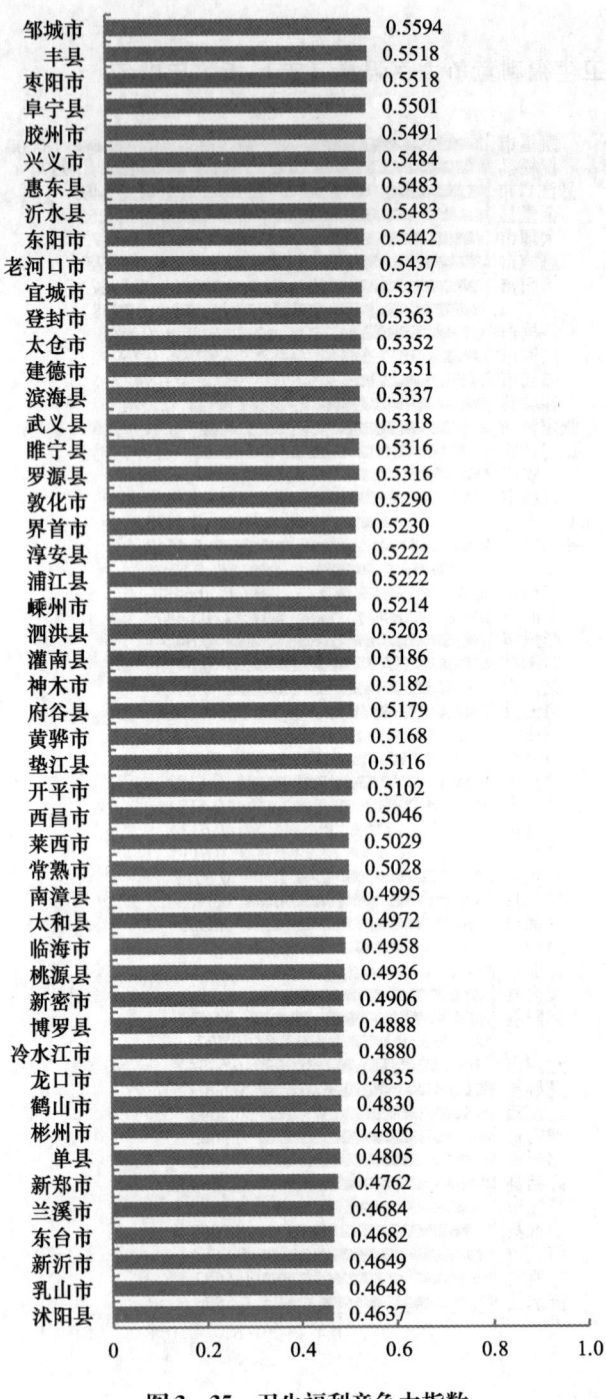

县市	卫生福利竞争力指数
邹城市	0.5594
丰县	0.5518
枣阳市	0.5518
阜宁县	0.5501
胶州市	0.5491
兴义市	0.5484
惠东县	0.5483
沂水县	0.5483
东阳市	0.5442
老河口市	0.5437
宜城市	0.5377
登封市	0.5363
太仓市	0.5352
建德市	0.5351
滨海县	0.5337
武义县	0.5318
睢宁县	0.5316
罗源县	0.5316
敦化市	0.5290
界首市	0.5230
淳安县	0.5222
浦江县	0.5222
嵊州市	0.5214
泗洪县	0.5203
灌南县	0.5186
神木市	0.5182
府谷县	0.5179
黄骅市	0.5168
垫江县	0.5116
开平市	0.5102
西昌市	0.5046
莱西市	0.5029
常熟市	0.5028
南漳县	0.4995
太和县	0.4972
临海市	0.4958
桃源县	0.4936
新密市	0.4906
博罗县	0.4888
冷水江市	0.4880
龙口市	0.4835
鹤山市	0.4830
彬州市	0.4806
单县	0.4805
新郑市	0.4762
兰溪市	0.4684
东台市	0.4682
新沂市	0.4649
乳山市	0.4648
沭阳县	0.4637

图3—35 卫生福利竞争力指数

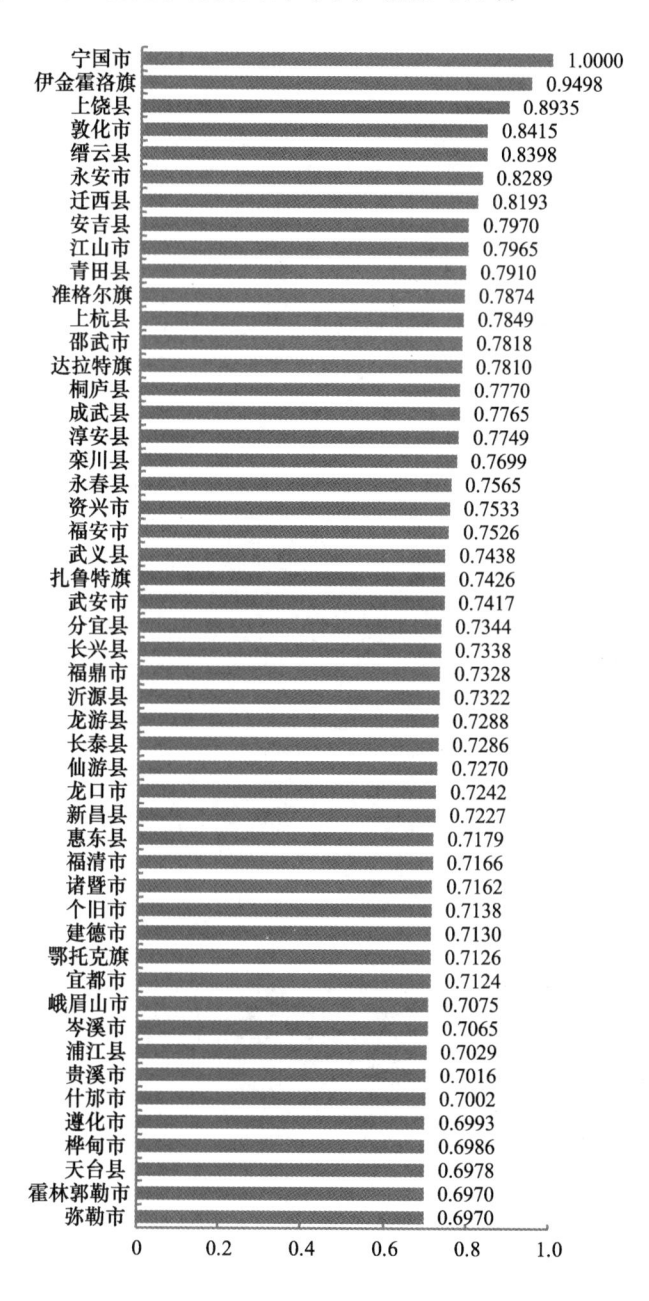

（十）生态环境竞争力百强县（市）指数与排名

县（市）	指数
宁国市	1.0000
伊金霍洛旗	0.9498
上饶县	0.8935
敦化市	0.8415
缙云县	0.8398
永安市	0.8289
迁西县	0.8193
安吉县	0.7970
江山市	0.7965
青田县	0.7910
准格尔旗	0.7874
上杭县	0.7849
邵武市	0.7818
达拉特旗	0.7810
桐庐县	0.7770
成武县	0.7765
淳安县	0.7749
栾川县	0.7699
永春县	0.7565
资兴市	0.7533
福安市	0.7526
武义县	0.7438
扎鲁特旗	0.7426
武安市	0.7417
分宜县	0.7344
长兴县	0.7338
福鼎市	0.7328
沂源县	0.7322
龙游县	0.7288
长泰县	0.7286
仙游县	0.7270
龙口市	0.7242
新昌县	0.7227
惠东县	0.7179
福清市	0.7166
诸暨市	0.7162
个旧市	0.7138
建德市	0.7130
鄂托克旗	0.7126
宜都市	0.7124
峨眉山市	0.7075
岑溪市	0.7065
浦江县	0.7029
贵溪市	0.7016
什邡市	0.7002
遵化市	0.6993
桦甸市	0.6986
天台县	0.6978
霍林郭勒市	0.6970
弥勒市	0.6970

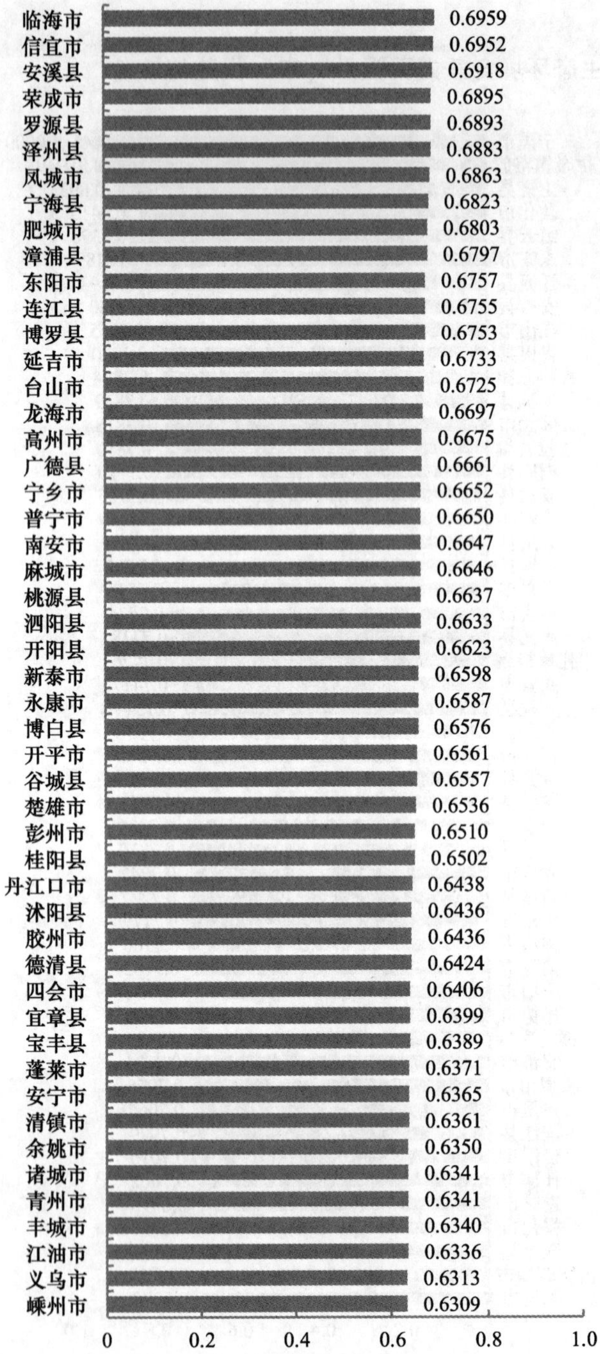

县市	指数
临海市	0.6959
信宜市	0.6952
安溪县	0.6918
荣成市	0.6895
罗源县	0.6893
泽州县	0.6883
凤城市	0.6863
宁海县	0.6823
肥城市	0.6803
漳浦县	0.6797
东阳市	0.6757
连江县	0.6755
博罗县	0.6753
延吉市	0.6733
台山市	0.6725
龙海市	0.6697
高州市	0.6675
广德县	0.6661
宁乡市	0.6652
普宁市	0.6650
南安市	0.6647
麻城市	0.6646
桃源县	0.6637
泗阳县	0.6633
开阳县	0.6623
新泰市	0.6598
永康市	0.6587
博白县	0.6576
开平市	0.6561
谷城县	0.6557
楚雄市	0.6536
彭州市	0.6510
桂阳县	0.6502
丹江口市	0.6438
沭阳县	0.6436
胶州市	0.6436
德清县	0.6424
四会市	0.6406
宜章县	0.6399
宝丰县	0.6389
蓬莱市	0.6371
安宁市	0.6365
清镇市	0.6361
余姚市	0.6350
诸城市	0.6341
青州市	0.6341
丰城市	0.6340
江油市	0.6336
义乌市	0.6313
嵊州市	0.6309

图3—36　生态环境竞争力指数

第三篇

投资潜力报告

第一章

들어가는 말이

第四章

2017年县域经济投资潜力排名

一 中国县域经济投资潜力指标的选取原则

中国县域经济投资潜力指标的选取应主要遵循三个原则：一是系统性原则，即指标的选择应既能够涵盖显示性因素和解释性因素，又能够反映静态性因素和动态性因素；二是趋势性原则，即指标的选择应能够动态反映当前和未来的发展变化趋势；三是区域性原则，即指标的选择应能够反映不同县（市）所处区域环境的辐射效应。

二 中国县域经济投资潜力指标体系的建立

中国县域经济投资潜力指标体系由两级指标组成。一级指标体系分为经济增长指数、供给潜力指数、财政保障指数、金融便利指数、研发能力指数、园区发展指数、空间区位指数和交通通达指数8个子系统。其中，经济增长指数和供给潜力指数各由1个二级指标构成，财政保障指数、金融便利指数、研发能力指数、园区发展指数和空间区位指数各由2个二级指标合成，交通通达指数由3个二级指标合成。因此，中国县域经济投资潜力指标体系共由8个子系统和15个二级指标构成（见表4—1）。

表4—1　　中国县域经济投资潜力指标体系

一级指标	二级指标	备注
FZ1 经济增长指数	FZ1.1 GDP增长率	以不变价格衡量的地区生产总值同比增长率
FZ2 供给潜力指数	FZ2.1 固定资产投资增长率	县（市）社会固定资产投资完成额同比增长率
FZ3 财政保障指数	FZ3.1 地方公共财政收入增长率	
	FZ3.2 人均地方公共财政收入	
FZ4 金融便利指数	FZ4.1 居民储蓄占GDP比重	年末城乡居民在金融机构的储蓄额占GDP的比重
	FZ4.2 金融机构贷款占GDP比重	年末金融机构各项贷款余额占GDP的比重
FZ5 研发能力指数	FZ5.1 百亿GDP专利申请量	
	FZ5.2 发明专利申请量占比	发明专利申请量占专利申请总量的比重
FZ6 园区发展指数	FZ6.1 国家级经济或高新技术开发区	每一个国家级经济开发区或高新技术开发区评为10分
	FZ6.2 省级高新技术开发区	每一个省级高新技术开发区评为5分
FZ7 空间区位指数	FZ7.1 核心城市经济规模	经过距离系数调整的核心城市经济规模
	FZ7.2 核心城市城镇居民可支配收入	经过距离系数调整的核心城市城镇居民人均可支配收入
FZ8 交通通达指数	FZ8.1 百公里内机场的客流量	一百公里内最大机场的客流量
	FZ8.2 境内高速公路向数	根据过境高速公路方向数评分，每一方向评为5分
	FZ8.3 25公里内火车站车次	特大城市火车站辐射范围扩展为50公里

三 中国县域经济投资潜力指标体系权重的确定

中国县域经济竞争力指标体系权重的确定采用专家打分法。在确定权重的时候，将反映现时增长状况的显示性指标赋予较大权重，将反映结构性和发展软环境指标赋予的权重大小次之，而将反映区位和交通等发展硬环境的指标赋予的权重则相对较小。例如，我们对园区发展指数和交通通达指数赋予的权重都较小，这是因为这些因素有些并不是县域经济自身可以充分控制的，动态性相对不足，对于动态监测县域经济投资潜力变化的意义不大。

四 中国县域经济投资潜力400强县（市）的选择

中国县域经济投资潜力400强县（市）的选择标准同中国县域经济竞争力400强县（市）。

五 中国县域经济投资潜力指标体系数据的来源

400县（市）数据主要来源于各县（市）国民经济与社会发展统计公报、各县（市）人民政府工作报告、各县（市）发展和改革局的国民经济与社会发展规划、各县（市）2017年财政预算执行情况和2018年财政预算草案的报告、中国县域经济统计年鉴，或者来源于各县（市）政务信息公开网站、统计局网站；交通类数据主要来源于360地图搜索、铁道部12306网站和中国民航局网站；其余数据来源于各种途径的网络搜索或者县（市）统计局调查。各指标中，金融便利指数子系统中的居民储蓄占GDP比重和金融机构贷款占GDP比重量指标为2016年数据，其余指标为2017年数据。

六 县域经济投资潜力排名

表4—2　全国县域经济投资潜力百强县（市）排名

县（市）	所属地区	投资潜力排名	投资潜力指数	县（市）	所属地区	投资潜力排名	投资潜力指数
金堂县	成都	1	1.0000	肥东县	合肥	26	0.8116
嘉善县	嘉兴	2	0.9786	海安市	南通	27	0.8110
界首市	阜阳	3	0.9660	昌吉市	昌吉州	28	0.8075
固安县	廊坊	4	0.9409	长兴县	湖州	29	0.8074
德清县	湖州	5	0.9406	鹤山市	江门	30	0.8073
新津县	成都	6	0.9101	余姚市	宁波	31	0.8052
灵武市	银川	7	0.8955	宁海县	宁波	32	0.8041
闽侯县	福州	8	0.8928	胶州市	青岛	33	0.8024
慈溪市	宁波	9	0.8906	浏阳市	长沙	34	0.7975
平湖市	嘉兴	10	0.8828	临泉县	阜阳	35	0.7936
中牟县	郑州	11	0.8795	新昌县	绍兴	36	0.7931
长沙县	长沙	12	0.8775	博罗县	惠州	37	0.7930
韩城市	渭南	13	0.8765	广汉市	德阳	38	0.7906
开阳县	贵阳	14	0.8688	东阳市	金华	39	0.7894
安宁市	昆明	15	0.8577	青田县	丽水	40	0.7884
太仓市	苏州	16	0.8547	义乌市	金华	41	0.7881
舒城县	六安	17	0.8479	安吉县	湖州	42	0.7875
岱山县	舟山	18	0.8421	永嘉县	温州	43	0.7821
清镇市	贵阳	19	0.8417	临海市	台州	44	0.7798
涿州市	保定	20	0.8333	宁乡市	长沙	45	0.7792
昆山市	苏州	21	0.8223	兴义市	黔西南州	46	0.7791
太和县	阜阳	22	0.8215	新郑市	郑州	47	0.7743
福清市	福州	23	0.8201	仪征市	扬州	48	0.7668
天长市	滁州	24	0.8179	乐清市	温州	49	0.7630
正定县	石家庄	25	0.8122	彭州市	成都	50	0.7607

续表

县（市）	所属地区	投资潜力 排名	投资潜力 指数	县（市）	所属地区	投资潜力 排名	投资潜力 指数
句容市	镇江	51	0.7593	诸暨市	绍兴	76	0.7083
肥西县	合肥	52	0.7584	桐城市	安庆	77	0.7075
海宁市	嘉兴	53	0.7581	济阳县	济南	78	0.7068
常熟市	苏州	54	0.7579	永康市	金华	79	0.7057
平潭县	福州	55	0.7559	嵊州市	绍兴	80	0.7032
如皋市	南通	56	0.7536	长葛市	许昌	81	0.7022
宁国市	宣城	57	0.7518	丰城市	宜春	82	0.7000
瑞安市	温州	58	0.7515	苍南县	温州	83	0.6988
农安县	长春	59	0.7491	海门市	南通	84	0.6973
温岭市	台州	60	0.7462	荥阳市	郑州	85	0.6970
仁怀市	遵义	61	0.7452	桐乡市	嘉兴	86	0.6921
楚雄市	楚雄州	62	0.7432	巢湖市	合肥	87	0.6920
南昌县	南昌	63	0.7432	湘潭县	湘潭	88	0.6896
平阳县	温州	64	0.7424	扬中市	镇江	89	0.6871
海盐县	嘉兴	65	0.7409	凤阳县	滁州	90	0.6828
绵竹市	德阳	66	0.7406	禹城市	德州	91	0.6825
麻城市	黄冈	67	0.7340	个旧市	红河州	92	0.6816
泰兴市	泰州	68	0.7333	惠安县	泉州	93	0.6806
长丰县	合肥	69	0.7327	平果县	百色	94	0.6797
萧县	宿州	70	0.7275	浦江县	金华	95	0.6790
张家港市	苏州	71	0.7256	大冶市	黄石	96	0.6760
芜湖县	芜湖	72	0.7181	惠东县	惠州	97	0.6749
启东市	南通	73	0.7109	当涂县	马鞍山	98	0.6736
汝州市	平顶山	74	0.7104	长垣县	新乡	99	0.6700
溧阳市	常州	75	0.7102	文山市	文山州	100	0.6698

表4—3 全国县域经济400强投资潜力排名

县(市)	所属地区	投资潜力指数 排名	投资潜力指数 指数	FZ1 经济增长指数 排名	FZ1 经济增长指数 指数	FZ2 供给潜力指数 排名	FZ2 供给潜力指数 指数	FZ3 财政保障指数 排名	FZ3 财政保障指数 指数	FZ4 金融便利指数 排名	FZ4 金融便利指数 指数	FZ5 研发能力指数 排名	FZ5 研发能力指数 指数	FZ6 园区发展指数 排名	FZ6 园区发展指数 指数	FZ7 空间区位指数 排名	FZ7 空间区位指数 指数	FZ8 交通通达指数 排名	FZ8 交通通达指数 指数
金堂县	成都	1	1.0000	11	0.8421	65	0.3071	17	0.7945	150	0.6266	9	0.9187	101	0.0000	20	0.8530	10	0.9354
嘉善县	嘉兴	2	0.9786	149	0.6307	130	0.2484	8	0.8296	50	0.7756	30	0.8634	10	0.6770	10	0.8972	38	0.8561
界首市	阜阳	3	0.9660	12	0.8285	5	0.6014	49	0.6305	93	0.6928	1	1.0000	58	0.4732	364	0.4105	234	0.5445
固安县	廊坊	4	0.9409	156	0.6270	155	0.2371	16	0.8017	68	0.8923	38	0.8470	58	0.4732	2	0.9649	374	0.2542
德清县	湖州	5	0.9406	101	0.6531	97	0.2754	35	0.6825	14	0.7260	13	0.9006	5	0.7962	6	0.9236	6	0.9591
新津县	成都	6	0.9101	10	0.8432	114	0.2608	62	0.5865	140	0.6402	14	0.8997	101	0.0000	13	0.8790	10	0.9354
灵武市	银川	7	0.8955	39	0.7053	31	0.3660	1	1.0000	288	0.3254	274	0.5936	10	0.6770	166	0.6516	101	0.7631
闽侯县	福州	8	0.8928	168	0.6221	294	0.1515	61	0.5909	36	0.4652	22	0.8870	10	0.6770	37	0.8294	15	0.9109
慈溪市	宁波	9	0.8906	205	0.6001	303	0.1414	20	0.7694	73	0.8054	106	0.7532	10	0.6770	34	0.8309	59	0.8185
平湖市	嘉兴	10	0.8828	135	0.6381	152	0.2384	22	0.7334	179	0.7169	55	0.8103	5	0.7962	18	0.8591	17	0.9093
中牟县	郑州	11	0.8795	27	0.7308	135	0.2441	13	0.8063	366	0.8015	120	0.7391	101	0.0000	30	0.8323	2	0.9942
长沙县	长沙	12	0.8775	195	0.6046	102	0.2716	12	0.8075	38	0.4691	281	0.5847	101	0.0000	11	0.8826	156	0.6607
韩城市	渭南	13	0.8765	3	0.9778	18	0.3966	3	0.9360	339	0.5703	206	0.6515	101	0.0000	311	0.4862	358	0.3203
开阳县	贵阳	14	0.8688	13	0.8285	74	0.2920	86	0.5315	284	0.3852	57	0.8087	101	0.0000	170	0.6455	67	0.8091
安宁市	昆明	15	0.8577	8	0.8723	328	0.0839	46	0.6367	90	0.6966	293	0.5718	58	0.4732	74	0.7629	24	0.8827
太仓市	苏州	16	0.8547	281	0.5411	348	0.0000	19	0.7848	164	0.6117	5	0.9347	10	0.6770	1	1.0000	12	0.9324
舒城县	六安	17	0.8479	16	0.7912	12	0.4453	97	0.5211	192	0.8723	31	0.8622	101	0.0000	47	0.8108	57	0.8238

续表

县(市)	所属地区	投资潜力指数		FZ1 经济增长指数		FZ2 供给潜力指数		FZ3 财政保障指数		FZ4 金融便利指数		FZ5 研发能力指数		FZ6 园区发展指数		FZ7 空间区位指数		FZ8 交通通达指数	
		排名	指数	排名	指数	排名	指数	排名	指数	排名	指数	排名	指数	排名	指数	排名	指数	排名	指数
岱山县	舟山	18	0.8421	17	0.7721	2	0.7648	58	0.5977	281	0.4709	283	0.5820	101	0.0000	88	0.7471	369	0.2724
清镇市	贵阳	19	0.8417	2	0.9815	23	0.3791	138	0.4736	287	0.4665	277	0.5881	101	0.0000	97	0.7354	19	0.8947
涿州市	保定	20	0.8333	49	0.6904	35	0.3425	52	0.6144	18	0.8091	170	0.6819	58	0.4732	7	0.9231	44	0.8526
昆山市	苏州	21	0.8223	116	0.6447	284	0.1642	15	0.8050	33	0.4807	75	0.7899	2	0.8808	5	0.9429	1	1.0000
太和县	阜阳	22	0.8215	288	0.5374	348	0.0000	105	0.5144	272	0.8833	70	0.7953	101	0.0000	340	0.4453	201	0.5923
福清市	福州	23	0.8201	45	0.6978	117	0.2587	107	0.5128	120	0.6631	119	0.7398	10	0.6770	54	0.7954	73	0.8026
天长市	滁州	24	0.8179	61	0.6754	206	0.2158	26	0.7149	54	0.5731	18	0.8961	101	0.0000	96	0.7366	244	0.5380
正定县	石家庄	25	0.8122	200	0.6008	165	0.2344	11	0.8186	109	0.7749	359	0.5070	58	0.4732	58	0.7898	9	0.9415
肥东县	合肥	26	0.8116	145	0.6344	67	0.3041	39	0.6763	94	0.5066	11	0.9054	101	0.0000	42	0.8198	18	0.9016
海安县	南通	27	0.8110	20	0.7585	321	0.1008	114	0.5022	48	0.7745	62	0.8029	5	0.7962	133	0.6876	116	0.7390
昌吉市	昌吉州	28	0.8075	315	0.5108	10	0.4644	44	0.6404	65	0.7319	315	0.5525	10	0.6770	98	0.7339	48	0.8399
长兴县	湖州	29	0.8074	26	0.7314	6	0.5504	84	0.5420	15	0.6764	20	0.8914	10	0.6770	76	0.7602	42	0.8530
鹤山市	江门	30	0.8073	41	0.7016	81	0.2841	99	0.5203	187	0.6926	145	0.7045	10	0.6770	9	0.9000	181	0.6238
余姚市	宁波	31	0.8052	52	0.6829	271	0.1791	69	0.5745	306	0.7849	93	0.7673	101	0.0000	14	0.8754	82	0.7906
宁海县	宁波	32	0.8041	66	0.6718	28	0.3694	30	0.6997	102	0.6949	185	0.6697	10	0.6770	50	0.8024	92	0.7735
胶州市	青岛	33	0.8024	276	0.5485	168	0.2337	40	0.6639	91	0.4320	169	0.6828	10	0.6770	19	0.8572	89	0.7817
浏阳市	长沙	34	0.7975	243	0.5673	92	0.2768	71	0.5714	1	0.3200	254	0.6093	10	0.6770	61	0.7866	180	0.6270

续表

县(市)	所属地区	投资潜力指数		FZ1 经济增长指数		FZ2 供给潜力指数		FZ3 财政保障指数		FZ4 金融便利指数		FZ5 研发能力指数		FZ6 园区发展指数		FZ7 空间区位指数		FZ8 交通通达指数	
		排名	指数	排名	指数	排名	指数	排名	指数	排名	指数	排名	指数	排名	指数	排名	指数	排名	指数
临泉县	阜阳	35	0.7936	64	0.6752	199	0.2196	112	0.5060	240	0.9201	27	0.8660	101	0.0000	357	0.4183	306	0.4686
新昌县	绍兴	36	0.7931	14	0.8136	76	0.2902	32	0.6973	369	0.6534	21	0.8890	58	0.4732	111	0.7185	207	0.5855
博罗县	惠州	37	0.7930	256	0.5598	193	0.2240	79	0.5499	5	0.5068	133	0.7251	101	0.0000	48	0.8052	46	0.8510
广汉市	德阳	38	0.7906	301	0.5298	71	0.2985	252	0.3447	124	0.6838	53	0.8112	58	0.4732	36	0.8297	13	0.9200
东阳市	金华	39	0.7894	22	0.7528	36	0.3416	38	0.6766	239	0.9017	116	0.7421	101	0.0000	150	0.6687	47	0.8495
青田县	丽水	40	0.7884	1	1.0000	32	0.3642	142	0.4677	83	0.9678	78	0.7849	10	0.6770	63	0.7844	93	0.7734
义乌市	金华	41	0.7881	304	0.5225	196	0.2220	131	0.4855	53	1.0000	159	0.6905	10	0.6770	129	0.6909	62	0.8143
安吉县	湖州	42	0.7875	217	0.5931	166	0.2344	43	0.6422	56	0.7718	10	0.9087	101	0.0000	35	0.8307	197	0.5964
永嘉县	温州	43	0.7821	15	0.7949	75	0.2919	145	0.4617	363	0.8803	68	0.7973	101	0.0000	26	0.8410	31	0.8660
临海市	台州	44	0.7798	72	0.6680	155	0.2371	28	0.7103	16	0.8079	125	0.7302	10	0.6770	154	0.6637	109	0.7521
宁乡市	长沙	45	0.7792	254	0.5598	70	0.2989	204	0.3932	13	0.3377	226	0.6319	101	0.0000	11	0.8826	4	0.9670
兴义市	黔西南州	46	0.7791	148	0.6312	207	0.2154	189	0.4119	233	0.7011	160	0.6904	101	0.0000	392	0.3230	193	0.6004
新郑市	郑州	47	0.7743	68	0.6717	144	0.2414	36	0.6824	30	0.5138	96	0.7656	101	0.0000	30	0.8323	5	0.9663
仪征市	扬州	48	0.7668	61	0.6754	216	0.2123	50	0.6225	112	0.5261	115	0.7422	101	0.0000	16	0.8714	80	0.7921
乐清市	温州	49	0.7630	184	0.6120	211	0.2137	147	0.4569	97	0.8151	103	0.7579	101	0.0000	26	0.8410	31	0.8660
彭州市	成都	50	0.7607	110	0.6492	86	0.2789	68	0.5804	230	0.6874	211	0.6485	101	0.0000	49	0.8051	115	0.7391
句容市	镇江	51	0.7593	292	0.5372	282	0.1654	130	0.4878	47	0.6908	26	0.8693	101	0.0000	8	0.9132	3	0.9671

第四章 2017年县域经济投资潜力排名 / 107

续表

县(市)	所属地区	投资潜力指数		FZ1 经济增长指数		FZ2 供给潜力指数		FZ3 财政保障指数		FZ4 金融便利指数		FZ5 研发能力指数		FZ6 园区发展指数		FZ7 空间区位指数		FZ8 交通通达指数	
		排名	指数	排名	指数	排名	指数	排名	指数	排名	指数	排名	指数	排名	指数	排名	指数	排名	指数
肥西县	合肥	52	0.7584	170	0.6195	3	0.6400	55	0.5992	9	0.3966	6	0.9328	101	0.0000	42	0.8198	23	0.8862
海宁市	嘉兴	53	0.7581	159	0.6269	208	0.2153	85	0.5417	34	0.7873	37	0.8505	58	0.4732	53	0.7978	34	0.8605
常熟市	苏州	54	0.7579	113	0.6456	150	0.2388	33	0.6972	24	0.6567	81	0.7837	2	0.8808	24	0.8477	221	0.5635
平潭县	福州	55	0.7559	273	0.5486	348	0.0000	6	0.8444	123	0.6829	243	0.6162	101	0.0000	71	0.7658	253	0.5280
如皋市	南通	56	0.7536	83	0.6604	189	0.2246	240	0.3552	327	0.6747	17	0.8969	5	0.7962	112	0.7134	130	0.7070
宁国市	宣城	57	0.7518	76	0.6643	173	0.2326	70	0.5739	217	0.5472	23	0.8827	10	0.6770	163	0.6541	355	0.3301
瑞安市	温州	58	0.7515	152	0.6307	1	1.0000	176	0.4241	151	0.8463	71	0.7949	101	0.0000	26	0.8410	25	0.8814
长春县	农安	59	0.7491	43	0.6979	183	0.2275	337	0.2227	265	0.6263	303	0.5615	101	0.0000	142	0.6784	142	0.6849
台州	温岭市	60	0.7462	180	0.6156	20	0.3866	75	0.5656	101	0.8173	141	0.7120	101	0.0000	155	0.6623	108	0.7541
仁怀市	遵义	61	0.7452	37	0.7090	8	0.4833	27	0.7142	141	0.2677	139	0.7155	101	0.0000	352	0.4257	374	0.2542
楚雄市	楚雄州	62	0.7432	59	0.6755	155	0.2371	162	0.4411	43	0.6385	218	0.6397	10	0.6770	292	0.5070	332	0.3946
南昌县	南昌	63	0.7432	186	0.6120	48	0.3242	135	0.4807	29	0.4868	282	0.5846	10	0.6770	60	0.7875	14	0.9111
平阳县	温州	64	0.7424	306	0.5225	131	0.2482	157	0.4438	61	0.7919	157	0.6911	101	0.0000	26	0.8410	25	0.8814
海盐县	嘉兴	65	0.7409	6	0.9367	104	0.2697	42	0.6525	385	0.7560	56	0.8099	101	0.0000	41	0.8204	171	0.6376
绵竹市	德阳	66	0.7406	48	0.6937	39	0.3397	34	0.6928	351	0.5790	61	0.8044	101	0.0000	132	0.6880	226	0.5552
陕城市	黄冈	67	0.7340	29	0.7236	41	0.3383	88	0.5272	207	0.7065	247	0.6151	58	0.4732	124	0.6968	43	0.8530
泰兴市	泰州	68	0.7333	299	0.5299	84	0.2823	83	0.5463	103	0.5548	140	0.7133	101	0.0000	126	0.6955	230	0.5534

续表

县(市)	所属地区	投资潜力指数 排名	投资潜力指数 指数	FZ1 经济增长指数 排名	FZ1 经济增长指数 指数	FZ2 供给潜力指数 排名	FZ2 供给潜力指数 指数	FZ3 财政保障指数 排名	FZ3 财政保障指数 指数	FZ4 金融便利指数 排名	FZ4 金融便利指数 指数	FZ5 研发能力指数 排名	FZ5 研发能力指数 指数	FZ6 园区发展指数 排名	FZ6 园区发展指数 指数	FZ7 空间区位指数 排名	FZ7 空间区位指数 指数	FZ8 交通通达指数 排名	FZ8 交通通达指数 指数
长丰县	合肥	69	0.7327	47	0.6941	149	0.2395	120	0.4971	170	0.3688	146	0.7040	58	0.4732	137	0.6825	51	0.8333
萧县	宿州	70	0.7275	293	0.5337	348	0.0000	82	0.5468	221	0.6275	63	0.8028	101	0.0000	366	0.4044	107	0.7569
张家港市	苏州	71	0.7256	106	0.6494	237	0.2000	21	0.7350	75	0.5392	67	0.7980	5	0.7962	59	0.7891	221	0.5635
芜湖县	芜湖	72	0.7181	207	0.5971	83	0.2829	137	0.4770	80	0.5906	2	0.9790	101	0.0000	118	0.7013	280	0.5035
启东市	南通	73	0.7109	175	0.6195	281	0.1665	152	0.4523	111	0.7160	33	0.8546	101	0.0000	25	0.8411	203	0.5899
汝州市	平顶山	74	0.7104	149	0.6307	96	0.2754	29	0.7035	35	0.4790	363	0.5031	101	0.0000	180	0.6335	150	0.6754
溧阳市	常州	75	0.7102	293	0.5337	308	0.1324	113	0.5041	79	0.6756	198	0.6560	58	0.4732	103	0.7283	39	0.8559
诸暨市	绍兴	76	0.7083	125	0.6417	290	0.1543	117	0.5006	95	0.7104	50	0.8183	58	0.4732	62	0.7863	29	0.8711
桐城市	安庆	77	0.7075	72	0.6680	132	0.2482	311	0.2574	163	0.8074	7	0.9287	10	0.6770	175	0.6390	196	0.5975
济阳县	济南	78	0.7068	325	0.4959	180	0.2281	116	0.5010	2	0.3904	225	0.6325	101	0.0000	22	0.8493	33	0.8628
永康市	金华	79	0.7057	40	0.7016	25	0.3725	77	0.5541	149	0.9969	241	0.6183	58	0.4732	226	0.5798	94	0.7718
嵊州市	绍兴	80	0.7032	81	0.6605	17	0.3983	48	0.6344	45	0.3072	105	0.7541	58	0.4732	92	0.7379	195	0.5981
长葛市	许昌	81	0.7022	86	0.6600	26	0.3718	90	0.5248	335	0.3330	132	0.7259	101	0.0000	115	0.7053	36	0.8581
宜春市	宜春	82	0.7000	138	0.6379	269	0.1796	233	0.3608	161	0.6121	152	0.6968	10	0.6770	135	0.6856	102	0.7626
丰城市	宜春	83	0.6988	93	0.6568	197	0.2214	230	0.3628	25	0.8428	99	0.7605	101	0.0000	68	0.7739	81	0.7913
苍南县	温州	84	0.6973	51	0.6904	133	0.2475	187	0.4129	215	0.6920	149	0.7013	10	0.6770	51	0.8014	243	0.5398
海门市	南通	85	0.6970	317	0.5038	231	0.2039	14	0.8054	44	0.2754	263	0.6035	101	0.0000	30	0.8323	7	0.9537

续表

县(市)	所属地区	投资潜力指数		FZ1 经济增长指数		FZ2 供给潜力指数		FZ3 财政保障指数		FZ4 金融便利指数		FZ5 研发能力指数		FZ6 园区发展指数		FZ7 空间区位指数		FZ8 交通通达指数	
		排名	指数	排名	指数	排名	指数	排名	指数	排名	指数	排名	指数	排名	指数	排名	指数	排名	指数
桐乡市	嘉兴	86	0.6921	25	0.7389	107	0.2664	115	0.5012	364	0.7918	40	0.8422	101	0.0000	51	0.8014	30	0.8691
巢湖市	合肥	87	0.6920	239	0.5710	62	0.3092	336	0.2240	372	0.7917	32	0.8589	101	0.0000	143	0.6775	56	0.8244
湘潭县	湘潭	88	0.6896	95	0.6567	218	0.2112	329	0.2391	231	0.5493	111	0.7485	10	0.6770	64	0.7836	35	0.8590
扬中市	镇江	89	0.6871	9	0.8508	265	0.1839	164	0.4390	208	0.6162	44	0.8378	58	0.4732	109	0.7203	266	0.5182
凤阳县	滁州	90	0.6828	34	0.7128	116	0.2596	201	0.3953	274	0.6617	25	0.8753	101	0.0000	252	0.5589	28	0.8757
禹城市	德州	91	0.6825	24	0.7499	19	0.3926	180	0.4192	87	0.5590	114	0.7445	58	0.4732	66	0.7788	22	0.8895
个旧市	红河州	92	0.6816	211	0.5969	246	0.1963	256	0.3393	202	0.6977	197	0.6564	101	0.0000	360	0.4140	371	0.2695
惠安县	泉州	93	0.6806	130	0.6382	57	0.3136	37	0.6822	122	0.5843	100	0.7598	10	0.6770	182	0.6317	327	0.4106
平果县	百色	94	0.6797	199	0.6042	263	0.1841	236	0.3593	189	0.5541	51	0.8170	101	0.0000	264	0.5409	144	0.6812
浦江县	金华	95	0.6790	164	0.6232	68	0.3036	140	0.4719	305	0.8678	41	0.8414	101	0.0000	125	0.6959	62	0.8143
大冶市	黄石	96	0.6760	313	0.5111	191	0.2244	170	0.4302	19	0.4368	121	0.7379	101	0.0000	119	0.7008	247	0.5335
惠东县	惠州	97	0.6749	19	0.7633	24	0.3789	184	0.4174	336	0.3888	214	0.6446	10	0.6770	70	0.7692	304	0.4701
当涂县	马鞍山	98	0.6736	278	0.5449	341	0.0191	229	0.3643	275	0.5207	15	0.8991	101	0.0000	39	0.8264	58	0.8186
长垣县	新乡	99	0.6700	277	0.5464	240	0.1987	56	0.5989	383	0.6651	129	0.7279	101	0.0000	221	0.5835	361	0.2921
文山市	文山州	100	0.6698	128	0.6382	112	0.2614	148	0.4537	121	0.8149	155	0.6949	101	0.0000	378	0.3776	309	0.4625
南安市	泉州	101	0.6693	21	0.7576	105	0.2687	250	0.3484	31	0.6621	158	0.6906	10	0.6770	161	0.6577	216	0.5744
江油市	绵阳	102	0.6682	257	0.5597	110	0.2621	225	0.3692	28	0.6640	205	0.6522	58	0.4732	214	0.5866	100	0.7638

续表

县(市)	所属地区	投资潜力指数		FZ1 经济增长指数		FZ2 供给潜力指数		FZ3 财政保障指数		FZ4 金融便利指数		FZ5 研发能力指数		FZ6 园区发展指数		FZ7 空间区位指数		FZ8 交通通达指数	
		排名	指数	排名	指数	排名	指数	排名	指数	排名	指数	排名	指数	排名	指数	排名	指数	排名	指数
江阴市	无锡	103	0.6681	93	0.6568	95	0.2755	64	0.5844	117	0.4779	90	0.7731	10	0.6770	87	0.7481	50	0.8342
丹阳市	镇江	104	0.6676	56	0.6792	60	0.3105	224	0.3693	21	0.5721	84	0.7775	58	0.4732	55	0.7915	61	0.8171
开平市	江门	105	0.6659	75	0.6679	200	0.2179	133	0.4843	137	0.8227	45	0.8295	101	0.0000	75	0.7626	374	0.2542
玉环市	台州	106	0.6614	110	0.6492	220	0.2100	54	0.6018	253	0.6636	228	0.6312	101	0.0000	213	0.5891	261	0.5222
天台县	台州	107	0.6600	112	0.6490	82	0.2834	63	0.5850	198	0.8372	107	0.7519	101	0.0000	260	0.5423	246	0.5376
松滋市	荆州	108	0.6594	207	0.5971	184	0.2268	57	0.5989	175	0.6432	316	0.5499	101	0.0000	306	0.4976	228	0.5544
南陵县	芜湖	109	0.6593	219	0.5896	66	0.3048	182	0.4187	119	0.6419	8	0.9255	101	0.0000	157	0.6613	326	0.4127
繁昌县	芜湖	110	0.6531	46	0.6941	9	0.4731	102	0.5176	71	0.4954	19	0.8958	101	0.0000	152	0.6660	325	0.4140
高安市	宜春	111	0.6525	210	0.5971	306	0.1347	324	0.2441	238	0.8543	232	0.6262	101	0.0000	91	0.7382	119	0.7274
石河子市	新疆生产建设兵团	112	0.6518	223	0.5858	227	0.2052	72	0.5692	315	0.5039	128	0.7286	2	0.8808	310	0.4866	127	0.7127
淳安县	杭州	113	0.6502	33	0.7165	304	0.1414	121	0.4969	116	0.6445	134	0.7206	101	0.0000	164	0.6527	302	0.4720
金湖县	淮安	114	0.6497	296	0.5336	134	0.2458	226	0.3656	26	0.5634	126	0.7299	10	0.6770	148	0.6707	368	0.2769
颍上县	阜阳	115	0.6497	311	0.5113	348	0.0000	367	0.1629	98	0.7182	16	0.8990	101	0.0000	265	0.5392	208	0.5847
招远市	烟台	116	0.6495	140	0.6373	143	0.2417	65	0.5837	55	0.4153	195	0.6574	10	0.6770	205	0.5961	238	0.5431
晋江市	泉州	117	0.6484	155	0.6306	348	0.0000	156	0.4446	241	0.5068	177	0.6767	10	0.6770	114	0.7088	77	0.7961
峨眉山市	乐山	118	0.6463	4	0.9554	29	0.3685	154	0.4478	341	0.7221	203	0.6527	101	0.0000	191	0.6152	330	0.4011
垫江县	重庆	119	0.6461	35	0.7125	310	0.1288	129	0.4899	134	0.6989	326	0.5433	101	0.0000	171	0.6411	312	0.4504

第四章 2017年县域经济投资潜力排名 / 111

续表

县(市)	所属地区	投资潜力指数		FZ1 经济增长指数		FZ2 供给潜力指数		FZ3 财政保障指数		FZ4 金融便利指数		FZ5 研发能力指数		FZ6 园区发展指数		FZ7 空间区位指数		FZ8 交通通达指数	
		排名	指数	排名	指数	排名	指数	排名	指数	排名	指数	排名	指数	排名	指数	排名	指数	排名	指数
宜兴市	无锡	120	0.6439	77	0.6643	126	0.2531	106	0.5129	146	0.6899	104	0.7579	10	0.6770	139	0.6822	49	0.8352
广德县	宣城	121	0.6436	61	0.6754	80	0.2850	179	0.4210	70	0.6318	36	0.8514	101	0.0000	174	0.6390	347	0.3676
庐江县	合肥	122	0.6415	249	0.5634	232	0.2018	351	0.1928	295	0.7729	77	0.7868	58	0.4732	108	0.7208	170	0.6379
新安县	洛阳	123	0.6407	142	0.6344	91	0.2771	66	0.5826	165	0.1715	262	0.6037	101	0.0000	78	0.7576	69	0.8051
建德市	杭州	124	0.6400	65	0.6749	89	0.2778	124	0.4962	136	0.6099	286	0.5797	101	0.0000	134	0.6876	197	0.5964
罗源县	福州	125	0.6398	193	0.6083	42	0.3381	51	0.6164	7	0.4098	165	0.6881	101	0.0000	83	0.7523	95	0.7701
京山县	荆门	126	0.6394	5	0.9516	21	0.3852	122	0.4966	340	0.5013	246	0.6152	58	0.4732	179	0.6338	341	0.3745
龙口市	烟台	127	0.6390	38	0.7087	182	0.2275	47	0.6363	84	0.4619	171	0.6818	58	0.4732	284	0.5191	223	0.5629
霸州市	廊坊	128	0.6390	91	0.6568	176	0.2318	98	0.5208	107	0.7675	391	0.4065	58	0.4732	21	0.8501	40	0.8546
无为县	芜湖	129	0.6358	172	0.6195	224	0.2094	264	0.3321	127	0.6775	4	0.9490	101	0.0000	165	0.6523	318	0.4306
金沙县	毕节	130	0.6357	254	0.5598	100	0.2737	247	0.3512	59	0.3829	301	0.5626	101	0.0000	344	0.4417	386	0.2343
禹州市	许昌	131	0.6326	242	0.5705	267	0.1829	190	0.4114	319	0.3690	59	0.8057	101	0.0000	115	0.7053	204	0.5889
巩义市	郑州	132	0.6311	122	0.6418	108	0.2632	94	0.5230	246	0.2876	217	0.6403	101	0.0000	86	0.7487	96	0.7682
海阳市	烟台	133	0.6309	57	0.6755	121	0.2560	119	0.4978	395	0.7333	260	0.6050	101	0.0000	168	0.6495	79	0.7931
恩施市	恩施州	134	0.6293	358	0.4309	151	0.2385	305	0.2707	57	0.9272	60	0.8055	101	0.0000	348	0.4297	97	0.7667
盘州市	六盘水	135	0.6290	238	0.5745	230	0.2044	222	0.3696	63	0.3834	305	0.5594	101	0.0000	388	0.3396	371	0.2695
简阳市	资阳	136	0.6289	53	0.6829	16	0.4015	100	0.5199	181	0.6473	97	0.7625	101	0.0000	40	0.8224	83	0.7892

续表

县(市)	所属地区	投资潜力排名	投资潜力指数	FZ1 经济增长指数 排名	指数	FZ2 供给潜力 排名	指数	FZ3 财政保障指数 排名	指数	FZ4 金融便利指数 排名	指数	FZ5 研发能力指数 排名	指数	FZ6 园区发展指数 排名	指数	FZ7 空间区位指数 排名	指数	FZ8 交通通达指数 排名	指数
漳浦县	漳州	137	0.6286	80	0.6605	136	0.2440	280	0.3088	181	0.5786	258	0.6070	101	0.0000	185	0.6276	113	0.7419
石狮市	泉州	138	0.6266	322	0.5027	348	0.0000	158	0.4432	127	0.6520	242	0.6173	101	0.0000	136	0.6844	77	0.7961
连江县	福州	139	0.6263	320	0.5034	333	0.0756	53	0.6111	159	0.6171	122	0.7344	101	0.0000	37	0.8294	15	0.9109
孟津县	洛阳	140	0.6262	181	0.6156	103	0.2697	134	0.4809	375	0.2989	272	0.5956	101	0.0000	78	0.7576	52	0.8330
射阳县	盐城	141	0.6259	158	0.6269	118	0.2586	200	0.3979	195	0.5657	98	0.7620	58	0.4732	309	0.4876	275	0.5115
济源市	省辖	142	0.6255	192	0.6083	286	0.1599	81	0.5470	308	0.4274	174	0.6782	101	0.0000	228	0.5789	169	0.6396
平度市	青岛	143	0.6244	57	0.6755	125	0.2533	104	0.5161	282	0.4705	138	0.7167	101	0.0000	106	0.7215	145	0.6792
平阴县	济南	144	0.6239	49	0.6904	101	0.2724	60	0.5940	320	0.4093	250	0.6129	101	0.0000	123	0.6974	210	0.5785
定州市	保定	145	0.6231	7	0.8732	22	0.3800	216	0.3784	60	0.7628	330	0.5406	58	0.4732	144	0.6764	68	0.8062
兰溪市	金华	146	0.6224	156	0.6270	202	0.2170	260	0.3363	59	0.7644	58	0.8086	101	0.0000	193	0.6081	53	0.8313
钟祥市	荆门	147	0.6213	79	0.6642	94	0.2761	193	0.4072	203	0.5584	151	0.6969	58	0.4732	247	0.5627	336	0.3898
黄骅市	沧州	148	0.6204	172	0.6195	276	0.1734	101	0.5188	62	0.7480	348	0.5257	101	0.0000	73	0.7640	188	0.6139
上杭县	龙岩	149	0.6196	183	0.6120	148	0.2401	67	0.5810	312	0.4218	321	0.5468	101	0.0000	329	0.4589	154	0.6644
荣成市	威海	150	0.6179	323	0.4963	348	0.0000	59	0.5944	326	0.3970	85	0.7763	101	0.0000	314	0.4810	168	0.6408
龙海市	漳州	151	0.6172	99	0.6531	37	0.3406	220	0.3730	142	0.6377	350	0.5190	101	0.0000	57	0.7906	219	0.5692
伊川县	洛阳	152	0.6140	229	0.5784	348	0.0000	185	0.4157	285	0.4682	273	0.5947	101	0.0000	78	0.7576	69	0.8051
仙桃市	省直管	153	0.6136	177	0.6157	56	0.3137	242	0.3545	290	0.4645	124	0.7306	10	0.6770	101	0.7305	99	0.7642

第四章 2017年县域经济投资潜力排名 / 113

续表

县(市)	所属地区	投资潜力指数		FZ1 经济增长指数		FZ2 供给潜力指数		FZ3 财政保障指数		FZ4 金融便利指数		FZ5 研发能力指数		FZ6 园区发展指数		FZ7 空间区位指数		FZ8 交通通达指数	
		排名	指数	排名	指数	排名	指数	排名	指数	排名	指数	排名	指数	排名	指数	排名	指数	排名	指数
费县	临沂	154	0.6120	280	0.5425	209	0.2152	110	0.5093	169	0.6081	300	0.5639	101	0.0000	286	0.5138	175	0.6322
水城县	六盘水	155	0.6118	246	0.5635	239	0.1987	309	0.2657	357	0.3547	259	0.6070	101	0.0000	373	0.3885	90	0.7809
香河县	廊坊	156	0.6117	188	0.6119	320	0.1047	177	0.4225	4	0.9888	331	0.5403	101	0.0000	4	0.9465	20	0.8934
莱阳市	烟台	157	0.6113	83	0.6604	40	0.3387	141	0.4689	157	0.6205	219	0.6393	101	0.0000	172	0.6400	54	0.8267
东明县	菏泽	158	0.6113	99	0.6551	175	0.2325	109	0.5103	190	0.5713	183	0.6708	101	0.0000	341	0.4431	370	0.2723
靖江市	泰州	159	0.6110	251	0.5632	53	0.3171	172	0.4280	167	0.6098	43	0.8386	10	0.6770	95	0.7369	244	0.5380
盱眙县	淮安	160	0.6107	132	0.6381	34	0.3498	333	0.2322	260	0.4921	47	0.8211	10	0.6770	128	0.6941	250	0.5310
仙游县	莆田	161	0.6083	273	0.5486	212	0.2135	206	0.3927	135	0.6443	382	0.4735	101	0.0000	217	0.5853	76	0.7966
龙游县	衢州	162	0.6076	123	0.6418	266	0.1837	125	0.4943	66	0.7306	221	0.6373	101	0.0000	193	0.6081	140	0.6938
汉川市	孝感	163	0.6072	263	0.5561	253	0.1914	267	0.3259	299	0.4517	302	0.5616	58	0.4732	46	0.8113	66	0.8092
桓台县	淄博	164	0.5983	115	0.6452	163	0.2355	89	0.5256	291	0.4639	179	0.6757	101	0.0000	158	0.6603	41	0.8543
林州市	安阳	165	0.5983	222	0.5858	229	0.2046	93	0.5237	276	0.4774	311	0.5561	10	0.6770	327	0.4633	252	0.5299
偃师市	洛阳	166	0.5971	53	0.6829	55	0.3154	96	0.5217	352	0.3686	335	0.5382	101	0.0000	78	0.7576	259	0.5236
高邮市	扬州	167	0.5968	83	0.6604	162	0.2360	278	0.3097	191	0.5713	147	0.7020	101	0.0000	177	0.6367	266	0.5182
宣威市	曲靖	168	0.5932	167	0.6226	127	0.2504	347	0.2003	138	0.6417	261	0.6040	101	0.0000	355	0.4221	327	0.4106
大理市	大理州	169	0.5912	184	0.6120	322	0.0971	196	0.4048	17	0.8770	285	0.5805	58	0.4732	386	0.3527	91	0.7737
巨野县	菏泽	170	0.5900	82	0.6605	159	0.2366	186	0.4137	104	0.6828	209	0.6501	101	0.0000	283	0.5192	160	0.6516

续表

县(市)	所属地区	投资潜力指数		FZ1 经济增长指数		FZ2 供给潜力指数		FZ3 财政保障指数		FZ4 金融便利指数		FZ5 研发能力指数		FZ6 园区发展指数		FZ7 空间区位指数		FZ8 交通通达指数	
		排名	指数	排名	指数	排名	指数	排名	指数	排名	指数	排名	指数	排名	指数	排名	指数	排名	指数
如东县	南通	171	0.5894	18	0.7688	7	0.4892	245	0.3537	133	0.6454	208	0.6502	101	0.0000	102	0.7288	199	0.5959
文安县	廊坊	172	0.5871	71	0.6717	213	0.2133	161	0.4420	8	0.9233	340	0.5300	101	0.0000	17	0.8594	206	0.5860
什邡市	德阳	173	0.5871	117	0.6419	348	0.0000	282	0.3079	184	0.5752	212	0.6477	101	0.0000	105	0.7270	75	0.7998
临邑县	德州	174	0.5869	117	0.6419	128	0.2500	175	0.4249	261	0.4913	204	0.6525	101	0.0000	72	0.7657	126	0.7132
武义县	金华	175	0.5867	172	0.6195	129	0.2493	73	0.5681	20	0.8632	168	0.6838	101	0.0000	198	0.6035	120	0.7240
东台市	盐城	176	0.5862	66	0.6718	109	0.2631	249	0.3488	182	0.5784	79	0.7841	101	0.0000	256	0.5526	179	0.6280
瓦房店市	大连	177	0.5855	200	0.6008	255	0.1905	31	0.6990	264	0.4880	287	0.5774	101	0.0000	100	0.7321	106	0.7573
渑池县	三门峡	178	0.5851	104	0.6529	27	0.3713	92	0.5238	376	0.2957	376	0.4864	101	0.0000	176	0.6386	141	0.6900
桐庐县	杭州	179	0.5831	142	0.6344	210	0.2140	146	0.4604	126	0.6524	223	0.6339	101	0.0000	56	0.7914	232	0.5486
邹城市	济宁	180	0.5827	233	0.5783	146	0.2412	128	0.4902	289	0.4649	87	0.7751	101	0.0000	261	0.5420	161	0.6502
宾阳县	南宁	181	0.5826	347	0.4512	331	0.0791	369	0.1568	153	0.6253	64	0.8012	101	0.0000	121	0.6999	37	0.8569
怀宁县	安庆	182	0.5785	214	0.5933	243	0.1981	345	0.2096	39	0.8006	49	0.8193	58	0.4732	231	0.5756	174	0.6327
新沂市	徐州	183	0.5780	72	0.6680	13	0.4340	257	0.3388	349	0.3708	142	0.7105	101	0.0000	307	0.4890	117	0.7347
醴陵市	株洲	184	0.5756	364	0.4030	312	0.1252	155	0.4458	378	0.2909	235	0.6231	101	0.0000	117	0.7039	65	0.8098
五河县	蚌埠	185	0.5739	351	0.4365	249	0.1935	362	0.1702	177	0.5816	24	0.8755	101	0.0000	219	0.5837	264	0.5190
博兴县	滨州	186	0.5733	337	0.4813	262	0.1847	136	0.4804	58	0.7653	112	0.7473	101	0.0000	195	0.6068	248	0.5318
涡阳县	亳州	187	0.5730	162	0.6232	137	0.2440	380	0.1251	139	0.6410	35	0.8529	101	0.0000	354	0.4223	149	0.6762

第四章 2017年县域经济投资潜力排名 / 115

续表

县(市)	所属地区	投资潜力指数		FZ1 经济增长指数		FZ2 供给潜力指数		FZ3 财政保障指数		FZ4 金融便利指数		FZ5 研发能力指数		FZ6 园区发展指数		FZ7 空间区位指数		FZ8 交通通达指数	
		排名	指数	排名	指数	排名	指数	排名	指数	排名	指数	排名	指数	排名	指数	排名	指数	排名	指数
阳新县	黄石	188	0.5716	250	0.5633	348	0.0000	194	0.4067	145	0.6332	92	0.7696	101	0.0000	173	0.6399	274	0.5131
枞阳县	安庆	189	0.5696	28	0.7277	348	0.0000	353	0.1900	379	0.6883	12	0.9036	58	0.4732	242	0.5710	290	0.4909
进贤县	南昌	190	0.5662	181	0.6156	226	0.2055	328	0.2400	186	0.5722	392	0.3869	10	0.6770	162	0.6553	71	0.8049
缙云县	丽水	191	0.5658	264	0.5560	111	0.2620	169	0.4310	100	0.7171	135	0.7205	101	0.0000	246	0.5645	282	0.4948
鄂托克旗	鄂尔多斯	192	0.5650	121	0.6419	187	0.2254	7	0.8371	195	0.1685	313	0.5544	58	0.4732	387	0.3469	374	0.2542
象山县	宁波	193	0.5650	104	0.6529	44	0.3282	173	0.4268	88	0.6985	88	0.7748	101	0.0000	45	0.8146	260	0.5224
四会市	肇庆	194	0.5646	303	0.5262	348	0.0000	332	0.2326	264	0.6769	73	0.7927	10	0.6770	15	0.8741	27	0.8790
莱西市	青岛	195	0.5617	265	0.5560	348	0.0000	126	0.4925	248	0.4998	52	0.8169	101	0.0000	151	0.6681	64	0.8142
江山市	衢州	196	0.5603	97	0.6562	63	0.3090	231	0.3625	212	0.7886	173	0.6786	101	0.0000	266	0.5378	152	0.6683
丹江口市	十堰	197	0.5602	286	0.5374	195	0.2222	253	0.3439	72	0.6977	307	0.5583	101	0.0000	350	0.4279	257	0.5266
长泰县	漳州	198	0.5602	268	0.5523	221	0.2100	239	0.3559	46	0.2896	153	0.6967	101	0.0000	44	0.8166	45	0.8512
建湖县	盐城	199	0.5595	107	0.6494	241	0.1987	297	0.2760	183	0.5732	101	0.7592	58	0.4732	270	0.5317	275	0.5115
蓬莱市	烟台	200	0.5592	321	0.5034	72	0.2980	87	0.5274	145	0.5787	164	0.6881	101	0.0000	277	0.5228	167	0.6412
鄄城县	菏泽	201	0.5578	114	0.6456	190	0.2245	276	0.3112	78	0.6823	276	0.5894	101	0.0000	268	0.5338	176	0.6320
应城市	孝感	202	0.5564	96	0.6565	198	0.2210	261	0.3349	358	0.5426	113	0.7447	101	0.0000	99	0.7328	139	0.6944
昌乐县	潍坊	203	0.5545	289	0.5373	285	0.1640	207	0.3924	180	0.6989	163	0.6890	101	0.0000	238	0.5728	72	0.8038
潜江市	省直管	204	0.5539	32	0.7182	54	0.3170	272	0.3153	334	0.4220	253	0.6105	10	0.6770	178	0.6353	263	0.5192

续表

县(市)	所属地区	投资潜力指数		FZ1 经济增长指数		FZ2 供给潜力指数		FZ3 财政保障指数		FZ4 金融便利指数		FZ5 研发能力指数		FZ6 园区发展指数		FZ7 空间区位指数		FZ8 交通通达指数	
		排名	指数	排名	指数	排名	指数	排名	指数	排名	指数	排名	指数	排名	指数	排名	指数	排名	指数
兴化市	泰州	205	0.5533	309	0.5147	90	0.2772	330	0.2371	219	0.5524	117	0.7411	101	0.0000	209	0.5931	266	0.5182
齐河县	德州	206	0.5530	68	0.6717	205	0.2158	191	0.4086	105	0.3883	240	0.6183	101	0.0000	22	0.8493	21	0.8920
孟州市	焦作	207	0.5515	246	0.5635	317	0.1160	139	0.4732	85	0.2138	255	0.6090	58	0.4732	204	0.5962	299	0.4758
樟树市	宜春	208	0.5512	258	0.5597	77	0.2876	237	0.3585	311	0.5770	238	0.6215	101	0.0000	160	0.6579	315	0.4366
灵石县	晋中	209	0.5510	133	0.6381	347	0.0055	10	0.8196	337	0.5540	229	0.6306	101	0.0000	330	0.4588	323	0.4184
湘乡市	湘潭	210	0.5510	103	0.6529	73	0.2961	314	0.2561	226	0.5126	380	0.4785	101	0.0000	104	0.7283	111	0.7424
上饶县	上饶	211	0.5501	179	0.6156	85	0.2817	356	0.1868	283	0.7117	215	0.6436	10	0.6770	363	0.4122	227	0.5545
高密市	潍坊	212	0.5499	91	0.6568	158	0.2371	144	0.4659	76	0.5329	210	0.6486	101	0.0000	113	0.7106	103	0.7625
安丘市	潍坊	213	0.5484	44	0.6978	140	0.2432	192	0.4081	234	0.7944	89	0.7745	101	0.0000	188	0.6191	272	0.5159
枣阳市	襄阳	214	0.5484	23	0.7524	228	0.2051	321	0.2483	244	0.3906	3	0.9788	101	0.0000	276	0.5264	129	0.7091
响水县	盐城	215	0.5484	310	0.5144	300	0.1433	268	0.3242	224	0.3546	244	0.6162	101	0.0000	299	0.5024	295	0.4835
安溪县	泉州	216	0.5481	153	0.6306	161	0.2361	269	0.3217	225	0.5303	42	0.8403	101	0.0000	131	0.6896	216	0.5744
濉溪县	淮北	217	0.5470	392	0.0965	225	0.2092	361	0.1702	3	0.7157	178	0.6762	101	0.0000	353	0.4231	110	0.7489
桃源县	常德	218	0.5465	203	0.6008	61	0.3093	352	0.1917	255	0.4948	143	0.7071	58	0.4732	222	0.5814	135	0.7013
固镇县	蚌埠	219	0.5450	260	0.5596	261	0.1850	291	0.2874	396	0.5012	156	0.6929	101	0.0000	280	0.5210	344	0.3728
涟水县	淮安	220	0.5441	215	0.5932	113	0.2611	349	0.1962	393	0.4701	162	0.6892	10	0.6770	255	0.5555	250	0.5310
宝应县	扬州	221	0.5438	206	0.5971	124	0.2537	296	0.2774	214	0.5296	162	0.6892	101	0.0000	225	0.5799	291	0.4903

第四章 2017年县域经济投资潜力排名 / 117

续表

县(市)	所属地区	投资潜力指数		FZ1 经济增长指数		FZ2 供给潜力指数		FZ3 财政保障指数		FZ4 金融便利指数		FZ5 研发能力指数		FZ6 园区发展指数		FZ7 空间区位指数		FZ8 交通通达指数	
		排名	指数	排名	指数	排名	指数	排名	指数	排名	指数	排名	指数	排名	指数	排名	指数	排名	指数
藤县	梧州	222	0.5424	36	0.7091	87	0.2788	360	0.1725	247	0.5028	123	0.7331	101	0.0000	250	0.5601	148	0.6767
武穴市	黄冈	223	0.5423	269	0.5523	283	0.1643	132	0.4851	171	0.5594	257	0.6079	101	0.0000	211	0.5930	341	0.3745
怀仁市	朔州	224	0.5422	141	0.6344	251	0.1923	9	0.8210	262	0.4598	354	0.5138	101	0.0000	385	0.3566	182	0.6214
云梦县	孝感	225	0.5420	248	0.5635	342	0.0186	159	0.4431	41	0.4941	172	0.6807	101	0.0000	93	0.7374	55	0.8250
介休市	晋中	226	0.5419	42	0.7011	277	0.1733	103	0.5172	277	0.9467	325	0.5439	101	0.0000	301	0.5006	303	0.4705
昌邑市	潍坊	227	0.5414	279	0.5446	344	0.0179	183	0.4187	213	0.5884	130	0.7278	101	0.0000	190	0.6163	249	0.5313
台山市	江门	228	0.5403	228	0.5784	203	0.2165	232	0.3614	51	0.7753	343	0.5282	101	0.0000	89	0.7428	386	0.2343
三河市	廊坊	229	0.5379	234	0.5779	346	0.0068	212	0.3838	257	0.9962	167	0.6841	10	0.6770	3	0.9611	143	0.6842
岑溪市	梧州	230	0.5376	271	0.5522	348	0.0000	292	0.2841	92	0.4756	95	0.7664	101	0.0000	237	0.5737	285	0.4933
长治县	长治	231	0.5371	196	0.6046	242	0.1984	5	0.8668	325	0.4846	383	0.4724	101	0.0000	380	0.3725	159	0.6560
神木市	榆林	232	0.5369	212	0.5934	272	0.1774	23	0.7329	200	0.3918	358	0.5075	101	0.0000	395	0.2936	189	0.6132
宾县	哈尔滨	233	0.5364	31	0.7185	297	0.1485	317	0.2515	361	0.3475	188	0.6664	10	0.6770	159	0.6597	392	0.2064
天门市	省直管	234	0.5354	236	0.5747	287	0.1583	379	0.1258	332	0.5511	54	0.8104	58	0.4732	167	0.6508	271	0.5163
沭阳县	宿迁	235	0.5335	253	0.5618	348	0.0000	320	0.2501	6	0.4907	269	0.5975	10	0.6770	281	0.5207	194	0.6004
诸城市	潍坊	236	0.5326	88	0.6568	179	0.2283	178	0.4211	172	0.5519	80	0.7840	101	0.0000	120	0.7003	134	0.7018
高州市	茂名	237	0.5312	189	0.6119	217	0.2119	281	0.3085	173	0.4800	227	0.6319	101	0.0000	293	0.5069	242	0.5406
尉氏县	开封	238	0.5311	316	0.5073	348	0.0000	227	0.3649	115	0.3408	395	0.3644	101	0.0000	122	0.6975	184	0.6168

续表

县(市)	所属地区	投资潜力指数		FZ1 经济增长指数		FZ2 供给潜力指数		FZ3 财政保障指数		FZ4 金融便利指数		FZ5 研发能力指数		FZ6 园区发展指数		FZ7 空间区位指数		FZ8 交通通达指数	
		排名	指数	排名	指数	排名	指数	排名	指数	排名	指数	排名	指数	排名	指数	排名	指数	排名	指数
青州市	潍坊	239	0.5311	371	0.3762	315	0.1175	165	0.4367	269	0.6943	144	0.7064	101	0.0000	218	0.5841	112	0.7419
平南县	贵港	240	0.5301	151	0.6307	52	0.3196	346	0.2015	131	0.6476	69	0.7972	101	0.0000	382	0.3620	146	0.6777
乐平市	景德镇	241	0.5254	98	0.6531	119	0.2580	259	0.3377	49	0.5883	355	0.5137	101	0.0000	278	0.5223	200	0.5926
邹平县	滨州	242	0.5239	88	0.6568	152	0.2384	108	0.5117	342	0.4836	294	0.5712	10	0.6770	84	0.7503	210	0.5785
乳山市	威海	243	0.5230	108	0.6493	33	0.3636	219	0.3774	362	0.4002	176	0.6775	101	0.0000	205	0.5961	155	0.6610
遵化市	唐山	244	0.5213	101	0.6531	115	0.2606	74	0.5665	148	0.4980	275	0.5932	101	0.0000	94	0.7372	283	0.4933
宣汉县	达州	245	0.5199	331	0.4881	348	0.0000	273	0.3137	209	0.6756	342	0.5291	101	0.0000	383	0.3571	124	0.7177
沛县	徐州	246	0.5182	88	0.6568	64	0.3080	221	0.3712	273	0.3829	108	0.7512	101	0.0000	356	0.4220	288	0.4911
阜宁县	盐城	247	0.5179	160	0.6269	47	0.3249	316	0.2526	304	0.5848	48	0.8206	101	0.0000	305	0.4979	218	0.5717
寿光市	潍坊	248	0.5176	130	0.6382	174	0.2325	181	0.4191	314	0.6657	148	0.7016	58	0.4732	253	0.5582	236	0.5439
亳州市	亳州	249	0.5166	120	0.6419	106	0.2665	397	0.0604	110	0.7818	29	0.8641	101	0.0000	317	0.4770	235	0.5443
襄阳县	襄阳	250	0.5146	135	0.6381	186	0.2260	270	0.3192	218	0.4377	268	0.5981	101	0.0000	342	0.4430	131	0.7060
怀远县	蚌埠	251	0.5137	218	0.5919	319	0.1125	375	0.1488	377	0.6306	136	0.7205	101	0.0000	231	0.5756	233	0.5448
滦县	唐山	252	0.5105	126	0.6416	46	0.3257	80	0.5487	343	0.4278	372	0.4921	58	0.4732	187	0.6202	132	0.7048
辛集市	石家庄	253	0.5099	123	0.6418	259	0.1874	208	0.3919	99	0.5404	291	0.5734	101	0.0000	140	0.6821	122	0.7190
邳州市	徐州	254	0.5078	226	0.5821	14	0.4033	285	0.3008	259	0.4189	131	0.7278	101	0.0000	322	0.4677	157	0.6604
新密市	郑州	255	0.5078	127	0.6415	45	0.3276	258	0.3379	300	0.2918	298	0.5646	101	0.0000	30	0.8323	7	0.9537
沙河市	邢台	256	0.5066	245	0.5672	291	0.1534	251	0.3451	206	0.7048	327	0.5421	101	0.0000	263	0.5410	87	0.7843

第四章 2017年县域经济投资潜力排名 / 119

续表

县（市）	所属地区	投资潜力指数 排名	投资潜力指数 指数	FZ1 经济增长指数 排名	FZ1 经济增长指数 指数	FZ2 供给潜力指数 排名	FZ2 供给潜力指数 指数	FZ3 财政保障指数 排名	FZ3 财政保障指数 指数	FZ4 金融便利指数 排名	FZ4 金融便利指数 指数	FZ5 研发能力指数 排名	FZ5 研发能力指数 指数	FZ6 园区发展指数 排名	FZ6 园区发展指数 指数	FZ7 空间区位指数 排名	FZ7 空间区位指数 指数	FZ8 交通通达指数 排名	FZ8 交通通达指数 指数
宝丰县	平顶山	257	0.5064	55	0.6826	88	0.2779	266	0.3261	152	0.3941	314	0.5534	58	0.4732	212	0.5914	317	0.4308
凤台县	淮南	258	0.5051	146	0.6344	160	0.2363	41	0.6545	263	0.5847	65	0.7992	101	0.0000	219	0.5837	374	0.2542
沂源县	淄博	259	0.5050	198	0.6045	99	0.2741	213	0.3803	267	0.5556	86	0.7762	101	0.0000	181	0.6320	392	0.2064
攸县	株洲	260	0.5048	302	0.5298	250	0.1925	149	0.4533	82	0.3567	166	0.6855	101	0.0000	230	0.5765	360	0.2945
弥勒市	红河州	261	0.5046	332	0.4856	340	0.0235	210	0.3896	268	0.4606	381	0.4777	101	0.0000	236	0.5738	85	0.7871
沙洋县	荆门	262	0.5041	232	0.5783	233	0.2014	205	0.3931	321	0.4245	318	0.5482	101	0.0000	249	0.5605	374	0.2542
海丰县	汕尾	263	0.5040	299	0.5299	348	0.0000	288	0.2899	220	0.5026	385	0.4600	101	0.0000	145	0.6756	287	0.4913
蒙城县	亳州	264	0.5037	221	0.5895	138	0.2440	366	0.1639	328	0.6896	39	0.8431	10	0.6770	326	0.4649	270	0.5163
格尔木市	海西州	265	0.5037	311	0.5113	273	0.1774	238	0.3583	309	0.5467	194	0.6579	101	0.0000	400	0.0000	231	0.5503
宜城市	襄阳	266	0.5035	349	0.4475	11	0.4467	277	0.3103	297	0.3804	278	0.5853	101	0.0000	323	0.4676	165	0.6427
邵东县	邵阳	267	0.5021	240	0.5709	69	0.2989	350	0.1947	367	0.6256	323	0.5458	101	0.0000	248	0.5613	319	0.4304
赤壁市	咸宁	268	0.5008	267	0.5536	348	0.0000	209	0.3909	298	0.3221	290	0.5751	101	0.0000	153	0.6657	307	0.4673
西昌市	凉山州	269	0.5001	225	0.5822	177	0.2310	118	0.4997	356	0.6089	94	0.7672	101	0.0000	376	0.3819	183	0.6177
武安市	邯郸	270	0.4999	361	0.4285	252	0.1919	91	0.5238	129	0.5478	322	0.5461	58	0.4732	319	0.4755	186	0.6167
东海县	连云港	271	0.4990	355	0.4328	235	0.2012	354	0.1895	168	0.4922	347	0.5270	58	0.4732	324	0.4657	220	0.5682
库尔勒市	巴音郭楞州	272	0.4972	285	0.5374	288	0.1566	123	0.4966	354	0.6513	299	0.5641	10	0.6770	397	0.2134	178	0.6315
南漳县	襄阳	273	0.4967	326	0.4926	256	0.1883	344	0.2099	307	0.4439	110	0.7488	101	0.0000	320	0.4719	278	0.5068
高青县	淄博	274	0.4965	229	0.5784	305	0.1398	166	0.4360	237	0.5075	180	0.6729	101	0.0000	195	0.6068	386	0.2343

续表

县(市)	所属地区	投资潜力指数		FZ1 经济增长指数		FZ2 供给潜力指数		FZ3 财政保障指数		FZ4 金融便利指数		FZ5 研发能力指数		FZ6 园区发展指数		FZ7 空间区位指数		FZ8 交通通达指数	
		排名	指数	排名	指数	排名	指数	排名	指数	排名	指数	排名	指数	排名	指数	排名	指数	排名	指数
肥城市	泰安	275	0.4958	354	0.4329	270	0.1794	255	0.3398	250	0.4268	310	0.5568	58	0.4732	127	0.6950	210	0.5785
滨海县	盐城	276	0.4952	307	0.5150	348	0.0000	327	0.2401	216	0.4887	91	0.7700	101	0.0000	297	0.5039	295	0.4835
大竹县	达州	277	0.4943	226	0.5821	30	0.3677	290	0.2888	245	0.6781	319	0.5479	101	0.0000	367	0.4034	277	0.5092
达拉特旗	鄂尔多斯	278	0.4943	190	0.6118	43	0.3300	143	0.4662	310	0.3940	288	0.5770	101	0.0000	65	0.7789	187	0.6166
睢宁县	徐州	279	0.4942	348	0.4512	234	0.2013	289	0.2888	330	0.4859	202	0.6528	101	0.0000	279	0.5215	264	0.5190
曲阜市	济宁	280	0.4940	144	0.6344	79	0.2854	286	0.3006	368	0.4074	154	0.6952	101	0.0000	233	0.5756	88	0.7839
任丘市	沧州	281	0.4931	109	0.6493	192	0.2240	95	0.5229	106	0.4822	366	0.5023	101	0.0000	77	0.7579	321	0.4234
山阴县	朔州	282	0.4903	78	0.6643	348	0.0000	2	0.9795	279	0.6499	399	0.0541	101	0.0000	368	0.4004	147	0.6772
德惠市	长春	283	0.4901	304	0.5225	292	0.1531	302	0.2731	331	0.4046	312	0.5560	101	0.0000	189	0.6173	128	0.7110
广水市	随州	284	0.4896	270	0.5523	78	0.2876	300	0.2750	205	0.5564	200	0.6540	101	0.0000	169	0.6476	349	0.3523
青铜峡市	吴忠	285	0.4881	360	0.4289	348	0.0000	195	0.4066	174	0.6519	231	0.6263	101	0.0000	197	0.6045	137	0.6981
仁寿县	眉山	286	0.4867	60	0.6755	123	0.2544	234	0.3604	201	0.7117	234	0.6246	101	0.0000	67	0.7741	166	0.6415
沁阳市	焦作	287	0.4863	135	0.6381	204	0.2160	198	0.4003	323	0.1951	367	0.5012	101	0.0000	149	0.6688	279	0.5037
永城市	商丘	288	0.4855	153	0.6306	120	0.2567	223	0.3694	394	0.5592	384	0.4675	101	0.0000	370	0.3982	363	0.2821
栾川县	洛阳	289	0.4855	138	0.6379	260	0.1852	160	0.4424	196	0.4736	251	0.6124	101	0.0000	295	0.5057	299	0.4758
河津市	运城	290	0.4851	362	0.4262	171	0.2327	25	0.7198	271	0.6230	186	0.6675	101	0.0000	332	0.4558	162	0.6494
邓州市	南阳	291	0.4843	367	0.3991	177	0.2310	299	0.2751	128	0.5261	336	0.5353	101	0.0000	371	0.3955	153	0.6670
伊金霍洛旗	鄂尔多斯	292	0.4831	282	0.5411	299	0.1443	45	0.6398	42	0.3581	394	0.3674	101	0.0000	291	0.5093	241	0.5407

续表

县(市)	所属地区	投资潜力 指数 排名	投资潜力 指数 指数	FZ1 经济增长指数 排名	FZ1 经济增长指数 指数	FZ2 供给潜力指数 排名	FZ2 供给潜力指数 指数	FZ3 财政保障指数 排名	FZ3 财政保障指数 指数	FZ4 金融便利指数 排名	FZ4 金融便利指数 指数	FZ5 研发能力指数 排名	FZ5 研发能力指数 指数	FZ6 园区发展指数 排名	FZ6 园区发展指数 指数	FZ7 空间区位指数 排名	FZ7 空间区位指数 指数	FZ8 交通通达指数 排名	FZ8 交通通达指数 指数
茌平县	聊城	293	0.4828	297	0.5334	324	0.0943	167	0.4335	193	0.3940	279	0.5853	101	0.0000	130	0.6904	210	0.5785
永春县	泉州	294	0.4827	235	0.5753	313	0.1234	323	0.2441	388	0.3220	189	0.6659	101	0.0000	229	0.5773	205	0.5870
新兴县	云浮	295	0.4797	328	0.4918	348	0.0000	211	0.3845	77	0.5685	181	0.6727	101	0.0000	110	0.7198	363	0.2821
衡南县	衡阳	296	0.4795	166	0.6231	154	0.2379	274	0.3123	360	0.4144	360	0.5052	101	0.0000	258	0.5460	209	0.5799
泗阳县	宿迁	297	0.4739	261	0.5567	348	0.0000	319	0.2502	22	0.5649	329	0.5408	101	0.0000	245	0.5653	237	0.5434
昌黎县	秦皇岛	298	0.4729	216	0.5932	93	0.2762	265	0.3268	333	0.6154	320	0.5470	101	0.0000	208	0.5932	348	0.3615
莒南县	临沂	299	0.4724	128	0.6382	188	0.2248	371	0.1539	370	0.7936	74	0.7912	101	0.0000	262	0.5413	191	0.6100
登封市	郑州	300	0.4707	70	0.6717	169	0.2330	303	0.2730	229	0.2454	46	0.8211	101	0.0000	82	0.7551	184	0.6168
北流市	玉林	301	0.4705	213	0.5934	50	0.3207	325	0.2421	316	0.6198	118	0.7405	101	0.0000	361	0.4131	311	0.4548
襄垣县	长治	302	0.4694	373	0.3730	332	0.0769	151	0.4529	10	0.7969	271	0.5960	101	0.0000	349	0.4296	256	0.5270
凯里市	黔东南州	303	0.4688	231	0.5784	15	0.4025	275	0.3115	292	0.8479	127	0.7288	101	0.0000	346	0.4367	262	0.5220
贵溪市	鹰潭	304	0.4687	224	0.5822	268	0.1804	248	0.3495	355	0.3483	201	0.6537	101	0.0000	316	0.4779	334	0.3902
涞南市	唐山	305	0.4686	165	0.6232	58	0.3128	168	0.4328	254	0.3941	256	0.6088	101	0.0000	183	0.6308	240	0.5411
老河口市	襄阳	306	0.4685	340	0.4679	326	0.0876	254	0.3421	40	0.3912	351	0.5187	101	0.0000	338	0.4462	136	0.7006
分宜县	新余	307	0.4675	272	0.5486	172	0.2327	153	0.4478	162	0.3156	386	0.4487	101	0.0000	302	0.5003	337	0.3802
府谷县	榆林	308	0.4639	220	0.5896	185	0.2261	18	0.7869	158	0.5538	324	0.5442	101	0.0000	390	0.3261	374	0.2542
永安市	三明	309	0.4629	237	0.5747	194	0.2239	244	0.3538	74	0.3576	317	0.5496	10	0.6770	351	0.4257	359	0.3075
延吉市	延边州	310	0.4623	241	0.5708	279	0.1712	279	0.3093	197	0.9127	193	0.6590	10	0.6770	394	0.3000	105	0.7580

续表

县(市)	所属地区	投资潜力指数		FZ1 经济增长指数		FZ2 供给潜力指数		FZ3 财政保障指数		FZ4 金融便利指数		FZ5 研发能力指数		FZ6 园区发展指数		FZ7 空间区位指数		FZ8 交通通达指数	
		排名	指数	排名	指数	排名	指数	排名	指数	排名	指数	排名	指数	排名	指数	排名	指数	排名	指数
灌云县	连云港	311	0.4617	187	0.6120	219	0.2108	341	0.2163	211	0.4639	339	0.5314	101	0.0000	287	0.5118	254	0.5278
彬州市	咸阳	312	0.4605	244	0.5672	145	0.2412	322	0.2469	249	0.4948	344	0.5281	101	0.0000	223	0.5807	385	0.2444
临清市	聊城	313	0.4585	336	0.4814	257	0.1881	304	0.2713	256	0.5638	190	0.6648	101	0.0000	207	0.5944	341	0.3745
沂水县	临沂	314	0.4575	190	0.6118	247	0.1949	358	0.1809	222	0.7164	216	0.6423	101	0.0000	243	0.5671	353	0.3423
冷水江市	娄底	315	0.4562	334	0.4814	221	0.2100	163	0.4406	329	0.4625	375	0.4882	101	0.0000	267	0.5357	354	0.3325
信宜市	茂名	316	0.4533	382	0.3340	343	0.0183	355	0.1869	155	0.4417	137	0.7174	101	0.0000	201	0.5981	374	0.2542
汶上县	济宁	317	0.4502	200	0.6008	295	0.1509	363	0.1693	67	0.5535	264	0.6032	101	0.0000	233	0.5756	229	0.5534
丰县	徐州	318	0.4479	147	0.6343	139	0.2438	339	0.2219	303	0.4986	66	0.7992	58	0.4732	359	0.4151	288	0.4911
新泰市	泰安	319	0.4459	275	0.5486	215	0.2130	315	0.2550	294	0.4945	150	0.6992	101	0.0000	184	0.6285	386	0.2343
泗洪县	宿迁	320	0.4458	283	0.5411	49	0.3228	326	0.2407	359	0.5353	237	0.6224	101	0.0000	209	0.5931	386	0.2343
嘉祥县	济宁	321	0.4439	87	0.6568	167	0.2343	364	0.1677	154	0.7302	332	0.5398	101	0.0000	288	0.5117	176	0.6320
灌南县	连云港	322	0.4396	366	0.3992	348	0.0000	308	0.2678	130	0.3503	233	0.6260	101	0.0000	275	0.5266	254	0.5278
单县	菏泽	323	0.4381	378	0.3654	296	0.1503	394	0.0840	210	0.6243	196	0.6574	101	0.0000	335	0.4495	298	0.4777
迁安市	唐山	324	0.4379	283	0.5411	348	0.0000	111	0.5089	204	0.4739	393	0.3788	58	0.4732	156	0.6618	283	0.4933
祁东县	衡阳	325	0.4375	133	0.6381	51	0.3199	396	0.0688	228	0.5262	248	0.6146	101	0.0000	251	0.5591	316	0.4321
博白县	玉林	326	0.4353	194	0.6082	38	0.3399	343	0.2115	147	0.6734	28	0.8644	101	0.0000	384	0.3570	269	0.5168
广饶县	东营	327	0.4324	169	0.6195	142	0.2423	197	0.4041	384	0.5576	345	0.5279	101	0.0000	200	0.5990	273	0.5136
桂平市	贵港	328	0.4321	381	0.3430	278	0.1717	400	0.0000	278	0.6310	82	0.7831	101	0.0000	361	0.4131	292	0.4859

第四章 2017年县域经济投资潜力排名 / 123

续表

县(市)	所属地区	投资潜力指数		FZ1 经济增长指数		FZ2 供给潜力指数		FZ3 财政保障指数		FZ4 金融便利指数		FZ5 研发能力指数		FZ6 园区发展指数		FZ7 空间区位指数		FZ8 交通通达指数	
		排名	指数	排名	指数	排名	指数	排名	指数	排名	指数	排名	指数	排名	指数	排名	指数	排名	指数
廉江市	湛江	329	0.4300	319	0.5036	258	0.1880	370	0.1560	113	0.4100	346	0.5275	101	0.0000	313	0.4846	158	0.6568
玉田县	唐山	330	0.4286	170	0.6195	164	0.2353	241	0.3550	235	0.6098	306	0.5584	101	0.0000	69	0.7706	164	0.6445
资兴市	郴州	331	0.4273	333	0.4851	244	0.1977	215	0.3797	227	0.2704	297	0.5650	101	0.0000	325	0.4657	392	0.2064
霍林郭勒市	通辽	332	0.4249	162	0.6232	147	0.2405	24	0.7249	346	0.1422	369	0.4985	101	0.0000	396	0.2486	367	0.2790
泽州县	晋城	333	0.4245	30	0.7198	293	0.1519	76	0.5564	318	0.3795	184	0.6698	101	0.0000	358	0.4169	163	0.6459
高平市	晋城	334	0.4243	308	0.5150	298	0.1455	188	0.4121	347	0.6913	76	0.7872	101	0.0000	343	0.4423	172	0.6349
横县	南宁	335	0.4238	379	0.3614	335	0.0629	357	0.1833	96	0.5269	72	0.7946	101	0.0000	254	0.5579	192	0.6058
宜章县	郴州	336	0.4204	339	0.4691	98	0.2748	359	0.1732	399	0.5093	220	0.6388	101	0.0000	328	0.4591	346	0.3702
汨罗市	岳阳	337	0.4192	369	0.3955	329	0.0818	202	0.3939	166	0.2425	368	0.4994	101	0.0000	107	0.7214	84	0.7876
辽西县	唐山	338	0.4192	207	0.5971	245	0.1967	127	0.4919	242	0.3004	370	0.4964	101	0.0000	146	0.6733	324	0.4177
桂阳县	郴州	339	0.4175	318	0.5037	327	0.0868	348	0.1967	389	0.3759	239	0.6199	101	0.0000	337	0.4471	239	0.5412
滕州市	枣庄	340	0.4151	161	0.6232	307	0.1332	262	0.3337	69	0.3753	280	0.5850	101	0.0000	290	0.5107	114	0.7391
绥中县	葫芦岛	341	0.4151	388	0.1589	4	0.6117	243	0.3543	12	0.9018	267	0.6003	101	0.0000	374	0.3846	392	0.2064
鄄城县	菏泽	342	0.4120	370	0.3918	314	0.1202	365	0.1641	344	0.7223	295	0.5709	101	0.0000	285	0.5149	392	0.2064
耒阳市	衡阳	343	0.4068	359	0.4290	238	0.1994	389	0.0930	374	0.5031	102	0.7591	101	0.0000	271	0.5297	329	0.4098
陆川县	玉林	344	0.4019	178	0.6157	59	0.3126	284	0.3008	286	0.4833	34	0.8545	101	0.0000	381	0.3722	345	0.3704
常宁市	衡阳	345	0.3980	117	0.6419	170	0.2327	392	0.0850	118	0.4680	207	0.6514	101	0.0000	289	0.5108	386	0.2343
高唐县	聊城	346	0.3973	252	0.5628	275	0.1736	218	0.3780	243	0.3780	245	0.6157	101	0.0000	141	0.6792	210	0.5785

续表

县(市)	所属地区	投资潜力指数		FZ1 经济增长指数		FZ2 供给潜力指数		FZ3 财政保障指数		FZ4 金融便利指数		FZ5 研发能力指数		FZ6 园区发展指数		FZ7 空间区位指数		FZ8 交通通达指数	
		排名	指数	排名	指数	排名	指数	排名	指数	排名	指数	排名	指数	排名	指数	排名	指数	排名	指数
曹县	菏泽	347	0.3969	196	0.6046	311	0.1261	390	0.0895	143	0.6638	373	0.4894	101	0.0000	345	0.4385	334	0.3902
成武县	菏泽	348	0.3962	344	0.4615	339	0.0279	391	0.0891	37	0.6345	199	0.6550	101	0.0000	312	0.4849	258	0.5255
涟源市	娄底	349	0.3962	341	0.4659	325	0.0905	387	0.0965	27	0.4931	328	0.5419	101	0.0000	192	0.6145	340	0.3761
梅河口市	通化	350	0.3952	351	0.4365	223	0.2100	307	0.2695	252	0.5028	338	0.5326	101	0.0000	273	0.5280	363	0.2821
无棣县	滨州	351	0.3942	346	0.4515	214	0.2132	271	0.3180	270	0.4967	213	0.6467	101	0.0000	215	0.5855	371	0.2695
敦化市	延边州	352	0.3940	203	0.6008	122	0.2556	334	0.2260	258	0.8024	365	0.5026	10	0.6770	379	0.3772	301	0.4726
锡林浩特市	锡林郭勒盟	353	0.3907	291	0.5372	338	0.0439	199	0.3980	156	0.8340	349	0.5198	101	0.0000	398	0.1493	215	0.5763
会理县	凉山州	354	0.3905	334	0.4814	348	0.0000	171	0.4284	345	0.3750	289	0.5767	101	0.0000	393	0.3115	305	0.4694
公主岭市	四平	355	0.3881	289	0.5373	181	0.2279	386	0.0972	178	0.6211	352	0.5181	101	0.0000	90	0.7388	86	0.7864
兰陵县	临沂	356	0.3848	324	0.4963	248	0.1943	393	0.0848	348	0.5808	182	0.6708	101	0.0000	333	0.4551	202	0.5918
邵武市	南平	357	0.3719	314	0.5109	309	0.1294	283	0.3011	293	0.4634	296	0.5681	101	0.0000	365	0.4060	224	0.5601
辉县市	新乡	358	0.3682	266	0.5557	348	0.0000	313	0.2564	251	0.4973	361	0.5042	101	0.0000	186	0.6204	281	0.4965
盘山县	盘锦	359	0.3680	176	0.6158	141	0.2432	4	0.8835	391	0.5079	292	0.5719	101	0.0000	240	0.5720	133	0.7046
安岳县	资阳	360	0.3668	338	0.4733	301	0.1415	312	0.2564	386	0.6527	252	0.6110	101	0.0000	274	0.5271	374	0.2542
永兴县	郴州	361	0.3649	298	0.5299	348	0.0000	340	0.2164	324	0.2244	249	0.6144	101	0.0000	318	0.4764	392	0.2064
普宁市	揭阳	362	0.3622	262	0.5561	345	0.0120	384	0.1018	390	0.5823	308	0.5580	101	0.0000	241	0.5716	60	0.8183
微山县	济宁	363	0.3617	351	0.4365	201	0.2170	214	0.3801	176	0.2389	230	0.6292	101	0.0000	321	0.4713	310	0.4623
福安市	宁德	364	0.3592	342	0.4659	348	0.0000	298	0.2756	81	0.4039	187	0.6672	101	0.0000	244	0.5656	320	0.4259

第四章 2017年县域经济投资潜力排名 / 125

续表

县(市)	所属地区	投资潜力指数		FZ1 经济增长指数		FZ2 供给潜力指数		FZ3 财政保障指数		FZ4 金融便利指数		FZ5 研发能力指数		FZ6 园区发展指数		FZ7 空间区位指数		FZ8 交通通达指数	
		排名	指数	排名	指数	排名	指数	排名	指数	排名	指数	排名	指数	排名	指数	排名	指数	排名	指数
土默特右旗	包头	365	0.3590	286	0.5374	236	0.2010	263	0.3329	371	0.2668	378	0.4791	101	0.0000	147	0.6711	286	0.4928
孝义市	吕梁	366	0.3570	293	0.5337	348	0.0000	150	0.4531	125	0.5166	333	0.5389	101	0.0000	300	0.5023	322	0.4206
满洲里市	呼伦贝尔盟	367	0.3569	385	0.3122	264	0.1839	287	0.2952	266	0.7064	388	0.4368	1	1.0000	399	0.1263	339	0.3787
宁阳县	泰安	368	0.3540	383	0.3233	289	0.1547	381	0.1241	232	0.3090	161	0.6896	101	0.0000	215	0.5855	313	0.4440
灵宝市	三门峡	369	0.3504	327	0.4925	348	0.0000	174	0.4254	382	0.3586	379	0.4788	101	0.0000	331	0.4564	123	0.7177
莱州市	烟台	370	0.3469	258	0.5597	348	0.0000	217	0.3780	317	0.4865	224	0.6338	101	0.0000	199	0.6026	374	0.2542
化州市	茂名	371	0.3441	380	0.3564	254	0.1908	378	0.1335	353	0.4142	191	0.6623	101	0.0000	296	0.5045	74	0.8023
准格尔旗	鄂尔多斯	372	0.3431	345	0.4555	348	0.0000	78	0.5515	397	0.2761	387	0.4408	101	0.0000	334	0.4509	363	0.2821
榆树市	长春	373	0.3265	363	0.4126	337	0.0548	368	0.1597	185	0.5670	353	0.5168	101	0.0000	315	0.4786	338	0.3788
庄河市	大连	374	0.3240	394	0.0000	348	0.0000	235	0.3596	236	0.5601	266	0.6008	101	0.0000	257	0.5479	333	0.3926
宜都市	宜昌	375	0.3219	330	0.4885	274	0.1769	203	0.3938	194	0.1571	371	0.4927	58	0.4732	336	0.4476	225	0.5573
福鼎市	宁德	376	0.3213	375	0.3682	348	0.0000	310	0.2588	199	0.5735	270	0.5966	101	0.0000	308	0.4877	293	0.4836
枝江市	宜昌	377	0.3025	350	0.4458	348	0.0000	301	0.2740	373	0.3040	265	0.6013	101	0.0000	298	0.5026	118	0.7282
霍邱县	六安	378	0.2906	386	0.2544	316	0.1170	342	0.2143	114	0.6733	83	0.7812	101	0.0000	269	0.5325	361	0.2921
抚松县	白山	379	0.2657	329	0.4888	280	0.1704	374	0.1496	301	0.4434	341	0.5298	101	0.0000	372	0.3918	392	0.2064
当阳市	宜昌	380	0.2622	377	0.3659	348	0.0000	294	0.2819	381	0.2772	222	0.6362	101	0.0000	303	0.4992	151	0.6712
定边县	榆林	381	0.2496	357	0.4319	348	0.0000	306	0.2695	302	0.4418	362	0.5041	101	0.0000	369	0.3997	331	0.3956
肇东市	绥化	382	0.2351	390	0.1136	348	0.0000	398	0.0513	64	0.3859	357	0.5104	101	0.0000	85	0.7501	98	0.7655

续表

县(市)	所属地区	投资潜力指数		FZ1 经济增长指数		FZ2 供给潜力指数		FZ3 财政保障指数		FZ4 金融便利指数		FZ5 研发能力指数		FZ6 园区发展指数		FZ7 空间区位指数		FZ8 交通通达指数	
		排名	指数	排名	指数	排名	指数	排名	指数	排名	指数	排名	指数	排名	指数	排名	指数	排名	指数
海城市	鞍山	383	0.2351	384	0.3134	318	0.1149	318	0.2515	338	0.7328	109	0.7509	101	0.0000	235	0.5752	293	0.4836
磐石市	吉林	384	0.2280	365	0.4025	348	0.0000	383	0.1161	223	0.5344	309	0.5578	101	0.0000	259	0.5445	349	0.3523
阳春市	阳江	385	0.2278	343	0.4627	348	0.0000	385	0.0983	280	0.4731	377	0.4794	101	0.0000	227	0.5796	355	0.3301
靖边县	榆林	386	0.2183	372	0.3742	323	0.0950	295	0.2810	313	0.4204	389	0.4358	101	0.0000	389	0.3289	349	0.3523
凤城市	丹东	387	0.2077	374	0.3687	334	0.0670	228	0.3646	387	0.8466	236	0.6225	101	0.0000	375	0.3837	125	0.7170
扶余市	松原	388	0.2038	393	0.0025	348	0.0000	395	0.0754	23	0.2612	334	0.5385	101	0.0000	239	0.5727	104	0.7621
东港市	丹东	389	0.1572	394	0.0000	348	0.0000	335	0.2258	11	0.9065	284	0.5815	101	0.0000	347	0.4313	173	0.6327
洪洞县	临汾	390	0.1567	356	0.4320	348	0.0000	377	0.1423	392	0.6972	175	0.6779	101	0.0000	377	0.3814	308	0.4638
扎鲁特旗	通辽	391	0.1502	389	0.1306	336	0.0566	331	0.2353	89	0.2217	390	0.4319	101	0.0000	391	0.3238	384	0.2468
大石桥市	营口	392	0.1502	394	0.0000	348	0.0000	293	0.2830	32	0.8146	364	0.5026	101	0.0000	272	0.5286	297	0.4784
新民市	沈阳	393	0.1254	387	0.1699	330	0.0813	373	0.1501	144	0.6333	304	0.5598	101	0.0000	138	0.6823	138	0.6961
前郭县	松原	394	0.1206	368	0.3958	348	0.0000	372	0.1524	160	0.6163	396	0.3601	101	0.0000	294	0.5059	355	0.3301
五常市	哈尔滨	395	0.0944	376	0.3675	301	0.1415	399	0.0286	365	0.3297	398	0.2177	101	0.0000	203	0.5968	352	0.3469
达茂旗	包头	396	0.0883	394	0.0000	348	0.0000	246	0.3517	400	0.0000	400	0.0000	101	0.0000	304	0.4983	399	0.0000
法库县	沈阳	397	0.0789	394	0.0000	348	0.0000	338	0.2222	322	0.4048	337	0.5329	101	0.0000	202	0.5972	190	0.6102
盖州市	营口	398	0.0292	394	0.0000	348	0.0000	388	0.0964	52	0.7749	397	0.3216	101	0.0000	282	0.5203	314	0.4390
安达市	绥化	399	0.0015	394	0.0000	348	0.0000	376	0.1432	398	0.1468	356	0.5121	101	0.0000	224	0.5804	121	0.7211
桦甸市	吉林	400	0.0000	391	0.0986	348	0.1185	382	0.1185	296	0.4611	374	0.4882	101	0.0000	339	0.4459	399	0.0000

第五章

县域经济投资潜力百强县(市)分析

一 投资潜力百强县(市)分析

(一)投资潜力百强县(市)前10强

投资潜力排名第1位的是金堂县,第2位的是嘉善县,第3位的是界首市,其次依次是固安县、德清县、新津县、灵武市、闽侯县、慈溪市和平湖市(见图5—1)。其中,金堂县、界首市、德清县、固安县、新津县也是上一年度前10名。投资潜力排名前10位的县(市),依然大多数

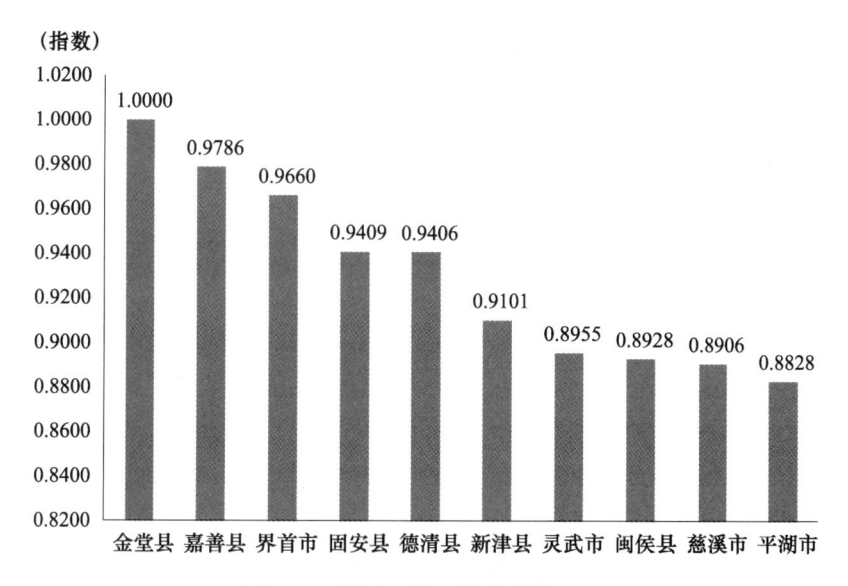

图5—1 县域经济投资潜力前10强

都是距离核心大城市不足100公里的县（市），界首市依然凭借循环经济优势大放异彩，慈溪市则由于杭州湾新区的带动投资潜力大增。本年度投资潜力前10强的县（市）主要集中在浙江省和四川省，合计占6席，安徽省、河北省、福建省和宁夏回族自治区各占1席。

（二）投资潜力百强县（市）区域分布

三大区域样本县（市）投资潜力相对稳定。东部地区、中部地区和西部地区投资潜力百强县（市）个数分别是53个、30个和17个。与上一年度相比，西部地区投资潜力百强县（市）数量增加了3个，而东部地区减少了4个。东部地区投资潜力百强县（市）数占东部地区入选400样本县（市）总数的比例为27.8%，中部地区投资潜力百强县（市）占中部地区入选400样本县（市）总数的比例为20.7%，都比上一年度略有下降，西部地区这一比率为27.4%，比上一年度有所上升。

县域经济投资潜力省际差别仍大，浙江省县（市）投资潜力具有绝对优势。浙江省投资潜力百强县（市）数量最多，达到27个，比上年多了10个；其次是安徽省和江苏省，分别有15个和13个，分别比上一年度增加2个和减少7个。尽管安徽省投资潜力百强县（市）有所增加，但是所占400样本县（市）的比重为46.9%，相比上一年度的50.0%，仍略有下降。江苏省的南通市也拥有较多的投资潜力百强（县），数目达到4个。山东省的样本县（市）数目和投资潜力百强县（市）数目由于即墨撤市划区而相应减少1个，但53个样本县（市）只有3个县（市）进入投资潜力百强县（市），比例仍然偏低。山西省、内蒙古自治区、辽宁省、黑龙江省、重庆市和青海省没有县（市）进入投资潜力百强县（市）。辽宁省的样本县（市）已由上一年度的29个减少至11个，仍然没有一个县（市）进入投资潜力百强县（市）（见图5—2）。

（三）投资潜力百强县（市）与400样本县（市）的比较

投资潜力百强县（市）与400样本县（市）差距呈现扩大趋势。投资潜力百强县（市）经济增长率平均值达到了8.9%，比上一年度平均值回落了0.1个百分点，但仍比400样本县（市）高出1.2个百分点。固定资产投资增长率和公共财政收入增长率分别高出400样本县（市）3.9

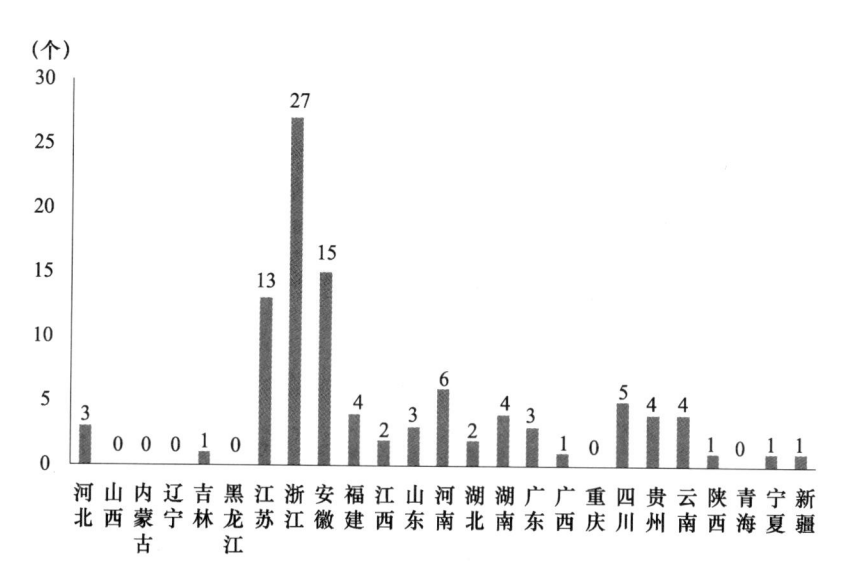

图 5—2　投资潜力百强县（市）省域分布

个百分点和 4.1 个百分点，相比上一年度这一差距都明显扩大。投资潜力百强县（市）居民储蓄占 GDP 比重的平均值与 400 样本县（市）相比，高出后者 4.2 个百分点，但是金融机构贷款占 GDP 比重的平均值高出 400 样本县（市）20.7 个百分点，这表明百强县（市）融资便利度也远高于其他县（市）。此外，投资潜力百强县（市）的百亿 GDP 专利申请量平均达到 374.1 件，是 400 样本县（市）的 1.9 倍，而上一年为 1.7 倍。这些动态和静态指标所显示出的信息，表明投资潜力百强县（市）在与其他县（市）的竞争中具有明显优势，同时与上一年度相比，差距在继上年略有缩小后又呈现扩大趋势，反映了当前经济形势的复杂程度进一步加大（见表 5—1）。

表 5—1　　投资潜力百强县（市）与 400 样本县（市）主要经济指标平均值的比较

指标	单位	400 样本县（市）	百强县（市）
经济增长率	%	7.7	8.9
固定资产投资增长率	%	11.8	15.7
公共财政收入增长率	%	6.9	11.0

续表

指标	单位	400样本县（市）	百强县（市）
居民储蓄占 GDP 比重	%	64.8	69.0
金融机构贷款占 GDP 比重	%	64.8	85.5
百亿 GDP 专利申请量	件	193.7	374.1

二 投资潜力分项指数分析

（一）经济增长指数分析

贵州省样本县（市）经济增长最快，江苏省高增速样本县（市）最多。2016—2017年经济增速平均最快的前10位县（市），有7个县（市）属于贵州省，另外3个分属云南省、广西壮族自治区和四川省，全部属于西部地区，具体来说属于西南地区。这10个县（市）分别是兴义市、清镇市、开阳县、金沙县、盘州市、仁怀市、水城县、安宁市、平果县和新津县，其中兴义市、清镇市、金沙县、盘州市、仁怀市、水城县和新津县上一年度平均经济增速也排在前10位。分地区看，2016—2017年经济增速最快的前100位县（市），东部地区有33个，中部地区有44个，西部地区有23个，中西部地区样本县（市）进入百强的数目比上一年度都有所增加。分省份来看，安徽省经济增速排在前100位的县（市）最多，达到20个；河南省和江苏省次之，分别有11个和9个，江苏省进入前100位县（市）的数量较上一年度有大幅减少。大多数县（市）连续两年都保持了较快的经济增长，而贵州省进入400样本县（市）的县（市）较少，只有8个，但其中7个县（市）经济增长速度都排在了前10位。河北省、山西省、内蒙古自治区、辽宁省、吉林省、青海省和新疆维吾尔自治区都没有样本县（市）经济增速进入前100位（见图5—3）。

从400样本县（市）平均经济增长率来看，西部地区县（市）两年平均经济增长率达到8.4%，高于中部地区县（市）的7.8%和东部地区县（市）的7.1%。分省份看，贵州省、重庆市和云南省样本县（市）平均经济增长率最高，分别达到了12.1%、9.5%和9.4%；江西省、安徽省、湖南省、青海省、河南省、四川省、广西壮族自治区、江苏省和

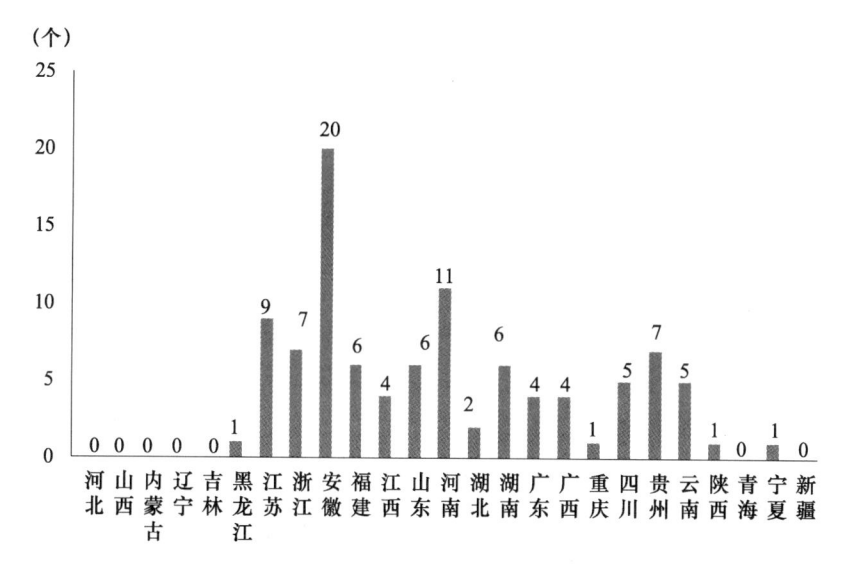

图5—3 经济增长指数百强县（市）省域分布

福建省等省份（地区），样本县（市）平均经济增长率都超过了8.0%；而辽宁省样本县（市）平均增速最低，事实上为-4.2%（见图5—4）。

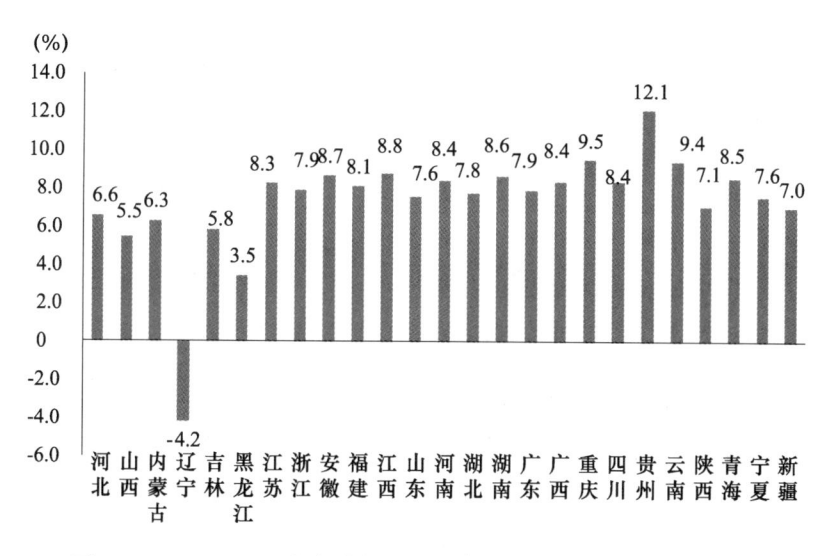

图5—4 2016—2017年各省份400样本县（市）平均经济增长速度

(二) 供给潜力指数分析

中西部地区县（市）供给潜力最大。根据 2016—2017 年平均固定资产投资增长率计算，供给潜力指数最大的前 10 位县（市）分别是农安县、岱山县、临泉县、绥中县、界首市、太和县、宣威市、楚雄市、颍上县和昌吉市，其中农安县、界首市、临泉县和颍上县供给潜力在上一年度也进入前 10 位。分地区看，供给潜力前 100 位县（市）中，中部地区县（市）有 43 个，与上一年度持平；东部地区降至 36 个；西部地区增至 21 个。分省份看，湖北省和安徽省进入供给潜力前 100 位的县（市）数量最多，分别有 18 个和 14 个；其次是江苏省、浙江省和湖南省，各有 11 个、9 个和 8 个；贵州省和云南省供给潜力进入前 100 位的分别有 6 个和 4 个，相对于总样本数来讲比重较高。山西省、黑龙江省、重庆市、青海省和宁夏回族自治区没有县（市）进入供给潜力前 100 位（见图 5—5）。

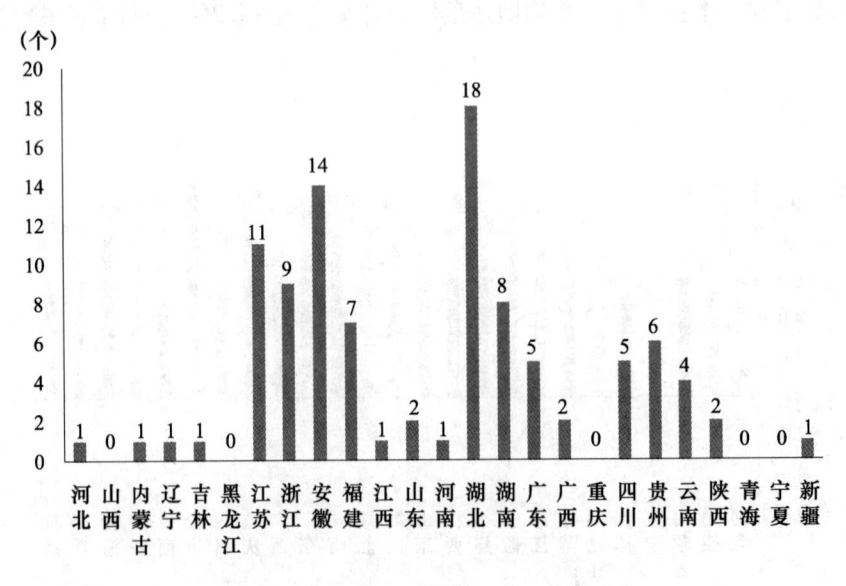

图 5—5　供给潜力百强县（市）省域分布

图 5—6 则表明，云南省和安徽省样本县（市）两年全社会固定资产投资完成额平均增速分别到达 18.5% 和 17.0%，是增速最快的两个省份；

贵州省、湖南省样本县（市）投资增速也分别达到了15.8%和14.6%。辽宁省、黑龙江省和山西省样本县（市）平均投资增速都在0以下，其中辽宁省固定资产投资下滑幅度更是达到31.3%。

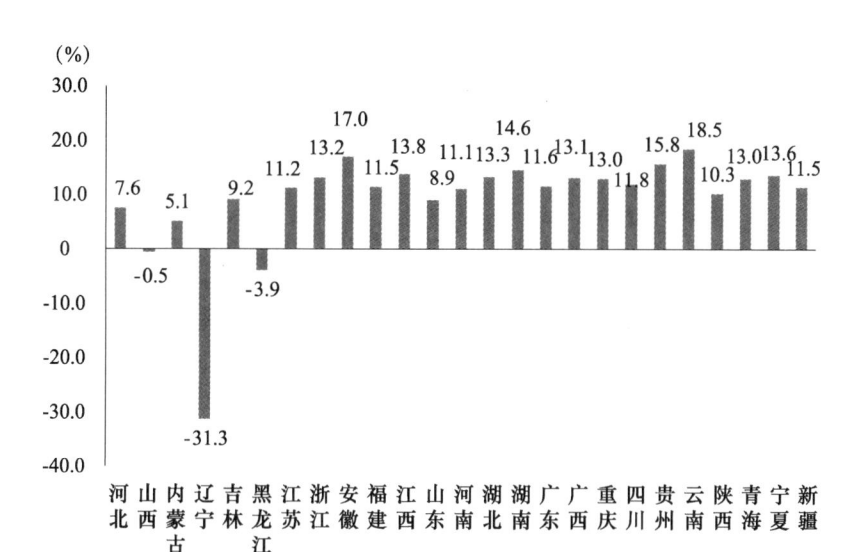

图5—6　2016—2017年各省份400样本县（市）固定资产投资平均增长率

（三）财政保障指数分析

西部地区部分样本县（市）财政保障指数迅速提高，江苏省县（市）大幅下滑。财政保障指数前10位分别是灵武市、山阴县、韩城市、盘山县、长治县、平潭县、鄂托克旗、嘉善县、仁怀市和灵石县，其中平潭县和鄂托克旗在上年度也排在前10位。除了盘山县、平潭县和嘉善县，其他县（市）都属于西部地区。这主要是因为西部地区重工业比重较高，人均财政收入也较高，同时经过一段时间的调整，财政收入增速也呈现恢复性快速增长，助推其财政保障指数攀高。分省份看，财政保障指数前100位的县（市）中，浙江省和河南省最多，分别有20个和12个。主要由于地方一般预算收入增速的放缓，财政保障指数前100位，江苏省只有7个，比上年减少9个（详见图5—7）。从2016—2017年两年平均财政收入增长率来看，前10位的分别是襄垣县、泽州县、东港市、灵武市、韩城市、文安县、正定县、临泉县、金堂县、沭阳县，其中只有临泉县在上一年度也进入前10位。这些县（市）财政快速增长主要是受益于大宗商品和工业品价格的上涨以及由此引起的工业增加值的快速增长。西部地区县（市）地方公共财政收入平均增长率达到5.9%，继续领跑三大区域，但较上年已经有所下降；中部地区为3.8%，增速比上年下降明显；东部地区增速为4.4%，是三大区域中唯一增速比上年提高的地区。分省份来看，宁夏回族自治区、重庆市、河北省、四川省和河南省地方公共财政收入平均增长率最高，都超过了10%；江苏省、黑龙江省、吉林省和青海省样本县（市）地方公共财政收入平均增长率都低于0（见图5—8）。

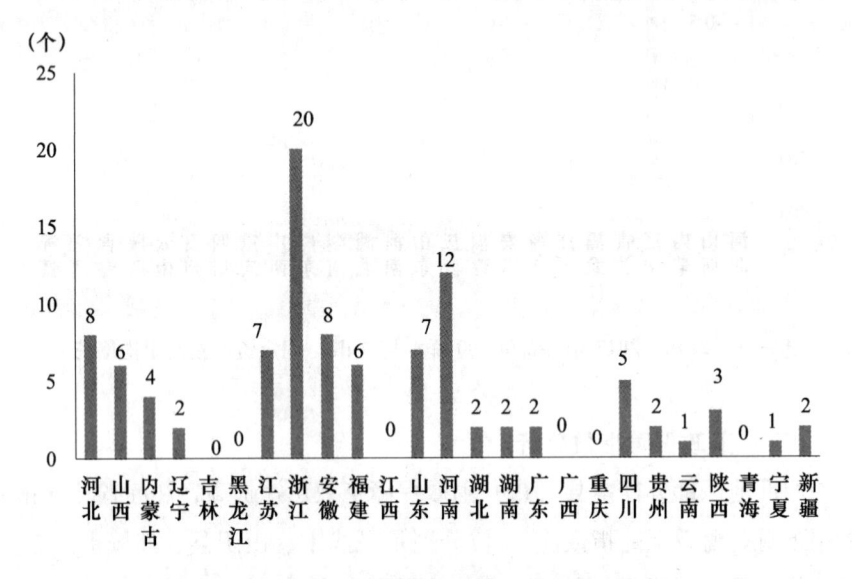

（个）

河北	山西	内蒙古	辽宁	吉林	黑龙江	江苏	浙江	安徽	福建	江西	山东	河南	湖北	湖南	广东	广西	重庆	四川	贵州	云南	陕西	青海	宁夏	新疆
8	6	4	2	0	0	7	20	8	6	0	7	12	2	2	2	0	0	5	2	1	3	0	1	2

图5—7　财政保障指数百强县（市）省域分布

从人均财政收入来看，地方公共财政收入人均值最高的10个县（市）是伊金霍洛旗、昆山市、太仓市、准格尔旗、张家港市、神木市、霍林郭勒市、江阴市、龙口市和鄂托克旗，其中伊金霍洛旗、昆山市、太仓市、准格尔旗、张家港市、霍林郭勒市、江阴市和鄂托克旗在上一年度也进入了前10位。人均地方公共财政收入前10位样本县（市），内蒙古自治区和江苏省各占了4位。除了江苏省样本县（市）主要是经济规模庞大、产业增加值率较高、外来务工人员多而带动了人均财政收入的提高外，其余县（市）主要是资源型和重化工型县（市）。分省份看，浙江省、

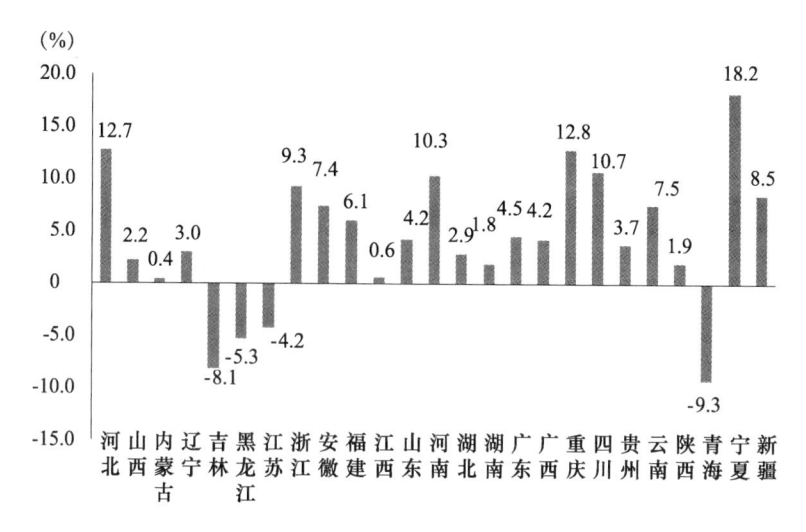

图5—8 2016—2017年各省份400样本县（市）地方公共财政收入平均增长率

江苏省和山东省进入人均财政收入100强的样本县（市）最多，分别有22个、18个和17个，合计达到57个。就400个样本县（市）而言，内蒙古自治区、新疆维吾尔自治区、陕西省、宁夏回族自治区、江苏省和浙江省县（市）人均地方公共财政收入最高，均超过6000元，其中内蒙古自治区达10454元，是唯一人均地方公共财政收入过万的地区。

（四）金融便利指数分析

中部地区县（市）金融便利性稳步提升，东西部地区缓慢下降。金融便利指数前10位的县（市），浙江省占了3个，分别是义乌市、永康市、青田县；河北省占了3个，分别是三河市、香河县和文安县；其余4个分别是山西省的介休市、湖北省的恩施市、安徽省的临泉县和吉林省的延吉市。三河市和恩施市是新进入前10位的县（市），前10位排名相对稳定。金融便利指数前100位县（市），浙江省占了30个，数量最多。安徽省超越河北省排在第二位，有13个县（市）进入金融便利指数前100位；河北省和山东省分别有10个和9个县（市）进入金融便利指数前100位；福建省、黑龙江省、湖南省、广西壮族自治区、陕西省、青海省和宁夏回族自治区没有县（市）进入前100位。分地区看，东部地区县（市）进入金融便利指数前100位的有63个，比上年少3个；中部地区只有 25 个，比上一年度增加了 4 个，金融便利度有所提升；西部地区进入金融便利指数前 100 位的县（市）比上一年度减少 1 个，下降为 12 个。详见图 5—9。

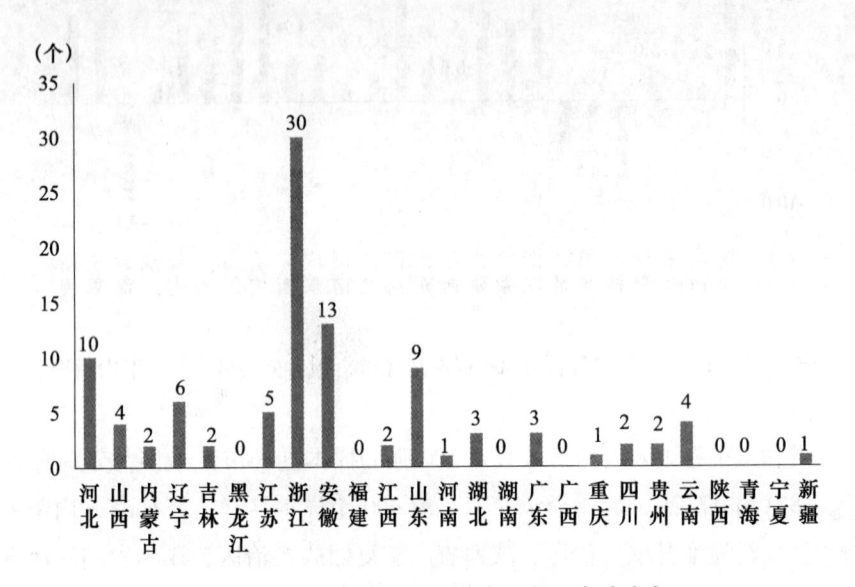

图 5—9　金融便利指数百强县（市）省域分布

各省数据：河北 10、山西 4、内蒙古 2、辽宁 6、吉林 2、黑龙江 0、江苏 5、浙江 30、安徽 13、福建 0、江西 2、山东 9、河南 1、湖北 3、湖南 0、广东 3、广西 0、重庆 1、四川 2、贵州 2、云南 4、陕西 0、青海 0、宁夏 0、新疆 1。

浙江省金融机构贷款占 GDP 比重最高，中部地区金融机构资金外流趋势再度增强。金融机构贷款占 GDP 比重最高的前 10 位县（市）是三河市、香河县、义乌市、恩施市、永康市、固安县、大理市、锡林浩特市、武义县、介休市，其中三河市、香河市、义乌市和武义县在上一年度也进入了前 10 位。金融机构贷款占 GDP 比重前 10 位县（市）中，浙江省和河北省各占了 3 个。比较各地区县（市）的金融机构贷款占 GDP 比重，可以发现东部地区 400 样本县（市）平均比重最高，达到 74.7%，比上年度提高 2.0 个百分点；中部地区比上年提高 3.2 个百分点至 51.3%，呈现快速提高趋势；西部地区则下滑了 1.1 个百分点至 64.4%。东部地区县（市）金融机构贷款占 GDP 比重高于居民储蓄占 GDP 比重 7.7 个百分点，比上一年度提高 0.3 个百分点，西部地区高了 3.2 个百分点，比上一年度减少 0.3 个百分点，而中部地区则低了 12.4 个百分点，并且比上一年度提高 0.7 个百分点，所以中部地区居民储蓄被转移到其他地区的状况有所恶化。各省份样本县（市）金融机构贷款占 GDP 的平均比重见图 5—10。如图所示，浙江省样本县（市）金融机构贷款占 GDP 平均比重仍然最大，云南省超越青海省位居第二，黑龙江省、湖南省和河南省这一比重最小，湖北省则超过了河南省。

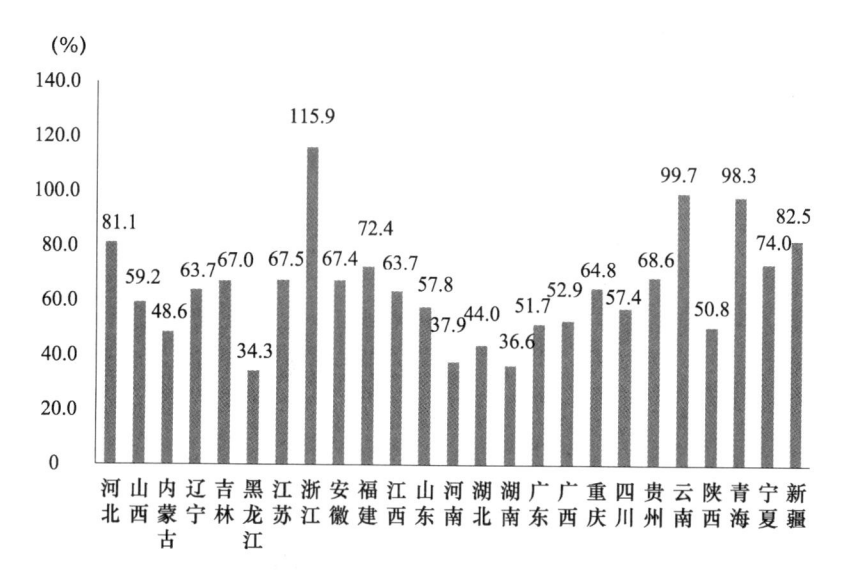

图 5—10 各省份 400 样本县（市）金融机构贷款占 GDP 平均比率

（五）研发能力指数分析

界首市名列首位，安徽省县（市）研发能力继续领先。研发能力指数由百亿元 GDP 专利申请量和发明专利占比两项指标合成。研发能力指数前 10 位分别是界首市、芜湖县、响水县、无为县、太仓市、肥西县、桐城市、南陵县、金堂县和安吉县。在研发能力前 10 强中，有 6 个属于安徽省，江苏省则有 2 个，四川省和浙江省各有 1 个。分地区看，研发能力指数前 100 位县（市），东部地区有 50 个，比上一年度减少 4 个；中部地区有 36 个，比上一年度增加 2 个；西部地区则由 12 个提高到 14 个。分省份看，排在研发能力指数前 100 位的县（市），安徽省有 29 个，江苏省和浙江省分别有 19 个和 18 个。内蒙古自治区、辽宁省、吉林省和黑龙江省等 12 个省份（地区）都没有县（市）进入研发能力前 100 位。详见图 5—11。

(件)

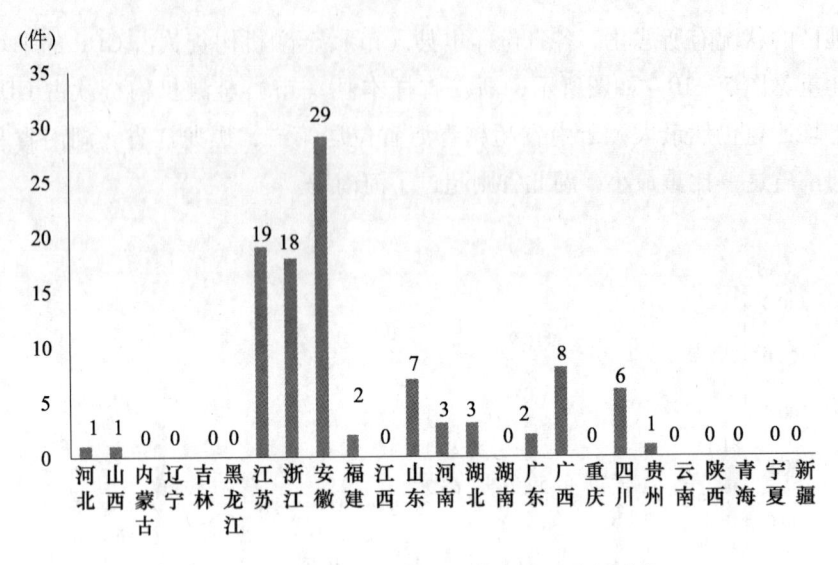

```
35 ┤
30 ┤                    29
25 ┤
20 ┤              19 18
15 ┤
10 ┤                              7         8
 5 ┤ 1 1           2      3 3   2    6    1
 0 ┤       0 0 0 0     0         0      0    0 0 0 0
     河 山 内 辽 吉 黑 江 浙 安 福 江 山 河 湖 湖 广 广 重 四 贵 云 陕 青 宁 新
     北 西 蒙 宁 林 龙 苏 江 徽 建 西 东 南 北 南 东 西 庆 川 州 南 西 海 夏 疆
            古       江
```

图 5—11　研发能力指数百强县（市）省域分布

东中西三大地区百亿 GDP 专利申请量全部呈现正增长。百亿 GDP 专利申请量前 10 位分别是新昌县、嘉善县、永康市、诸暨市、南安市、安吉县、瑞安市、界首市、丰县和句容市，其中前 4 位和第 6 位、第 7 位都属于浙江省。分地区看，东部地区县（市）百亿 GDP 专利申请量达到 261 件，比上一年度增加 28 件；中部地区为 144 件，比上一年度增加 13 件；西部地区为 88 件，比上一年度增加 18 件。分省份看，浙江省、安徽省和江苏省百亿 GDP 专利申请量最多，都超过 300 件；辽宁省、黑龙江省、山西省、吉林省、陕西省和内蒙古自治区最少，都不足 50 件。详见图 5—12。

（六）园区发展指数分析

黑龙江省满洲里市园区发展指数最高。满洲里市拥有综合保税区、中俄互市贸易区和边境经济合作区 3 个国家级开发区，在全国 400 样本县（市）独一无二。其次是石河子市、昆山市、常熟市、海安市、平湖市、德清县、张家港市和如皋市等，都至少拥有一个国家级开发区和一个省级以上高新技术开发区。

综合来看，浙江省有 15 个县（市）至少有一个国家级经济技术开发区（高新区）或者省级高新技术产业开发区；其次是江苏省，有 13 个县

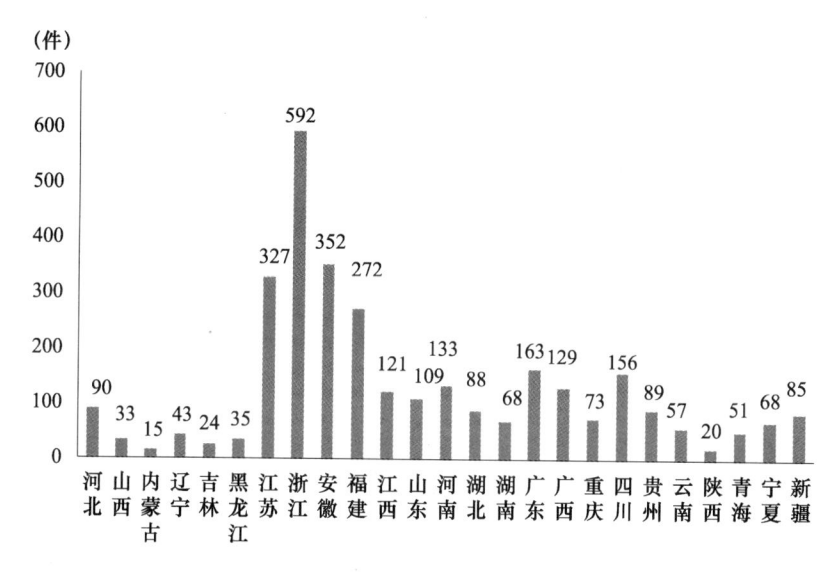

图5—12 各省份400样本县（市）平均百亿GDP专利申请量

（市）至少有一个国家级经济技术开发区（高新区）或者省级高新技术产业开发区；河北省和山东省则各有8个县（市）至少有一个国家级经济技术开发区（高新区）或者省级高新技术产业开发区。总的来看，400样本县（市）中只有101个县（市）至少有一个国家级经济技术开发区（高新区）或者省级高新技术产业开发区，比上年多了14个，但其余299个县（市）都没有类似级别的开发区。400样本县（市）中，有57个县（市）设有国家级经济技术开发区（高新区），另有48个县（市）设有省级高新技术产业开发区。园区发展指数百强县（市）省域分布详见图5—13。

（七）空间区位指数分析

空间区位指数主要衡量样本县（市）距离核心大城市的远近，以及核心大城市通过经济规模和人均收入对样本县（市）的影响力大小。空间区位指数前10位分别是太仓市、固安县、三河市、香河县、昆山市、德清县、涿州市、句容市、鹤山市和嘉善县。

这些县（市）主要是分布在北京市、上海市、杭州市和南京市等特大城市近郊的县（市）。空间区位指数前100位的县（市），浙江省、河北省、

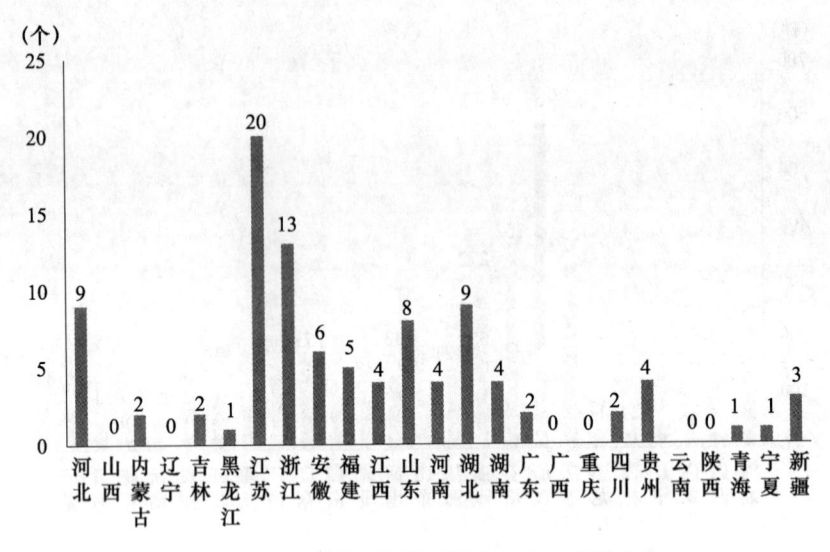

图 5—13　园区发展指数百强县（市）省域分布

江苏省和河南省最多，表明这些省份的样本县（市）更多是分布在具有较大辐射能力的大城市周围的县（市）；而山西省、广西壮族自治区、重庆市、陕西省、青海省和宁夏回族自治区没有县（市）进入前100位，说明这些省份的样本县（市）附近的核心大城市辐射力较弱或者相距较远。图 5—14 描述了空间区位指数前100位的县（市）的省域分布。

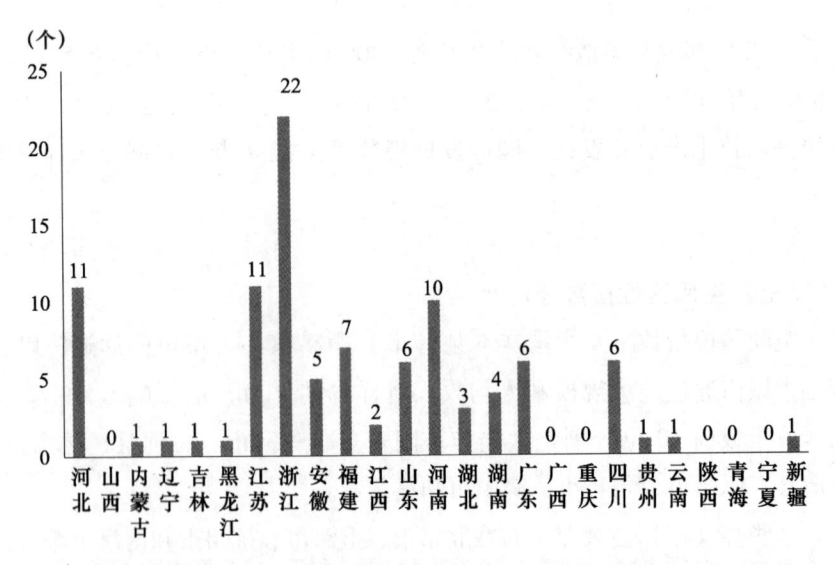

图 5—14　空间区位指数百强县（市）省域分布

（八）交通通达指数分析

东部地区县（市）继续占据交通通达指数前10强，中西部地区部分县（市）交通通达性相对不足。交通通达指数前10位的县（市）分别是昆山市、中牟县、句容市、宁乡市、新郑市、德清县、荥阳市、新密市、正定县和新津县，这些县（市）主要位于发达经济圈或者大都市周围。交通通达指数前100位的县（市），浙江省、山东省和河南省最多；山西省、内蒙古自治区、辽宁省、重庆市、陕西省、青海省和宁夏回族自治区等省份（地区）没有县（市）进入交通通达指数前100位（见图5—15）。400样本县（市）中，有109个县（市）100公里内没有机场，112个县（市）25公里内没有火车站，6个县（市）没有高速公路，既没有机场也没有高速公路和火车站的县（市）减少到2个。

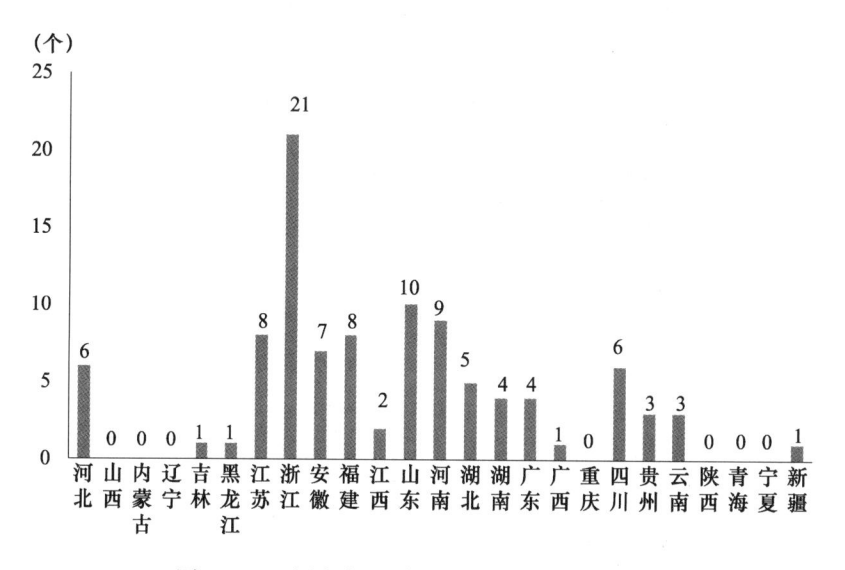

图5—15 交通通达指数百强县（市）省域分布

三 投资潜力指数与排名

(一) 投资潜力百强县 (市) 指数与排名

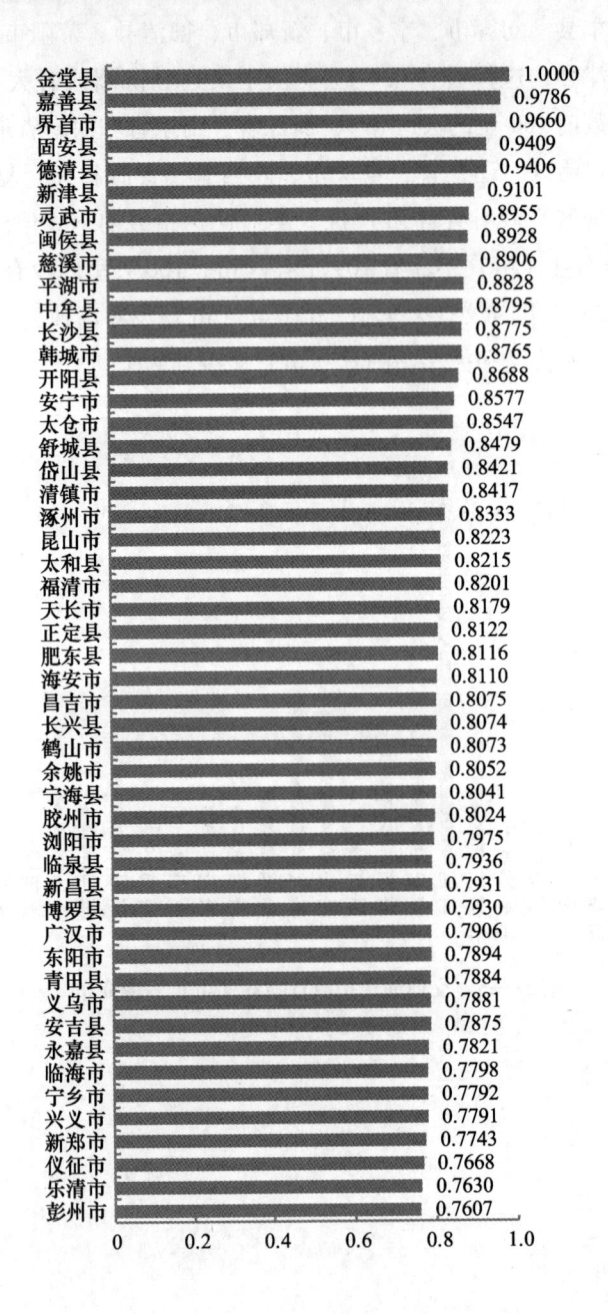

县(市)	指数
金堂县	1.0000
嘉善县	0.9786
界首市	0.9660
固安县	0.9409
德清县	0.9406
新津县	0.9101
灵武市	0.8955
闽侯县	0.8928
慈溪市	0.8906
平湖市	0.8828
中牟县	0.8795
长沙县	0.8775
韩城市	0.8765
开阳县	0.8688
安宁市	0.8577
太仓市	0.8547
舒城县	0.8479
岱山县	0.8421
清镇市	0.8417
涿州市	0.8333
昆山市	0.8223
太和县	0.8215
福清市	0.8201
天长市	0.8179
正定县	0.8122
肥东县	0.8116
海安市	0.8110
昌吉市	0.8075
长兴县	0.8074
鹤山市	0.8073
余姚市	0.8052
宁海县	0.8041
胶州市	0.8024
浏阳市	0.7975
临泉县	0.7936
新昌县	0.7931
博罗县	0.7930
广汉市	0.7906
东阳市	0.7894
青田县	0.7884
义乌市	0.7881
安吉县	0.7875
永嘉县	0.7821
临海市	0.7798
宁乡市	0.7792
兴义市	0.7791
新郑市	0.7743
仪征市	0.7668
乐清市	0.7630
彭州市	0.7607

第五章 县域经济投资潜力百强县（市）分析

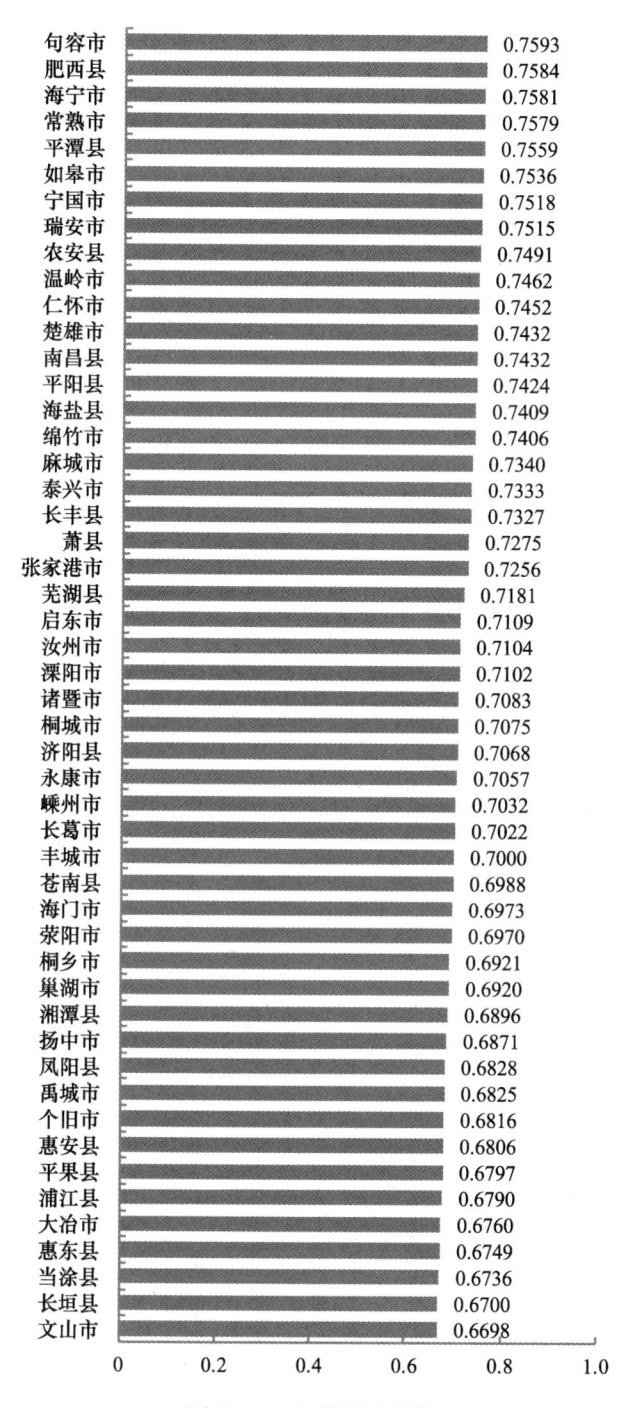

县（市）	指数
句容市	0.7593
肥西县	0.7584
海宁市	0.7581
常熟市	0.7579
平潭县	0.7559
如皋市	0.7536
宁国市	0.7518
瑞安市	0.7515
农安县	0.7491
温岭市	0.7462
仁怀市	0.7452
楚雄市	0.7432
南昌县	0.7432
平阳县	0.7424
海盐县	0.7409
绵竹市	0.7406
麻城市	0.7340
泰兴市	0.7333
长丰县	0.7327
萧县	0.7275
张家港市	0.7256
芜湖县	0.7181
启东市	0.7109
汝州市	0.7104
溧阳市	0.7102
诸暨市	0.7083
桐城市	0.7075
济阳县	0.7068
永康市	0.7057
嵊州市	0.7032
长葛市	0.7022
丰城市	0.7000
苍南县	0.6988
海门市	0.6973
荥阳市	0.6970
桐乡市	0.6921
巢湖市	0.6920
湘潭县	0.6896
扬中市	0.6871
凤阳县	0.6828
禹城市	0.6825
个旧市	0.6816
惠安县	0.6806
平果县	0.6797
浦江县	0.6790
大冶市	0.6760
惠东县	0.6749
当涂县	0.6736
长垣县	0.6700
文山市	0.6698

图5—16 投资潜力指数

（二）经济增长百强县（市）指数与排名

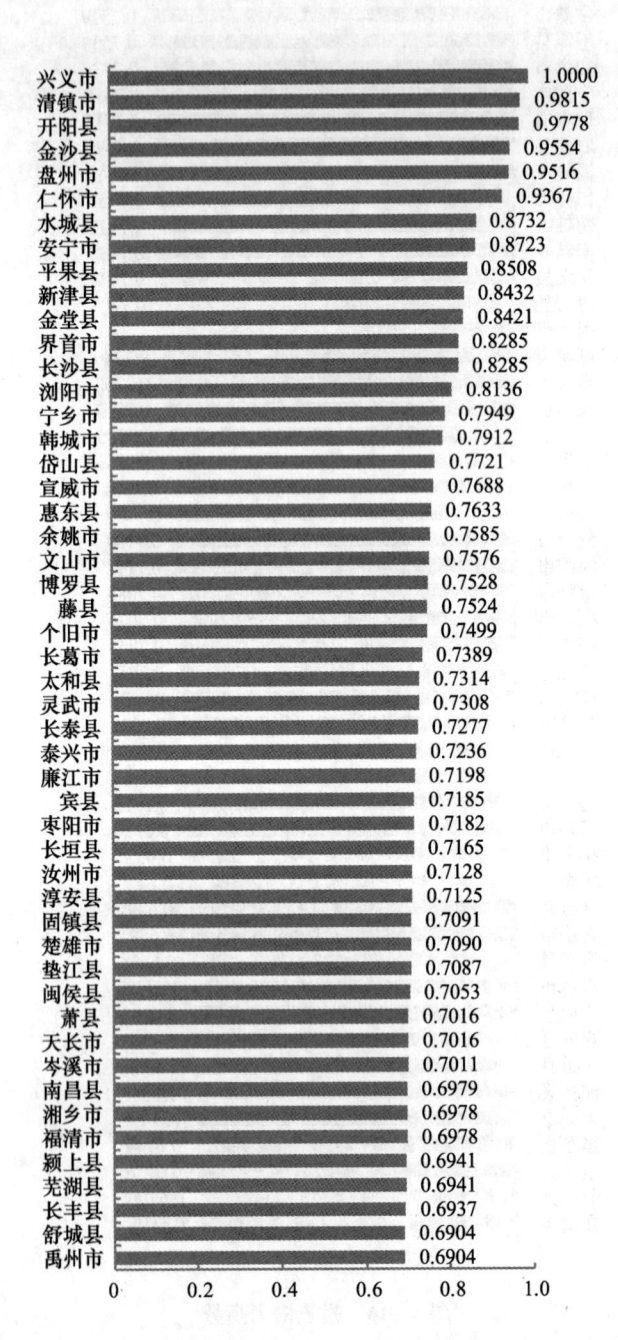

县（市）	指数
兴义市	1.0000
清镇市	0.9815
开阳县	0.9778
金沙县	0.9554
盘州市	0.9516
仁怀市	0.9367
水城县	0.8732
安宁市	0.8723
平果县	0.8508
新津县	0.8432
金堂县	0.8421
界首市	0.8285
长沙县	0.8285
浏阳市	0.8136
宁乡市	0.7949
韩城市	0.7912
岱山县	0.7721
宣威市	0.7688
惠东县	0.7633
余姚市	0.7585
文山市	0.7576
博罗县	0.7528
藤县	0.7524
个旧市	0.7499
长葛市	0.7389
太和县	0.7314
灵武市	0.7308
长泰县	0.7277
泰兴市	0.7236
廉江市	0.7198
宾县	0.7185
枣阳市	0.7182
长垣县	0.7165
汝州市	0.7128
淳安县	0.7125
固镇县	0.7091
楚雄市	0.7090
垫江县	0.7087
闽侯县	0.7053
萧县	0.7016
天长市	0.7016
岑溪市	0.7011
南昌县	0.6979
湘乡市	0.6978
福清市	0.6978
颍上县	0.6941
芜湖县	0.6941
长丰县	0.6937
舒城县	0.6904
禹州市	0.6904

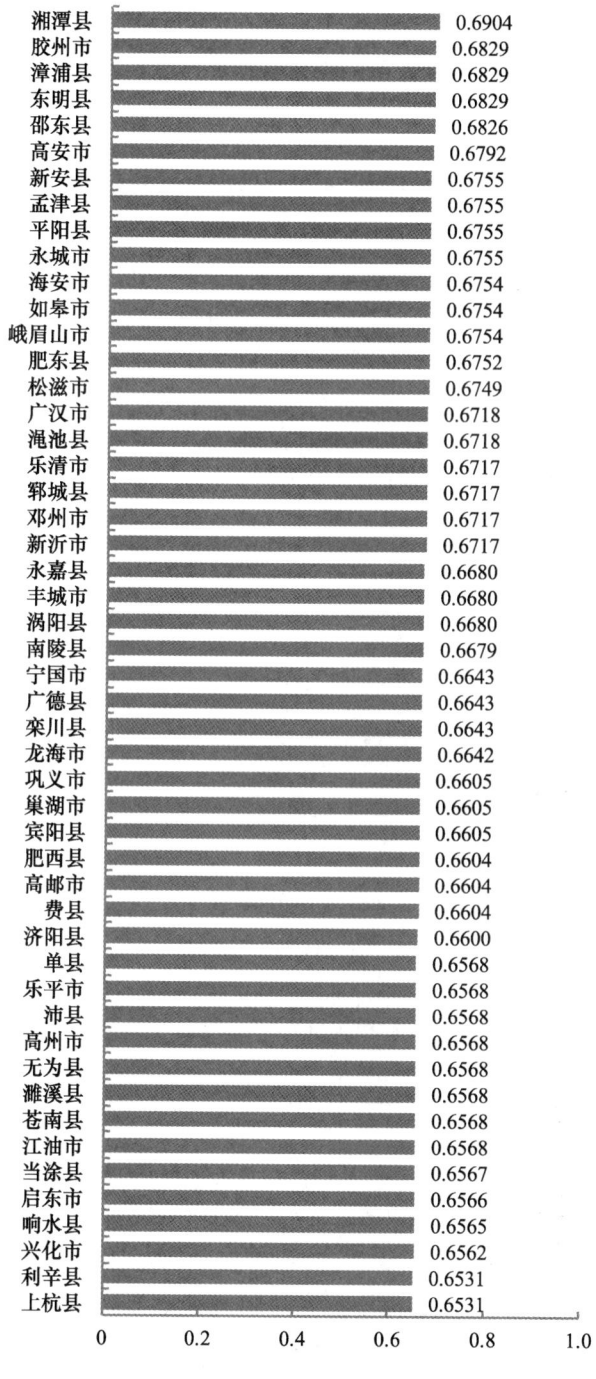

县(市)	指数
湘潭县	0.6904
胶州市	0.6829
漳浦县	0.6829
东明县	0.6829
邵东县	0.6826
高安市	0.6792
新安县	0.6755
孟津县	0.6755
平阳县	0.6755
永城市	0.6755
海安市	0.6754
如皋市	0.6754
峨眉山市	0.6754
肥东县	0.6752
松滋市	0.6749
广汉市	0.6718
渑池县	0.6718
乐清市	0.6717
郓城县	0.6717
邓州市	0.6717
新沂市	0.6717
永嘉县	0.6680
丰城市	0.6680
涡阳县	0.6680
南陵县	0.6679
宁国市	0.6643
广德县	0.6643
栾川县	0.6643
龙海市	0.6642
巩义市	0.6605
巢湖市	0.6605
宾阳县	0.6605
肥西县	0.6604
高邮市	0.6604
费县	0.6604
济阳县	0.6600
单县	0.6568
乐平市	0.6568
沛县	0.6568
高州市	0.6568
无为县	0.6568
濉溪县	0.6568
苍南县	0.6568
江油市	0.6568
当涂县	0.6567
启东市	0.6566
响水县	0.6565
兴化市	0.6562
利辛县	0.6531
上杭县	0.6531

图5—17 经济增长指数

（三）供给潜力百强县（市）指数与排名

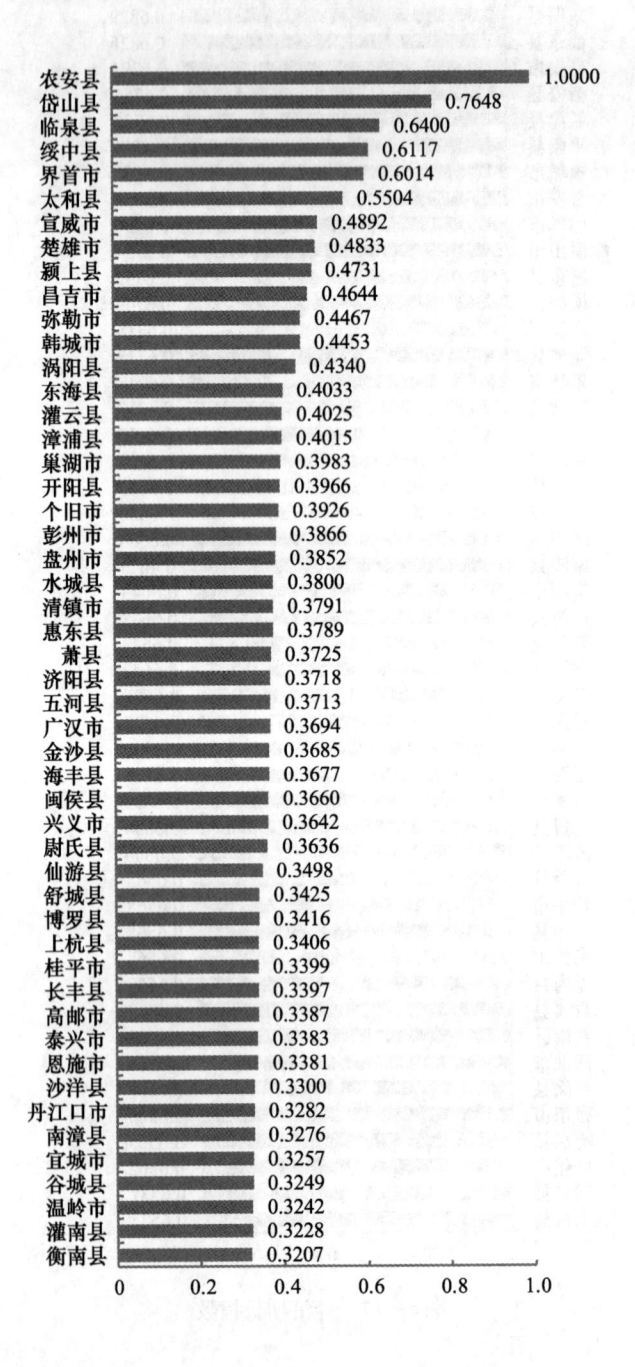

县（市）	指数
农安县	1.0000
岱山县	0.7648
临泉县	0.6400
绥中县	0.6117
界首市	0.6014
太和县	0.5504
宣威市	0.4892
楚雄市	0.4833
颍上县	0.4731
昌吉市	0.4644
弥勒市	0.4467
韩城市	0.4453
涡阳县	0.4340
东海县	0.4033
灌云县	0.4025
漳浦县	0.4015
巢湖市	0.3983
开阳县	0.3966
个旧市	0.3926
彭州市	0.3866
盘州市	0.3852
水城县	0.3800
清镇市	0.3791
惠东县	0.3789
萧县	0.3725
济阳县	0.3718
五河县	0.3713
广汉市	0.3694
金沙县	0.3685
海丰县	0.3677
闽侯县	0.3660
兴义市	0.3642
尉氏县	0.3636
仙游县	0.3498
舒城县	0.3425
博罗县	0.3416
上杭县	0.3406
桂平市	0.3399
长丰县	0.3397
高邮市	0.3387
泰兴市	0.3383
恩施市	0.3381
沙洋县	0.3300
丹江口市	0.3282
南漳县	0.3276
宜城市	0.3257
谷城县	0.3249
温岭市	0.3242
灌南县	0.3228
衡南县	0.3207

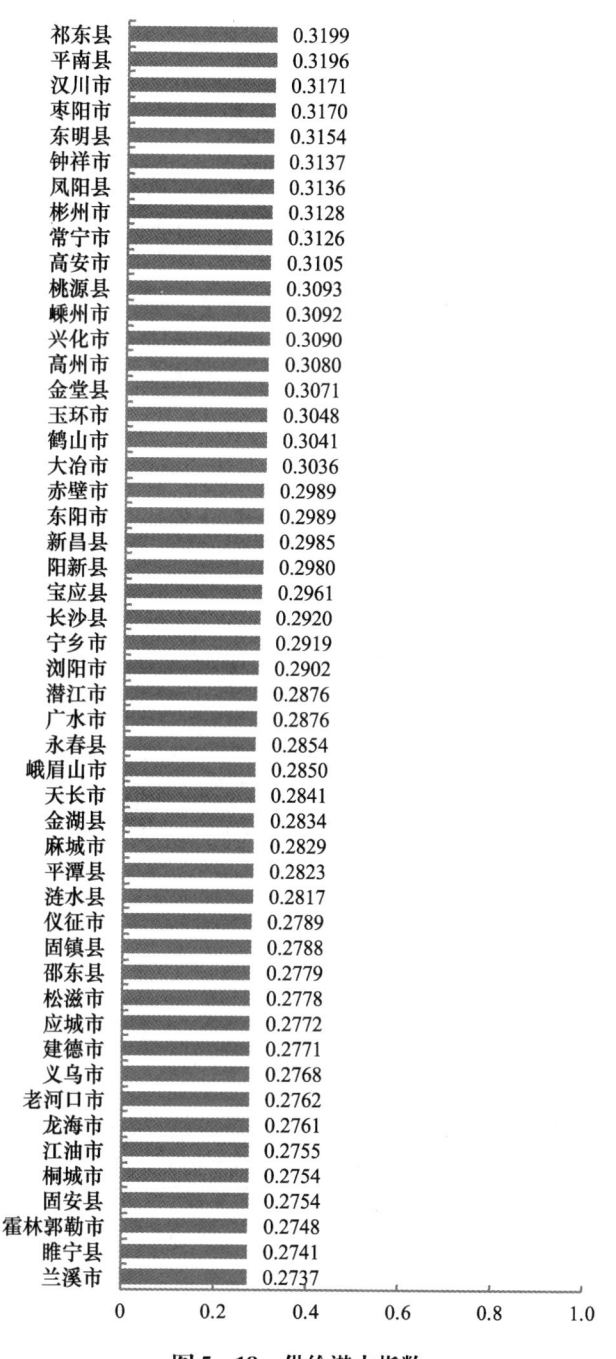

县(市)	供给潜力指数
祁东县	0.3199
平南县	0.3196
汉川市	0.3171
枣阳市	0.3170
东明县	0.3154
钟祥市	0.3137
凤阳县	0.3136
彬州市	0.3128
常宁市	0.3126
高安市	0.3105
桃源县	0.3093
嵊州市	0.3092
兴化市	0.3090
高州市	0.3080
金堂县	0.3071
玉环市	0.3048
鹤山市	0.3041
大冶市	0.3036
赤壁市	0.2989
东阳市	0.2989
新昌县	0.2985
阳新县	0.2980
宝应县	0.2961
长沙县	0.2920
宁乡市	0.2919
浏阳市	0.2902
潜江市	0.2876
广水市	0.2876
永春县	0.2854
峨眉山市	0.2850
天长市	0.2841
金湖县	0.2834
麻城市	0.2829
平潭县	0.2823
涟水县	0.2817
仪征市	0.2789
固镇县	0.2788
邵东县	0.2779
松滋市	0.2778
应城市	0.2772
建德市	0.2771
义乌市	0.2768
老河口市	0.2762
龙海市	0.2761
江油市	0.2755
桐城市	0.2754
固安县	0.2754
霍林郭勒市	0.2748
睢宁县	0.2741
兰溪市	0.2737

图5—18　供给潜力指数

（四）财政保障百强县（市）指数与排名

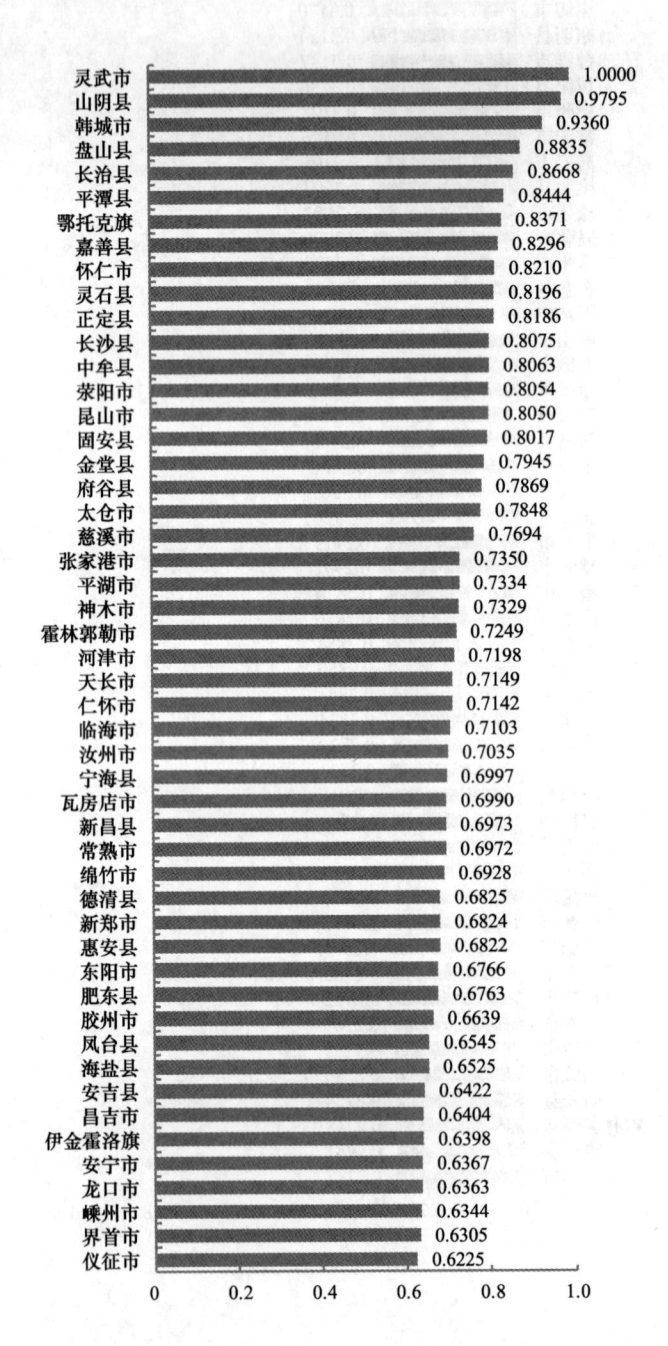

县（市）	指数
灵武市	1.0000
山阴县	0.9795
韩城市	0.9360
盘山县	0.8835
长治县	0.8668
平潭县	0.8444
鄂托克旗	0.8371
嘉善县	0.8296
怀仁市	0.8210
灵石县	0.8196
正定县	0.8186
长沙县	0.8075
中牟县	0.8063
荥阳市	0.8054
昆山市	0.8050
固安县	0.8017
金堂县	0.7945
府谷县	0.7869
太仓市	0.7848
慈溪市	0.7694
张家港市	0.7350
平湖市	0.7334
神木市	0.7329
霍林郭勒市	0.7249
河津市	0.7198
天长市	0.7149
仁怀市	0.7142
临海市	0.7103
汝州市	0.7035
宁海县	0.6997
瓦房店市	0.6990
新昌县	0.6973
常熟市	0.6972
绵竹市	0.6928
德清县	0.6825
新郑市	0.6824
惠安县	0.6822
东阳市	0.6766
肥东县	0.6763
胶州市	0.6639
凤台县	0.6545
海盐县	0.6525
安吉县	0.6422
昌吉市	0.6404
伊金霍洛旗	0.6398
安宁市	0.6367
龙口市	0.6363
嵊州市	0.6344
界首市	0.6305
仪征市	0.6225

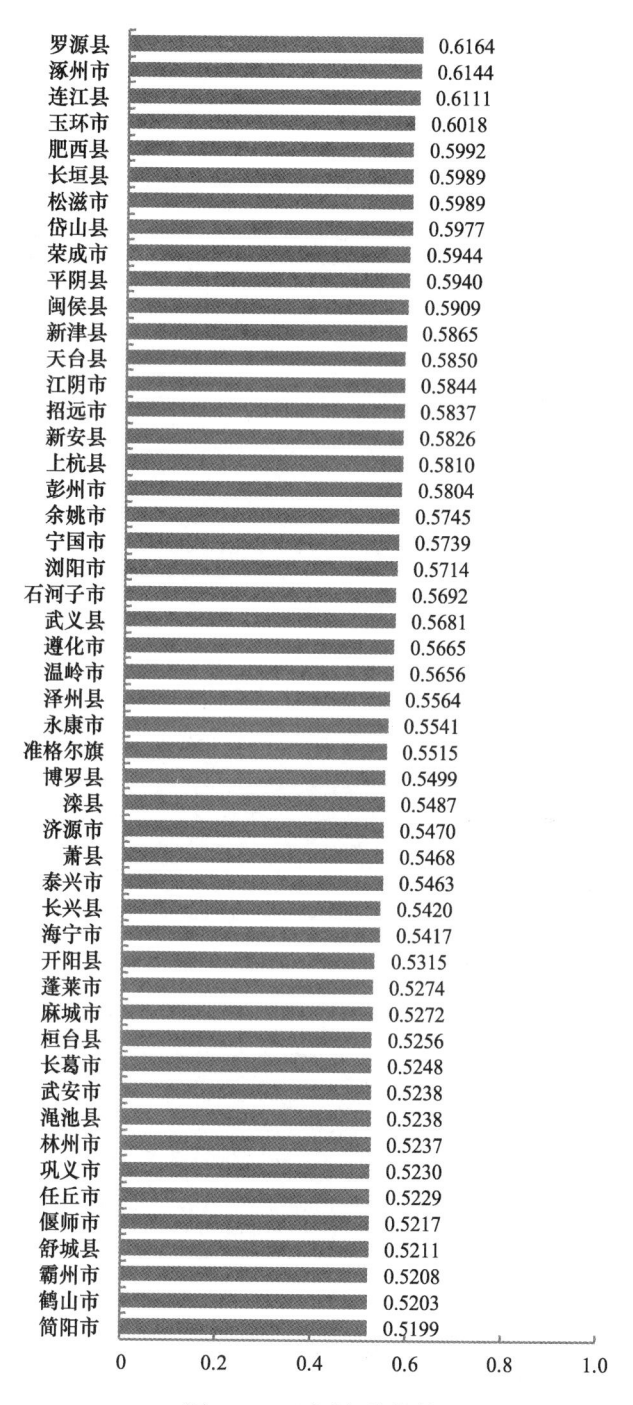

县(市)	财政保障指数
罗源县	0.6164
涿州市	0.6144
连江县	0.6111
玉环市	0.6018
肥西县	0.5992
长垣县	0.5989
松滋市	0.5989
岱山县	0.5977
荣成市	0.5944
平阴县	0.5940
闽侯县	0.5909
新津县	0.5865
天台县	0.5850
江阴市	0.5844
招远市	0.5837
新安县	0.5826
上杭县	0.5810
彭州市	0.5804
余姚市	0.5745
宁国市	0.5739
浏阳市	0.5714
石河子市	0.5692
武义县	0.5681
遵化市	0.5665
温岭市	0.5656
泽州县	0.5564
永康市	0.5541
准格尔旗	0.5515
博罗县	0.5499
滦县	0.5487
济源市	0.5470
萧县	0.5468
泰兴市	0.5463
长兴县	0.5420
海宁市	0.5417
开阳县	0.5315
蓬莱市	0.5274
麻城市	0.5272
桓台县	0.5256
长葛市	0.5248
武安市	0.5238
渑池县	0.5238
林州市	0.5237
巩义市	0.5230
任丘市	0.5229
偃师市	0.5217
舒城县	0.5211
霸州市	0.5208
鹤山市	0.5203
简阳市	0.5199

图 5—19 财政保障指数

(五) 金融便利百强县（市）指数与排名

县（市）	指数
义乌市	1.0000
永康市	0.9969
三河市	0.9962
香河县	0.9888
青田县	0.9678
介休市	0.9467
恩施市	0.9272
文安县	0.9233
临泉县	0.9201
延吉市	0.9127
东港市	0.9065
绥中县	0.9018
东阳市	0.9017
固安县	0.8923
太和县	0.8833
永嘉县	0.8803
大理市	0.8770
舒城县	0.8723
浦江县	0.8678
武义县	0.8632
高安市	0.8543
凯里市	0.8479
凤城市	0.8466
瑞安市	0.8463
苍南县	0.8428
天台县	0.8372
锡林浩特市	0.8340
开平市	0.8227
温岭市	0.8173
乐清市	0.8151
文山市	0.8149
大石桥市	0.8146
涿州市	0.8091
临海市	0.8079
桐城市	0.8074
慈溪市	0.8054
敦化市	0.8024
中牟县	0.8015
怀宁县	0.8006
襄垣县	0.7969
安丘市	0.7944
莒南县	0.7936
平阳县	0.7919
桐乡市	0.7918
巢湖市	0.7917
江山市	0.7886
海宁市	0.7873
余姚市	0.7849
利辛县	0.7818
嘉善县	0.7756

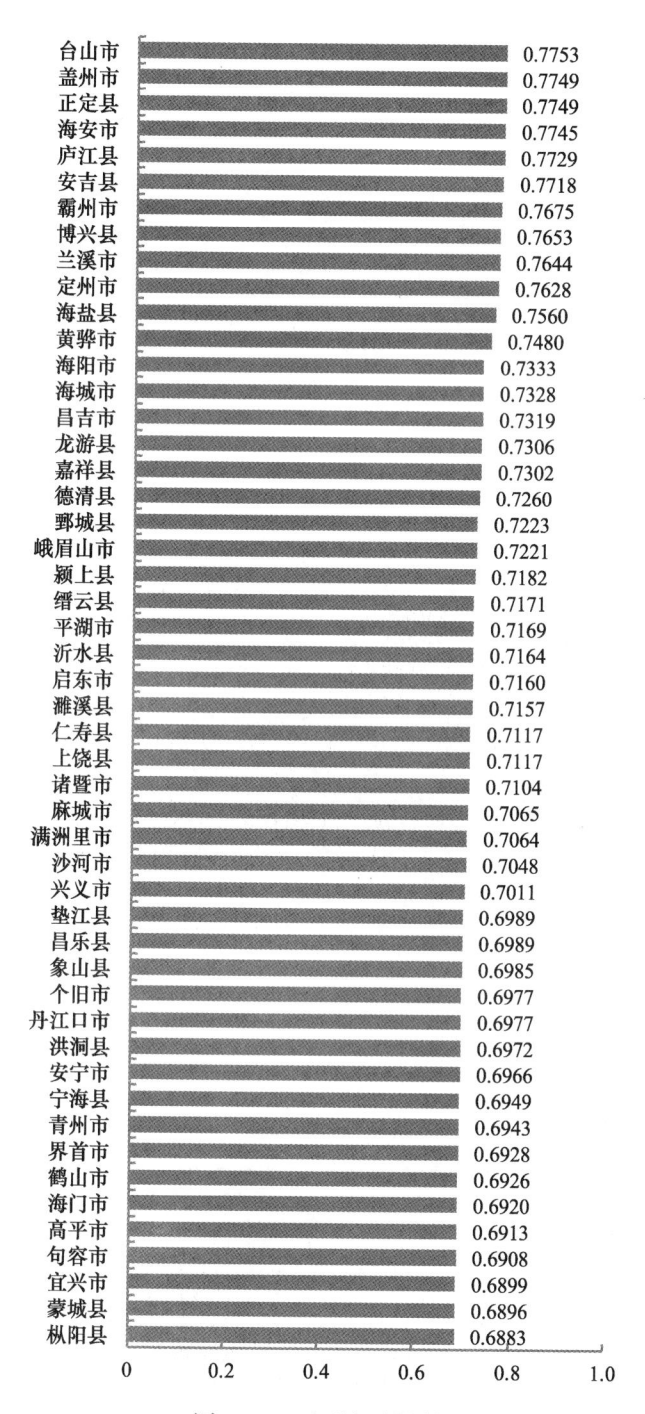

县市	金融便利指数
台山市	0.7753
盖州市	0.7749
正定县	0.7749
海安市	0.7745
庐江县	0.7729
安吉县	0.7718
霸州市	0.7675
博兴县	0.7653
兰溪市	0.7644
定州市	0.7628
海盐县	0.7560
黄骅市	0.7480
海阳市	0.7333
海城市	0.7328
昌吉市	0.7319
龙游县	0.7306
嘉祥县	0.7302
德清县	0.7260
鄄城县	0.7223
峨眉山市	0.7221
颍上县	0.7182
缙云县	0.7171
平湖市	0.7169
沂水县	0.7164
启东市	0.7160
濉溪县	0.7157
仁寿县	0.7117
上饶县	0.7117
诸暨市	0.7104
麻城市	0.7065
满洲里市	0.7064
沙河市	0.7048
兴义市	0.7011
垫江县	0.6989
昌乐县	0.6989
象山县	0.6985
个旧市	0.6977
丹江口市	0.6977
洪洞县	0.6972
安宁市	0.6966
宁海县	0.6949
青州市	0.6943
界首市	0.6928
鹤山市	0.6926
海门市	0.6920
高平市	0.6913
句容市	0.6908
宜兴市	0.6899
蒙城县	0.6896
枞阳县	0.6883

图5—20 金融便利指数

(六) 研发能力百强县（市）指数与排名

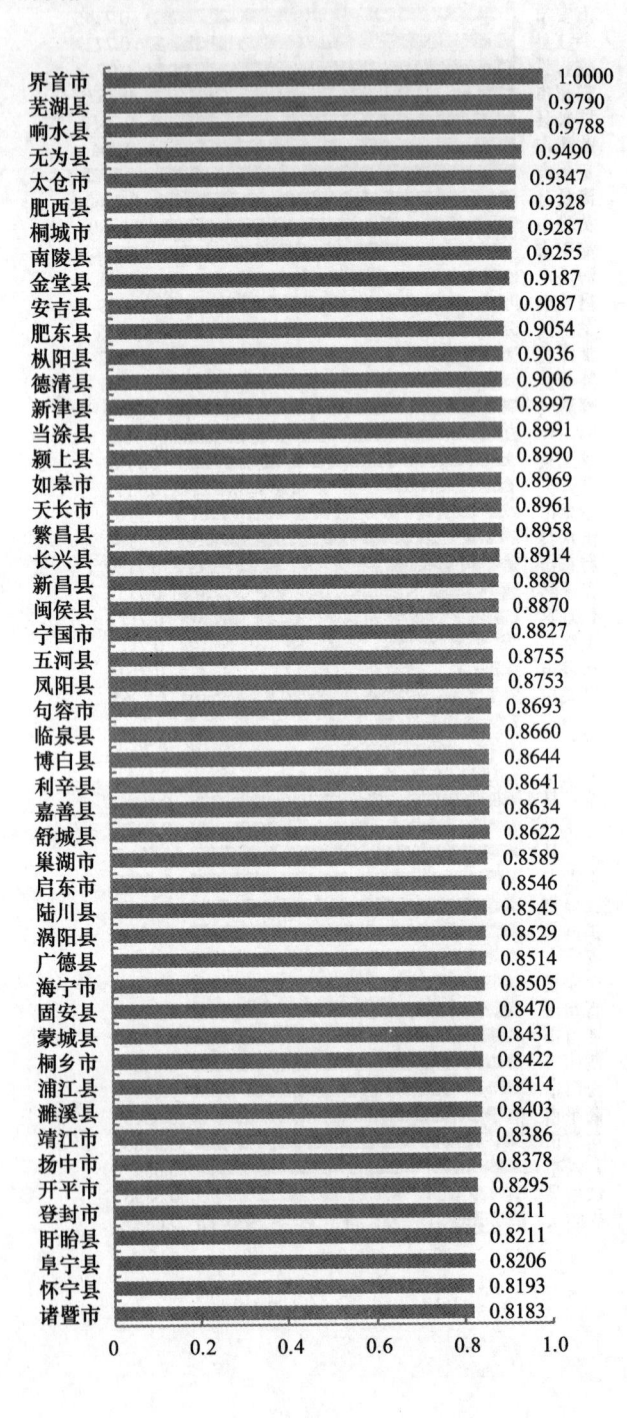

县（市）	指数
界首市	1.0000
芜湖县	0.9790
响水县	0.9788
无为县	0.9490
太仓市	0.9347
肥西县	0.9328
桐城市	0.9287
南陵县	0.9255
金堂县	0.9187
安吉县	0.9087
肥东县	0.9054
枞阳县	0.9036
德清县	0.9006
新津县	0.8997
当涂县	0.8991
颍上县	0.8990
如皋市	0.8969
天长市	0.8961
繁昌县	0.8958
长兴县	0.8914
新昌县	0.8890
闽侯县	0.8870
宁国市	0.8827
五河县	0.8755
凤阳县	0.8753
句容市	0.8693
临泉县	0.8660
博白县	0.8644
利辛县	0.8641
嘉善县	0.8634
舒城县	0.8622
巢湖市	0.8589
启东市	0.8546
陆川县	0.8545
涡阳县	0.8529
广德县	0.8514
海宁市	0.8505
固安县	0.8470
蒙城县	0.8431
桐乡市	0.8422
浦江县	0.8414
濉溪县	0.8403
靖江市	0.8386
扬中市	0.8378
开平市	0.8295
登封市	0.8211
盱眙县	0.8211
阜宁县	0.8206
怀宁县	0.8193
诸暨市	0.8183

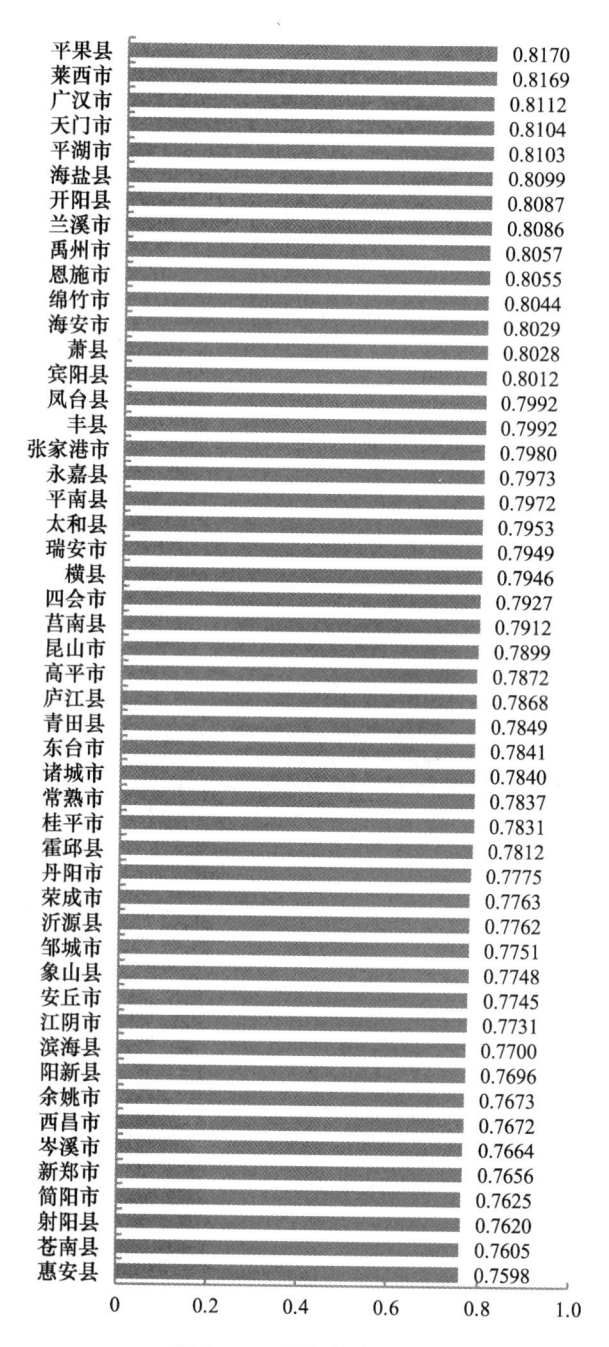

县市	指数
平果县	0.8170
莱西市	0.8169
广汉市	0.8112
天门市	0.8104
平湖市	0.8103
海盐县	0.8099
开阳县	0.8087
兰溪市	0.8086
禹州市	0.8057
恩施市	0.8055
绵竹市	0.8044
海安市	0.8029
萧县	0.8028
宾阳县	0.8012
凤台县	0.7992
丰县	0.7992
张家港市	0.7980
永嘉县	0.7973
平南县	0.7972
太和县	0.7953
瑞安市	0.7949
横县	0.7946
四会市	0.7927
莒南县	0.7912
昆山市	0.7899
高平市	0.7872
庐江县	0.7868
青田县	0.7849
东台市	0.7841
诸城市	0.7840
常熟市	0.7837
桂平市	0.7831
霍邱县	0.7812
丹阳市	0.7775
荣成市	0.7763
沂源县	0.7762
邹城市	0.7751
象山县	0.7748
安丘市	0.7745
江阴市	0.7731
滨海县	0.7700
阳新县	0.7696
余姚市	0.7673
西昌市	0.7672
岑溪市	0.7664
新郑市	0.7656
简阳市	0.7625
射阳县	0.7620
苍南县	0.7605
惠安县	0.7598

图 5—21 研发能力指数

（七）园区发展百强县（市）指数与排名

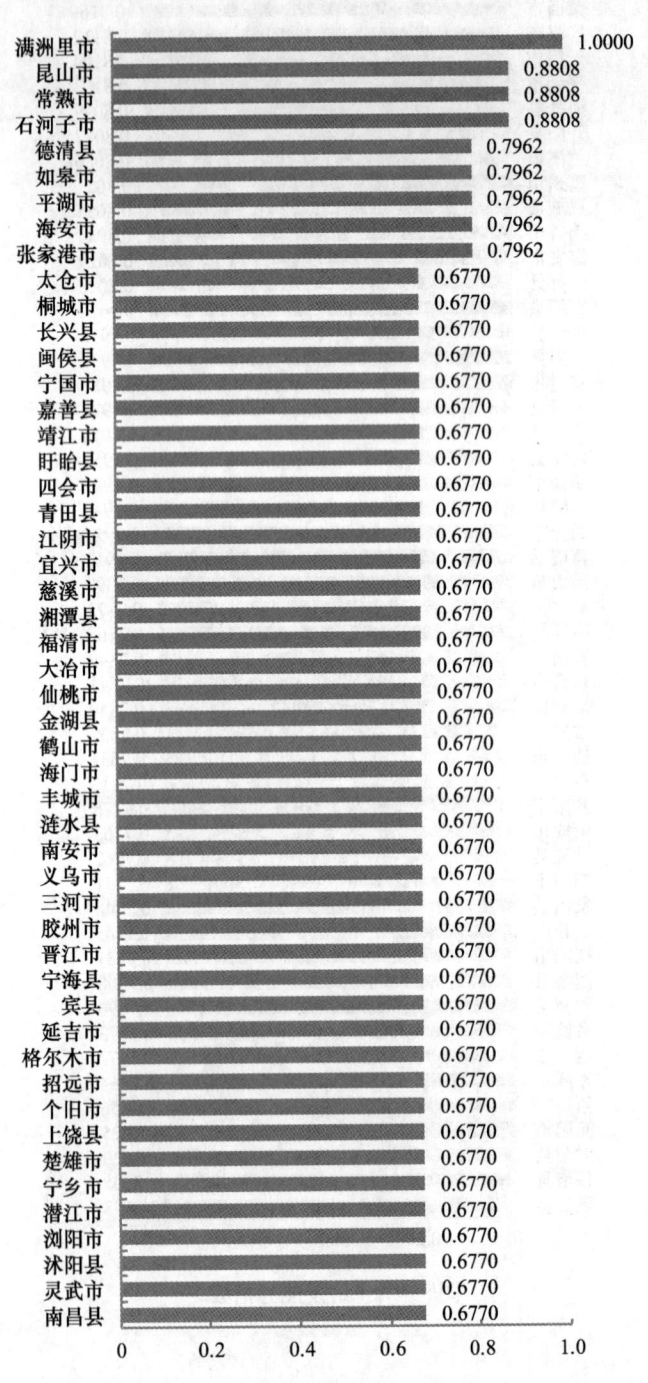

县（市）	指数
满洲里市	1.0000
昆山市	0.8808
常熟市	0.8808
石河子市	0.8808
德清县	0.7962
如皋市	0.7962
平湖市	0.7962
海安市	0.7962
张家港市	0.7962
太仓市	0.6770
桐城市	0.6770
长兴县	0.6770
闽侯县	0.6770
宁国市	0.6770
嘉善县	0.6770
靖江市	0.6770
盱眙县	0.6770
四会市	0.6770
青田县	0.6770
江阴市	0.6770
宜兴市	0.6770
慈溪市	0.6770
湘潭县	0.6770
福清市	0.6770
大冶市	0.6770
仙桃市	0.6770
金湖县	0.6770
鹤山市	0.6770
海门市	0.6770
丰城市	0.6770
涟水县	0.6770
南安市	0.6770
义乌市	0.6770
三河市	0.6770
胶州市	0.6770
晋江市	0.6770
宁海县	0.6770
宾县	0.6770
延吉市	0.6770
格尔木市	0.6770
招远市	0.6770
个旧市	0.6770
上饶县	0.6770
楚雄市	0.6770
宁乡市	0.6770
潜江市	0.6770
浏阳市	0.6770
沭阳县	0.6770
灵武市	0.6770
南昌县	0.6770

县(市)	园区发展指数
邹平县	0.6770
库尔勒市	0.6770
林州市	0.6770
昌吉市	0.6770
永安市	0.6770
敦化市	0.6770
进贤县	0.6770
界首市	0.4732
枞阳县	0.4732
新昌县	0.4732
海宁市	0.4732
固安县	0.4732
扬中市	0.4732
诸暨市	0.4732
广汉市	0.4732
天门市	0.4732
庐江县	0.4732
丹阳市	0.4732
建湖县	0.4732
嵊州市	0.4732
禹城市	0.4732
新沂市	0.4732
长丰县	0.4732
寿光市	0.4732
新泰市	0.4732
钟祥市	0.4732
涿州市	0.4732
龙口市	0.4732
济源市	0.4732
桃源县	0.4732
溧阳市	0.4732
江油市	0.4732
永康市	0.4732
京山县	0.4732
麻城市	0.4732
孟州市	0.4732
大理市	0.4732
辛集市	0.4732
安宁市	0.4732
汉川市	0.4732
肥城市	0.4732
鄂托克旗	0.4732
宝丰县	0.4732
武安市	0.4732
定州市	0.4732
东海县	0.4732
正定县	0.4732
宜都市	0.4732
霸州市	0.4732
迁安市	0.4732

图5—22 园区发展指数

(八) 空间区位百强县（市）指数与排名

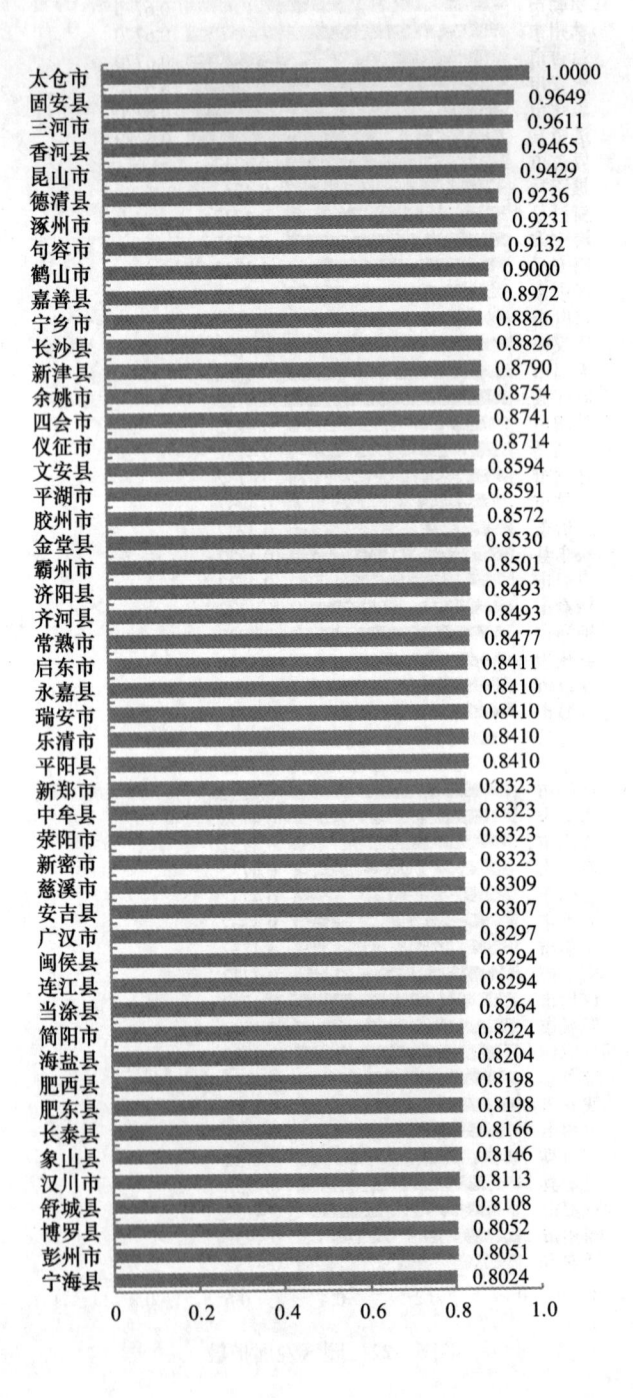

县（市）	指数
太仓市	1.0000
固安县	0.9649
三河市	0.9611
香河县	0.9465
昆山市	0.9429
德清县	0.9236
涿州市	0.9231
句容市	0.9132
鹤山市	0.9000
嘉善县	0.8972
宁乡市	0.8826
长沙县	0.8826
新津县	0.8790
余姚市	0.8754
四会市	0.8741
仪征市	0.8714
文安县	0.8594
平湖市	0.8591
胶州市	0.8572
金堂县	0.8530
霸州市	0.8501
济阳县	0.8493
齐河县	0.8493
常熟市	0.8477
启东市	0.8411
永嘉县	0.8410
瑞安市	0.8410
乐清市	0.8410
平阳县	0.8410
新郑市	0.8323
中牟县	0.8323
荥阳市	0.8323
新密市	0.8323
慈溪市	0.8309
安吉县	0.8307
广汉市	0.8297
闽侯县	0.8294
连江县	0.8294
当涂县	0.8264
简阳市	0.8224
海盐县	0.8204
肥西县	0.8198
肥东县	0.8198
长泰县	0.8166
象山县	0.8146
汉川市	0.8113
舒城县	0.8108
博罗县	0.8052
彭州市	0.8051
宁海县	0.8024

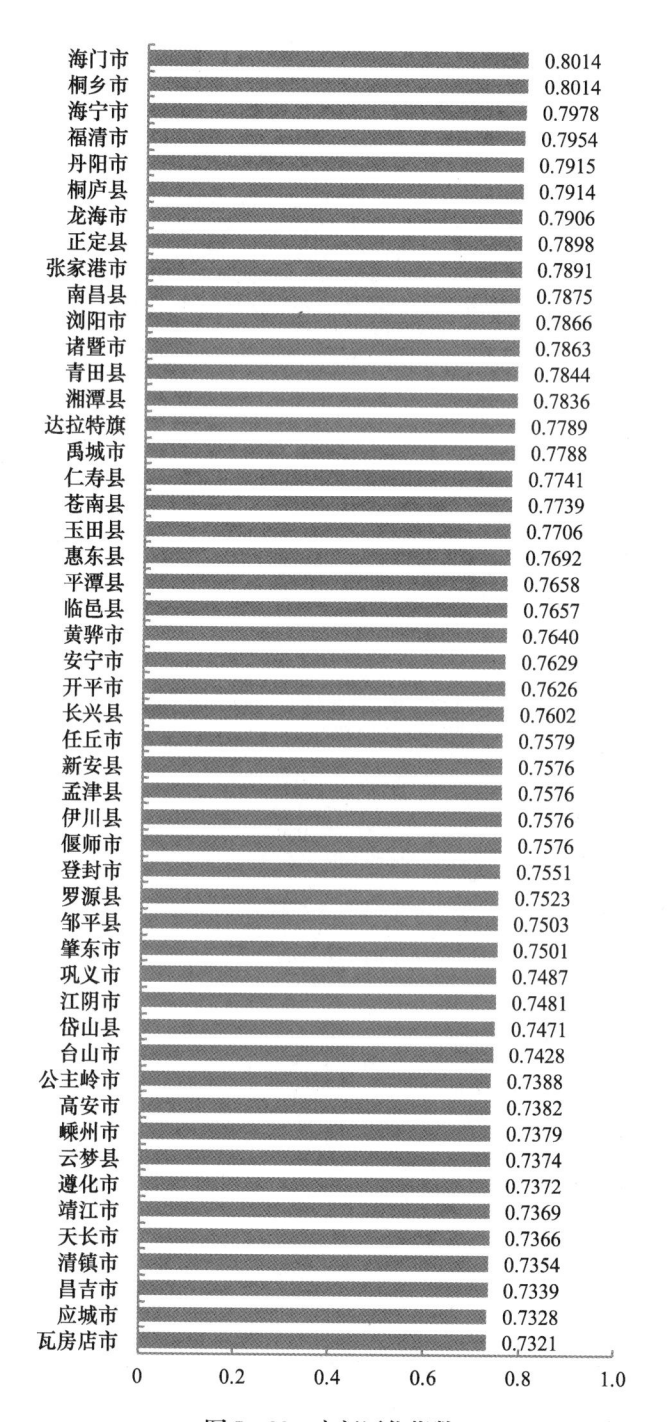

第五章 县域经济投资潜力百强县(市)分析 / 157

县(市)	空间区位指数
海门市	0.8014
桐乡市	0.8014
海宁市	0.7978
福清市	0.7954
丹阳市	0.7915
桐庐县	0.7914
龙海市	0.7906
正定县	0.7898
张家港市	0.7891
南昌县	0.7875
浏阳市	0.7866
诸暨市	0.7863
青田县	0.7844
湘潭县	0.7836
达拉特旗	0.7789
禹城市	0.7788
仁寿县	0.7741
苍南县	0.7739
玉田县	0.7706
惠东县	0.7692
平潭县	0.7658
临邑县	0.7657
黄骅市	0.7640
安宁市	0.7629
开平市	0.7626
长兴县	0.7602
任丘市	0.7579
新安县	0.7576
孟津县	0.7576
伊川县	0.7576
偃师市	0.7576
登封市	0.7551
罗源县	0.7523
邹平县	0.7503
肇东市	0.7501
巩义市	0.7487
江阴市	0.7481
岱山县	0.7471
台山市	0.7428
公主岭市	0.7388
高安市	0.7382
嵊州市	0.7379
云梦县	0.7374
遵化市	0.7372
靖江市	0.7369
天长市	0.7366
清镇市	0.7354
昌吉市	0.7339
应城市	0.7328
瓦房店市	0.7321

图 5—23 空间区位指数

(九) 交通通达百强县（市）指数与排名

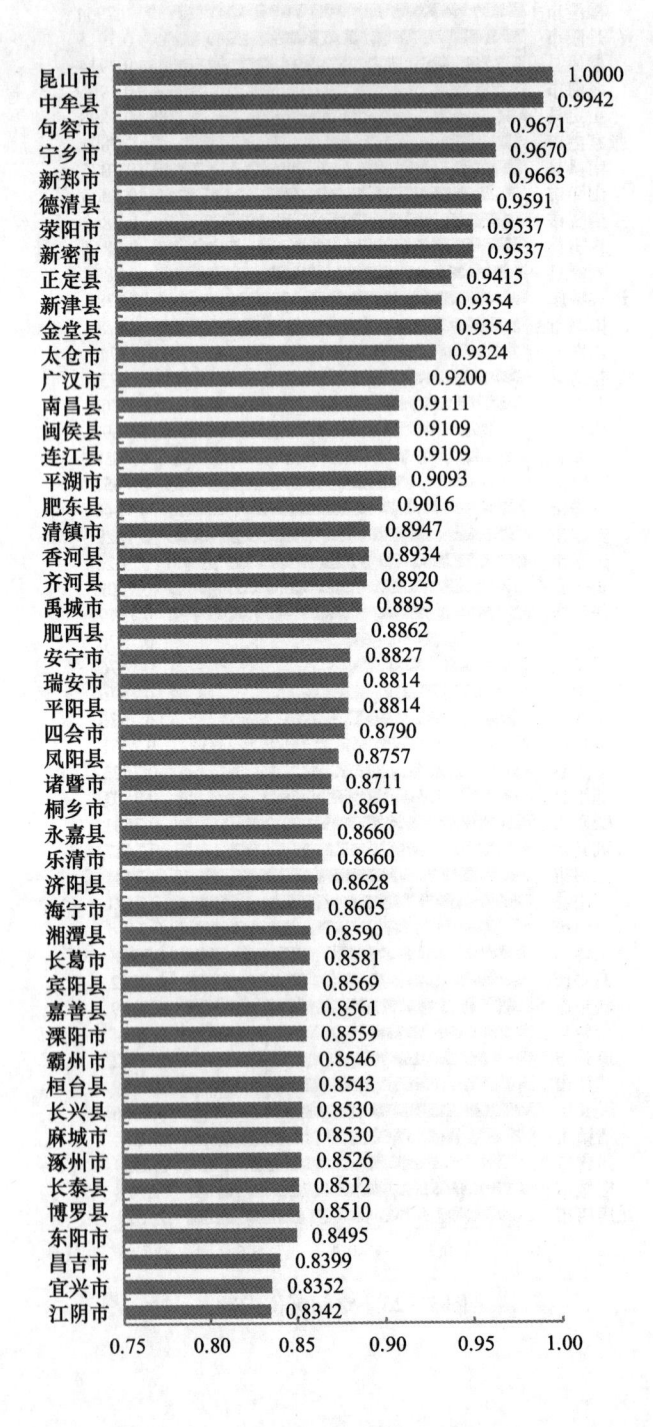

县（市）	指数
昆山市	1.0000
中牟县	0.9942
句容市	0.9671
宁乡市	0.9670
新郑市	0.9663
德清县	0.9591
荥阳市	0.9537
新密市	0.9537
正定县	0.9415
新津县	0.9354
金堂县	0.9354
太仓市	0.9324
广汉市	0.9200
南昌县	0.9111
闽侯县	0.9109
连江县	0.9109
平湖市	0.9093
肥东县	0.9016
清镇市	0.8947
香河县	0.8934
齐河县	0.8920
禹城市	0.8895
肥西县	0.8862
安宁市	0.8827
瑞安市	0.8814
平阳县	0.8814
四会市	0.8790
凤阳县	0.8757
诸暨市	0.8711
桐乡市	0.8691
永嘉县	0.8660
乐清市	0.8660
济阳县	0.8628
海宁市	0.8605
湘潭县	0.8590
长葛市	0.8581
宾阳县	0.8569
嘉善县	0.8561
溧阳市	0.8559
霸州市	0.8546
桓台县	0.8543
长兴县	0.8530
麻城市	0.8530
涿州市	0.8526
长泰县	0.8512
博罗县	0.8510
东阳市	0.8495
昌吉市	0.8399
宜兴市	0.8352
江阴市	0.8342

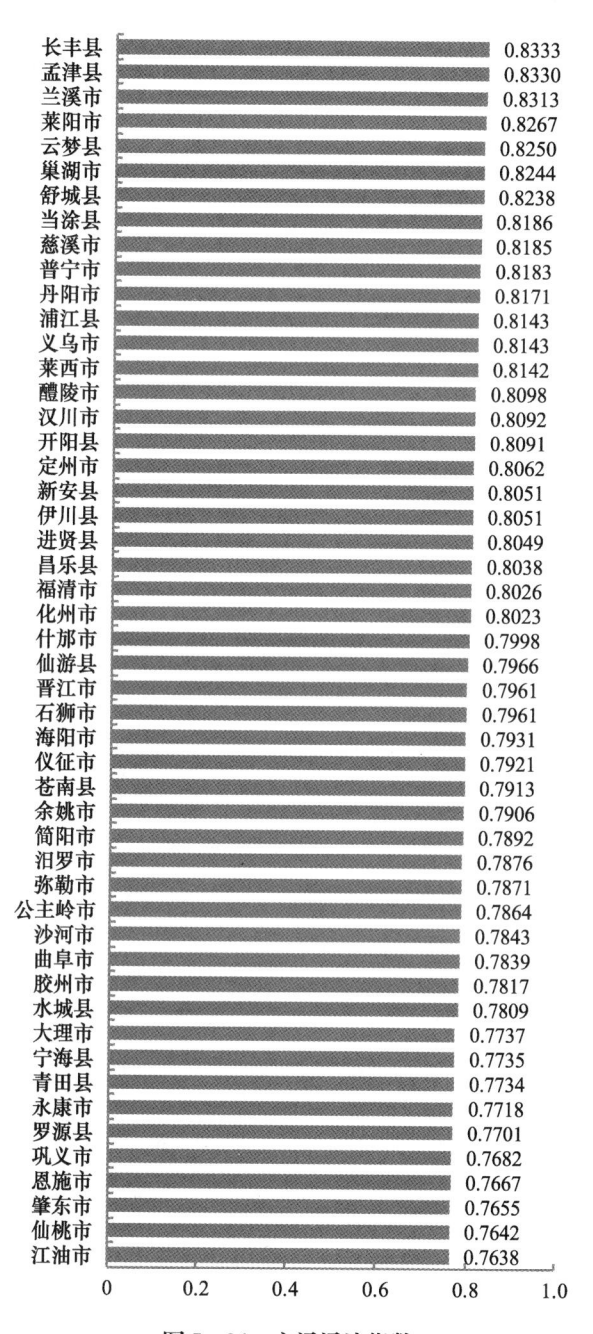

县(市)	交通通达指数
长丰县	0.8333
孟津县	0.8330
兰溪市	0.8313
莱阳市	0.8267
云梦县	0.8250
巢湖市	0.8244
舒城县	0.8238
当涂县	0.8186
慈溪市	0.8185
普宁市	0.8183
丹阳市	0.8171
浦江县	0.8143
义乌市	0.8143
莱西市	0.8142
醴陵市	0.8098
汉川市	0.8092
开阳县	0.8091
定州市	0.8062
新安县	0.8051
伊川县	0.8051
进贤县	0.8049
昌乐县	0.8038
福清市	0.8026
化州市	0.8023
什邡市	0.7998
仙游县	0.7966
晋江市	0.7961
石狮市	0.7961
海阳市	0.7931
仪征市	0.7921
苍南县	0.7913
余姚市	0.7906
简阳市	0.7892
汨罗市	0.7876
弥勒市	0.7871
公主岭市	0.7864
沙河市	0.7843
曲阜市	0.7839
胶州市	0.7817
水城县	0.7809
大理市	0.7737
宁海县	0.7735
青田县	0.7734
永康市	0.7718
罗源县	0.7701
巩义市	0.7682
恩施市	0.7667
肇东市	0.7655
仙桃市	0.7642
江油市	0.7638

图5—24 交通通达指数

第四篇

专题报告

第六章

县域房地产市场监测报告

在2016年的快速上涨后，2017年大中城市房地产价格总体依然保持了较高增速，但是结构分化比较明显。最突出的表现就是，补涨和回调并存，即2016年房地产价格大涨的城市，2017年房地产价格大多涨幅微小甚至出现一定程度下调，反之，2016年房地产价格涨幅较小的城市，2017年房地产价格大都出现补涨。根据国家统计局公布的70个大中城市新建商品住宅价格指数，2016年12月指数同比涨幅超过10%的23个城市中，2017年有8个城市出现下调，涨幅超过5%的只有6个城市；相反，2016年12月指数同比涨幅低于5%的30个城市中，有26个城市指数涨幅超过5%，没有一个城市指数出现下跌。2017年，70个大中城市有7个城市新建商品住宅价格指数涨幅超过10%，已远远少于上年的23个，房地产价格已由猛涨、普涨演化为缓涨和结构性上涨。受市场演化特征及高基数的影响，2017年全国商品房销售面积同比增速由上年的22.46%降至7.66%。但出于补库存的需要，2017年全国房地产开发投资同比增速由上年的6.88%上升到7.04%。

那么，全国县域的房地产市场的发展情况又是怎样？与大中城市房地产市场的发展是同步，还是跟涨，抑或是逆势而行？县域经济的脆弱性决定了其更容易受房地产市场波动的影响，特别是人口增长的有限性甚或是净流出，亦决定了其即使在房地产市场火热的情况下，也存在去库存问题。

一 县域房地产市场的发展现状

（一）商品房销售面积：总体增速放缓，部分出现下降

我们监测的100个县（市），2017年商品房销售面积总计10706.6万平方米，同比增长14.0%，比上年的29.28%，增速回落15.28个百分点。其中，增速超过30.0%的县（市）有36个，比2016年减少16个，而其中增速超过50.0%的有20个，比2016年减少6个。商品房销售面积负增长的县（市）有19个，比2016增加10个。这些数据表明，2017年县（市）商品房成交量增速有所放缓，部分城市销售量出现较为明显的下降。详见图6—1。

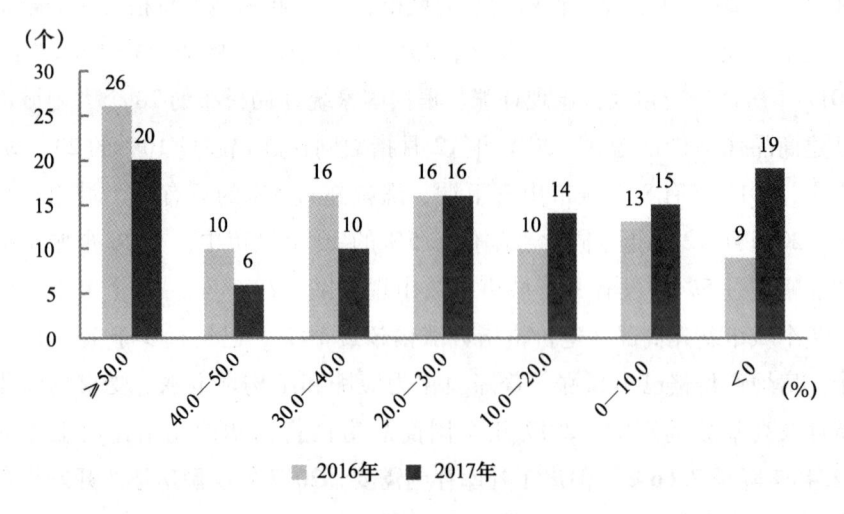

图6—1 2016—2017年100个样本县（市）商品房销售面积增速

在100个县（市）中，商品房销售面积2016—2017年连续增长的有75个，而其中增速连续两年超过30.0%的有24个。由跌转涨的有5个，由涨转跌的有15个，连续两年下降的有4个。连续两年下降的县（市）分别是廊坊三河市、宜昌宜都市、黔东南州凯里市、荆州松滋市，这些县（市）都具有较大的区域经济影响力，其成交量下滑都带有市场周期性特征，而不是竞争力下降的表现。连续两年涨幅超过30.0%的县（市），主要是二线、三线城市所属的区内一类县（市），或者是一线、二

线城市所属的区内二、三类县（市），如成都市的新津市，长沙市的宁乡市，青岛市的莱西市，温州市的乐清市和平阳县，湖州市的长兴县和安吉县，苏州市的张家港市，南通市的海安市和如皋市，保定市的定州市，泰州市的靖江市等。

（二）商品房销售均价：房价破万县（市）显著增加，结构分化明显

2017年，县（市）商品房销售价格总体呈现上涨趋势。所监测的100县（市）商品房销售均价的平均值为6102元/建筑平方米，比2016年的5341元/建筑平方米提高了761元，中位数为5208元/建筑平方米，比2016年的4563元/建筑平方米提高了645元。

2017年100个县（市）中商品房销售均价超过10000元/建筑平方米的有10个，而2015年和2016年都只有2个；均价在5000—10000元/建筑平方米之间的有44个，也高于2015年的37个和2016年的39个。

由于更多县（市）商品房销售均价进入高位区间，均价在低位区间的个数相应减少。2017年均价在3000—4000元/建筑平方米之间的减少到19个，远低于2015年的32个和2016年的33个；不过，由于部分县（市）商品房均价在2017年出现回调，均价低于3000元的县（市）数量由2016年的1个增加到4个，仍略低于2015年的5个。详见图6—2。

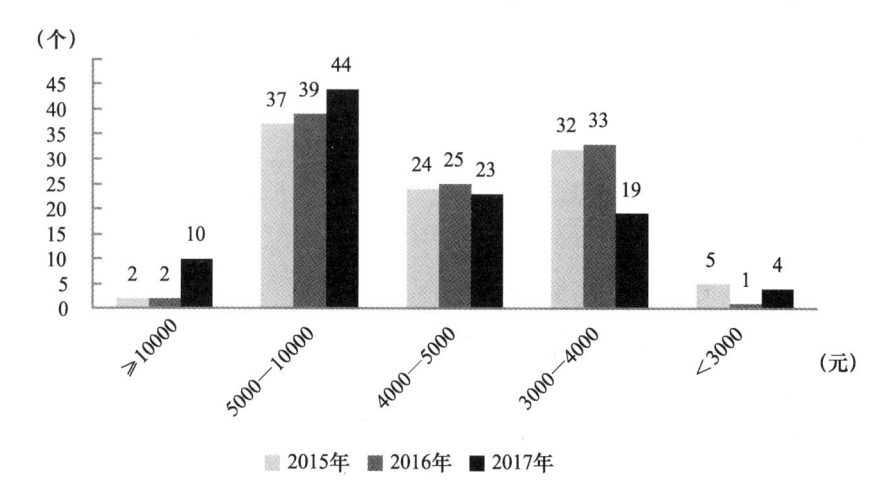

图6—2　2015—2017年100个样本县（市）商品房销售均价区间分布

2017年百县（市）商品房销售均价增速较2016年也有明显提高。2017年百县（市）商品房销售均价增长13.5%，比2016年的5.3%提高了8.2个百分点。2017年商品房销售均价增速在20.0%以上的有29个县（市），接近30%，比2016年增加18个；大于10.0%小于20.0%的也有27个，比2016年增加14个；相应地，商品房销售均价增速在10.0%以下的只有45个，不足一半，而上年有76个，其中商品房销售均价下降的县（市）数目也由上年的33个减少到19个（见图6—3）。

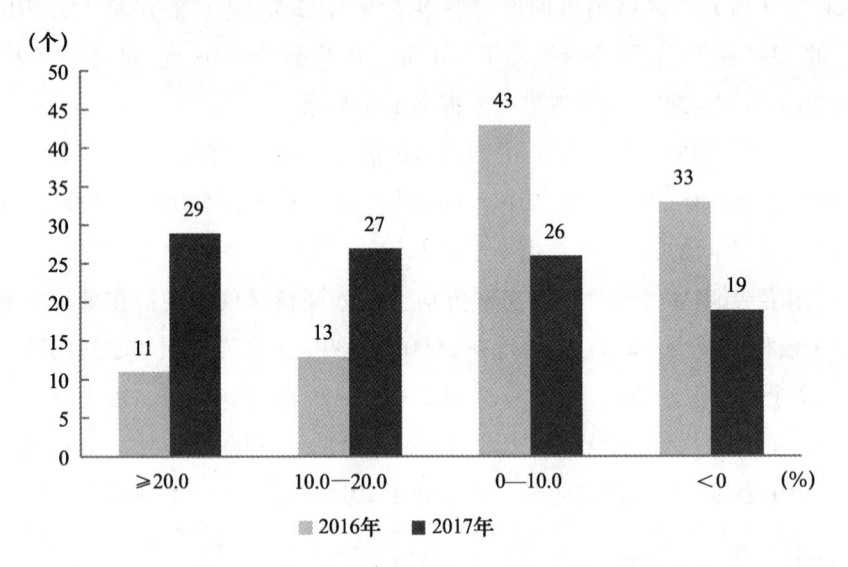

图6—3 2016—2017年100个样本县（市）商品房销售均价增速区间分布

东阳市、彬州市、丹江口市、攸县、彭州市、平阳县6县（市）商品房销售均价连续两年呈现下降趋势。这些县（市）大都距离核心大城市较远，或者远离发达的经济圈。普宁市、博罗县、德清县、长丰县和肥西县商品房销售均价增速则连续两年保持在20.0%以上，海盐县、巢湖市、东海县、昆山市、射阳县和临海市则连续两年保持在10.0%以上。以上商品房销售均价增速连续维持高位的县（市）绝大部分都是浙江省、江苏省和安徽省的县（市），反映出该地区县（市）由于地处泛长三角地区而被投资者所广泛看好。平湖市、新津县、江山市是2017年商品房销售均价涨幅最高的三个县（市），都超过了50.0%，其中两个属于浙江省，一个属于四川省。

表6—1描述了2016—2017年100个县（市）商品房销售均价增速变化情况。

表6—1　　　　100个样本县（市）商品房销售均价增速　　　　单位：%

县（市）	所属地区	2016销售均价增速	2017销售均价增速	县（市）	所属地区	2016销售均价增速	2017销售均价增速
平湖市	嘉兴	-2.6	64.3	胶州市	青岛	-0.3	23.4
新津县	成都	-12.0	60.9	肥西县	合肥	36.9	22.5
江山市	衢州	-12.2	52.4	宁乡市	长沙	-5.6	21.5
普宁市	揭阳	21.9	49.8	上饶县	上饶	-2.2	11.0
乐清市	温州	-29.1	42.6	靖江市	泰州	-1.5	20.3
海盐县	嘉兴	10.9	40.9	昆山市	苏州	35.5	19.7
博罗县	惠州	20.6	39.7	射阳县	盐城	10.7	19.0
海宁市	嘉兴	0.7	39.3	张家港市	苏州	4.9	18.7
鹤山市	江门	0.4	38.4	宜都市	宜昌	-1.5	18.4
颍上县	阜阳	2.9	37.1	湘乡市	湘潭	1.5	18.1
德清县	湖州	27.8	35.6	莱西市	青岛	-3.3	17.9
界首市	阜阳	1.7	34.0	宜城市	襄阳	-19.0	17.8
巢湖市	合肥	15.6	30.8	垫江县	重庆	-11.7	17.5
大理市	大理州	4.7	30.5	仙桃市	省直管	7.7	17.5
伊川县	洛阳	6.7	30.0	沭阳县	宿迁	5.9	16.7
长丰县	合肥	57.8	29.7	五河县	蚌埠	-8.5	16.5
常熟市	苏州	3.6	28.9	兰溪市	金华	-5.6	16.2
利辛县	亳州	7.8	28.7	桂阳县	郴州	9.6	16.1
响水县	盐城	8.9	27.4	临海市	台州	11.6	15.9
桐乡市	嘉兴	8.6	26.8	博兴县	滨州	4.9	15.1
萧县	宿州	-5.7	26.2	什邡市	德阳	5.3	14.7
安吉县	湖州	4.5	25.2	滕州市	枣庄	6.6	14.3
醴陵市	株洲	5.9	24.9	高密市	潍坊	1.4	14.0
昌邑市	潍坊	2.7	24.4	如皋市	南通	-3.9	13.9
东海县	连云港	14.2	23.8	平阴县	济南	0.7	13.6
长兴县	湖州	-4.9	13.2	嵊州市	绍兴	-6.1	2.4

续表

县（市）	所属地区	2016销售均价增速	2017销售均价增速	县（市）	所属地区	2016销售均价增速	2017销售均价增速
江阴市	无锡	3.0	11.0	西昌市	凉山州	8.7	2.1
舒城县	六安	3.0	11.0	松滋市	荆州	14.6	2.1
海城市	鞍山	-6.2	10.4	阳春市	阳江	-4.5	2.1
安宁市	昆明	-0.2	10.4	桃源县	常德	4.4	1.9
资兴市	郴州	1.3	10.2	建德市	杭州	10.7	1.3
扬中市	镇江	-4.3	9.8	宾阳县	南宁	3.2	0.7
凤阳县	滁州	-2.5	9.6	东阳市	金华	-13.5	-0.2
开平市	江门	21.5	9.2	阜宁县	盐城	6.8	-1.2
湘潭县	湘潭	-15.2	9.1	分宜县	新余	0.0	-1.8
准格尔旗	鄂尔多斯	-8.1	8.7	大冶市	黄石	19.5	-2.1
横县	南宁	9.5	8.0	桐庐县	杭州	12.0	-2.3
三河市	廊坊	51.2	7.4	凯里市	黔东南州	3.4	-2.8
沂水县	临沂	0.0	6.7	彬州市	咸阳	-4.0	-2.8
诸暨市	绍兴	1.7	6.7	永安市	三明	3.9	-4.8
邓州市	南阳	-9.6	6.4	定州市	保定	51.9	-5.4
高安市	宜春	11.6	6.1	丹江口市	十堰	-3.4	-7.8
海安市	南通	6.7	5.4	攸县	株洲	-5.8	-8.9
廉江市	湛江	12.2	5.3	青铜峡市	吴忠	2.1	-9.4
晋江市	泉州	15.6	5.3	麻城市	黄冈	2.6	-10.1
齐河县	德州	12.5	4.7	彭州市	成都	-2.7	-10.9
寿光市	潍坊	-3.6	4.4	龙海市	漳州	22.3	-22.3
南陵县	芜湖	7.6	4.3	泽州县	晋城	3.8	-23.3
昌吉市	昌吉州	4.3	3.3	平阳县	温州	-10.4	-23.6
象山县	宁波	9.6	2.8	襄垣县	长治	49.6	-39.6

（三）房价收入比：整体上升，高者更高

2017年100个县（市）房价收入比总体呈现攀升趋势。2017年，所监测的100个县（市），以城镇居民为对象计算的房价收入比平均值为

5.06，中位数为4.58。2016年这100个县（市）房价收入比均值为4.76，中位数为4.46。

图6—4描述了100个样本县（市、区）房价收入比的区间分布情况。2017年，房价收入比大于8.0%的有3个县（市），小于3.0%的有3个县（市），其余都位于3.0%—8.0%。相对2016年，2017年房价收入比位于6.0%—8.0%的县（市）明显增多，由12个增至24个，而5.0%—6.0%的数目减少较多，由24个降至17个，位于4.0%—5.0%、3.0%—4.0%的数目也都有所减少，但是减少幅度相对较小。

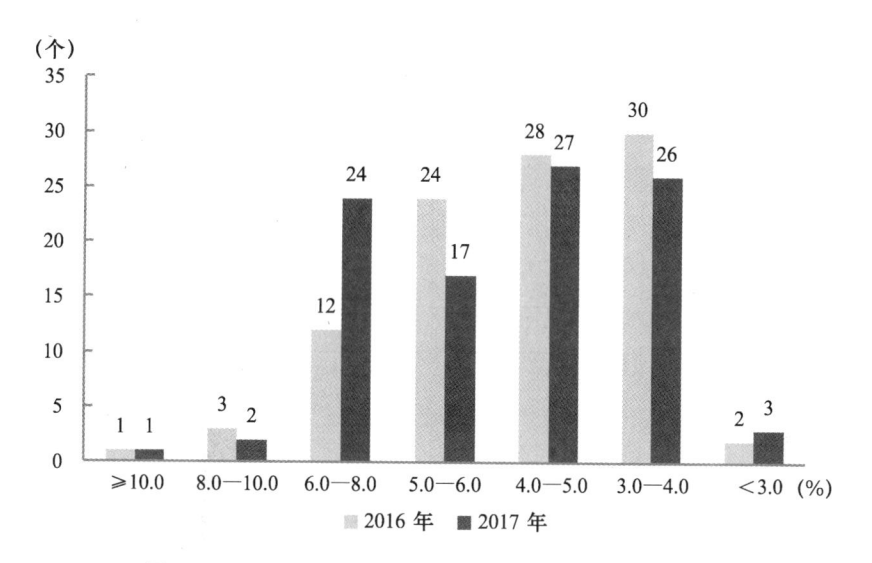

图6—4 2016—2017年100个样本县（市）房价收入比

注：房价收入比以家庭规模为3人和商品房90平方米面积为标准计算。

由于县（市）之间城镇居民可支配收入增速差异不大，房价收入比的变动更多是由商品房销售均价变动导致的。结合房价收入比的变动特征，不难看出部分房价收入比较高的区域，商品房销售均价变动也较大。而房价收入比高的区域，商品房销售均价也普遍偏高。例如房价收入比大于6.0%的县（市），2017年商品房销售均价全部都高于5000元，或者高于中位数或者在其附近。这表明，商品房销售均价越高，其变动越不稳定。

表6—2则列举了100个样本县（市）房价收入比的具体情况。相比

2016年，2017年100个样本县（市）房价收入比的前5位没有变化。除了西昌市和大理市作为州府所在地房价收入比排在前10位以外，排在前10位的县（市）中有5个分布在北京市、合肥市或杭州市周边，另有3个都属于广东省。

表6—2　　　　100个样本县（市）城镇房价收入比　　　　单位：元,%

县（市）	所属地区	销售均价	房价收入比	县（市）	所属地区	销售均价	房价收入比
三河市	廊坊	17973	13.11	桐乡市	嘉兴	10670	6.15
肥西县	合肥	10804	9.59	兰溪市	金华	7781	6.11
长丰县	合肥	9500	9.35	沭阳县	宿迁	5170	6.00
西昌市	凉山州	9019	7.95	海宁市	嘉兴	11052	5.91
建德市	杭州	9271	7.95	萧县	宿州	4272	5.75
巢湖市	合肥	7688	7.56	界首市	阜阳	5506	5.71
大理市	大理州	8397	7.44	靖江市	泰州	8082	5.62
舒城县	六安	5937	7.17	齐河县	德州	4633	5.56
鹤山市	江门	7204	7.13	安吉县	湖州	8893	5.53
普宁市	揭阳	5900	7.08	象山县	宁波	9339	5.53
昆山市	苏州	13841	7.02	松滋市	荆州	5279	5.52
廉江市	湛江	5070	6.87	张家港市	苏州	10891	5.52
博罗县	惠州	6972	6.84	东海县	连云港	5454	5.50
颍上县	阜阳	6198	6.83	平阴县	济南	4778	5.40
凤阳县	滁州	5218	6.77	龙海市	漳州	6080	5.30
上饶县	上饶	5881.4	6.76	德清县	湖州	8765	5.21
乐清市	温州	12215	6.72	海盐县	嘉兴	9437	5.18
平湖市	嘉兴	11954	6.68	东阳市	金华	8248	5.09
新津县	成都	7638	6.65	胶州市	青岛	7063	5.04
利辛县	亳州	5877	6.61	桐庐县	杭州	7405	4.83
开平市	江门	5769	6.53	嵊州市	绍兴	8364	4.82
临海市	台州	10272	6.51	昌吉市	昌吉州	4685	4.80

续表

县（市）	所属地区	销售均价	房价收入比	县（市）	所属地区	销售均价	房价收入比
江山市	衢州	8683	6.27	永安市	三明	5197	4.67
响水县	盐城	5805	6.26	射阳县	盐城	4481	4.67
常熟市	苏州	12267	6.24	凯里市	黔东南州	4505	4.60
定州市	保定	4226	4.56	长兴县	湖州	6504	3.88
五河县	蚌埠	4170	4.56	扬中市	镇江	6420	3.87
海安市	南通	6172	4.55	什邡市	德阳	4122	3.82
高安市	宜春	4615	4.52	昌邑市	潍坊	4265	3.80
滕州市	枣庄	4948	4.48	分宜县	新余	3731	3.78
阳春市	阳江	3794	4.47	宜城市	襄阳	3653	3.76
海城市	鞍山	3790	4.35	横县	南宁	3897	3.68
博兴县	滨州	4790	4.33	宁乡市	长沙	4787	3.61
如皋市	南通	5749	4.32	沂水县	临沂	3920	3.50
平阳县	温州	6226	4.31	泽州县	晋城	3641	3.49
晋江市	泉州	6529	4.27	丹江口市	十堰	3151	3.49
莱西市	青岛	5600	4.25	湘潭县	湘潭	3704	3.44
伊川县	洛阳	4030	4.22	大冶市	黄石	4113	3.41
湘乡市	湘潭	4533	4.18	青铜峡市	吴忠	2898	3.40
垫江县	重庆	4431	4.17	宾阳县	南宁	3565	3.40
邓州市	南阳	3670	4.11	宜都市	宜昌	3828	3.39
仙桃市	省直管	4005	4.11	彭州市	成都	3524	3.38
醴陵市	株洲	4986	4.09	桂阳县	郴州	3552	3.34
江阴市	无锡	8064	4.09	资兴市	郴州	3467	3.29
南陵县	芜湖	4320	4.09	麻城市	黄冈	3006	3.25
高密市	潍坊	4805	4.01	寿光市	潍坊	3962	3.16
桃源县	常德	3689	4.00	准格尔旗	鄂尔多斯	4547	3.03
阜宁县	盐城	3678	3.98	攸县	株洲	2986	2.51
诸暨市	绍兴	7535	3.91	彬州市	咸阳	2587	2.35
安宁市	昆明	5185	3.91	襄垣县	长治	2014	1.78

房价收入比价高的县（市），大体有三类：第一类是房价奇高和收入不够高的区域，例如三河市、肥西县、长丰县等；第二类是收入较高但是房价更高的区域，例如建德市、昆山市、乐清市和平湖市等；第三类是房价较高但是收入较低的区域，例如舒城县、普宁市、廉江市、博罗县、颍上县和凤阳县等。第一类主要是环绕大城市而自身发展不足的区域；第二类是自身发展较好但是房价受到区内核心城市房价带动更快攀升的区域；第三类则是自身发展不足，但是由于城市规划和房地产管理不到位，而易受区内核心城市高房价传导的区域。

二 县域房地产开发投资的变化特点

2017年样本县（市）房地产开发投资增速呈现普遍快速上升态势。2017年100样本县（市）房地产开发投资平均增速为20.6%，比2016年的15.1%提高5.5个百分点，中位数也由5.3%升至14.8%。尽管如此，2017年样本县（市）房地产开发投资加总额的增速却仍然只有6.7%，不仅低于2016年的28.6%，而且也低于全国房地产开发总额增速的7.0%。两种增速的背离，主要是因为有一部分房地产开发投资规模较大的县（市）房地产开发投资增速相对较低，而另一部分房地产开发投资规模较小的县（市）增速相对较高。一定程度上反映出经济较为发达的县（市）房地产开发投资出现更大程度的调整。不过，从图6—5也能看出，相对2016年，2017年还是有更多的样本县（市）房地产开发投资增速进入高位空间。2017年房地产开发投资增速为负的县（市）由2016年的43个减少到34个，而增速大于10.0%的县（市）由2016年的46个增至55个。这也总体反映出，2017年样本县（市）房地产开发投资增速呈现普遍快速上升态势。

样本县（市）房地产开发投资占固定资产投资的比重也呈现上升趋势，但仍低于全国平均水平。2017年100样本县（市）房地产开发投资占固定资产投资的平均比重为12.5%，比2016年的10.1%高2.4个百分点，房地产开发投资加总额占固定资产投资加总额的比重为13.5%，比2016年的13.3%高0.2个百分点。虽然两种方法计算的房地产开发投资比重有所差异，但是呈现一致的变动趋势，即2017年这一比重较上年有

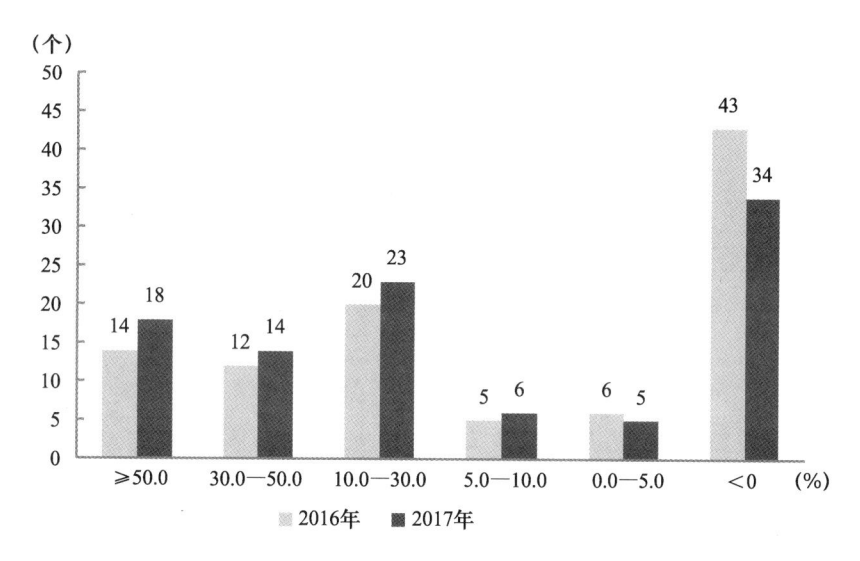

图 6—5 房地产开发投资增速分布情况

所提高。

将样本县（市）房地产开发投资占固定资产投资的比重与全国房地产开发投资比重对比，样本县（市）这一比重仍然明显低于17.1%的全国比重，当然也可以由此推断出比大中城市低，例如北京市2017年这一比重达到41.2%。2017年样本县（市）房地产开发投资比重超过10.0%的数目呈现增加之势，由44个增至51个，而在5.0%—10.0%之间的则由31个减少至24个，低于5.0%的县（市）数目保持稳定不变。详见图6—6。

总的来说，东部发达县（市）房地产开发投资比重较高，而中西部欠发达县（市）房地产开发投资比重偏低。2017年，在房地产开发投资比重超过20.0%的21个县（市）中，有13个属于东部地区，而在这一比重低于5.0%的25个县（市）中，属于东部地区的只有7个。同时，房地产开发投资比重超过20.0%的县（市）平均房地产开发投资总额达到108.3亿元，而低于5.0%的县（市）其总额只有8.1亿元，而且前者房地产开发投资增速的平均值达到31.0%，而后者只有1.1%。这些数据表明，发达程度不足、发展规模较小的县（市）房地产市场的发育程度也相对较低，并且更容易陷入调整。

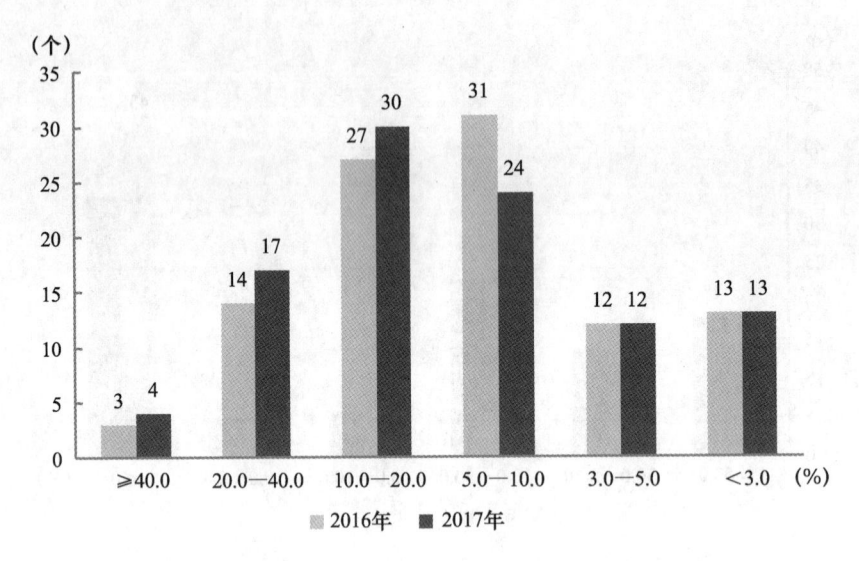

图6—6 房地产开发投资占固定资产投资比重的分布情况

三 房地产库存状况和去化周期

2017年县（市）房地产市场在2016年回暖的基础上，总体继续呈现向上的趋势。由于成交量的持续放大，部分县（市）房地产库存已经很低或需要补库存，房价上涨很快。但是也有部分县（市）由于供地推盘量大，反而导致房地产库存逆势升高。在全国中小房地产市场转入调整阶段后，或将再度面临库存高企、降价风险增大的局面。

由于数据可得性原因，我们仅选择了20个样本县（市）进行房地产去库存情况分析，相关数据列举在表6—3中。根据表6—3，20个样本城市中，2017年商品房待售面积有所下降的有12个县（市），其他8个县（市）商品房待售面积则有所上升。对比2016年商品房待售面积7升13降变化甚微，整体仍保持了库存下降的态势，其中有8个县（市）商品房待售面积连续两年降低，库存连续减少，只有桃源县商品房待售面积连续两年升高。

表6—3　　　　　部分样本县（市）房地产去库存情况　　　　单位:%

县（市）	所属地区	2016商品房销售面积增长率	2016商品房待售面积增长率	2017商品房销售面积数量	2017商品房待售面积增长率
桃源县	常德市	106.0	176.0	41.2	108.0
普宁市	揭阳市	34.0	-70.2	183.5	59.8
长丰县	合肥市	61.0	-64.3	-64.9	59.4
鹤山市	江门市	18.7	20.5	24.9	34.0
博罗县	惠州市	111.5	-23.4	-18.4	29.3
晋江市	泉州市	15.6	76.4	9.8	27.0
昌吉市	昌吉州	6.4	-42.0	-42.1	15.9
桐乡市	嘉兴市	82.0	-1.1	4.8	14.0
龙海市	漳州市	63.5	34.9	96.0	-9.0
海安市	南通市	36.7	-4.9	65.0	-12.2
巢湖市	合肥市	58.6	-54.6	3.7	-15.0
桐庐县	杭州市	45.5	-18.3	28.1	-24.0
凯里市	黔东南州	-6.3	-25.9	-20.6	-27.6
寿光市	潍坊市	22.9	-10.3	6.8	-28.0
大理市	大理州	8.4	-20.8	16.4	-44.1
上饶县	上饶市	81.6	17.3	21.6	-48.6
德清县	湖州市	28.0	38.2	1.6	-49.8
肥西县	合肥市	82.5	-1.3	-30.4	-57.1
临海市	台州市	127.5	86.5	27.3	-60.7
湘潭县	湘潭市	27.4	-25.0	59.4	-71.3

库存连续两年下降的县（市），除了凯里市作为原州府所在地、大理市作为现州府所在地具有较强的域内吸引力外，其他县（市）大部分是位于杭州市、合肥市等大都市或者发达经济圈内，湘潭县则因与湘潭市接近也颇受购房者青睐。

尽管2016年20个样本县（市）商品房销售面积平均增速达到50.6%，远高于2017年的20.69%，但是2017年样本县（市）库存去化速度显著加快。2017年样本县（市）商品待售面积平均增长率为-5%，而2016年为4.4%。

桃源县、普宁市、鹤山市、晋江市和桐乡市等县（市）商品房销售面积在经过连续两年增长后，2017年商品房待售面积仍然呈现增加之势，也说明房地产供给对库存的影响也不容忽视，特别是在房地产市场形势欠佳的情况下更是如此。

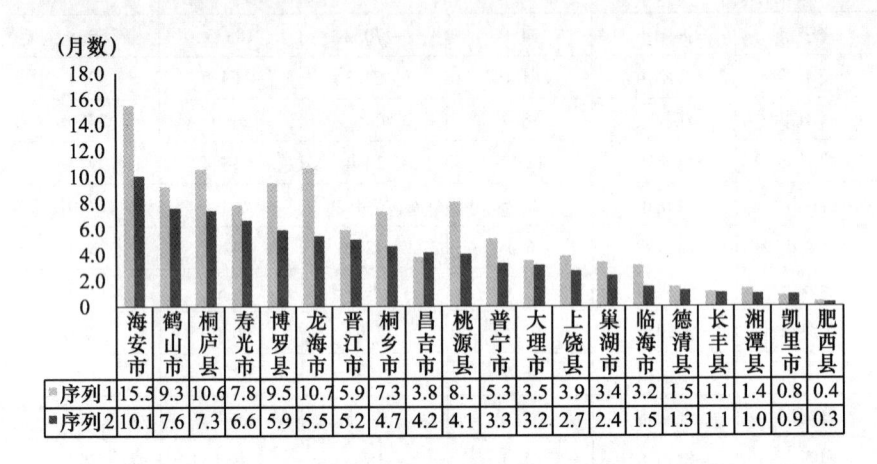

图6—7 样本县（市）商品房待售面积可供销售月数

（月数）	海安市	鹤山市	桐庐县	寿光市	博罗县	龙海市	晋江市	桐乡市	昌吉市	桃源县	普宁市	大理市	上饶县	巢湖市	临海市	德清县	长丰县	湘潭县	凯里市	肥西县
序列1	15.5	9.3	10.6	7.8	9.5	10.7	5.9	7.3	3.8	8.1	5.3	3.5	3.9	3.4	3.2	1.5	1.1	1.4	0.8	0.4
序列2	10.1	7.6	7.3	6.6	5.9	5.5	5.2	4.7	4.2	4.1	3.3	3.2	2.7	2.4	1.5	1.3	1.1	1.0	0.9	0.3

注：序列1以2015年平均月销售商品房面积为基数；序列2以2015—2017年平均月销售商品房面积为基数。

图6—7描述了样本县（市）商品房待售面积可供销售的月数，也即去库存的周期长短。2017年年末海安市商品房去库存周期最高，以2015—2017年商品房月平均销售面积为基数，计算所得去化周期为10.1个月，以2015年商品房月平均销售面积为基数，则去化周期为15.5个月；肥西县最低，库存去化周期分别只有0.3个月和0.4个月。以2015—2017年商品房月平均销售面积为基数，20个县（市）商品房库存去化周期平均只有3.9个月，超过6个月的只有4个；以2015年商品房月平均销售面积为基数，20个县（市）库存去化周期平均为5.7个月，超过6个月的有8个。通常而言，商品房市场正常去库存周期应在12个月到18个月，因此，无论是序列1还是序列2，都表明2017年样本县（市）房地产库存较低，极易出现房价的快速上涨，而2018年以来的县（市）房地产市场走势也基本证明这一点。

四 结论与展望

县域城镇房地产市场具有其特殊性。房价相对较低,居民住房负担总体不高,房价收入比虽有所上升但总体仍处于合理区间。由于市场容量较小,县域城镇房地产市场一旦受外部传导或政策影响需求或供给出现较大波动,库存与房价很容易出现大起大落。2017年,受到货币化棚改政策下沉、乡村投资开发热潮等因素的影响,部分县域城镇房地产市场库存迅速下降,房价上涨较快,房价超万元的县数量迅速增加。长期看,县(市)处于城市化末端,房地产市场发展空间较小,随着开发量的再度增长及销量的进一步回落,库存或将重新回升。

第七章

地方政府债务监测报告

防范化解重大风险、精准脱贫、污染防治是当前三大攻坚战。其中，防范化解重大风险的核心，就是有效避免地方债务风险的不断累积可能带来的金融系统风险。地方债务问题的形成由来已久，其间虽经多次整顿治理，但地方政府融资冲动一直难以抑制，并往往借由不同时机通过或明或暗的形式爆发出来，导致地方债务规模在短期内迅速膨胀。根据财政部公布的数据，截至2017年年底，地方政府债务余额16.47万亿元，而各类机构还估计地方隐性债务约在30.0万亿—50.0万亿元，即使按照低限30.0万亿元计算，广义地方政府债务也达到了接近50.0万亿元。而审计署数据显示，2010年年底全国地方各类政府性债务余额只有10.7万亿元。由此计算，2010—2017年共7年间地方政府债务规模增长近4倍。

针对地方政府债务增长过快的问题，中央接连出台多个文件，抑制地方融资冲动，规范地方融资行为，特别是2017年5月财政部等六部委联合发布《关于进一步规范地方政府举债融资行为的通知》，一方面设定地方债券融资限额并予以中央财政担保，另一方面严禁地方政府将公益性资产、储备土地注入融资平台公司或为其提供财政担保，并突出强调银行等金融机构的经营独立性，试图以此规范地方融资行为，并严格堵塞各类有助于地方隐形债务形成的各类渠道。截至2018年9月末，全国地方政府债务余额18.26万亿元，其中，政府债券18.00万亿元，非政府债券形式存量政府债务0.26万亿元，地方政府债券剩余平均年限4.6年，平均利率3.5%。地方债务的债券置换工作推进顺利，地方融资成本大幅降低。

尽管地方债务问题是当前的研究热点，但是专门针对县域经济体的债务问题研究仍旧比较缺乏。事实上,县域经济体的地方融资问题也十分突出,融资占比也比较大,例如早在六年以前,即2013年6月底,审计署披露的县级和乡级政府债务就占到省市县总债务的39.2%。由于大部分县域经济体的财政创收能力更脆弱,一旦形势逆转,县域经济体的债务问题也会首当其冲地凸显出来。因此,关注并对县域经济体的债务问题进行动态监测也实属必要。

一 地方政府债务的总体状况

我们以100个样本县(市)为对象,研究分析县域经济体的地方政府债务状况。100个样本县(市)有50个属于东部地区,33个属于中部地区,17个属于西部地区,其具体省份分布见图7—1。

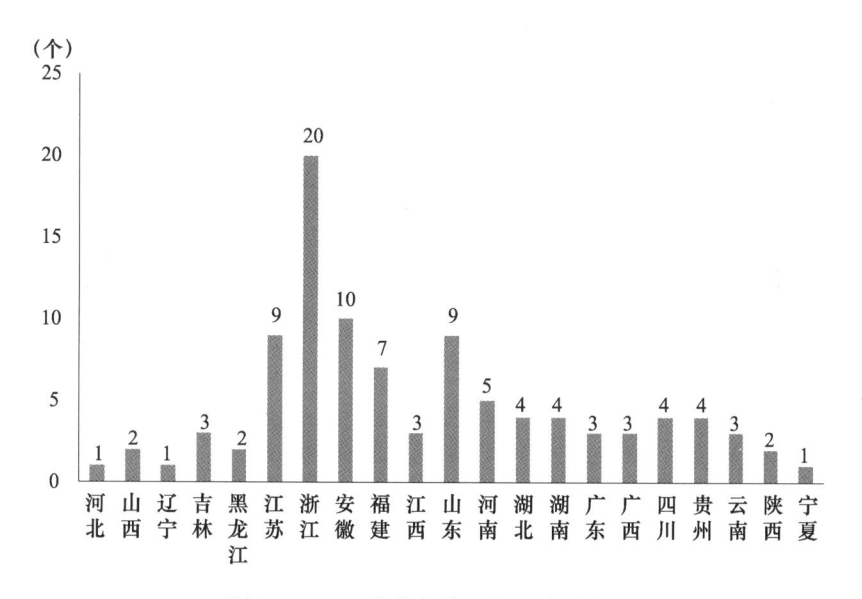

图7—1 100个样本县(市)地区分布

(一)债务率

债务率是衡量一个地方政府性债务高低的重要指标,指当年地方政府性债务存量占地方财政收入的比重。不过,由于地方财政收入有不同的统计口径,所以同样的债务额以不同口径的地方财政收入来衡量,其大小也有区别,并具有不同的含义。表7—1计算了以不同口径地方财政收入计算的债务率。由于国有资本经营预算比例极小,本书主要考察地方一般预算收入和政府性基金收入。债务率(1)—(4)依次对应着更大口径的地方财政收入。其中,债务率(4)是更常被用来衡量债务率高低的指标,是地方政府性债务额占地方综合财政收入的比重。由表7—1,样本县(市)债务率(4)简单平均值为61.7%,总和平均值为61.4%,二者极为接近。2017年全国地方债务限额占地方综合财政收入的比重在85.0%左右,而国际通常的标准,以及上级政府对县(市)级政府的债务率要求,安全界限普遍是要低于100.0%。从此可以看出,100样本县(市)总体上的债务率并不算太高。尽管如此,地方政府在举债中仍然存在着不少问题,使用总体债务率也难以有效来衡量。

一是不同口径债务率差异很大,部分县(市)存在动态债务偿还压力。债务率(2)是不包含政府性基金(以及由其调出资金)的地方预算

表7—1　　　　2017年样本县(市)地方总体债务率状况　　　单位:%

	债务率(1)	债务率(2)	债务率(3)	债务率(4)	一般债务率	专项债务率
最大值	1173.9	349.3	267.6	216.8	163.7	996.9
最小值	25.0	14.2	13.7	13.5	11.5	0.0
中位值	183.2	77.8	57.1	52.5	47.6	59.6
简单平均	230.7	89.0	67.41	61.7	54.2	87.2
总和平均	200.1	94.5	67.37	61.4	56.0	64.3

注:债务率(1)=地方政府性债务余额/不包含各类转移收入的地方一般预算收入;

债务率(2)=地方政府性债务余额/(包含各类转移收入的地方一般预算总收入-政府性基金调入资金);

债务率(3)=地方政府性债务余额/(包含各类转移收入的地方一般预算总收入-政府性基金调入资金+不包含各类转移收入的政府性基金收入);

债务率(4)=地方政府性债务余额/(包含各类转移收入的地方一般预算总收入-政府性基金调入资金+包含各类转移收入的政府性基金总收入);

一般债务率=地方政府性一般债务余额/(包含各类转移收入的地方一般预算总收入-政府性基金调入资金);

专项债务率=地方政府性专项债务余额/包含各类转移收入的政府性基金总收入。

总收入，其简单平均值达到89.0%，总和平均值达到94.5%。该指标之所以是又一个重要的债务率衡量指标，是因为政府性基金收入中有约90%属于土地使用权出让收入，从长期来看，土地使用权收入势必不能长久。不仅如此，一旦房地产市场不景气，地方预算收入也会因房地产税收的下降而受到冲击。因此，当前样本县（市）公布的债务规模，在正常年份总体并没有太大压力，但是在形势发生变化时，则偿债压力就会凸显出来。

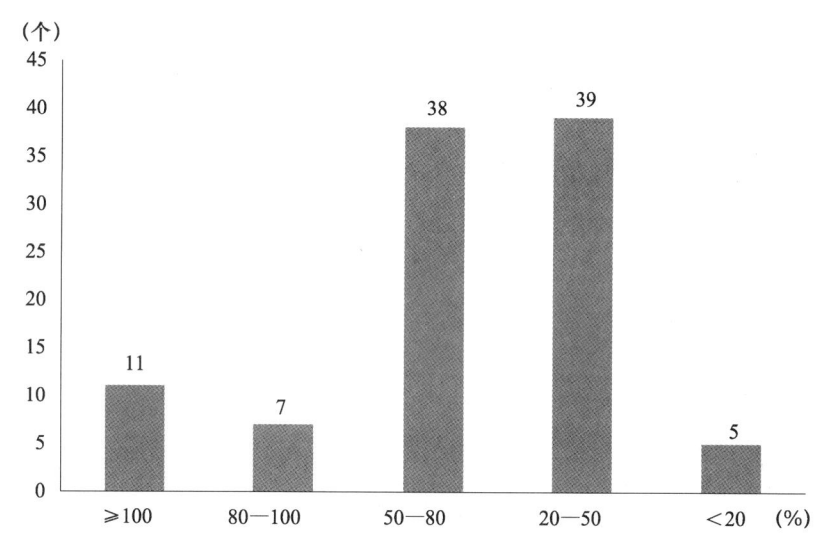

图7—2　2017年样本县（市）债务率（4）的区间分布

二是不同县（市）的债务率差别很大，部分县（市）正承受着较大的债务压力。图7—2描述了样本县（市）债务率（4）的区间分布情况。图7—2显示，2017年年末，100样本县（市）中有11个县（市）债务率（4）超过了100%。另有7个债务率（4）位于80%—100%，低于20%的只有5个。这表明，尽管大部分县（市）公布的债务规模当前并无太大风险，但是也有一部分县（市）债务规模相对于自身的综合财政收入实力明显偏大，偿债负担相当重。不过，由于限额以内的债务会被上级财政担保，从而风险较小，只有那些超过债务限额而自身债务率较重的县（市），债务违约风险才较大，这样的样本县（市）只有浙江武义市。晋江市虽然债务率（4）高达176.2%，但是债务占限额比例为98.4%，仍在限额内。尽管如此，一旦上级财政出现危机，这些债务率的县（市）偿债仍将面临困难。

三是债务结构的错配也可能会使部分县（市）如约偿债发生困难。这里倒不是指时间错配，因为时间错配可以在政策的许可范围内通过债务置换等以新换旧的形式来解决。债务结构的错配更主要是指一般债务和专项债务同各自偿债资金来源的不匹配，具体衡量指标就是一般债务率和专项债务率。表7—1列明了100样本县（市）的一般债务率和专项债务率，表中只计算了以包含转移收入的地方一般预算收入和政府性基金收入为基数的一般债务率和专项债务率。表7—1显示，一般债务率简单平均值为54.2%，而专项债务率则达到87.2%。事实上，样本县（市）中，一般债务率超过100%的为8个，但是专项债务率超过100%的达到20个。同时，由于专项债务主要是由政府性基金收入作为偿债资金来源，当占比较重的土地使用权出让收入出现严重下滑时，专项债务的偿债能力将受到极大削弱。因此，专项债务是地方如约偿还债务的主要承压点。

四是隐形债务的存在将使地方实际债务率大幅攀升，并增大了地方政府债务的不可控风险。100样本县（市）中有少数公布了隐形债务的数目，大多数没有公布。在已公布的县（市）中，大部分隐形债务比重都比较低，只有湘潭县、武义县和慈溪市3个县（市）比重超过50.0%。但根据各机构的估计，全国地方隐形债务的规模甚至超过显性债务的2倍，所以我们的样本选择可能存在一定的偏差，即那些债务状况相对稳健的县（市）公布了债务规模，其中有些甚至如实公布了隐形债务规模，但更多的县（市）由于债务问题较为严重而选择不予公布或部分公布。县域经济体的隐形债务问题肯定也普遍存在，如果中央要求严格剥离地方财政与各类融资平台的财务担保关系，或者杜绝甚至不承认其他变相方式的举债行为，有一部分隐形债务的兑付将会出现违约，这可以减轻地方政府的偿债压力，但是无疑也会增加市场的波动风险。

（二）债务负担率

上文主要讨论了地方债务率这一指标，其实国际通行的衡量债务高低的指标是债务负担率,即债务余额占当年地区生产总值的比重,通常认为60%是一个国家债务负担的警戒线。不过,由于中央和地方财政分配体制的不同,对于中央债务负担率和地方债务负担率并没有统一的标准,特别是对于一个县域经济体而言更是如此。然而,我们假定地方债务率(4)100%为警戒线,根据样本县(市)地区生产总值的高低,可以大致估计出对应的债务负担率警戒线。当债务率(4)为100%时,各县(市)债务余额即为地方一般预算总收入与政府性基金总收入之和,以此求得各县(市)与债务率(4)为100%时对应的债务负担率,并以其平均数作为债务负担率的警戒线。计算结果表明,100样本县(市)简单平均的债务负担率为21.5%,总和平均债务负担率为23.6%,由此我们可大致认为20.0%是县域经济体的债务负担率的警戒线。

图7—3描述了100个样本县(市)债务负担率的区间分布情况。由图7—3可知,2017年样本县(市)中债务负担率超过20%的有17个,低于10%的则有39个,其余则位于10%—20%。这表明在大多数县(市)的地方债务风险可控的同时,部分县(市)的地方债务风险仍然非常突出。这一结论与债务率的衡量结果具有很大程度的相似性。2017年,在债务率超过100%的11个县(市)中,有9个县(市)债务负担率超过100%,只有晋江市和无棣县2个县(市)债务负担率低于100%。不过,转移支付的影响不可忽视。地区生产总值偏低的县(市)通常也是欠发达县(市),会接受更多的上级财政转移收入,从而在债务率(4)不甚高的情况下,债务负担率会较高;反之,那些地区生产总值较高的地区,也是较为发达的县(市),接受的上级财政转移偏少,在债务负担率不甚高的情况下,债务率(4)却会很高,如晋江市等。

通过债务负担率和债务率(4)相结合,可以更准确地把握一个县(市)债务风险状况。那些债务负担率和债务率(4)都很高的县(市),除非特殊发展区域(如平潭县),其余都属于潜在债务风险高发区;而那些债务负担率和债务率(4)都低于安全警戒线的县(市),通常认为是潜在债务风险较小的区域。两类指标一高一低的县(市),其潜在债务风险则位于其间。一般而言,债务率(4)高低反映一个县(市)近期偿债能力的高低,而债务负担率则更能反映一个县(市)长期偿债能力的高低,其具体风险状况要根据特定的经济金融形势进行分析。

图7—3还反映了2017年相对于2016年样本县(市)债务负担率的变化情况。由图7—3,2017年债务负担率超过20%的有17个,比2016年增加1个;其中,位于20%—30%的有12个,比2016年多3个;不过超过50%的只有1个,比2016年少2个。2017年100个样本县(市)的债务负担率的简单平均值14.6%,而2016年为14.8%,二者差距较小。2017年样本县(市)中债务负担率有所增加的有43个县,另有57个县(市)有所下降,基本保持相对平衡。总体来看,2017年相对2016年样本县(市)债务负担率变化较小,并且债务负担率极高的县(市)数量明显下降。这反映出2017年以来中央对地方债务加强管理所取的效果还是很明显的。

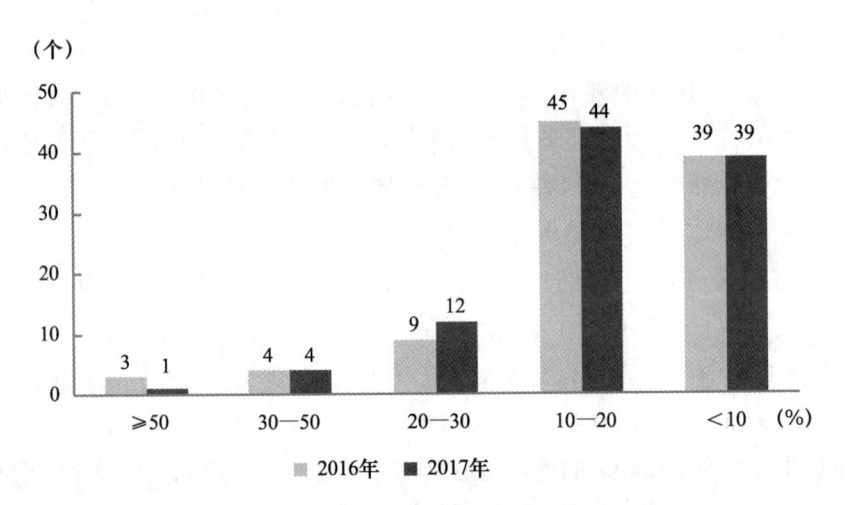

图7—3 样本县(市)债务负担率的区间分布

注:债务负担率=地方政府性债务余额/当年地区生产总值。

(三)财政偿债率

财政偿债率是衡量政府债务风险的又一个重要指标。国际上一般认为,一般国家的偿债率的警戒线为20%,发展中国家为25%,危险线为30%。对于地方政府,通常认为20%就是财政偿债率的警戒线。应该说,财政偿债率是一个不太能确定反映债务风险的指标,因为它是指当期还本付息额占财政收入的比重,所以当利息率高低和偿还期长短变化时,这一指标也会相应变化，特别是通过借新债还旧债时，这一指标将会发生更急剧的变化，并会对债务风险产生影响。尽管如此，对之进行考察，仍然能够发现某个县（市）财政在偿债方面所面临的压力。由于难以获得样本县（市）的真实偿债情况，我们主要根据债务期限和债务平均利率测算其偿债率的理论值。截至 2018 年 9 月末，地方政府债券剩余平均年限 4.6 年，平均利率 3.5%，我们以此为基准来测算样本县（市）综合财政收入的偿债率。

2017 年 100 个样本县（市）的财政偿债率的简单平均值为 15.5%，总和平均值为 15.6%，二者基本一致，都低于 20%，反映出样本县（市）总体偿债能力较强，财政偿债压力较小。图 7—4 则描述了样本县（市）财政偿债率的区间分布情况，2017 年样本县（市）财政偿债率超过 20% 的有 18 个，其中超过 30% 的有 7 个，另有 19 个位于 15%—20%。这说明尽管样本县（市）财政偿债率总体位于警戒线下，但是仍有部分县（市）财政偿债率偏高，反映出这些县（市）在清偿债务方面具有较大的压力。考虑到有些县（市）债务并没有置换成债券，从而债务利息率偏高，还本付息压力会更大。

此外，2017 年样本县（市）财政利息偿还率的两类平均值都约为 2.15%，平潭县、庄河市、晋江市、盘州市和湘潭县等县（市）甚至都超过了 5.0%，偿债压力还是非常重的。另有 8 个县（市）财政利息偿还率在 3.0%—5.0%，偿债压力也不容忽视。

二 地方政府债务的区域比较

地方政府债务的高低固然和某个县（市）决策者的行为有关系，但是在其背后或许也与经济社会发展的程度和特点具有一定的关系。从区域来看，2017 年西部地区样本县（市）的债务率（4）和债务负担率的平均值在三大区域中都是最高，而中部地区县（市）则是最低的，东部地区县（市）则居于中间水平，从财政偿债率来看也是如此顺序。

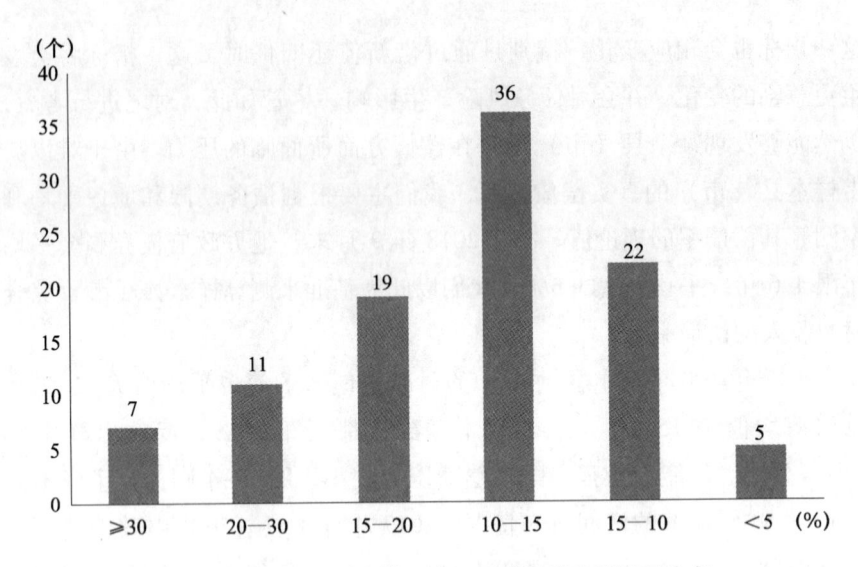

图7—4　2017年样本县（市）财政偿债率的区间分布

注：财政偿债率=理论年度还本付息额/（包含各类转移收入的地方一般预算总收入－政府性基金调入资金+包含各类转移收入的政府性基金总收入）。假设地方政府债券剩余平均年限4.6年，平均利率3.5%。

表7—2　　　　　　2017年样本县（市）三大区域债务情况　　　　　　单位：%

样本区域	债务率（4）简单平均值	债务负担率简单平均值	财政偿债率简单平均值
东部地区	66.2	15.4	16.7
中部地区	50.7	12.2	12.8
西部地区	69.6	17.0	17.6

我们再分省份来考察样本县（市）的债务情况，为了避免数据奇异性带来的影响，这里只以样本县（市）超过3个的省份为研究对象。从表7—3不难看出，福建省10个样本县（市）债务率（4）的平均值最高，达到112.2%，债务负担率平均值也最高，达到31.8%。贵州省和云南省债务率（4）的平均值分别为99.3%和97.9%，都接近100%的警戒线，同时，债务负担率平均值分别达到27.4%和27.2%，超过20%的警戒线。

广东省、广西壮族自治区、江西省、河南省和湖北省样本县（市）

债务率(4)平均值都不超过50%,除了江西省,债务负担率平均值也都在10%以下,债务水平总体较低。山东省和安徽省则是两个比较特殊的地区,两省样本县(市)债务率(4)平均值都略超过50%,但是山东省债务负担率平均值只有8.9%,安徽省则达到17.2%,逼近20%的警戒线。这表明安徽省样本县(市)获得了更多的转移收入,财政实力得以大幅提高,降低了债务率。事实上,如果单纯考察债务余额占地方一般预算收入的比重,即债务率(1),那么安徽省远高于山东省,达到267.9%,而后者只有151.3%。浙江省样本县(市)债务水平则居于中上水平,债务率(4)平均值和债务负担率分别为61.2%和16.3%。此外,在计算财政偿债率水平时,债务剩余年限、利率平均水平都假设为相同,并且分母基数等同于债务率,因此,各省份样本县(市)财政偿债率平均值高低与其债务率(4)保持完全一致。

表7—3　　2017年分省份样本县(市)债务情况　　单位:%

样本区域	债务率(4)简单平均值	债务负担率简单平均值	财政偿债率简单平均值
福建	112.2	31.8	28.3
贵州	99.3	27.4	25.1
云南	97.9	27.2	24.7
湖南	84.3	16.7	21.3
浙江	61.2	16.3	15.4
吉林	59.9	12.5	15.1
四川	55.2	13.0	13.9
江苏	54.7	11.4	13.8
山东	54.5	8.9	13.7
安徽	50.7	17.2	12.8
湖北	47.5	8.9	12.0
河南	39.2	6.6	9.9
江西	37.0	12.2	9.3
广西	31.6	7.0	8.0
广东	29.0	5.9	7.3

各个区域债务水平的高低与经济社会发展存在什么关系呢？福建省样本县（市）债务率水平较高，但是大多数县（市）债务负担率并不高，主要是平潭县极高的债务负担率拉高了其简单平均值。平潭县的高负债则主要是由于平潭综合实验区的大规模负债投入，而这种负债通常是得到上级财政担保的。从这一点来看，福建省样本县（市）总体更应该是高负债率低债务负担率类型，与山东省类似，只是负债水平明显高于山东省而已。贵州省样本县（市）总体属于真正意义上的"双高"，即高债务率和高负债率，这与近年来贵州省大发展密切相关，体现在其投资和经济的高增长方面。云南省则主要是因为3个样本县（市）中的2个，即文山市、大理市，都是州府所在地，融资能力以及未来筹资偿债能力要强于一般的县（市），一定程度上助长了其过度举债的行为。浙江省在基础设施投资、乡村振兴发展方面颇有建树，并且各县（市）经济发展和财政状况相对稳健，隐形债务披露相对完整，债务管理更趋规范化和显性化，从而使其债务水平显得较高。广东省样本县（市）债务水平最低，更多可能是由于广东省对全省债务规模的严格管理。

三 地方政府债务与地方经济发展的关系

地方政府债务的举借主要是为地方各类社会事业和基础设施的发展，其债务规模的大小不仅受到地方发展状况的影响，而且反过来也会对地方发展产生作用。我们这里主要考察地方经济增长、地方投资与地方债务的关系。

表7—4描述了不同债务率区间的样本县（市）的地区生产总值和固定资产投资三年总和增长率。由表7—4可知，高债务率并没有对应更高的地区生产总值增长率和固定资产投资增长率，相反，债务率（4）大于100%的县（市），其地区生产总值增速平均值甚至略低于低债务率区间县（市），固定资产投资增速平均值更是明显低于低债务率区间县（市）。不过，中债务率区间（50%—100%）的县（市），其地区生产总值和固定资产投资增速平均值都大于更高或更低债务率区间的县（市）。

表 7—4　　　　　2017 年样本县（市）地方总体债务率状况　　　　单位：%

债务率区间	债务率（4）平均值	GDP 三年总和增长率平均值	固定资产的投资三年总和增长率平均值
≥100%	147.6	26.3	34.3
50%—100%	65.4	27.7	52.2
0%—50%	36.5	27.0	43.2

如何解释债务率与地区生产总值、固定资产投资增速的非线性关系呢？应该说，它们之间的这种非线性关系并不是稳定的，在不同的时期，它们之间的关系也应会有所变化。在举债之初，更大规模的地方债务无疑会对投资产生更大影响，也会在一定程度上带动经济增长；但是，当债务率达到一定程度，新增债务规模会受到限制，再加上还本付息的压力，可用于支持投资的财政资金减少，在此情形下投资和经济增速都会受到负面影响。事实上，如果不考虑武义县或有债务的大幅增加（此时债务率仍然高于100%），2017 年高债务率区间的县（市）地方政府性债务增长率只有4.9%，而中、低债务率区间的县（市）债务增长率分别为9.8% 和13.9%，高债务率区间县（市）地方政府债务增长受到较大程度的限制，从而对其投资和经济增长产生一定影响。尽管低债务率区间债务增长率高于中债务区间，但是由于债务基数偏低，举债规模要明显小于中债务率县（市），对投资和经济的拉动作用也相对有限。还有一种可能，就是低债务率区间县（市）本身因为预期经济增速和投资增速较低，将缺乏长期还债能力，因此选择维持更少债务规模，这种选择性偏差也会使低债务率区间县（市）对应着更低的经济增速和投资增速，只是彼此的因果关系已发生了相反的变化。

四　理性对待地方政府债务

总体来看，地方政府债务率的上升是经济发展的必由之路。若要支持地方各类社会事业和基础设施的发展，便不能简单地通过债务负担高低来评判地方政府债务问题的严重与否，而应当基于动态的视角，在不同地域的经济发展要求和债务负担之间进行权衡。

第一，存在着适度的举债区间。由于中债务率区间（50%—100%）的县（市），其地区生产总值和固定资产投资增速平均值都大于更高或更低债务率区间的县（市）（如表7—4）。所以，当地方政府发现更好的经济增长点，并准备用社会事业和基础设施的升级进行推动时，积极举债是可行的选项，此时的债务风险可控，并且最有助于县（市）的经济发展。

第二，需严控高债务县（市）的债务风险。样本县（市）的债务负担并不服从正态分布，而是表现出强烈的"厚尾特征"，即应当仅占很小比重的高债务县（市）反而有着较大的比重（如图7—2）。这意味着高债务负担，以及与此相伴的债务风险并不能视为相对罕见的事件，同时意味着地方债务风险一旦爆发，将覆盖非常大的范围，并对经济有着更大的破坏性。因此，对高债务县（市）的风险监测，应当是地方政府债务风险管理的重点，压缩债务规模，则是高债务县（市）的首要任务。

第三，需重点压缩专项债务的规模。虽然与一般性债务相比，专项债务要求具有稳定的偿债资金来源。但是，偿债资金来源的稳定只是相对的，在债务由最初举借到最终偿还的较长时间跨度内，特定的偿债资金来源更像某个特定的企业，其收入波动幅度会远大于政府预算收入的波动幅度。相比较而言，企业在控制短期债务风险时，将与地方政府债务率相似的负债收入比控制在40%以内，而县（市）的专项债务率已经大幅超出这一临界值（如表7—1），一旦面临较大的经济冲击，那么县（市）的短期偿债能力会迅速告急。因此，对于专项债务，并不能因其有稳定的偿债资金来源便放松控制，而要在偿债资金来源和专项债务本息之间留出相对宽裕的缓冲区间。

第四，需明确地方政府隐性债务的风险源。债务风险总是绕过防备它们的"马奇诺防线"，这一点已经被历次债务危机所证实。对于我国的地方政府债务而言，与之紧密联系的房地产市场已经包含在多次压力测试之中，并且其波动也受到地方政府的强力干预。但是，地方政府隐性债务的具体规模和风险来源仍然是未知的，甚至不明确既有的房地产市场等风险源是否与隐性债务风险存在关联，就风险的不确定性本质而言，这恰恰是地方政府的最大债务风险。因此，对地方政府债务风险的进一步管理，需要以隐性风险的显性化为突破口，即要求县（市）核查并公布隐性负债的规模，又要确定这些负债的主要风险源及相互关联，从而避免爆发意料之外的债务危机。

第八章

城乡差异、城乡关系与中国乡村振兴战略

由于不同的产业组织形式和社会组织方式，以及普遍存在的二元化的体制结构，城乡之间的差异一直存在，并且在不同的时期、不同的地区也有不同的表现。即使在将来，城乡之间的差异也是存在的，但是一旦城乡差异突出体现为城乡差距，那么这种城乡发展模式就需要被重新审视并及时予以纠正。

改革开放以来，随着城市经济的蓬勃发展，资本和劳动力等生产要素迅速向城市聚集，而且农业与工业、服务业的生产率差异也呈现扩大之势，城乡之间在居民收入、公共服务和基础设施等方面的差别也不断加重。当乡村人口仍然占据绝大部分比重的时候，这种城乡差距对乡村的负面冲击也相对较小，但是当乡村人口比重显著下降的时候，乡村由于人口减少而受到的负面冲击就开始放大，一方面乡村开始出现凋敝的现象，另一方面更少的人口需要集中承担社会不公平的压力陡增，城乡之间的差距问题也开始演变为一种社会矛盾问题，此时城乡之间的差距问题就需要引起相关部门的高度重视。幸运的是，也恰是在此时，城市反哺乡村的力量也得以大幅提高，从而使政策的调整对乡村发展的助益作用也可能凸显出来，并将有力改变城乡差距过大的不公平状况。

"乡村振兴"战略就是在此背景下被提出的，其本质就是一个通过出台更多支持性政策来解决城乡差距、促进城乡融合发展的系统工程，其过程虽然将是长期的，但目标却是鲜明的，即集中解决乡村生态环境改善、涉农产业发展、村落文化传承、公共服务提供等方面存在的问题，

使乡村依然成为中国经济社会发展中的一支蓬勃的力量和一种自然的存在。

但是，在新的历史时期，城乡之间的差异也必定会有不同的表现，对城乡差异的变化特征以及变化趋势进行深入研究，并据此提出相关的战略调整和政策建议，对于增强有关乡村振兴政策的针对性和有效性，具有重要意义。

一 全国城乡差异的变化特点

（一）城乡收入差距总体缩小，但倍差结构性增大

收入差距历来是城乡差异中一个受到广泛关注的问题，随着更多农村人口外出务工，城乡收入差距呈现缩小态势。表8—1显示，2017年全国城镇居民人均可支配收入与农村居民人均可支配收入的倍差为2.71，比2013年的2.86下降了0.15。就其结构来讲，各类收入倍差仍然有降有升，具体表现为城乡工资性收入、转移净收入倍差有所缩小，而城乡经营净收入、财产净收入倍差有所扩大。

2013年以来，城镇居民经营性收入占其收入比重、农村居民财产净收入占其收入比重都基本没有变化，而城镇居民财产净收入比重增加、农民经营性收入比重下降是导致城乡经营收入、财产净收入倍差则扩大的直接因素。城镇房地产价格和房地产租金的上涨，是导致城镇居民财政净收入比重增加的主要原因；农村居民经营性收入比重下降，则主要是由农村居民工资性收入增加造成的，同时弃农现象也越来越普遍。城乡工资性收入倍差的下降，主要原因是更多农村家庭的劳动力进入非农就业领域，挣取工资性收入的家庭成员增加，同时近年来农村务工人员更多进入建筑业和服务业领域，这些领域也大都是工资增长最快的领域。还需要指出的是，城乡财产净收入倍差背后，其实隐藏的是城乡财产差距更趋严重的事实，特别是对于那些需要由农村转移至城市生活购买住宅等资产的人口，这种财产差距就更加明显。详见表8—2。

表8—1　　　　　　　　全国城乡收入倍差变化情况

年份	收入总倍差	工资性倍差	经营净收入倍差	财产净收入倍差	转移净收入倍差
2013	2.86	4.55	0.76	13.10	2.62
2014	2.75	4.32	0.77	12.66	2.57
2015	2.73	4.20	0.77	12.09	2.58
2016	2.72	4.11	0.80	12.03	2.54
2017	2.71	4.04	0.81	11.91	2.51

数据来源：Wind 资讯。

表8—2　　　　　　　全国城乡居民收入来源结构　　　　　　　单位:%

年份	城镇				农村			
	工资性收入占比	经营收入占比	财产净收入占比	转移净收入占比	工资性收入占比	经营收入占比	财产净收入占比	转移净收入占比
2013	61.6	11.0	9.5	16.0	38.7	41.7	2.1	17.5
2014	62.2	11.4	9.7	16.7	39.6	40.4	2.1	17.9
2015	62.0	11.1	9.8	17.1	40.3	39.4	2.2	18.1
2016	61.5	11.2	9.7	17.6	40.6	38.3	2.2	18.8
2017	61.0	11.2	9.9	17.9	40.9	37.4	2.3	19.4

数据来源：Wind 资讯。

（二）城市居民边际消费率稳步下降，但农村居民边际消费率更快上升

尽管农村居民收入呈现较快增长趋势，城乡收入差距呈现缩小趋势，但与西方经济学中边际消费率递减的规律相悖，农村居民边际消费率并没有呈现出与城市居民边际消费率相同的下降趋势，而是出现了更快上升的怪异现象。2013年，城乡居民人均生活消费支出占其可支配收入的比重分别为0.69和0.79，2017年分别为0.67和0.82，农村居民消费率出现了显著的上升趋势。农村居民消费率的更快上升，意味着农村居民的生活负担实质性加重，储蓄能力进一步削弱，这与缩小城乡差距的目标无疑是相悖的。详见图8—1。

与城市居民相同，农村居民交通通信、教育文化娱乐和医疗保健支出占生活消费总支出的比重都呈现上升趋势，食品烟酒支出比重都明显下降。但与城市居民不同的是，农村居民居住支出比重有所上升，生活用品及服务支出比重有所下降，而城市居民则相反。还需特别指出的是，农村居民交通通信的比重上升速度不仅快于城镇居民，甚至绝对比重也超过了城镇居民。这些数据表明，农村居民住行方面支出的快速增长，是导致农村居民边际消费率不降反升的主要因素。而出现这一情况，既有农村居民主动消费升级方面的原因，也有基于婚娶压力而被动消费升级方面的原因。详见表8—3。

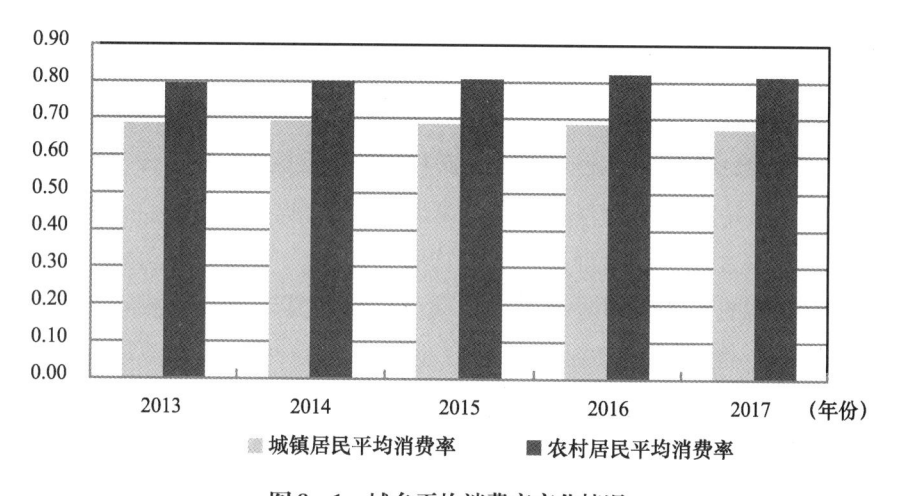

图8—1　城乡平均消费率变化情况

数据来源：Wind 资讯。

表8—3　　　　　全国城乡生活支出结构比较　　　　　单位：%

		2013年	2014年	2015年	2016年	2017年
城镇居民人均生活支出结构	食品烟酒	30.1	30	29.7	29.3	28.6
	衣着	8.4	8.1	8	7.5	7.2
	居住	23.3	22.5	22.1	22.2	22.8
	生活用品及服务	6.1	6.2	6.1	6.2	6.2
	交通通信	12.5	13.2	13.5	13.8	13.6
	教育文化娱乐	10.8	10.7	11.1	11.4	11.6
	医疗保健	6.1	6.5	6.7	7.1	7.3
	其他用品和服务	2.7	2.7	2.7	2.6	2.7

续表

		2013年	2014年	2015年	2016年	2017年
农村居民人均生活支出结构	食品烟酒	34.1	33.6	33	32.2	31.2
	衣着	6.1	6.1	6	5.7	5.6
	居住	21.1	21	20.9	21.2	21.5
	生活用品及服务	6.1	6	5.9	5.9	5.8
	交通通信	11.7	12.1	12.6	13.4	13.8
	教育文化娱乐	10.1	10.3	10.5	10.6	10.7
	医疗保健	8.9	9	9.2	9.2	9.7
	其他用品和服务	1.9	1.9	1.9	1.8	1.8

数据来源：Wind 资讯。

(三) 城乡年龄结构差异扩大，农村家庭承担更大赡抚责任

城乡差异的另一个方面体现在家庭劳动力的多寡方面，一定规模的家庭劳动力过少，会直接降低人均收入水平，哪怕该劳动力自身可能具有更高的收入。同时，家庭劳动力过少，其需要赡养或者抚养的非劳动人口也就越多，会加重家庭生活负担，并降低储蓄率。2013年，全国城市、镇和乡村的总抚养比分别为 26.65%、33.80% 和 42.79%，乡村总抚养比远高于城市和镇。不仅如此，乡村总抚养比相对城市、镇还具有升高的趋势。2016 年，全国城市、镇和乡村的总抚养比分别达到 29.34%、36.38% 和 46.65%，各自上升 2.69、2.58 和 3.86 个百分点。城乡年龄结构差异对家庭的收入和支出水平都会产生深刻的影响。其一，乡村抚养比过高会直接拉低农村居民人均可支配收入水平。例如，2016 年城市和乡村抚养比有 17.31 个百分点的差异，在只有劳动力才能挣取收入、并且城乡劳动力收入相同假定下，将直接使人均收入倍差扩大至 1.14。其二，人口老龄化对农村居民人均收入的冲击更大。这是因为，城市老年人口通常都可以领取较高的退休工资，而乡村老年人口领取的养老补贴低到可以忽略不计。考虑到城市老年人口通常具有一定的储蓄利息或其他资产收入，且不用缴纳社会保险金，可以假定城市老年人口养老金与家庭劳动力收入基本相同，在其他条件不变的情况下，城乡人均收入倍差将

扩大到 1.28。其三，乡村少儿人口抚养比偏大，将加剧生活农村居民生活成本支出压力。在城市、镇和乡村的总抚养人口中，少儿人口相比老年人口占比更高，而且乡村的少儿抚养比城市高出更多。2013 年，乡村少儿人口抚养比较城市高出 10.81 个百分点，2016 年这一差距扩大到 11.34 个百分点。少儿人口抚养比过高无疑加重了农村家庭的生活成本负担，详见表 8—4 和表 8—5。

表 8—4　　2013 全国城、镇、村人口年龄构成和抚养比　　单位：%

	人口年龄结构			总抚养比		
	0-14 岁	15-64 岁	65 岁及以上	总抚养比	少儿抚养比	老年抚养比
城市	12.68	78.96	8.36	26.65	16.06	10.59
镇	16.72	74.74	8.54	33.80	22.37	11.43
乡村	18.82	70.03	11.15	42.79	26.87	15.93

数据来源：Wind 资讯。

表 8—5　　2016 全国城、镇、村人口年龄构成和抚养比　　单位：%

	人口年龄结构			总抚养比		
	0-14 岁	15-64 岁	65 岁及以上	总抚养比	少儿抚养比	老年抚养比
城市	13.09	77.32	9.59	29.34	16.93	12.41
镇	17.07	73.33	9.61	36.38	23.28	13.10
乡村	19.28	68.19	12.53	46.65	28.27	18.38

数据来源：Wind 资讯。

（四）农村公共产品提供不断增加，但数量和质量仍明显不足

乡村振兴的一个重要方面是农村基础设施和公共服务补短板。农业固然也重要，但是由于大部分农村家庭非农化程度越来越高，农业的发展对于部分农业种植大户具有积极的意义，但是对于大多数以务工收入为主的农村家庭而言很难带来收入的实质性提高。而长期以来，农村公共产品的提供极度缺乏，近乎达到被忽视的程度，补上这一短板无疑将是一笔巨大的支出，而这都需要公共财政来负担。当前，各地都加大了农村交通、生态和教育等方面的投入，并且在交通方面提出了"四好公路"的建设标准。如果规划目标能够实现，乡村无疑将会发生翻天覆地的变化。事实上，党的十八大以来，中央已安排约4000亿元资金，带动全社会投资1.6万亿元，建设农村公路127多万公里。

尽管全国各地对农村公共领域的投入不断增加，但是公共产品的数量和质量与城市相比仍然明显不足。农村的村落分布过于分散，加大了道路修建、管道铺设、电缆连接等公共产品提供的成本。农村土地价值低廉，无法像城镇一样通过连片开发实现统一建筑规划和改善居住条件，曾经作为试点的新农村建设方式没有条件在全国范围内进行大规模推广。大多数村庄人口规模过小，而且空心化现象日益严重，教育医疗水平的提高和商业设施配置的完善都受到严重的制约。在这种情况下，遍地开花式的财政资金投入所产生的积极作用大打折扣，只能起到"聊胜于无"的作用，但是并无法真正改变大多数农村公共产品数量缺乏、质量低下的严峻状况。

（五）农村自给自足经济成分几近消融，乡村生活方式趋向城市化

城镇经济的发展吸纳了更多农村人口外出务工，乡村劳动力呈现快速下降。在此趋势下，高劳动力消耗的瓜果蔬菜等作物的家庭种植面积也不断下滑，农村家庭生活自给自足的成分锐减。2017年全国常住人口城镇化率达到58.2%，但是乡村户籍人口仍达80137万人，按照全国就业人口55.85%的比例计算，乡村户籍就业人口为4.48亿左右，其中又有17185万外出农民工和11467万本地农民工从事非农劳动，剩下只有约1.61亿乡村户籍劳动力从事农业劳动。在乡村户籍农业劳动力急剧减少的情况下，农业生产更多采取专业化的形式，并且大部分农户主要种植小麦、稻谷、玉米等大田粮食作物，以尽可能借助机械化操作和减少劳动力的使用。2005年至2015年，全国玉米种植面积10年增长了27%，就是这一现象的生动体现，并招致了2016年全国玉米"去库存"战略的出台。

大部分农户农业生产专业化和粮食化的一个直接后果，就是家庭消费更多地采取市场购买的方式，过去是工业品，现在则扩展到农业产品。由部分自给自足走向近乎全部市场购买，导致了农村家庭日常生活成本的迅速攀升。而且，农村销售的商品也不都是物美价廉，通常价廉者不物美，物美者不价廉，特别是由于物流便利度、市场规模等不如城市，许多工业品和农渔产品价格甚至高过城市，进一步增加了农村家庭的生活负担。从2012年农村社会消费零售品总额增速及人均生活消费支出增速都开始全面超过城镇，这一现象就是农村生活方式改变的突出体现。随着农业生产活动的日益减少，以及消费品市场化购买范围扩大，乡村物质生活越来越脱离原来的农村传统生活方式，随着大量人口特别是精英人口的流失，婚丧嫁娶活动的市场化，节气、节日和节庆活动的趋于冷淡，乡村的风俗习惯和文化传统也在逐渐消失。物质和精神层面发生的嬗变，正在使当前的乡村更快向社区意义上的居民聚集区转变，而部分乡村也将在这种转变中逐渐凋零和消失。

（六）农村居民收入水平偏低和支出负担较重的局面难以短期改变

尽管农村居民人均工资性收入增长快于城镇，但是农民工收入增速仍然相对降低。2017年，全国城镇非私营单位和私营单位就业人员平均工资分别为74318元和45761元，分别增长10.0%和6.8%，而农民工年均收入只有41820元，只增长6.4%。人均工资性收入增长主要是农村家庭成员更多从农业经营领域退出进入务工领域所致。例如，2013—2017年，全国农民工总量分别增长了2.4%、1.9%、1.3%、1.5%和1.7%，在家庭成员结构和成员数量没有发生明显变化的情况下，无疑有利于人均工资性收入的增长。但是，农村居民人均工资性收入增长也是以农村经营净收入逐渐下降为代价的，在一定程度上也抑制了农村居民人均可支配收入水平的提高。主要由于社会保障水平的提高、财政直补和亲友馈赠数额的增加，转移净收入更快增长，则是农村人均收入水平提高的另一个重要方面。不过，转移性净收入在农村居民人均可支配收入的份额不足20%，从而在提高农村居民收入水平方面的作用也较弱。

另外，农村家庭生活负担较重的局面也难以出现明显好转。中国人口峰值出现在20世纪80年代中期，这意味着未来将近30年老年人口数量还会持续增加，特别是20世纪60年代和70年代的人口受当时严格的计划生育影响，通常又具有较少的孩子，所以至少未来20年时间内，中国家庭老人抚养比会继续攀升。尽管农村家庭受到计划生育的影响相对较少，但是其转移至城市生活的子女收入一般也相对拮据，难以提供足够的转移收入，同时农村老人养老收入过低，农村家庭受到的人口老龄化冲击仍然比城市还要严重，这也是为什么农村老人自杀现象远高于城市的原因之一。由于传统的思想观念，农村家庭也倾向于比城市抚育更多的幼儿，而城市家庭囿于城市过高的居住和教育成本，在计划生育政策放开二孩的情况下，也只有少数家庭真正去生产二孩，农村家庭相对城市家庭具有更高的少儿抚养比这一现状，也将无法得到根本逆转。因此，农村家庭抚养比将长期偏高，不仅将对人均收入水平产生负面影响，而且也会增加农村家庭的生活负担。

二 中国城乡关系的独特性和历史性

尽管乡村振兴提出了较为具体的近期目标，但是根据世界发达国家的发展历史和农村现状，乡村振兴更应该是一个长期的战略性目标。由于人口规模庞大、城市化道路独特，中国城乡关系将发生的变化，在很大程度上会区别于其他国家，从而中国乡村振兴战略的目标设定与实施路径，也应具有中国自身的特色。

（一）中国制造业的竞争优势有利于乡村人口实现本地就业

中国由于人口众多，整体人均收入水平无法达到部分发达国家水平。但是，人口众多也会增强人们收入水平的层次性，从而使制造业长期易于得到相对低成本的劳动力，并在制造业领域保持竞争优势。由于制造业通常在制造业经济圈内的县域范围内，或者散布于其他县域范围内，使县域经济仍能保持较大的活力，这不仅有利于增强县域经济反哺农村的财政实力，而且也有利于推动农村劳动力实现本地非农就业，避免农村的过度空心化。

（二）消费方式的不同将使中国农业产生更多的劳动力需求

英国、德国和美国等发达国家农业人口的比重都在2.0%以下，日本约在3.5%，韩国约为4.8%。从长期来看，中国与日本、韩国等国家一样都属于东方国家，相比西方而言，对蔬菜的消费较多，对肉食的消费较少，由于蔬菜种养相比牲畜养殖更难以规模化，也难以大规模从别国进口，从而需要更多的劳动力。另外，中国作为制造业大国的地位将长期得以保持，在食品安全性逐渐提高的情况下，食品加工制造业也将具有较高的国际竞争力从而有更多产品出口，对农业产品的需求也会增加，也一定程度上提高农业就业比重。

（三）服务业结构不同将使中国县域经济获得更大发展空间

2017年，美国金融业、信息服务业和技术服务业等现代服务业占其就业人口的比重达到21%。美国这些现代服务业带有服务全球的性质。对于中国而言，即使长期来看现代服务业具有服务全球的能力，哪怕能够达到美国现有的水平，但是由于中国庞大的人口规模基数，这一比重也会大打折扣。不过，庞大人口规模带来的收入水平的多层化，将使中国制造业大国的地位得以保持，物流行业发展将可能持续超过美国等发达国家。2017年，美国运输仓储就业比重约为4.4%，而中国这一比重已接近7.0%。现代服务业行业主要集聚于城市，而物流行业则主要集聚于都市圈或制造业经济圈内的县域范围，或者散布于其他县域范围内，这有利于包括乡村在内的县域经济获得更大的发展机会。

（四）众多大中城市的存在将为周边乡村的持续繁荣带来强力支撑

中国人口众多，并且大都集中于中东部地区，使很多城市都发展成为具有较大人口产业规模的大中型城市，能够对周边的乡村产生较大的辐射力。根据《中国城市建设统计年鉴（2016）》，2016年年底中国城区人口100万以上的特大城市就达到88个，而且随着城市化的推进，此数目仍在增长中，人口超过50万的城市数目更是繁多。较大的城市规模，不仅会对周边农业产品产生巨大需求并带动农业就业，其产业也会有效吸纳乡村人口就业，商业和公共服务等也会便利乡村人口的生活。充裕的就业机会和方便的生活环境,将促使更多人选择在乡村生活而在城市就业,持续保持乡村的活力。

(五) 中华农耕文明熏陶下的人们对乡村振兴具有强烈的内在需求

虽然中国古代城市经济也曾非常发达,但是从根本上仍然是农耕社会,城市只是乡村广大绿林农田掩映下的集市和亭台楼阁。中华灿烂的文化,深深植根于农村,农耕时代创造的文明,也已经融入中国人的血液中,可以说,中华民族的魂在于农村。尽管城市的高度发展和乡村的相对没落不可避免,但是绝对不能让乡村消亡而只存在于书本上和记忆中。当前许多城市人大多都是由农村迁移而来,也都怀着深深的乡愁,盼望着自己的故乡仍然有柳梢明月。这其实并不是某些个体甚至某些群体的愿望,其本质是中国人希望留住中华民族的魂由之地,而是中国不断提升自身文化自豪感和文化影响力的必由之路重视乡村对中华文明的承载作用。中华民族伟大复兴的道路不能没有中国乡村的复兴。

三 城乡发展战略思路的调整与对策

妥善处理城乡关系是城乡发展战略思路调整的根本前提。城乡之间关系在城市化进程不同时期将有不同的表现,据此城乡发展战略的调整也应有不同的侧重点。乡村振兴战略是城市化进入中后期,面对日益畸形的城乡关系,所提出的一种更加重视乡村发展的城乡发展战略,是过去城乡统筹发展思路和"三农"工作的再调整和再升华。尽管乡村振兴战略提出了产业兴旺、生态宜居、乡风文明、治理有效和生活富裕的总要求,以及需要具体推进的"五个振兴",即乡村产业振兴、人才振兴、文化振兴、生态振兴和组织振兴,甚至还出台了《国家乡村振兴战略规划(2018—2022年)》,但是乡村振兴仍然着眼于近期,所采取的措施也大都是短期的,而由于城乡关系仍在发生着急剧的变化,不在更长期限内观察城乡关系的变化趋势,并确定长期发展目标,阶段性目标也往往会发生偏差,最终也难以达到全国乡村振兴的最终目标。因此,准确辨识长短期城乡关系变化的不同特征,深刻把握不同时期城乡关系之间的突出矛盾和重点,确定方向一致、互为支撑的长短期相结合的发展目标体系，就成为乡村振兴战略能否最终取得成功的重要前提。

国外主要发达国家在进入后工业化时期以后，农业劳动力比重都非常小，尽管如此，这些国家居住在乡村的人口仍然占有一定比例。发达国家在城市化结束时，城镇化比重基本都在75%以上，此后也会呈现缓慢上升趋势。2016年，美国城市化率为81.8%，日本则达到93.9%，英国、德国、加拿大、法国和意大利分别为82.8%、75.5%、82.0%、79.8%和69.1%。其中，日本乡村中只有11%左右的人口从事农业，美国这一比重更低，乡村只有9%左右的人口从事农业，而超过70%的乡村人口在教育、健康、贸易、运输和公用事业、休闲娱乐服务和制造业就业。对于中国而言，2030年城镇化率基本可以达到30%左右，由于中国户籍制度、社会保障制度和城乡关系的特殊性，这一比重也标志着中国工业化和城镇化进程的基本完成，此后将进入缓慢调整提高时期。根据国别比较和中国特殊的经济社会特征，75%应该成为中国城镇化率的最终目标，相应乡村人口占全部人口的比重应在25%左右，乡村中应约有不到20%左右的人从事农业，占全部就业人口的比重低于5%。

乡村振兴的思路应该根据中国乡村未来发展趋势和乡村的历史使命等进行调整。乡村振兴战略应继续坚持产业兴旺、生态宜居、乡风文明、治理有效和生活富裕的总要求，但是在实施时，应区别长期和短期，明确轻重缓急，制定更具体有效的战略，并分阶段、分步骤地一以贯之。从长期来看，要根据城乡关系长期演变的趋势，并将乡村振兴置于承担城乡关系合理调整、促进中华农耕文明传承的高度上，对村落撤并、公共设施建设、产业布局等做出规划安排，以明确最终的努力方向。具体来说，要特别重视农业县乡村、大中城市郊区乡村、经济发达经济圈中的乡村的发展，将之作为乡村振兴的主力；同时，对代表不同民族传统、不同文化习俗的村落，通过保护和发展并重的方式，使之成为承担中华传统文化的重要载体。在短期，主要侧重于缩减城乡之间显著的差异，解决城乡之间不公平的问题，并将之作为实现长期目标的必要步骤。具体来说，要更加重视公平，加大对乡村教育、医疗、交通和生态等方面的投入，显著缩小城乡差距；同时，也要更加注重对区位环境好、交通位置佳的乡村加大投入，逐渐使之成为吸附周边偏僻弱小乡村人口的重要支点，为最终的村庄撤并做准备。

四 推动乡村振兴的政策建议

从长期来说，要实现中国乡村的振兴，从现在开始就要对一系列的方针政策进行重新审视，涉及区域布局调整、城市体系重构、人口有序引导、土地产权改革、产业发展扶持、地方特色彰显、文化习俗传承、乡村生态修复、公共服务提升等各个方面。

（一）均区域，在中西部地区创造更多的就业机会

自西部大开发战略提出以后，中国区域发展就已经由非平衡发展战略转向平衡发展战略。这一战略调整无疑是非常正确的，但是，由于东部地区所具有的天然区位优势，先发竞争优势和诸多的政策优势，用以支持中西部地区发展的优惠政策其力度事实上是非常弱的，只是一定程度上抵消了早先政策劣势的影响。区域均衡发展的目标，不应再将显性的发展效率放在第一位，而应将发展公平和隐性发展效率放在更加重要的位置。中西部优势区域的充分发展，将减轻东部地区的发展压力，对城市房价、生态环境、水资源消耗等都有明显的限制作用。更主要的是，将在中西部地区创造更多的就业机会，避免中西部地区乡村人口的过度向东部转移，并导致乡村的凋敝和消失，更遑论乡村振兴。因此，更多的政策优惠和项目支持，真正推动地区适度均衡发展，是乡村振兴的一个大的前提。

（二）扩县权，扭转县域相对大中城市的竞争劣势

县域经济的发展程度直接关系到乡村人口就业和财政支持力度。但是，除了极少数发达经济圈的县域外，大部分的县域在与大中城市的竞争中，都处于绝对的劣势地位。更大型的交通枢纽站、更高水平的公共服务机构、更高层级的产业园区等，往往都集聚在大中城市，这也是奉行规模就是效率的信念所导致的后果。然而，这样做却将县域置于极其不公平的竞争地位，严重抑制了县域经济的发展能力，加剧了乡村人口的流失，削弱了乡村振兴的人口基础和财政基础。

扩大县权，主要就是增强县域在体制机制改革方面的自主权，部门

设置要避免上下层级对应导致的条块化；大中城市在交通枢纽站附近要避免高密度开发，公交、巴士线路的设置更加考虑县域人口的出行需求，增强县域到达交通枢纽站的通达性；取消各类园区直接享受的财税优惠政策，使园区发展主要依赖规模效率、灵活机制和有效管理，避免县域歧视，提高区域竞争的市场化水平。

（三）调人口，加速城市化进程并稳步推进村落撤并

人口的多少和结构，对于合理编制乡村规划、采取合理措施推动乡村振兴，都具有特殊重要的意义。当前中国的城镇化率已达到58.52%左右，尽管如此，由于二元结构的存在，这一比重仍然低于潜在的城镇化率。应通过户籍改革、社会保障体制改革，推动半城镇化的乡村人口实现彻底的城镇化。在此基础上，根据乡村所在经济圈、毗邻城市的性质和周边就业的情况，确定乡村发展的总体布局，除了部分特色村落外，有序推动村落撤并，交通不便、位置偏僻和产业特色缺乏的村落人口，逐渐向条件更优越的村落合并。村落撤并是一项艰巨而漫长的过程，需要土地、金融、财政等政策的综合支持，不能操之过急，但却不能不做。现在很多地方将村落撤并当作腾挪建设性用地的一时手段，就偏离了原来的一贯目标，也是需要及时纠正的。

（四）促土改，通过产权改革渐次推动宅基地自由流转

未来的乡村人口，从事农业的将只占一少部分，剩余的都是从事非农工作的，其中，在周边市、县、镇就业的非乡村原住民也将有意愿到乡村购买住宅，而这批人也是填补乡村人口、活跃乡村消费经济的重要力量。因此，应根据乡村所在区域特征，有序引导宅基地的自由交易，并从根本上确权，使其享有与乡村原住民同样的集体用地权限。由于城市住房市场的畸形发展，放开乡村宅基地市场应首先从距离城市相对较远的区域开始，选择区位条件较好、具有并村集聚地基础的村落，增加宅基地供给，允许城镇人口和其他村落人口购置建房。近郊区的村落，则根据城市房地产发展的情况渐次放开，避免城市投机力量对宅基地市场的过度冲击。

（五）强产业，鼓励村镇一二三产业的有机融合发展

产业发展是乡村振兴的基础，没有产业的充分发展，会使乡村人口急剧流失或使乡村纯粹成为老年人的集聚地，乡村振兴目标难以真正实现。农业是村镇经济的发展基础，但是村镇却绝不能单纯依靠农业，以农业为基础的第二产业、为村镇提供生产生活服务的第三产业，都应该成为村镇经济的主要组成部分，并且要占到相当比例。只有深刻认识到这一点，才不会纯粹重视农业而忽视村镇第二、第三产业的发展，才能避免出台将村镇二三产业过度吸引到城市化区域的政策。市、县产业是乡村人口就业的重要目的地，但是也要增强与村镇经济的相互协调和相互支持。村镇第二产业的发展更多是围绕农产品做价值链延伸，包括副食品加工制造等，第三产业则包括旅游休闲、公共服务和物流贸易等生产生活服务业，村镇这些行业应该得到更多政策层面的鼓励和支持。

（六）显特色，突出体现乡村经济的多元化和差异化

中国地域广阔，民族众多，地理人文多样性特征明显，这在乡村建筑、地方特产、农业经济等方面表现得最为突出。要增强乡村经济的活力，就需要充分借助其特色或特长之处，使之产业化。例如，乡村特殊的地理地貌，特性鲜明的村落规划建筑，各异的花草林木，都可以成为乡村旅游经济的发展基础。乡村农林牧渔方面的特产，既可以扩大生产，打造品牌，直接向市场出售，也可以通过再加工等方式延长产业链，获取更大的增加值收益。特色化发展，既可以满足全国人民在物质生活方面日益增长的对产品多样性的需求，也可以使乡村经济获得独特的核心竞争力，不断壮大发展，为乡村振兴筑造坚实的产业基础。

（七）传文化，更加重视村落民俗风情的保护和弘扬

乡村振兴要承担的一个历史使命就是文化习俗的传承。尽管各类学校和科研院所是中华文化传承的主要责任者，但是民情、风俗习惯等，仍然是主要深蕴于中国众多的乡村中。没有了乡村，或者乡村丢了传统，那么象牙塔里的传统文化就成为了空中楼阁，失去了其生动性和现实性。对于乡村民俗风情，一方面要去除其中一些不合时宜、过于偏颇的部分，

另一方面要对优秀或者特色的部分进行保护甚至弘扬。民俗风情存在的重要方面，主要体现为红白喜事和节庆活动的仪式上，这些涉及所谓的封建迷信、奢侈浪费、宗族联系等方面，适当约束也是应该的，但是绝对不能禁止，特别是敬天地鬼神祖宗和多种风俗禁忌，其实只是祝福和愿望的一种朴素表达形式，与西方宗教类似，应该探索在新的历史时期这些表达形式的变化方式，使其既能得以保留，又与现代生活方式相适应。

（八）美生态，以更高标准进行生态修复打造乡村墅地

40 余年来城镇化的狂飙猛进，造就了中国城市建设史上的传奇。虽然城市缺乏规划的统一感和建筑的整体感，但是城市基础设施的完善和房地产的繁荣仍令世人惊讶。反观乡村，则是人口外流，院落荒僻，建筑杂乱，曾经的清清溪塘也被污染得面目全非，甚至臭气熏天。因此，要振兴乡村，修复乡村的生态环境是首要的问题。但是，为了真正达到乡村振兴的目标，仅仅止于修复还是不够的，应该提高标准，提高林木覆盖率，建设乡村公园，完善基础设施，使其成为人们宜居甚至是乐居的生活场所。在这方面，西方许多发达国家是我们学习的榜样，它们的乡村环境都是令人称羡的，吸引着许多城市人口到此居住逗留。不过，受生产力水平的制约，中国乡村要做到这一点，还需要很长时间。但是，现在从生态修复和完善乡村规划开始，拿出愚公移山的精神奋进不息，终归会达到既定目标的。

（九）提服务，以城乡融合发展推动公共服务水平提升

乡村要吸引并留下人口特别是年轻人口，就必须不断提高公共服务水平，例如教育、医疗等。乡村人口相对稀少，一味增加乡村的公共服务投入也是不现实的，应该以城乡融合发展的方式推动公共服务水平的提高，并由此实现教育医疗的适度均衡化。例如，卫生医疗方面要建立灵活的转诊机制，提高乡村卫生医疗机构的报销比例，增加基层卫生医疗人员的待遇；教育方面，要推动教育机构集团化，建立教师在城乡学校间的交流和轮岗制度等。同时，通过构建完善的交通体系，提高乡村人口达到市县工作场所和公共服务场所的便利性，增强城乡教育、医疗、就业等方面有机融合的程度。

第五篇

案例报告

第九章

"郑汴明珠"中牟：鼎力郑汴一体化，竞逐中原出彩时

一 千年变幻之中牟

（一）中牟的由来

中牟地处中原腹地，西毗省会郑州，东邻古都开封，北依黄河，南对豫东大平原，历来为四方交通之枢纽，兵家逐鹿之重地。由于具有独特的地理区位，中牟在和平时期就农商活动频繁，经济趋于繁荣，在战乱时期则饱经兵燹劫难，经济易于凋敝。此外，黄河的频繁变道与决堤，也对中牟的发展产生了深远的影响。正是如此，较之其他区域，中牟的兴衰更替尤为明显。幸运的是，当今的中国正处于伟大的和平复兴时期，为中牟的发展提供了千载难逢的历史机遇，而事实上，中牟也牢牢把握住了这种机遇而正走在快速发展的道路上。

中牟之得名，一说是源于境内的牟山，不过此山仅仅是高度不足百米的土山，甚至已经被决堤黄河之水冲垮而坍塌不见，更像是牟山因中牟而得名，并非中牟因牟山而得名；另一说是祝融后裔一支迁此，称为牟姓，因牟姓遍于四方，中牟因居"中"而得名，并因这群人帮大禹治水有功，获得封赏而为后世俗称的中牟国，此说法似更有道理。

中牟位于黄河之滨，为华夏文明最早发源地之一，历史文化悠久而灿烂，留下众多文化古迹。据1984年文物普查的数据，全县古文化遗址有百余处。主要有业王岗的裴李岗文化遗址，后魏桐树岗的仰韶文化遗址，八岗老寨的龙山文化遗址。境内著名古迹还有冯庄古墓群，战国梁

惠王墓，汉代萧何墓，宋代寿圣寺双塔，宋八贤王赵德芳墓等。驰名中外的官渡古战场遗址旧迹已不可寻，但1993年建成的官渡古战场旅游景区宏伟壮观，逼真地再现了当时袁曹大战的场景，为中牟悠久灿烂的历史文化做了很好的注释。

（二）中牟的简史

公元前23世纪，火工祝融死后，其子孙向全国迁移。其中一支北迁，定居大泽南岸，称为牟（村）。公元前21世纪，舜帝委派大禹前去治理，中牟是中原地区治洪的主战场。大禹在此命名圃田泽，修补圃田泽南岸的东西大路，并划定豫州，史家谓之："分九州、陂九泽、通九道。"牟人助大禹治水有功，被封为牟国，后世称为中牟国。夏时，中牟国繁荣发展，繁衍生息，而在商时，中牟国没有被商王续封，部分牟人东迁齐鲁大地。西周时，周武王封其三弟姬鲜于管（郑州市区），中牟属管，后因三监之乱管国被废，而周公第五子被封为祭国之君，居于祭伯城（郑州祭城村），中牟属祭。春秋初期，中牟属郑国。公元前659年，狄人侵华夏，黄河之北地尽失，齐桓公率各国在河东建筑中牟等城以卫华夏，因城近中牟村故得名，中牟城初建。公元前564年，中牟由郑归晋，公元前550年始设中牟县。公元前493年夏天，佛肸任中牟宰，其欲招孔子为幕僚，子路劝阻孔子而止。公元前423年，年少的代君赵浣继承赵国君位，史称赵献侯，都中牟城①。战国时期，中牟城在卫国、赵国和魏国之间易手，秦灭魏后，中牟全境归三川郡阳武县管辖，阳武县城设在渠水北岸，在南岸设官方渡口。

汉高祖十二年（公元前195年）称中牟侯国，武帝元鼎五年（公元前112年）复为县。南北朝时期，北周武帝保定五年（公元565年）中牟城为广武郡治，中牟县治迁移于清邑城。隋开皇元年（公元581年）改称内牟，十八年改内牟为圃田，大业二年（公元606年）移圃田治于中牟城，三年属荥阳郡。唐武德元年（公元618年）改圃田为中牟，三年为牟州治所，四年属管州。贞观元年（公元627年）废管州，撤清池

---

① 赵国都城中牟所属地域有多种说法，一说即位于现郑州中牟县境内，另一说位于河北境内，后来又有位于鹤壁、林州等说法。

县，入中牟，中牟改属汴州。龙朔二年（公元662年）改属荥阳郡。后梁割中牟属开封府。后唐同光三年（公元925年）还中牟于郑州。后晋中牟又属东京汴州。北宋属开封府。金属南京开封府。元属汴梁路。明清仍属开封府。1913年属豫东道。1928年直属河南省。1932年属河南省第一行政督察区。1949年属陈留专区。1952年6月，郑州、陈留专区合并称郑州专区，中牟属之。是年郑州专区改称开封专区。1970年属开封地区。1983年7月至今，改属郑州市。

（三）中牟的现状

随着黄河河水的泛滥，圃田泽被淤平，鸿沟被淤废，平汉铁路西移，一代名都开封作为水陆交通枢纽的地位逐渐丧失，满目繁华自此也悄然隐去。中牟作为北宋都城的附属地，在经历了昔日的热闹繁华后也陷入了漫长的沉寂。

但是，当中国的发展翻开了历史的新篇章，中牟终于又迎来了新的历史发展机遇。由于铁路建设，中牟西边的郑州曾经为重要的陆上交通枢纽，现在更发展成为公路、铁路、航空三位一体的物流中心。中牟也成为中原经济区、郑州都市区、郑州航空港经济综合实验区三区叠加的中心区域，郑汴融城战略和郑汴产业带核心区，确立了千亿元产值的汽车产业、千万人次的国家级时尚文化旅游产业、国家级都市型现代农业三大主导产业。目前的中牟，在经济飞速发展的同时，保持了良好的自然生态，成为郑州人向往的宜居区域。在新华网主办的"2018休闲旅游发展与品质峰会"上，中牟荣膺首批"国民休闲旅游胜地"，"牟名而来、一见中情"的旅游品牌逐渐走向全国。2017年县域经济发展质量总体评价中中牟在全省105个县（市）中由第5位升至第3位，经济发展效益连续3年位居全省第1位。当今的中牟，在郑汴一体化进程中正发挥着枢纽型作用，并为助力中原出彩扮演着越来越重要的角色。

二 中牟的发展成就

随着中牟经济社会的飞速发展，中牟的综合竞争力也不断提升，投资潜力也越来越强。2017年，在9个分项竞争力中，除了经济规模竞争力、居民收入竞争力和生态环境竞争力外，经济结构竞争力、市场需求竞争力、公共财政竞争力、金融资源竞争力、基础教育竞争力、卫生福利竞争力等都排在相应分项竞争力前 100 位，综合竞争力在 400 样本县（市）中的排名跃升到第 84 位；在 8 个潜力类指数中，除了供给潜力指数、研发能力指数和园区发展指数外，经济增长指数、财政保障指数、金融便利指数、空间区位指数、交通通达指数都排在相应指数前 100 位，投资潜力在 400 样本县（市）中的排名上升到第 11 位。2017 年，中牟地区生产总值 313.25 亿元（不含划为郑东新区和郑州经济技术开发区管辖的区域），地方公共预算收入达到 48.0 亿元，人均地方公共预算收入达到 9594 元。

（一）产业转型升级蓄积新动能

中牟坚持全域谋划、统筹布局，围绕汽车及零部件制造、文化创意旅游、都市生态农业三大主导产业，因地制宜、突出特色，加快构建现代产业体系，产业发展体量和质量齐头并进，优势效应不断显现。

中牟汽车产业集聚区成为国家级新型工业化产业示范基地。集聚区入驻有郑州日产、海马汽车、红宇专汽等 8 家整车企业以及青山变速器、飞龙汽车水泵等零部件生产及服务企业 300 余家。集聚区持续推动产业转型升级，加速现代产业体系构建，已经形成集研、产、销为一体的汽车全产业链条。2017 年园区完成总产值 800 亿元，完成增加值 130 亿元，完成固定资产投资 120 亿元，完成税收 8 亿元，从业人员达到 4.5 万人，生产整车 11 万辆。

中牟文化创意旅游产业从无到有，以国际化视野规划建设 132 平方公里的郑州国际文化创意产业园，正成为引领全省文化产业发展的高地。园区自 2013 年 5 月成立以来，通过大型主题公园牵动、休闲购物景区联动，以专业园区为核心、以会议会展为支撑，已建成运营方特度假区、郑州绿博园、杉杉奥特莱斯、郑州海宁皮革城等 8 个项目；累计引进王潮歌"只有河南·戏之国"、华强美丽中国三部曲、华谊兄弟电影小镇、海昌海洋公园等各类项目 116 个，完成固定资产投资 560 亿元，接待游客量突破 3500 万人次，实现了"从无到有、从有到优"的根本转变。

中牟坚持打造新型城镇化、新型工业化和农业现代化"三化"协调示范区，统筹推进农业发展，高标准规划建设"两区一城一滩"，中牟县积极探索传统农业向都市型现代农业转变的新路子,着力发展集观光休闲、采摘体验、旅游度假、健康养生于一体的都市型现代农业,并取得了显著的成效。围绕"园区农业"建设,中牟已建成弘亿、晨明、天邦等9家现代都市生态农业示范园,通过逐步实施路网、休闲、排灌、农业装备、生态环保"五大体系"建设,提升"园区农业"发展水平。全县各类农业园区直接安排就业3万人,带动就业8万人。莱骏绿色农庄、槐树冈生态农业园、索克·香漫湖庄园、河南弘亿国际庄园、河南晨明生态园、安庄鑫鑫渔业特色园成为地区特色。

(二)城乡统筹发展呈现新格局

随着产业布局的加快推进,中牟的新型城镇化进程也在不断加快。近年来,中牟每年城市新增建成区面积都在5平方公里以上,城镇化率增长指数在全省102个县市区里名列前茅。按照"中心城市现代化国际化生态化、县域城镇化、城乡一体化"发展要求,中牟统筹推进城乡建设,不断优化空间结构和城市形态,城市"颜值"巨变,城市功能日益完善,正以全新的面貌跃然而出。

按照"百城提质"战略部署,中牟在全省率先大规模启动老旧城区改造,在县城东部规划1.8平方公里、西部新老县城接合部规划4.3平方公里,作为县城功能提升的攻坚试点区域,从交通、市政、公服、人居、街景、小区、厂区、城中村8个方面,按照"新建、改建、拆迁"三种方式实施改造。启动实施的208个基础设施、公共服务设施和商业设施项目已有176个项目竣工交付,老百姓享受到更好的生活和配套的服务。同时,为了改变过去中牟城乡发展不平衡的问题,中牟近年来下了很大的功夫,力求尽快缩小城乡差距,补齐短板。为了让失去土地的农民尽快住进新家,中牟提前布局,加快建设安置小区。充满生机的产城融合、城乡通达、内通外联的立体交通路网体系,使中牟不仅吸纳了大量当地农民转移就业,还吸引了比如郑州城区、开封、新乡、许昌等周边地区的大量人群来中牟就业生活。

(三)生态环境治理取得新成效

近年来随着生态环境的持续改善,城市品位的大幅提高,城市建设新亮点的不断涌现,中牟正变得更加宜居、更加宜业、更加宜游。近日,刚刚建成投用的牟山湿地公园成了郑州市民休闲的新选择。作为中牟规划的25.8平方公里郑汴中央公园的起步区,牟山湿地公园占地2.8平方公里,被誉为郑汴产业带上的城市"绿肺"。若从牟山高处俯瞰中牟大地,可见城市里公园、绿地星罗棋布;黄河湿地鸟类栖息地自然保护区、雁鸣湖万亩湿地、牟山湿地公园如片片绿色海洋;在广惠街、平安大道、人文路两侧,生态廊道树木郁郁葱葱,形成一道道绿色屏障……生机勃勃的土地上,生态廊道、水系、森林、游园交织呼应,城在林中、水在城中、路在绿中、人在景中,一个环廊相连、水绿交融、宜居宜游的城市犹如一幅美丽画卷引人入胜。

为了让生态安全屏障更加坚实牢固,中牟统筹做好"森林、湿地、流域、农田、城市"五大生态系统文章。为了让生产生活方式更加集约节约,针对节能降耗目标,中牟相关部门严格执行投资项目用地、节能、环保等准入门槛,严格控制高耗能行业新上项目,较好地完成了落后产能淘汰任务。在市场准入方面,中牟对产品生产、流通、消费全过程实施绿色监管,严格控制和禁止不符合生态安全和卫生标准产品的生产与消费,同时以多种喜闻乐见的方式,引领群众形成低碳、环保、节俭、理性的生活模式和消费方式。

(四)民生福祉保障实现新提升

针对社保、医疗、教育、就业等这些百姓生活中的大事要事,围绕民生改善的迫切需求,中牟县突出完善社会保障和公共服务"两大主题",持续将财政资金向民生领域倾斜。2017年,教育等九项民生支出增长19.27%,占一般公共预算支出的74.4%,百姓获得感明显提升。

为了以文化建设凝聚发展合力,以文化生活滋养百姓心灵,让群众更多地享受到经济社会发展的成果,中牟实施"双优""双带"文化惠民工程,得到了老百姓的一致称赞。2017年,中牟圆满完成全年256场演出任务,覆盖221个行政村和31个新型农村社区,惠及群众累计40余万人次,有效带动了传统文化发扬和乡风民风改善。

为了推动中牟的公共服务资源布局更加均衡合理,中牟不断加快建设文化基础设施。据了解,2017年,新建成的6所中小学新增学位8070

个；8 所城区小学对口帮扶 8 个乡镇的小学，"手拉手"工程推动乡镇公办学校不断提质。综合医改方面，分级诊疗制度不断完善提升，乡镇医疗服务向县级医疗机构标准看齐；家庭医生精准签约、精准服务扎实推进，城市签约率达 57.5%，农村签约率达 89.8%。社会保障体系加快完善，2017 年发放城乡低保金 1413 万元、五保供养金 511 万元。全民慈善广泛开展，募捐数额连续 3 年位居全市第一，全年救助 5800 人次。

三 中牟的发展经验

（一）由崛起到出彩，适时提升定位新高度

尽管中国改革开放带来了经济社会的大发展，但是进入 21 世纪时，东部、中部和西部三大地区的发展差距也越来越大，20 世纪 80 年代初确定的地区非均衡发展战略亟须调整，即由东部部分地区优先发展战略调整为东中西部地区共同发展战略。由此，西部大开发战略、东北振兴战略、中部崛起战略相继出台，"中原崛起"也成为中部崛起的重要内容。以 2012 年《中原经济区规划》获批为标志，"中原崛起"具有了更加实质性的内容，并逐渐形成了郑州航空港经济综合实验区、中国（河南）自由贸易试验区、郑洛新国家自主创新示范区和中原城市群（中原经济区和郑州国家中心城市）"三区一群"的战略平台，奠定了中原崛起的基础。

中牟置于中原经济区、郑州都市区、郑州航空港经济综合实验区"三区叠加"之区域，战略叠加所带来的发展张力，使其成为"三区一群"战略平台的重要支点。一直以来，中牟将助力中原崛起作为经济社会发展的战略目标，突出地表现在坚持不懈致力于促进产业聚集区的建设，将做大做强产业集聚区成为中牟加快转变经济发展方式的战略重点和主攻方向，并视之为推动中牟跨越发展的主要抓手。为了增强产业聚集区的载体功能，中牟围绕郑开产业发展轴，沿郑开大道重点建设中牟组团、白沙组团、刘集组团；依托汽车物流发展轴，沿万洪公路重点发展汽车及零部件产业和现代物流业。在一系列的战略措施推动下，中牟产业园、汽车产业园、郑州国际物流园 3 个园区的建设卓有成效，在助力中原崛起方面取得了突出的成就。

然而，所谓的崛起，带有很强的补短板意味，即要缩小与其他地区经济水平的差距，它所折射的战略定位是相对低层次的。习近平总书记2014年调研指导河南省时殷殷嘱托：实现"两个一百年"奋斗目标、实现中华民族伟大复兴的中国梦，需要中原更加出彩。短短的几句话，为河南指出了新的发展方向。中原要更出彩，绝对不是要看其GDP有多高，而是要看其所承担的功能，甚至是其他地区所没有的功能。中原要在哪些方面更出彩？"四个着力"即是推动中原要更出彩的根本遵循：着力推动经济持续健康发展，是发展的第一要务；着力做好农业农村农民"三农"工作，是发展的坚实基础；着力保障和改善民生，是发展的根本目的；着力建设德才兼备的高素质执政骨干队伍，是发展的根本保证。"四个着力"的本质其实就是要实现河南的高质量发展，承担更多的经济、社会和文化等功能，但要通过中原更出彩地助力中国梦，无疑这些功能就不能仅仅是区域的，而是要具有全国的影响力。

中原更出彩，不能少了中牟。怎样才能让中牟更出彩，并助力中原更出彩？中原地区，所居人口众多，处于全国之心，承载着中国文脉，中原地区要更出彩，就要解决人口特别是农业人口的就业和生活问题，承担全国物流、人流和信息流的集散功能，保护性开发并弘扬优秀的中华传统文化。对于中牟而言，同样面临着类似的境况，甚至在以上方面体现得更加突出和鲜明。因此，中牟在继续做大做强产业集聚区的同时，将精力更加聚焦于生态都市型农业、文化创意、休闲旅游等方面，试图承担更多的区域乃至全国性功能，并初步取得了成效。当前，中牟正是围绕"更出彩"来筹谋和绘制经济社会发展的宏伟蓝图，同时也正是追求"更出彩"才使其显得与众不同！

（二）由借势到助力，深耕不辍郑汴一体化

2005年河南省提出优先推进郑汴一体化发展思路，其最初的发展目标是要由郑州带动开封为主线。随着时间的推移和形势的变化，郑汴一体化已经成为河南省建设中原城市群和郑州都市区的重要战略支点。郑汴一体化作为国家区域发展战略，自2006年实施以来，实现了"五同城一共享"，即交通同城、电信同城、金融同城、产业同城、生态同城和推进资源共享。特别是交通同城的推进，使郑州开封之间迅速形成"铁路、

公路、高速公路、城际铁路、高速铁路、快速通道"多路并行的交通大格局，并继续推进郑开北通道、开港大道、郑汴沿黄大道、G310南移项目、郑汴地铁对接等五大公路、轨道交通建设。中牟正位于郑汴一体化区域的中心位置，为推进郑汴一体化而建设的各类交通道路横贯东西，立足于郑汴一体化而布置的郑州高铁东站、郑州新郑国际机场也环绕周边，交通便捷化程度在郑州都市区内首屈一指，为中牟摆脱发展落后的困境奠定了坚实的基础。

在郑汴一体化的刺激下，中牟开始步上发展的快车道。长期以来，农业大县中牟经济增长速度在郑州市所辖6县（市）中属"老末"，曾几何时，在省会郑州所辖的县市中，中牟招商引资工作几乎年年垫底。郑汴一体化战略实施后，郑州东进、开封西拓，迅速使中牟成为投资的热点。郑州东扩促使郑州物流产业东进中牟；郑汴产业对接，使中牟传统产业——汽车及其零部件制造业发生嬗变；郑汴产业带规划使中牟白沙、九龙工业园区等6个产业聚集区横空出世，并于2009年10月更名为郑州市中牟产业园区，作为郑州新区下辖五区之一和主要发展空间。现在，"郑汴一体化，中牟受益大""一县担两市，一路带三城""郑开大道过咱村，致富大道变黄金""两大古都手牵手，今日中牟竞风流"等当地流传的这些口头禅，充分说明了中牟借力郑汴一体化所获得的实实在在的益处。

但是，郑汴一体化推行十年来，在有些方面并不尽如人意，以至于引来了一些质疑声。有的人认为郑汴一体化并没有有效带动开封的发展，反而对郑州的发展形成拖累，并影响到郑州部分功能的布局，抑制了郑州乃至河南西部和北部地区的发展，甚至认为郑汴一体化最大的收益不是联通开封，而是激活了郑开中间的大片土地。如何更有效推动郑汴一体化，使其真正成为中原经济区和郑州都市区发展的强大引擎，是郑州开封乃至河南省决策者们不得不严肃面对的问题。郑州与开封相隔70公里，在如此长的走廊上，完全实现区域都市化是不可能的，也是城市空间优化布局所不允许的，采取组团化发展才是正道。但是，任何一个功能性组团自身，其人口或经济规模乃至综合服务能力，都将是十分有限的，其间必须要有一个强大的中心支点，为功能组团提供发展所必需的人流、物流和信息流的支撑。而这个支点，非中牟莫属。

正是越来越认识到中牟在郑汴一体化发展中特别是在连缀和支撑郑汴走廊功能性组团中的重要作用，中牟逐渐开始由借势郑汴一体化向助力郑汴一体化转变。中原经济区、郑州都市区、郑州航空港经济综合实验区"三区"使中牟可以享受到更强有力的政策和平台支撑，使中牟有条件做大做强，充分发挥郑汴一体化的中心支点作用。白沙组团、绿博组团、官渡组团、运粮河组团等，是郑开走廊上的主要功能型组团，其中绿博组团和官渡组团都位于中牟；同时，各组团的规划又进一步升级和聚焦，确立了新的功能性总定位，即以"一廊一镇五园"打造郑开科创走廊，中牟雁鸣湖创新科技园名列其中。中牟要强化其支点作用，需要对以上各功能性组团和区内其他物流园区、制造业产业园区进行统筹，优化产业空间布局，有效联通各个片区，增强中牟县城的集聚作用，一方面使各组团、各片区和县城能够与郑汴一体化乃至中原城市群的规划相一致，各自承担起规划所赋予的功能，另一方面又要协同发展，突出整体性，充分发挥郑开走廊中心支点的作用，有效助力郑汴一体化，并在此过程中不断发展壮大自己。

（三）绸缪三城一心，重构区域协同大格局

区域格局是指一个地区的发展空间态势，对该地区的产业布局、功能定位、竞合关系都会产生深刻的影响。郑汴一体化对中牟的发展起到了直接的拉动作用，使其由传统的农业县迅速崛起为工商业发达的先进县。但是，郑汴一体化只是中原城市群和郑州都市区的重要支点之一，中牟的发展也不能仅仅局限于郑汴一体化。事实上，随着郑州航空港经济综合实验区上升为国家战略，一个人口将达260万的现代化航空新城将崛起于中牟之南，中牟除东西两翼发展之外，南向发展的空间也被打开。中牟不仅能享受中原经济区、郑州都市区、郑州航空港经济综合实验区"三区叠加"的优惠政策，而且因处于郑州、开封和航空港城的中心位置而具有区域有机联通的便利。在此情形下，如何充分整合资源，通过清晰定位，凸显中牟的区域中心作用，对于重构中牟区域发展格局具有重要意义。

郑州无疑是中原经济区的核心和引擎，而要充分发挥龙头带动作用，郑州都市区就要获得足够的影响力和辐射力，并成为联结中原城市群的强大纽带。而郑州航空港经济综合实验区,是为了进一步提升郑州在全国乃至国际上的交通枢纽地位,一方面为中原经济区内各经济活动主体提供便利的航空交通环境,另一方面促使航空运输业、航空关联性产业和航空服务业有效集聚提高航空运输效率,而航空港新城的建设则是要实现港、城、产的有机融合,更好为航空类产业提供综合性服务。

在郑汴一体化推进得如火如荼之时,郑州航空新城规划的横空出世,立时将中牟置于三城之心的核心地位。在新的空间竞合关系下,中牟深刻认识到"三城一心"的重要意义。"三城一心"的成功建设,将使郑州市这个小核心膨胀为一个郑州都市区这个大核心,将对周边地区产生更多的辐射力。中牟居于"三城一心"的"心"地位,除了充分利用三城交通、科教和产业发展带来的优势外,更要考虑如何发挥中牟对三城的中心联结和节点作用。为此,中牟重点围绕以下几个层面来进行城市、产业和空间的规划:增绿留白,为三城的发展留足缓冲区间和生态空间;全域城镇化和组团式发展相结合,避免过度集中的车流人流导致的拥堵和污染;大力发展商业服务业、休闲旅游业和文化创意产业,为三城人口提供高品质的体验式服务;发展现代都市型农业,为三城人口提供优质农产品和田园风光体验服务。居于三城之心,就注定了中牟不能走过度开发的路子,强功能而非大规模成为中牟经济社会发展的根本要求。因此,既要从三城之心的优越地理区位获得充分的发展动力,又要为三城一心及其有机融合提供足够的功能服务,就成为中牟重构区域协同发展新格局的基本原则。

(四) 布局四位一体,厚植县域发展新优势

城镇、交通、产业和生态等"四个体系",是彰显一个地区发展优势的重要体现。中牟按照"四位一体"思路,精准把握"四个体系"之间的关系,既突出单点突破,又注重整体突破,取得了显著的成效,县域发展优势也随之进一步增强。

城镇建设方面:坚持中心带动、轴带发展、节点提升,把产业发展作为突破点、社区建设作为切入点,加快城乡一体化步伐。按照规划的"三轴、三区、多组团"的城镇发展格局,对城区、社区、园区和农区进行统一规划、合理布局,加快打造"中心城区—中心镇—新型农村社区"

三级城镇体系。对于城区，不断拓展城市路网密度，延长道路总里程；通过生态廊道、公园湿地等建设，拓展城区绿地面积；加大城市游园及活动广场建设，推动新建、改建中小学及幼儿园。在一系列措施下，中心城区的承载能力及辐射带动能力得到极大提升。对于园区，按照"一基本两牵动"的原则，把产业园区规划区及周边作为新型城镇化的主阵地，通过新型城镇化的实施为产业发展完善基础设施、释放空间，通过产业发展带动新型城镇化建设和群众就近就业，加快产城融合，形成互动发展格局。

产业方面，中牟坚持全域谋划、统筹布局，围绕汽车及零部件制造、文化创意旅游、都市生态农业三大主导产业，因地制宜、突出特色，加快构建现代产业体系。坚持以汽车产业园和官渡工业园为载体，大力发展以汽车及零部件制造、装备制造、新能源为主的先进制造业，以及以生物医药和医疗器械为主的生物医药产业。在激发在产企业潜力的同时，中牟不断强化产业发展后劲，加快推进项目建设，实施精准招商、链式招商。在规划面积132平方公里的文创园内，已有58个重大项目布局落子，华强、海昌等全球前十强的文化企业相继入驻。园区内首个五星级酒店方特假日酒店开业迎宾，实现了中牟"吃住行游购娱"链条上"住"的"零"突破。雁鸣湖·国际会议会展小镇、婚庆庄园、铂尔曼·温泉度假酒店等20个文化产业项目的开建，为文创园发展再添强劲"引擎"。在其带动下，中牟全域旅游呈现出全链条发展、多点突破的蓬勃态势。中牟还瞄准农业转型升级，加快发展现代都市农业，以万邦为代表的市级以上农业龙头企业在2018年已达44家，农业产业化集群的梯次培养和扶持机制不断完善，带动了农民致富、农产品直销、餐饮物流等服务业加快发展。"农业+科技"全面推进，三星级以上休闲农业与乡村旅游园区达到10家，实现了"互联网+益农社"县域全覆盖。

交通方面，中牟具有天然的立体交通优势并有意识地不断增强这种优势。对外交通方面：连霍高速、郑民高速、京港澳高速、机西高速"井"字形高速环绕；京广客专、徐兰客专"米"字形高铁汇集；郑州至重庆、合肥、济南、太原4条快速铁路运输网四方延伸，依托新郑国际机场1.5小时到达全国2/3的城市。区域内部交通方面：郑开大道、郑汴物流通道、国道310、万洪公路等横跨县域东西，雁鸣大道、广惠街、文通路、人文路等纵贯县域南北，五横四纵主干路网与郑州、开封、航空港区等联通融合，推动区域大融合、大发展。近年来，中牟县更是致力于补齐国省干线建设短板，持续改善农村交通条件；全力推进城乡路网建设，发挥路网与枢纽节点的协调衔接功能，将主城区、城市组团、产业集聚区、重点村镇、新农村社区依托路网串联起来。中牟在交通发展上取得了有目共睹的成绩，2017年全县公路路网密度达283公里/百平方公里，位居全省第一。此外，在郑州规划建设的21条地铁线路中，近期有2条、远期有4条将延伸至中牟，建成后将进一步促进中牟融入郑州国家中心城市的建设。

生态方面，中牟稳步推进"森林、湿地、流域、农田、城市"五大生态系统，初步构建了环廊相连、绿廊相接、林园相映的一体化生态绿化格局。森林生态系统建设方面，推动发展森林公园生态旅游产业，建成雁鸣蟹岛、沙窝、观鸟林等森林公园，并形成了南部沙区防风固沙林、东南部小杂果经济林、西南部农枣间作林、北部农田防护林和中部城镇绿化为主体的生态体系框架。流域生态系统建设方面，按照把水做活、做精、做美的生态水系战略规划，大手笔高投入推进都市区生态水系建设，先后建成了雁鸣湖滨湖生态水系、中牟·国家农业公园生态水系、鹭鸣湖生态水系、贾鲁河生态水系、中小河流生态水系、绿博组团生态水系、城区生态水系等都市区现代水城，实现了从工程水利到生态水利的跨越式发展。农田生态系统建设方面，瞄准建设"生态高效、现代物流、休闲观光"的复合型都市生态农业的目标，中牟县已规划建设面积为506平方公里的都市生态农业示范区，北部旅游观光、南部生态高效两大板块竞相发展，建成9000亩的现代农业示范区，成为农业种植、休闲、体验、展示的样板。湿地系统建设方面，通过湿地公园建设的形式扩大湿地范围，增强湿地保护。已建成或在建的湿地包括，43000亩的郑汴中央湿地公园、牟山湿地公园、中牟雁鸣湖万亩湿地公园和千亩潘安湖湿地公园等。城市生态系统方面，推动县城规划区绿化全覆盖，不断增加绿地、湿地、森林公园、可渗透路面等"海绵体"，打造"海绵城市"，实现绿化与高楼同生长，绿色与城市共延伸。2018年，中牟县绿化覆盖率、绿地率、人均公园面积分别达到40.5%、39.1%、16.1平方米，公园服务半径覆盖率达到90%。

（五）城乡深度融合，打造田园特色新都心

都市型田园城市能够实现"田""园""城"有机联系和共生，将现代城市形态和优美田园风光相结合，将城镇化区域和绿色空间高度融合，使人们既能享受城市的生产生活方式和便捷交通，又能享受静谧、生态的乡村环境，从而演绎出一种新的都市生活方式。"十二五"以来，中牟凝心聚力筑梦都市生态田园城市，成效凸显；进入"十三五"时期，更是明确提出建设"产城融合、城乡一体、环境优美、社会和谐"的都市生态田园城市。当前，城市形态初步形成，田园特色日益凸显，都市特性更加鲜明，郑汴中间一个田园特色的新中心跃跃欲出。

根据新的规划，中牟县域将形成"中心城区—新市镇—新型农村社区"的三级现代城镇体系，包含1个中心城区、4个新市镇、48个新型农村社区。中心城区规划形成"一核聚力、多点联动、四区协同、绿廊渗透"的空间布局结构，以郑汴中央公园生态绿核为中心，向外扩展四条生态廊道，并连同陇海铁路防护林带的生态隔离作用，共形成五条生态隔离廊道，并通过绿廊、绿道向各个功能组团进行生态有机渗透，实现组团空间隔离，控制城市功能组团无序蔓延。而新型农村社区，也会保留风貌特色村7个，近郊旅游特色村6个，凸显特色乡村风光。全域将以国家园林城市为目标，治理打造32公里沿贾鲁河滨水景观带，规划3万亩中央湿地公园，建设十大综合公园，二十大专类公园，实现一区一色、一路一景；结合水系和重要的城市公共中心，构筑多层次、网络型的绿地景观系统，形成"一核统领、绿楔间隔、绿环围绕、绿心渗透"的绿地系统结构，建设会"呼吸"的城市。

城乡融合发展是都市型田园城市的基底。中牟把全域城镇化作为都市型田园城市的重要方面，推动乡村向新型社区转变，并将社区建设作为加快城乡一体化的切入点，提升和改善城乡基础设施，促进全域城镇化。加快拆迁居民户回迁安置房建设，启动建设社区基础设施、公共服务设施和商业设施项目，不懈推进城乡基础设施和公共服务均等化。在打造新型社区的同时，中牟立足保护乡村文化，积极开展特色乡村建设，雁鸣湖镇成为全国重点镇、省级特色景观旅游名镇，官渡桥村成为省级

特色景观旅游名村，北三官庙村、十里铺村成为市级自然生态风貌特色村，官渡桥村、朱固村成为市级历史文化风貌特色村，最大限度地保护了村庄历史文化和自然生态风貌，营造出了留得住美丽乡愁、记得住文化乡愁的人文环境。

城乡一体化生态格局是都市型田园城市的特征。以生态廊道绿化、生态林营造、森林公园建设、黄河湿地鸟类保护区为重点，中牟不断加快各项生态工程的建设，营造出"环廊相连、水绿交融、宜居宜游"的一体化生态格局。打造生态之"绿"。走在中牟，每隔不远总能见到生态廊道，实现了"公交进港湾、行走在中间、辅道在两边、休闲在林间"的目标；以森林公园、城市公园工程建设带动造林绿化，中牟县生态造林面积稳步提升，全县林地面积增加至45万亩，森林覆盖率达到27.06%。打造生态之"水"。生态水系"两核、两带、八脉、十湖"充分折射出了中牟的田园之景，以雁鸣湖、农业公园和贾鲁河水系为主，"水、城、田、林"融为一体、互相映衬，营造出独具特色的水城景观。通过生态水系的建设，中牟县域空气质量得到进一步净化，地下水资源得到补充和循环，人居环境得到大幅改善，塑造出"水清、水活、岸绿、景美"的生态园林城市水系格局。

凸显田园风光是都市型田园城市的特色。认识到全域旅游是都市型田园城市的重要支点，中牟将中心城区、城市组团和规划社区之外的区域整体纳入都市生态农业发展范畴，围绕市民的菜篮子、休闲观光好去处、优良生态环境所在地"三大功能"，推动一产三产融合、生产生活生态融合、农业与新型城镇化融合。目前已成功打造国家农业公园、草莓种植示范区、年交易额500亿元的万邦农产品服务示范区"三大示范区"，建设高标准农田12万亩，培育和引进企业20余家，展现了农业产业转型升级和农民增收、农业增效、农村发展的活力。这些乡村田园与各个城镇组团相呼应，彼此连缀映衬，使中牟田园特色的新都心特征更加鲜明。

（六）创新创意并重，筑基双创主体功能区

2017年1月，《中原城市群发展规划》明确提出"推动郑州与开封、新乡、焦作、许昌四市深度融合，建设现代化国际大都市区"。党的十九大报告中，提出"创新是引领发展的第一动力""建设创新型国家"。据此，河南省提出在郑州大都市区的中心区域郑开两市之间建设郑开科创走廊。郑（州）开（封）科创走廊位于郑州开封两市之间，大体范围为连霍高速以南，郑州东三环与开封西关北街之间的区域。空间结构是"一廊、五园、三镇。一廊"，即以郑开科学大道和大运河文化带郑汴水系生态工程"一路、一河"为轴带的交通景观发展廊道；五园，即龙子湖智慧岛、郑东新区白沙科学谷、中牟雁鸣湖创新科技园、开封运粮湖引智产业园、开封文化旅游创新园五个园区；三镇，即中牟汴河艺创小镇、开封汴河康养小镇、西湖文旅小镇三个特色小镇。根据规划，这条走廊将被打造成"百里创新长廊+百里运河文化带"，终极目标是建成"中原硅谷"。

郑开科创走廊中的中牟汴河艺创小镇和中牟雁鸣湖创新科技园都是属于郑州国际文化创意产业园北拓发展的核心项目，在郑开科创走廊上形成相对独立的郑汴文创片区。中牟汴河艺创小镇以隋唐大运河古汴河故道为重要依托，构建以古汴河为中心的滨水功能组团，集聚两岸复合活力创新功能，以文化旅游、文化创意、文化体验、商业休闲等功能为主。中牟雁鸣湖创新科技园包括森林科创小镇、雁鸣湖科创中心、生物医药科技园，分别形成综合孵化区、物联网产业成果转换区、文化创意产业的大学生科技创业区，致力发展生物医药、人工智能等创新产业。

由以上规划，郑开科创走廊中牟段，不仅具有科技创新，还有文化创意，将形成真正意义上的双创走廊。事实上，这样的规划与之前的中牟定位相契合，并具有较为现实的条件，郑州国际文化创意产业园的建设已经卓有成效，为中牟双创走廊提供了发展的基础。位于郑州、开封之间的郑州国际文化创意产业园，以"文化创意、时尚旅游、高端商务"为主导产业，重点突出"以绿、水为主导"和"以休闲、慢生活为主体"的低碳生态田园城市，全力建设"国际化、现代化时尚创意旅游文化新城"，打造"东方奥兰多"。文创园从零起步，文化创意旅游产业也从无到有、从有到优，正日益成为引领全省文化产业发展的高地。2018年年底，该园区已累计引进项目58个，华强、海昌等全球前十强文化企业相继入驻，方特旅游度假区、建业·华谊兄弟电影小镇、海昌极地海洋公园、"只有"·河南主题乐园、韩国·泰迪熊小镇、华强·美丽中国三部曲、荷兰冰雪世界、野生动物园、国家·绿化博览园9大主题乐园签约入驻。方特、杉杉奥特莱斯、海宁皮革城等项目已建成运营，完成主营业务收入140亿元，被评为全省重点文化产业园区、全省文化产业发展先进县。2018年，郑州国际文化创意产业园将新建中原数字出版产业基地、海姿冰雪世界、洲际假日酒店和爱琴海购物公园等六个项目，项目总投资达116.4亿元。

中牟的创新发展也具有坚实的基础，将为双创走廊的建设提供必需的科技创新要素。近年来，中牟大力实施创新驱动发展战略，紧紧围绕"自主创新、重点跨越、支撑发展、引领未来"的科技方针，发展高新技术产业，转变经济增长方式，被科技部、省政府等命名为国家农业科技园区、河南省高新技术产业开发区、河南省高新技术特色产业基地、郑州市创新型产业集聚区。2017年，中牟有7家高新技术企业通过国家认证，总数达到15家；新认定市级以上工程技术研究中心8家，占郑州各县（市）的40%；万邦物流、弘亿国际成为国家级星创天地。高新技术产业增加值完成12.7亿元，增长26.7%。人才支撑更加有力，3个创新团队入选"智汇郑州·1125聚才计划"；新引进院士团队2个，占全市总数的1/3。新增市场主体8756户，增长43%，大众创业热情不断高涨。

（七）聚焦乡村振兴，实施农旅融合化战略

以乡村旅游助力乡村振兴。近年来，中牟县在保护好现有60万亩林地、5万亩水面、16万亩黄河湿地的基础上，按生态型、景观型规划设计，把乡村旅游与新农村建设、都市型现代农业发展有机融合。一是突出规划引领，推动乡村旅游特色化。坚持高点规划、高端定位、突出特色，充分挖掘整合人文历史、生态环境、地理条件、特色产业等资源，编制完成与乡村旅游和乡村振兴有关的各类规划等10余项。在科学规划的基础上，加大资金投入和政策扶持力度，设立全域旅游发展专项资金，支持星级乡村旅游经营单位，旅游特色村，乡村旅游示范镇、村、户建设。二是突出整体联动，推动乡村旅游精品化。做强都市型现代农业，将中心城区、城市组团和规划社区之外的区域整体纳入都市生态农业发展范畴，推动一产三产融合、生产生活生态融合、农业与新型城镇化融合。做优旅游特色村镇，培育省级乡村旅游示范镇雁鸣湖镇、省级乡村旅游示范村韩寨村、休闲农业特色村姚家镇春岗和罗松；打造雁鸣湖镇朱固村、官渡镇十里铺村、官渡桥村等美丽乡村。做精乡村旅游景区景点。以乡村旅游经营单位等级评定为抓手，将景区景点发展与乡村旅游产业发展相结合，激励园区提档升级。三是突出宣传推介，推动乡村旅游品牌化。以"国家农业公园·农业嘉年华"活动、"中牟西瓜节""中牟雁鸣湖大闸蟹美食文化节""中原草莓音乐节"等主题活动的举办为载体，大打中牟乡村旅游牌，有力提升了中牟旅游的品牌形象。

以品牌农业促进农民增收。中牟顺应潮流，坚持优质、安全、环保的理念，深入推进农业品牌化发展战略，大力实施"品牌农业+高端配送"，逐步实现了农业现代化种植、规模化生产、追溯化把关、网络化销售，进一步提升了全县农业质量效益和竞争力。借助政策的东风，中牟涌现出了一大批"国字头""省市级"农业品牌和农业产业化龙头企业。产业集聚集群发展模式的中牟·国家农业公园，龙头企业示范带动发展模式的弘亿国际农业示范园，新型农村综合体发展模式的万邦万亩高端蔬菜生产示范基地等如雨后春笋般蓬勃发展。中牟主要农业经济指标多年稳居郑州市第一位，位于全省前列。先后被评为国家级无公害农产品生产示范基地县、园艺产品出口创汇基地县、优质水稻标准化种植示范县、秸秆养羊示范县、无规定疫病区先进县、北京市"场地挂钩"蔬菜生产基地县和河南省农业标准化生产示范县、无公害蔬菜生产示范区。拥有"牟红牌"鲤鱼、"五洲绿源"牌西瓜、中牟大白蒜等10多种省级名牌农产品，其中大白蒜，通过国家地理标志产品保护认证，雁鸣湖的大闸蟹更是享誉省内外。截至2017年年底，中牟县共有80个农产品获得农业部无公害农产品认证，基地认定面积达到40余万亩。农业品牌化战略的实施，使在耕地没有扩大甚至缩小的情况下，促进了农村致富和农民增收。

以乡村文明塑造美好乡风。一是通过有形场馆留住无形传统。在中牟非遗展示馆，中牟县传统美术、传统手工技艺、传统文学、传统医药、传统音乐、传统体育、传统戏剧等非物质文化遗产项目得到了一一展示，并免费向公众开放。二是播撒精神食粮，填补真空地带。2017年，中牟决定利用三年时间，实施"双优""双带"文化惠民工程。农民自己办"村晚"，覆盖了全县所有乡镇、街道的多个村庄，文化年味越来越浓。

河南坠子《拉荆笆》，志愿者们自编自演的小品《死去活来》《娘》等是最受村民们喜爱的节目。农村每场演出的时间都不低于两小时，演出团队本地化，给了群众很多参与空间。三是正面引导，推动新思想落地生根。一批反映社会主义核心价值观的作品，因为通俗易懂，在演出中受到村民们的热捧。以"文化长廊一条街"为阵地，把社会主义核心价值观、人民代表大会制度、代表法等内容，转换成通俗易懂的图画、诗歌、谚语，用墙体标语、绘画等形式表现出来，形成了寓教于乐、深受百姓喜爱的"文化墙"。

（八）情系民生福祉，致力城乡精细化管理

助扶贫之力，创慈善之城。中牟县慈善总会立足本地实际，广开善款来源，募集善款逐年攀升，在郑州市各县（市）区排名第一，慈善救助覆盖面日益扩大，慈善项目不断创新。积极募集善款，营造浓厚慈善氛围，初步形成了"人人参与、乐善好施"的社会风尚。实施精准救助，形成品牌项目。中牟慈善总会先后打造了"牵手工程，阳光助学""慈善圆梦，金秋助学"、节日"情暖万家"助困活动等品牌，并开展了"固我长城""爱在社区""德润中牟"等慈善公益活动。拓宽救助渠道，创新慈善机制。中牟大力发展各种形式的定向救助基金，使之成为善款募集救助的另一渠道。比如，通过慈善总会设立"冠名基金"，按照安老、抚孤、助医、助学、助残、济困的原则，慈善总会义务为捐赠者进行包装、宣传。各单位努力募集的善款，可以定向对本辖区内群众进行救助，所有善款还用于本单位、本地域、本系统。同时，基金的使用也严格依照慈善法，自觉把慈善工作纳入规范化、法制化轨道，确保慈善在阳光下运行。

关注饮水安全，首创"一乡一水厂"的供水管理模式。中牟把农村饮水安全工程列入县政府民生实事项目全力推进，探索出了一条符合中牟县情的农村饮水工程建设和运行管理之路，率先在全省农村供水领域实现了"一乡一水厂"的供水管理模式，实现了农村供水城市化、城乡供水一体化目标。中牟连续多年将农村饮水安全工程列入县政府年度实事目标，以"建得成、管得住、用得起、长受益"为主线，"高起点、高标准、高质量"实施农村饮水安全工程。中牟累计投入资金建成大孟、刘集、官渡等乡镇集中供水厂15处，单村、联村供水工程165处，建成农村水质检测中心1处。解决了全县54万农村群众和在校师生的饮水滞后问题，初步实现了农村供水城市化的目标。

推行"厕所革命"，引领文明新风。中牟自2015年开展"厕所革命"至2017年年底，改建国家A级旅游厕所45座，新建A级旅游厕所41座。在景区、旅游道路沿线、乡村旅游经营点、街道、广场、公园、步行街、商品集散地等区域，一场"厕所革命"在当地悄然兴起。中牟创新旅游厕所专项管理制度上墙公示，要求各旅游厕所实行专人全日制保洁，建立长效性的环境卫生管护制度。与此同时，引导各旅游厕所内部张贴中牟风景图片和文明旅游标语，丰富厕所文化。在绿博园景区，颇具人文关怀的母婴室独辟一片温馨空间；在方特梦幻王国，厕所内部配置"全面细致，高档实用"，大量鲜花和绿植充盈其间；在旅游景区沿线厕所内，地面、墙面上的米色瓷砖净可照人，从小便斗到盥洗台都考虑到了小孩、大人的区分使用，母婴卫生间专门设置了坐便器、盥洗台、婴儿床，残老人士卫生间还专门配有扶手架等。

发挥"桥梁作用"，促进转移就业。中牟通过创新工作机制，从政策、渠道、品牌、培训等多角度"定调"，推动农村劳动力转移。搭架子，树立就业服务品牌。通过大型现场招聘会实现供需见面的常态化，开展春风送岗位、农民工专项招聘、"把招聘会搬到农村"等现场活动，并免费提供技能培训、就业信息、政策指导、职业介绍等服务。强技能，创新就业培训模式。全县大力发展培训载体，初步形成了以县级培训机构为龙头、乡镇组织培训为主体、民办培训机构为补充的培训网络，2017年共开展职业技能培训7753人。结合当地特色，中牟还积极创新职业技能培训模式，为企业招聘度身定制个性化方案，开展订单、定向式培训，将潜在的用工需求转化为现实的就业岗位。促创业，打响脱贫攻坚战役。中牟结合当地地域特色，通过"创业培训+开业指导""小额贷款+跟踪服务""创业项目推介+绿色通道"等一系列措施，将创业培训与农家乐、餐饮服务等专业培训相结合，将一部分有条件的农民的创业想法变成了现实。

四　中牟的发展愿景

根据中牟自身具备的发展优势,以及各级区域规划明确指出的需要由中牟承担的主要功能和任务,中牟的发展愿景可以表述为以下三个方面:宜居宜业的都市型田园新城;郑汴港金三角的中心节点城市;中原地区最出彩的文旅城市。

(一) 宜居宜业的都市型田园新城

建设"宜居宜业的都市型田园新城"是中牟的长期发展愿景,表达的是中牟作为一个城市单元,对"人"这一本体所应承担的特定功能,是最具有统领性和本质性的发展愿景。"宜居宜业的都市型田园新城"分别从自身功能、发展特征、区域角色等方面表达了中牟的特质。

"都市型田园新城"表达了三层含义:其一,中牟的发展目标应该是"都市型",这一方面意味着中牟应该是郑州都市区的完整组成部分,独立或者合作承担郑州都市区的部分功能,另一方面也意味着中牟将突破传统县域经济的概念,而实现全域城镇化,不仅具有完善的生活、居住、服务和就业等功能,甚至乡村区域面积占比也会低于城镇化区域面积占比。其二,"田园"所要表达的是,中牟的发展应是生态的、绿色的,都市化区域要低碳和低密,都市化区域之间要有大面积的绿化隔离带及广阔的乡村区域;而且即使乡村区域自身也是生态、绿色和具有中原传统农耕文明特色的;同时"田园"也应是都市型的,田园风光、休闲娱乐、农耕体验都应该成为"田园"所要承载的功能。其三,"新城"则强调了中牟的发展特征,尽管中牟有悠久的历史,也有不少历史文化古迹,发展方向仍然是要实现对传统的突破,置身于郑州大都市区更广阔的范围内自我省视,在此间不断通过要素集聚、功能塑造来实现城市的升级和重塑,最终建设成为郑州都市区首屈一指的现代、传统和自然有机融合的新城。

"宜居宜业"是"都市型田园新城"的本质内涵。"宜居宜业"一方面是"都市型田园新城"内在功能的显性化,无论"都市",还是"田园",都是为了"宜居宜业"而存在;另一方面,"宜居宜业"对"都市型田园新城"还具有某种程度的超越性，它要求中牟具有更深层次的内在功能，即在基础设施、公共服务、文化娱乐、智慧生态、营商环境、创新氛围等各方面，都能够真正以"人"为本，既适合常住或旅住，又适合创业或就业。

"都市型田园新城"将都市、田园、新城等看似矛盾的概念有机地融合起来，深刻体现了中牟新城所拥有的鲜明特质，提出这一发展愿景，有利于清晰树立中牟的发展目标和城市形象，增强外界对中牟的感知程度，并通过凝聚共识和集聚资源，有力推动这一愿景的自我实现，并为中原城市群的建设增添浓墨重彩的一笔。中牟拥有较长的黄河岸线、大面积的湿地和万顷良田，同时中牟又处于郑汴港的中心位置，是郑州大都市区可以完美覆盖的范围。身处熙攘喧噪都市的市民对田园的无限向往，是中牟能够将"田园"和"都市"完美结合的动力。而这种完美结合对于其他地区又是不可复制的。"都市型田园新城"发展愿景的设定，将使中牟这种独特形象慢慢矗立在人们心目中，并会逐渐产生排他性。

（二）郑汴港金三角的中心节点城市

建设"郑汴港金三角的中心节点城市"是中牟在区域竞争概念上的发展愿景，强调了中牟在区域经济协同发展中所期望要达到的地位。这一愿景一方面表达了中牟作为一个区域单元，对其他区域单元发展所应承担的节点功能，另一方面也表达了中牟相对其他区域单元期望通过竞争所要达到的某种层级。

"郑汴港金三角的中心节点城市"这一愿景表达了两层含义：其一，中牟的发展目标应该是郑汴港金三角的一个节点城市，这一层含义突出了中牟的区域属性，指明了中牟的主要地理区位，并强调了中牟在郑汴港金三角区域的城市地位；其二，中牟的发展目标还应该是郑汴港金三角的中心节点城市，这一层含义既指明了中牟是金三角区域地理意义上的"中心"城市，也指明了中牟在金三角区域所承担功能的"中心"作用，凸显了中牟在金三角区域发展中不可或缺和不可替代的节点职能。需要指出的是，狭义上的郑汴港金三角区域主要指郑州、开封和航空港城合围的区域，但是广义上的区域还有部分外延区域，包括新郑、尉氏等地。尽管新郑在城市层级和规模方面远超中牟，也是金三角区域重要的节点城市，但是纯粹从金三角区域协同发展的角度来说，中牟所要发挥的节点作用仍然要超越新郑。

"郑汴港金三角的中心节点城市"这一愿景突出了中牟在郑汴港金三角区域所应达到的地位，树立这一愿景将有利于中牟紧密围绕中心节点城市的定位进行规划布局，继而提高中牟在中原城市群中的地位，特别是还会增强郑汴港三城对中牟中心节点城市的身份认同，促使它们在进行规划布局时更加重视与中牟的交通对接和产业协同，进一步密切郑汴港区域城市群的联系和融通，促使郑汴港金三角成为，中原城市群建设的示范区域，郑州大都市区的核心区域，中原经济区发展的强大引擎。

中原经济区、中原城市群、郑州航空港经济综合实验区都属于国家战略，郑州大都市区、郑汴港一体化则是这些国家战略实施的具体承载。中原地区人口已将近1亿人，附近又缺少规模较大的都市区或经济区，中原崛起已受到国家层面的高度重视，随着基础设施的完善和政策优势的显现，以及产业梯级转移和城镇化的迅速推进，该地区正受到全国越来越广泛的关注。在这种情况下，该地区的城市也呈现快速发展趋势，彼此之间的分工和链接正在向纵深演进，彼此之间的竞争合作关系也正经历着深刻的变化。

中牟位于郑汴港的中心位置，最大程度上享受中原经济区、郑州都市区、郑州航空港经济综合实验区"三区"叠加的政策红利，它的飞速发展毋庸置疑，关键的还是如何发展，特别是在郑汴港区域城市体系中应该怎样发挥中心节点作用。具体来说，中牟要为区域内的部分功能组团提供综合服务，包括为区域内的产业提供会展会议、创意研发、商务等服务，同时也要为郑汴港区域人口提供高品质的商业、休闲、度假、娱乐等服务，特别是在交通方面不仅要避免阻止区域内城市的过境交通，而且要为这种交通提供各种便利。只有如此，中牟"中心节点"的地位才会稳步提升。

（三）中原地区最出彩的文旅之城

建设"中原地区最出彩的文旅之城"是中牟最为核心的区域功能性发展愿景，强调了中牟作为一个主体功能区，在中原地区这一更广泛区域所应承担的特殊功能，这一愿景具有鲜明的特色辨识性和功能引领性。

"中原地区最出彩的文旅之城"这一愿景蕴含了三个层面的意思：第一，强调了中牟的区域核心功能目标应该是"文旅"，包括文化传承、文化创意和文化旅游等方面；第二，强调了中牟的中原区域特性，即中牟作为文旅之城所辐射的区域，不仅包括郑汴港区域和郑州都市区，还包括广义上的中原地区，这将中牟发展置于更广泛也更精彩的空间背景中；第三，中牟在"文旅"方面发展的深度和广度方面还应该达到一种更高的水平，即不仅要努力做到"出彩"，还要做到"更出彩"，在广义上的中原地区具有重要的影响力，成为河南全省、山西省、河北省、山东省和安徽省部分区域文化创意活动和文化旅游活动的优选之地。

"中原地区最出彩的文旅之城"这一愿景突出了中牟的区域核心功能，树立这一愿景将时刻警示中牟所承担的责任和使命，促使中牟将之作为奋斗的发展目标，有利于将资源更迅速地向"文旅"方向集聚，促进城市在中原文化传承、文化创意创智和文化休闲旅游发展方面尽快形成突破，提高中牟在中原地区"文旅"活动方面的地位和知名度，并建成《中原经济区规划》中要求的华夏历史文明传承创新区。

中原地区沉寂已久，中国梦需要中原地区"出彩"，中牟作为中原农耕文明的代表和中原文化的传承地，又地处郑州、开封两大古都中间位置，理应充当推动中原地区"更出彩"的排头兵，并在中原地区做到"更出彩"。中牟地处郑汴一体化中心区域，在吸引郑州和开封文化要素方面具有突出优势，周边环绕的高速公路、高速铁路和国际机场，甚至使其在吸引域外文化要素特别是文化产业要素方面也具有明显优势。广阔的地理空间，优良的生态环境，都市型田园城市的建设，也为中牟文化创意和文化旅游创造了优越的条件。随着郑汴港区域的进一步融合发展，以及"三区"叠加政策优势的持续发力，中牟打造"中原地区最出彩的文旅之城"也将逐渐成为现实。

五　中牟的功能定位

根据中牟所要承担的功能，结合中牟的发展愿景，其功能定位可以简要表述如下：郑开科创走廊上的双创主体功能区、郑州大都市区的全域旅游目的地、国家级都市型现代农业示范区、具有全国影响力的先进制造业基地、中原经济区"三化"协调发展示范区。

(一) 郑开科创走廊上的双创主体功能区

"郑开科创走廊上的双创主体功能区"是中牟最为核心的功能定位,这一功能定位的实现,将对郑开科创走廊的打造形成有力支撑,并与郑洛新国家自主创新示范区实现有机连接,更好整合河南高校资源、科研资源和产业资源,打开河南科技创新、文化创意产业的发展空间,提升河南经济发展的高度并提高其在全国各区域中的竞争地位。

郑开科创走廊被誉为"中原硅谷"和"河南的中关村",一亮相就吸引了社会各界的目光,成为媒体关注的焦点。郑开科创走廊中牟段的发展定位是强化科技创新和文化创意能力建设。规划中的中牟汴河(万胜)小(古)镇项目,以文化旅游、文化创意、文化体验、商业休闲等功能为主;规划中的北部科创片区,则以中牟雁鸣湖创新科技园为核心,自西向东布局森林科创小镇、雁鸣湖科创中心、生物医药科技园,形成综合孵化区、物联网产业成果转换区、文化创意产业的大学生科技创业区,三区协同发展,积极推动人才、技术、项目资本等要素的转移与聚合。郑开科创走廊中牟段兼具创新创意双重功能,是走廊上的双创主体功能区。广义上讲,这些功能片区与郑州文化创意产业园是一体的,确切地说,以上功能片区是郑州文化创意产业园的一部分;而反过来说,郑州文化创意产业园事实上也是中牟双创主体功能区的一部分,而不单纯局限于郑开科学大道一带。

中牟打造双创主体功能区具有坚实的基础。中牟左拥右抱两大古都,北依中华母亲河黄河,南接郑州航空港综合经济实验区,优良的地理区位和文化氛围早已吸引了各方的高度关注,郑州文化创意园已然颇有规模,创新创意氛围渐浓,功能渐强。在此基础上,再顺势聚力打造郑州文创园双创主体功能北拓区域,并不会改变中牟既有的规划布局和产业方向,而是形成更大的合力,早日将中牟打造成创智之城、文旅之城。

(二) 郑州大都市区的全域旅游目的地

"郑州大都市区的全域旅游目的地"这一功能定位是对都市型田园新城、建设郑汴港中心节点城市和中原地区最出彩的文旅之城的有力支撑。

这一定位强调了中牟在郑州大都市区的休闲旅游产业中的地位,也是中牟对休闲旅游产业发展所要达到高度的自我要求,即要实现"全域旅游"。

中牟具有成为"郑州大都市区的全域旅游目的地"的优良条件。尽管郑州大都市区有不少的名胜古迹和旅游目的地,但大都是零散的、割裂的,目前能够做到全域旅游的地区却没有。而当前,都市区人口过多,空间狭窄,拥堵和污染等"大城市病"日益严重,导致人们迫切希望能够有一个休闲度假、体验式观光、放松身心的好去处,而不是简单地在喧嚣的景点走马观花,这最终也催生了人们对全域旅游的需求。即使在未来,郑州大都市区能够真正做到全域旅游,并且能够达到规划目的的,恐怕也只有中牟。中牟北临黄河,水源充足,湿地林地面积广大,珍禽等生物多样性特征突出,田园风光特色明显,产业发达也筑实了全域旅游所要依赖的财政基础,全域城镇化和功能组团化的结合也为全域旅游留足了规划空间;同时,中牟地处郑汴港的中间位置,郑汴港区域的人流将会对中牟全域旅游的形成基本支撑,中原城市群甚至包括邻近的山东省、河北省和安徽省等地区,则会对中牟的全域旅游形成更长久的支撑。这些因素决定了中牟是郑州大都市区最有条件发展全域旅游目的地的城市,而事实上,近些年中牟所做的努力,也使其正在不断迈向这一目标。

(三)具有全国影响力的先进制造业基地

"具有全国影响力的先进制造业基地"是中牟又一全国性的功能定位,表明中牟应在制造业基地承担重要的职责。具体来说,基地将主要以汽车产业集聚区和生物医药产业集聚区为依托,逐渐形成集研、产、销为一体的汽车全产业链条。

中牟汽车产业集聚区的发展具有坚实的基础。郑汴一体化产业对接的重点之一,就是实现汽车及零部件产业的协同发展,中牟汽车产业集聚区位居中间,已然成为郑州汽车产业园的重要组成部分。当前,中牟紧紧把握汽车产业发展方向,紧盯新能源、新材料等行业高端科技前沿,积极走出去引进来,强力引进领军品牌企业,同时突出"整车+零部件"产业集聚,积极开展延链、补链、强链招商,汽车产业集聚区的集聚效应日渐增强。中牟已在郑开科创走廊上的雁鸣湖创新科技园规划布局生物医药科技园,依托郑开科创走廊上的强大科研力量,生物医药产业最终形成集聚发展将是可以预料的。中牟将生物医药产业列为先进制造业基地的重要发展方向,主要是因为可以充分利用郑州开封等地区的科教资源,同时该行业附加值高,单位土地面积产出高,可以避免对中牟土地空间形成过度挤压。

(四)国家级都市型现代农业示范区

"国家级都市型现代农业示范区"突出强调了中牟作为中原城市群优质农产品供应和农旅融合发展示范区的功能,同时也明确了中牟承担这一使命所要达到的高度或目标,即要上升到国家级,并在全国发挥示范效应。

中牟地形地貌以平原为主,是农业大县,按照建成市民的菜篮子、休闲观光好去处、优良生态环境的所在地三大功能需求,在现代农业方面提出了规划建设450平方公里的现代生态农业示范区,以发展设施蔬菜、优质高档花卉、林果等产业。中牟的土地是黄河水冲积出来的,是典型的沙壤,后经20世纪60年代末70年代初引黄灌淤土壤改良,农田极其肥沃,非常适宜西瓜、大蒜、花生等农作物的生长,特别是中牟的西瓜、大蒜,就是瓜果、蔬菜中的潘安,成为地理标志产品。中牟全域城镇化势必会对农业生产面积产生一定的挤压,就需要调整产业结构,以发展高效和品牌农业、叫响地方特色品牌为目标,同时营造优良的农业生态环境,打造农业休闲观光。当前,中牟·国家农业公园的建设也已卓有成效,成为了一座集休闲观光、采摘体验、旅游度假、健康养生于一体的都市型现代农业休闲乐园,并被认定为全国青少年农业科普示范基地、河南省农业科技示范园区。

丰富的耕地资源,优良的气候环境,坚实的农业基础,这些都是中牟建设"国家级都市型现代农业示范区"的有利因素。建设"国家级都市型现代农业示范区",提升中牟农业品牌知名度,将有利于进一步强化中牟向中原城市群供给优质农产品和提供农业休闲旅游服务的功能,并发挥中牟都市型农业在全国的示范效应,推动全国都市型农业的持续发展。

(五) 中原经济区"三化"协调发展示范区

"中原经济区'三化'协调发展示范区"功能既是对中牟推进新型工业化、新型城镇化和农业现代化路径和模式的规范和约束,也是对中牟在中原经济区"三化"协调发展中所应发挥作用的要求,即要发挥"示范"作用。

所谓"三化"是指中原经济区的新型工业化、新型城镇化和农业现代化。"三化"协调发展示范区是中原经济区的战略定位之一,建设中原经济区,就是要坚持探索一条不以牺牲农业和粮食,生态和环境为代价的"三化"协调科学发展的路子。"三化"协调事实上与《中原经济区规划》对中原地区建成国家重要的粮食生产和现代农业基地这一战略定位密切相关。

地处中原经济区、郑州都市区、郑州新区"三区"叠加核心位置的中牟,是郑州都市区建设中最具有以新型城镇化引领"三化"协调发展条件的重点区域。中牟是传统的农业县,保粮任务重、工业基础差、城镇化水平低,"三化"发展不很协调、不太同步、不可持续。但是,"三区"叠加优势又注定中牟将走上快速工业化和城镇化的道路,"三化"协调发展将成为中牟最大的挑战,也由此成为中原经济区"三化"协调的试验田。为了发挥"三化"协调发展示范区作用,中牟县结合实际,按照产城融合、城乡一体的发展思路,确立规划建设新型农村社区,加快构建符合中牟实际、具有中牟特色的统筹城乡发展的新局面。"三化"协调发展示范区的建设,对中牟的新型城镇化来说是一种大挑战,会由此面临一些约束,但也是一种大机遇,将有可能在规划、政策等方面享受到特殊待遇。但最根本的,还是要对中原经济区内其他城市起到"三化"协调发展的示范作用。

第十章

"黄河特区"韩城:转型升级跃龙门,小城故事再史记

一 历史长河中的韩城

(一)韩城的人文元素

韩城位于关中平原东北隅,东滨黄河,西靠梁山,北连黄土高原,南接汾渭平原,地形地貌为"七山一水二分田"。韩城自古为兵家必争之地。黄河最窄、最宽、最急和最缓的地方都在韩城,最窄的龙门不足40米,滚滚波涛破"门"而出,一泻千里,黄河魅力展现无穷。韩城历史极为悠久,相传夏禹治水时,曾"导河积石,至于龙门",因此历史上以"龙门"作为韩城地域的代称。

韩城物华天宝,人文古迹荟萃,素有"文史之乡"和"关中文物最韩城"之美誉。现有各级重点文物保护单位216处,其中国保级单位15处,馆藏文物万余件,其中国家级重点文物7处(司马迁祠墓、大禹庙、魏长城遗址、文庙、党家村古民居、普照寺、城隍庙)。元、明、清古建筑遍布城乡,其中元代建筑堪称陕西省之最,位于昝村镇的普照寺被誉为陕西元代建筑博物院。韩城享有"小北京"之称,明清四合院民居建筑保存完整,尤以党家村最为典型,被赞誉为"世界民居之瑰宝""人类文明的活化石"。韩城的文化遗产也极为丰富,最具代表性质的有门楣题字、百面锣鼓、耍神楼、秧歌等。

(二)韩城的发展简史

韩城历史悠久,源远流长。夏、商时期属雍州。西周初年,周武王

之子封于韩，食采于韩原一带，称韩（侯）国。周宣王时，秦仲少子康又受封于梁山，谓梁（伯）国，今韩城市南古少梁即其都。春秋时，晋封韩武子万于韩原。战国时，周安王二十六年（公元前376年），韩、赵、魏三分晋地，少梁属魏。周显王十五年（公元前354年），秦与魏战，取少梁。秦惠文王十一年（公元前327年），秦更少梁为夏阳，置邑。秦灭六国，夏阳属内史地。

西汉景帝前元二年（公元前155年），分内史郡之一部分为左内史。武帝太初元年（公元前104年），左内史更名为左冯翊。夏阳属之。新莽时，改夏阳为冀亭，属列尉大夫治。东汉时期，光武中兴，国都东迁，西京三辅（京兆尹、左冯翊、右扶风）不变，冀亭又复名夏阳，仍属左冯翊。光武帝建武元年（公元25年）至明帝永平二年（公元59年），合阳并入夏阳。三国时期，魏国雄居中原，夏阳属魏雍州冯翊郡，晋仍因之。后属华山郡。东晋穆帝永和五年（公元349年），上郡治所由肤施（今延安）迁居夏阳避羌乱，七年（公元351年），苻健在长安建立前秦，夏阳属之。南北朝时，北魏孝文帝太和十一年（公元487年），夏阳属华州华山郡。西魏废帝元钦二年（公元553年），隶同州武乡郡。宇文觉废魏建立北周，明帝二年（公元558年），夏阳并入合阳。

隋开皇十八年（公元598年），夏阳自合阳分出，重新设县，以古韩国改名韩城，属冯翊郡。唐高祖武德元年（公元618年）改属西韩州，八年（公元625年）州治迁韩城，领韩城、合阳、河西三县；太宗贞观八年（公元635年）废州；肃宗乾元元年（公元758年），改韩城为夏阳，隶河中府。昭宣帝天成二年（公元905年）更名韩原县。五代后梁时，仍属河中府。后唐明宗天成元年（公元926年）复名韩城，隶同州。北宋，隶永兴路定国军冯翊郡。南宋高宗建炎二年（公元1128年），金从韩城履冰入陕，关中遂没于金。金宣宗贞祐三年（公元1215年），设祯州，领韩城、合阳二县。

元世祖至元元年（公元1264年）废州为县，二年又复设祯州，县址迁至今县城西北二十里土岭。元顺帝至元六年（公元1340年），撤祯州，改属同州，县址迁回原址。明太祖洪武七年（公元1374年），韩城属陕西布政使司西安府同州潼关道。清初沿用明制，属西安府同州潼关道。雍正三年（公元1725年），改同州为直隶州。十三年（公元1735年）同州升府，韩城仍属之。

辛亥革命后，韩城属陕西省关中道，民国十七年（公元1928年），取消道制，直属省辖。民国二十八年（公元1939年），属第八行政督察区。中华人民共和国成立后，韩城先后分属大荔分区和渭南分区，1956年直属省辖。1959年，合阳县及黄龙白马滩公社并入韩城。1984年1月韩城正式改县为市，仍属渭南地区。2012年被列为"省内计划单列市"。

（三）韩城的发展现状

改革开放后，韩城在全省率先推行农村联产承包责任制，迈出了韩城改革创新的第一步。坚持不懈地打造"中国花椒之都""大红袍花椒"从地方特产成长为韩城农民脱贫致富奔小康的支柱产业。从工业发展来看，1984年撤县设市之前，韩城的工业可谓基础弱、底子薄。"撤县设市"以后，韩城充分发挥能源资源优势，大力发展工业经济，2000年以后逐步形成了以煤炭、电力、冶金、焦化、建材五大支柱产业的工业经济格局，工业经济的后来居上、厚积薄发，让韩城实现了从农业县向工业强市的转型。韩城还以创新理念保护古城、建设新城，实施"双城记"战略，保护了千年古建筑群，奠定了韩城城市发展的新格局。当前韩城已经成为"中国花椒之都"、中国西部能源重化工基地、中国优秀旅游城市、国家卫生城市。先后被确定为国家新型城镇化综合试点、国家级循环经济示范市、国家级旅游业改革创新先行区、国家全域旅游示范市，首批国家食品安全示范城市。

二 韩城的发展成就

从陕西省把韩城确定为计划单列试点城市的那一刻起，韩城就决心当好陕西省经济社会发展的"排头兵"，特别是在陕西省第十三次党代会明确提出把韩城建成黄河沿岸区域性中心城市的宏伟目标后，韩城更是步入跨越式发展的快车道，经济社会城市建设都取得了显著的成就，综合竞争力和投资潜力不断提升，综合竞争力在400样本县（市）中的排名跃升到第98位，投资潜力在400样本县（市）中的排名上升到第13位。2017年，韩城地区生产总值349.0亿元，地方公共预算收入达到

30.1亿元，人均地方公共预算收入达到7510.0元。

（一）经济发展突飞猛进

韩城通过践行五大发展理念，推进供给侧结构性改革，实施"三年千亿产业振兴计划"，经济社会取得了突破性发展。2018年，生产总值完成349亿元，增长9.5%；地方财政收入完成30.1亿元，增长39.4%；城乡居民收入分别达到32420元和13538元，分别增长8.9%和9.2%；"陕西十强"排名由第6名跃升至第1名；主要经济指标增速稳居全省第一方阵。完成固定资产投资490.4亿元，增长20.6%。工业总产值达到730.8亿元，增长34.7%。韩城经济的快速发展得益于韩城的转型升级，通过破旧立新，"无中生有"，推动传统产业和新兴产业齐头并进。当前，关联性强、特色鲜明、市场竞争优势明显的区域产业集群板块正在加速形成，"五大千亿产业集群"粗具规模。

（二）全域旅游格局初成

除了继续提升司马迁祠、党家村和古城三庙景区外，韩城又精心打造了国家文史公园、古城文化街区、猴山度假村、晋公山滑雪场、香山红叶、梁代村遗址、美丽乡村旅游等20多个景区景点，实现了"遍地开花，处处是景"。韩城还举办了首届韩·韩国际灯会、民祭司马迁、黄河沙滩国际露营节、黄河国际音乐节、"一带一路"国际大学生微电影节、"黄河魂"大型灯光水景音乐秀、党家村大型民俗实景演出等十二大旅游文化节会，同时推出了"十大旅游产品""六大高端论坛"和"五大艺术盛宴"，实现了"月月有主题、周周有活动"。随着"景区旅游"向"全域旅游"的转变，韩城旅游被彻底引爆。2017年全年接待游客1202.4万人次，旅游综合收入52.5亿元，同比分别增长43.3%、52.6%。

（三）城乡面貌日新月异

韩城着力构筑宜居宜业宜游新形象，推动全域环境综合整治，仅用1年时间就使城乡环境面貌焕然一新。城市框架拉大到50平方公里，城镇化率提高到70.7%；通过拆墙透绿、破硬还绿、楼体绿化、养花添绿等措施使主城区三条示范街实现了盛装亮相；通过实施"月季进城"工程，栽植月季130万株，完成了重要路段高品质楼体亮化工程和道路绿化工程。镇村景点化凸显成效，全市美丽乡村"五化"提升全面推进，乡村旅游聚集发展呈现新常态。2017年，韩城城市建成区绿化覆盖率达38.8%，建成区人均公园绿地面积9.27平方米，全市森林覆盖率达到45.2%。国家卫生城市、国家食安城市通过验收，国家文明城市、国家园林城市、国家环境保护模范城市提速加力。

（四）幸福韩城渐行渐近

韩城坚持以人为本，切实保障人民群众教育、卫生、医疗、就业等基本生活权益，大力实施基础民生建设工程，327国道、沿黄观光路、社会福利园区、交大基础教育产业园区、新市人民医院、157座农村幸福院、大型水利工程等，城市容貌改善，农村通村公路。所有这一切，在给当地群众带来实实在在的幸福感和获得感的同时，让更多的外乡人愿意走进这里，留在这里；也让更多的产业项目瞄准这里，落户这里。脱贫攻坚成效显著，基本形成全覆盖、全保障、全配套脱贫攻坚帮扶体系。铁腕治霾"1+8"行动和20项环境专项整治成效显著，环保"双百工程"全面发力，"气化韩城"快速推进，韩城达到全面建成小康社会经济发展目标。

（五）营商环境优化提升

韩城市牢固树立"人人都是营商环境、事事都是营商环境"的理念，以时不待我的历史担当、一抓到底的改革韧劲和锲而不舍的恒心毅力，持续深化"放管服"改革，逐项落实"十大行动"承诺，从"简、快、优、合、严"等各方面，全面优化提升了全市营商环境。以"放宽企业准入，约束行政审批自由裁量权"为突破，简化办事流程，形成了科学合理、便捷高效的服务模式；通过加快业务整合，加强窗口管理，提升办事效率，跑出了营商环境的"加速度"；通过全面推行线上线下、主动服务等措施，倾心打造更有温度、更加宜人的创业高地；整合部门资源，推动联合发力，提升了办事效率；通过强化干部作风、健全落实机制、严格执纪问责，确保了营商环境建设工作高效落实。

三 韩城的发展经验

（一）以转型谋超越，推动传统工业和新兴产业共进

韩城是一个传统能源型的工业城市，煤炭、炼焦、钢铁、电力和煤化工，都曾经有过辉煌。可是，2012 年以来，随着全国经济进入持续调整期，韩城的工业遭遇了前所未有的严峻形势，80% 以上的企业都面临着产品缺销路，经营少资金的难题，生产经营普遍陷入困境。2014 年，煤炭形势持续低迷期间，韩城原有的 40 多家洗煤企业，能正常生产运行的，竟然只剩下了 3 家。韩城积极谋划振兴方略，以超逆常规的思维和勇气，提出了"三年千亿产业振兴计划"和"五大千亿产业集群"的总体目标。截至 2017 年年末，3 年千亿计划实际完成 1200 多亿，并形成以钢、电、煤、化、建等传统产业为支撑，高端装备、新材料等新兴产业竞相发展的新格局。

韩城在探索传统工业的转型之路中，立足能源延长产业链，大力发展循环经济和高新技术产业，用循环经济实现传统工业的就地转型。韩城采取了"两老一新一延伸"的模式发展工业，并最终打造出千亿新能源产业集群和千亿循环产业集群。"两老"是钢铁产业和煤化工产业，钢铁向特种钢材进军，为下一步的装备制造业做好铺垫。煤化工产业方面，打破传统的技术，实现煤的气化和液化，并向非金属材料方面发展甲醇等最基础的化工原料，为树脂类新型产品打基础，同时建设一个高端装备业特种材料基地，将非金属与特种金属相结合，向清洁能源迈进。"一新"是大力发展水科技产业、中科复兴等新兴能源产业。"一延伸"是发展装备制造业，解决新型能源氢、LNG、CNG 的生产、储存以及水科技产业的水储装备。启动禹门口黄河水电站建设项目，以清洁能源促进传统能源转型。

韩城坚持传统产业与新兴产业一起抓，以培育"五大千亿产业"为指导，全力突破工业发展，着力构筑园区承载新高地。千亿新材料产业集群围绕打造具有国际先进技术的现代煤化工示范城市的发展目标，瞄准清洁能源和新材料两个方向，建成产业特色明显、资源利用率高、环境效益好的现代化工材料产业集群。千亿循环产业集群抢抓国家循环经

济示范市历史机遇，建成辐射全国乃至中西亚的国际陶瓷生产基地，打造成西部陶都。千亿新装备产业集群以龙钢产品多元化、高端化为方向，延长产业链条，大力发展棒材、板材、线材等高性能钢材，建成西北高端装备制造产业基地。千亿健康产业集群以健康功能饮品、专业特色医疗为切入点，布局健康产业制造、医疗服务、照护康复等六大健康产业园，打造中国健康养生之城。

此外，韩城省级高新技术产业开发区在 2018 年获批，成为新兴产业发展的重要载体，将重点打造"高端装备制造、节能环保、新材料、光电"四大产业集群。园区占地 61 亩的韩城科技创新孵化中心投入使用，新能源汽车研究院、煤化工研究院、中德铸造研究院、新型环保陶瓷产业研究院等创新实体已入驻运行，为园区的工业创新驱动发展提供了强有力的支持。当前韩城高新区已初步形成了以高端装备制造、节能环保、新材料、光电等产业为主导，以大数据，生命科学等专业孵化器为支撑，以现代服务业为保障的发展态势。

在推动产业转型升级的过程中，韩城出台多举措促进招商引资，创新多种机制促成项目建设。围绕把"三年千亿产业振兴计划"落到实处，韩城大力实施"百支队伍千名干部进万家企业"招商行动，坚持全民招商、专业招商、专家招商、机构招商多措并举。围绕项目建设的快速推进，韩城市成立由市委书记任第一组长、市长任组长的领导小组，以及由常务副市长任组长的要素保障领导小组和手续审批、征地拆迁、环境优化、资金保障四个工作组。围绕保障生产要素，韩城市设立了创业贷、助保贷、融资担保等 7 支亿元创业基金和 2 个百亿元产业引导基金，搭建了政鑫担保、政银保、中小企业应急转贷三大融资平台。坚持政府重资产、企业轻资产，紧盯行业领军企业、国家重点实验室和科研院校，购买、孵化、引进科研成果。实施"百名博士硕士进韩城"计划，引进 200 多名各类专业人才。大力推行 PPP 模式，中建、中铁和陕水、陕建等大型国企成为韩城项目建设的主力军。

（二）以升级求卓越，聚力开创全域旅游发展新局面

陕西省将韩城市作为省内唯一的计划单列市以后，韩城将工业转型和全域旅游作为两项重要工作，以旅游作为推动城市经济转型升级的重大突破口。韩城发展旅游的中心目的是用旅游改变城市发展的模式，用旅游转变城市发展的理念。促使城市从重工业城市向旅游城市转变。

韩城兼有发展全域旅游的自然、历史和文化基础。韩城是具有世界影响力的文化名人司马迁的故乡，大禹治水、鲤鱼跳龙门等传说也发端于此，是一个既有辉煌过去，也有创新未来的城市。韩城做全域旅游有着得天独厚的优势，不仅有丰富的自然资源、奇特的地形地貌，更有悠久的历史。最美黄河在韩城。黄河从韩城段到晋陕大峡谷，经历了从几十米到十几公里由窄变宽的跨越，一泻而下的母亲河，笔直而美丽。韩城地貌奇特，地处关中平原向黄土高原的过渡地带，同时具备山区、黄土高原、黄河湿地等资源优势。韩城历史资源也很丰富。韩城元代历史占有全国的六分之一，国家级文物保护单位有15处，韩城古城拥有1500多年的历史，与西安古城、平遥古城齐名。党家村以"民居瑰宝""东方人类居住村寨活化石"享誉海内外。韩城也是一个多元文化聚集的城市，拥有关中文化、陕北文化、晋商文化。同时，韩城也是最重要的黄河滨河城市，拥有黄河文化和蒙古文化。

"景城一体化"助力韩城实现全域景观化。"有故事的韩城，有味道的旅程"，拜华夏史圣、游千年古城、看璀璨夜景、赏百万花后，如今已成为韩城旅游吸引广大国内外游客的特色名片。韩城围绕打造"关中水乡、宜居韩城"的总目标，强势推进生态文化旅游发展，推进区域旅游从"景区（点）零星式"向"全域一盘棋"整合发展，形成了司马迁祠、党家村、明清古城、梁带村遗址、普照寺、大禹庙"六大精品景区"格局，澽水河文史公园、猴山度假休闲区、清水温泉体验区日渐完善，实现韩城"人在旅途，处处是景点、路路是景观"的全域旅游目标，使韩城"中国历史文化名城""中国优秀旅游城市"形象深入人心，韩城旅游也由孤立景区景点走向统一开放的全域旅游发展康庄大道。

全域旅游"韩城模式"引关注。强化顶层设计，统筹推进全域旅游。韩城市委、市政府高度重视全域旅游工作，党政核心引领，大格局全面发力，形成了"市委全面领导、政府强力落实、人大政协监督支持"的工作新机制，并编制了全域旅游发展总体规划、乡村旅游规划和六大核心景区等20多项规划。推进"旅游+"跨界融合，增强旅游品牌影响力。"旅游+交通""旅游+新兴服务""旅游+文化文物""旅游+互联网""旅游+厕所革命""旅游+美丽乡村"等，使韩城全面公共服务体系和旅游服务体系不断趋于完善。深挖文化内涵，打造韩城旅游新亮点。韩城不仅在"看得见"的全域上取得突出成绩，在"听得见""感受得到"的文化上也有亮眼成果。重磅推出的芮国史诗级大型舞台剧——《芮姜传奇》、历时八年创作的秦腔历史剧《司马迁》相继推出。韩城"一带一路"国际灯光艺术节、大型灯光音乐水景秀"黄河魂"、城市主题音乐《心往韩城》、微电影《韩城来了个司马超》《花椒红了》《星空城市》等多部展现韩城优秀文化内涵的艺术作品先后亮相。持续营销，塑造城市品牌新形象。韩城主动跟进电视竞演、互联网、直播、新媒体等新的大众营销新潮流，将"大旅游"理念、"旅游+"理念、"全域旅游"理念与互联网思维实现良好融合。按照"季季有主题、月月有活动、天天在升温"的工作思路，持续巩固提升"史记韩城，黄河特区"大品牌。"四个机制"唱响全域旅游发展大戏。建立健全服务经营机制，打破消费"定点"，推动接待费结算市场化，降低服务经营成本。建立协调联动机制，形成"1+3"模式，建立健全集中统一的综合监管指挥平台，强化旅游警察、旅游巡回法庭、工商和市场监管局旅游市场联合执法3支队伍。建立考核督办机制，实行"一周一督查、一月一考核、一季度一讲评"。建立信息通报机制，探索建立不文明游客档案和游客旅游不文明信息通报机制。

（三）城市时空拓展，发展与保护并重凸显古韵新风

走进素有"关中文物最韩城"之称的陕西韩城，千年古城气息扑面而来。唐、宋、元、明、清历代古建筑皆有迹可循，始建于隋朝的韩城作为全国保存完好的六大古城之一，更是具有极高的研究价值。韩城以创新理念保护古城、建设新城，实施"双城记"战略，并促使新城与古城保持空间融通、风格统一，彰显韩城的千年底蕴。

保护中有恢复。韩城古城有1500年历史、占地面积约0.79平方公里。韩城提出"保护老城，建设新城，发展与保护并重"的决策，并以《韩城市名城保护规划》为依据，细化名城保护。与此同时，韩城市积极调整产业结构，把旅游文化作为韩城新兴的支柱产业和可持续发展的城市战略产业。2013年以来，韩城启动古建筑群保护工程，修缮、修复了众多文物古迹、明清四合院落，保留和恢复了古城的历史风貌，逐渐把韩城古城打造成以宋元明清建筑为主要特征、以中国北方耕读文化为主要展示、满足当代人游憩休闲生活、兼有多元文化元素的国内旅游目的地。

保护中有提升。古城建设最核心的是要恢复古城格制。在韩城古城文化街区的建设过程中，根据古城建筑现状采取不同的保护措施：对于保存完整，具有较高历史价值的建筑，在原有基础上进行修缮维护；保存一般的建筑，根据其保存价值局部进行翻新修复；破坏严重或基本无保存价值的建筑，局部或全部拆除重建。在加大历史遗存保护力度的同时，韩城还重视古城基础设施的提升。在古城四周先后完成了濠阳路等5条道路的新建和改扩建工程，彻底结束了古城过去"进不去、出不来"的窘境。同时，启动城东大道两侧护坡绿化景观工程、隍庙巷入口广场景观绿化工程、城墙遗址公园景观绿化工程等项目，建成城墙遗址环城绿带、公园绿地，一改过去脏乱差的状况。

保护中有保留。韩城在提升古城的同时，也非常重视原有古城风味的保护。陕西关中地区的各种古城如雨后春笋般纷纷露面，但千篇一律的形制毫无特点可言。韩城古城保护则是在一个本就蕴含"古韵"的"老城"基础上改建的，而一旦提升中破坏了其"老味"，那几乎是得不偿失的。正因如此，韩城在古城提升的时候，就重视将新的设施或建筑严格与周边风格统一，以保留老城的味道。其结果是，古城提升以来，不但"老味"未伤，而且其"古风"更独具特点，特别是凸显了韩城特有的门楼等民居文化特色。就连"美食街"也都是韩城及其周边特色，一些饮食老摊位，黑腻的街边摊桌已明窗净几，但还在原来的位置，也还是原来的味道。

保护中有创新。依托古城4A级旅游景区文庙、城隍庙、东营庙三庙于一体的韩城古城文化街区，是以明清文化为核心元素、依托古城原有"五街七十二巷"格局的古街，它以文化创意休闲的独特方式，让游客在体验古城风貌的同时，尽享现代城市生活功能的便捷与时尚。韩城古城还先后建设了三舍公馆、隐居韩城、吉家祠堂等项目，拥有文创、餐饮、购物等多种业态，古城商业业态的培育，弥补了古城有钱无处消费的短板，也为游客提供了有特色的周到服务，实现了古城保护和旅游开发的有机融合。

保护中有拓展。韩城在1985年就确立了"保护老城，建设新城"的思路和"规划为纲，基础先行，严格管理，分步实施"的十六字方针。特别是2015年以来，韩城实施了黄河大街北段等23条60多公里的城市道路建设和提升改造，形成了"六纵十三横"路网格局。为了发掘韩城深厚的文化底蕴和人文资源，直观展示韩城的独特文化和精神面貌，让更多的人了解韩城、走进韩城、记住韩城，将韩城元素植入城市建设中，无处不在的韩城符号已成为城市一道亮丽的风景线。城市标志采用汉代隶书字体构成"韩城"二字，体现韩城历史的厚重感。三条示范街的LED路灯在灯柱上也融入了鲤鱼跃龙门的韩城文化元素。人行步道设计思路也从源远流长的上古传说而来，沿着历史时间轴线，以鱼跃龙门、风追司马、韩城行鼓、民居瑰宝、状元故里、古城四门楣六元素为一组，充分体现和展示韩城历史文化价值和精神。

当前的韩城，古城素朴，新城繁华，但是都一样融入了韩城历史文化元素，特别是古城和新城的分而不离，更是使韩城古城和新城浑然天成，融为一体。韩城城市时空的拓展，极大增加了韩城的厚度和底蕴，对全国乃至世界人们的吸引力越来越强。

（四）区域格局重构，打造黄河沿岸区域性中心城市

随着《晋陕豫黄河金三角区域合作规划》和《关中平原城市群发展规划》先后获得国家批复，陕西省第十三届党代会明确提出了把韩城建成黄河沿岸区域性中心城市的宏伟目标，韩城建设黄河沿岸区域性中心城市和引领黄河沿岸区域协同发展的使命也日益艰巨。在致力于打造黄河沿岸区域性中心城市中，韩城一方面苦练内功，不断发展壮大自己，增强韩城经济社会的辐射能力；另一方面加强区域协同发展和互相合作，增强黄河金三角区域县（市）经济社会发展的联动能力，提高该区域在全国乃至全球的知名度和影响力。韩城立足"五区"协同发展（转型升级示范、绿色发展试验区、改革创新先行区、丝路文明传承区、追赶超越引领区），依托龙亭新区、芝川新区、黄河新区、象山科教新城、韩城经开区、高新区"六大新区"，开启了打造黄河沿岸区域性中心城市的超越式发展新征程。

打造产业集聚中心。韩城围绕打造国家循环经济示范市和全域旅游示范市为中心,着力构建以"五大千亿产业集群""六大百亿企业集团"为支撑的工业十大产业集群,打造旅游"六大核心景区",培育"现代农业十大基地",实现传统产业转型升级,新兴产业和服务业创新发展,不断壮大产业规模,提升产业层次,增强韩城吸引黄河沿岸区域各类资源的能力。

打造区域物流中心。由于黄河金三角区域钢铁、煤炭等工业品和花椒等优质农产品外运需求大,电子电器、汽车等生活性服务产品内调需求强,韩城着力推进物流园区、大型专业批发市场以及高端物流商业综合体建设,打造现代物流综合服务平台,推动筹建黄河金三角区域物流联盟,打造区域陆路口岸,计划在韩城建设"一带一路"冷链物流配送中心,引领黄河金三角名优产品走出国门,实现"总部在韩城、基地在海外、营销在全球"的运营模式。

打造金融创新中心。韩城充分利用黄河金三角的区位优势和当地的产业优势,打造黄河金三角地区的金融中心。韩城采取政府、银行、企业三方合作的方式,建立了互联网金融、股权交易、大宗商品交易、担保公司、民间借贷等门类齐全的金融平台,为实体经济的发展提供了雄厚的资金保障。韩城金融服务除了满足当地经济发展的需求,还覆盖了黄河金三角的其他地方。进一步整合业界资源,建设"一带一路"沿线和晋陕豫黄河金三角区域的大宗商品现货交易和国际性电商平台。作为关中平原城市群东北部一个区域中心城市,韩城市的金融辐射能力越来越强。

打造教育医疗中心。韩城高起点建设西安交大基础教育园区,不仅面对韩城招生,还对周边的山西省河津市、运城市及渭南市合阳县、澄城县等地招生。规划建设黄河金三角职教基地,实行跨区域联合培养机制。成立区域医疗协同救治联合体,实现医联体内医疗资源共享、远程会诊、学科建设等全方位的医疗健康服务。推动跨省就医异地直补试点,推进韩城与河津、潼关与风陵渡跨省就医异地直补。促进黄河金三角区域居民就医数据加快整合,建立12个县市门诊通用病历、双向转诊等合作机制,实现区域内同等级医疗机构医学检查结果互认,打造黄河金三角区域医疗中心。

打造公共服务中心。实施公共文化服务"五大工程",繁荣发展文化事业。全面落实创业扶持和就业引领计划,开展全民参保行动,加快"慈善之都"建设,完善城乡社会服务体系。努力实现基本公共服务均等化,让群众享有更稳定的工作、更满意的收入、更可靠的社会保障、更舒适的居住条件、更优美的生态环境、更有品质的生活服务,建成更高质量的民生典范城市。

打造区域交通中心。韩城合阳机场建设已取得实质性进展。西韩城际铁路开工建设,主要承担西安韩城之间城际客流,兼顾沿线客流与旅游客流。韩黄高速开工建设,推动宜川、黄龙融入关中发展经济圈。一条条连接内外的快速通道,极大缩短了韩城与各省、市(县)之间的距离,形成1小时城市经济圈,将与隔河而望的山西省,以及西安市、宝鸡市、渭南市等中心城市、次中心城市和中小城镇贴得更密更紧。

此外,韩城还致力于共建黄河旅游带。韩城强抓沿黄观光路开通的历史机遇,发挥黄河沿岸城市旅游产业联盟作用,与周边县市共建黄河旅游带,有效地把处女泉、司马迁祠、党家村、壶口瀑布等旅游景点串成一条线,带动黄河沿线旅游资源发展。加快韩城市、合阳县、黄龙县、宜川县、河津市、万荣县等一体化进程的发展模式,打造市县交界地区合作共赢模式。

(五)文化为魂,承古开今中彰显千年韩城厚重底蕴

韩城素有"华夏史笔惟司马,关中文物最韩城"的美誉,以其深厚的历史文化积淀而成为国家历史文化名城。自然景观、人文传说交相辉映的华夏胜迹毓秀龙门即位于此,境内有"龙门山全图碑"、观音洞、广布韩城地域的大禹庙等遗址。"溥彼韩城"韩梁故都,承载着先秦社会发展的重要历史,相关的文化遗迹主要有魏长城遗址、韩侯城遗址、少梁城遗址、梁带村遗址、九郎庙、三义墓遗址等。韩城是山峡咽喉,扼守黄河天险,相关的文化遗迹主要有安岭古道遗址、高龙山古战场遗址、闯王行宫等。韩城是司马故里——崇儒重教、文风昌盛、名人辈出的文史之乡,自古崇儒重教、书院众多、文风昌盛,相关的文化遗迹主要有司马迁墓祠、韩城文庙、各处书院、名人故居等。韩城还是星火燎原、红色史迹众多的革命故地,相关的文化遗迹主要有蓄地事变旧址、八路

军东渡黄河旧址及纪念碑、龙门铁索桥等。韩城还曾富甲关中，是矿冶悠久、农贸并重、货殖四方的经济重镇，"南敦稼穑，北尚服贾"，相关的文化遗迹有夏阳冶铁遗址、冶户川冶铁遗址、铸宝坊遗址、古城金城大街等。韩城的历史防御特色鲜明，寨堡体系遍布城乡郊野，例如韩城渚北北寨（杨家寨）、赳赳寨、段家堡、薛村寨等。韩城古城保存有完整的街巷系统和古建筑群。除民居建筑外，寺庙公共建筑众多，且年代久远，有文庙（始建于唐）、城隍庙（始建于宋）、庆善寺（始建于唐）、九郎庙（始建于元）、北营庙（始建于元）等。党家村则是山陕古民居的典型代表。韩城还有地域特色鲜明、活态传承的民俗文化。除了涵古盖今的楹联文化，重仁明义的风俗文化，民间艺术活动也丰富多彩，主要包括耍神楼、秧歌、黄河行鼓、背芯子等。

韩城丰富的历史文化及其相关遗迹，是有待挖掘的丰富宝藏。韩城通过保护性开发，不仅使历史文化通过各种形式获得了新的鲜活生命，而且使文化事业和文化旅游产业也获得了长足的发展。

保护文化竭尽全力。韩城行鼓、韩城秧歌、徐村司马迁祭祀已列入国家级非遗名录；韩城神楼、韩城阵鼓、韩城古门楣题字等11个项目列入省级非遗保护名录；韩城阵鼓等56项列入市级非遗名录；省级非遗代表性传承人7个；韩城市级代表性传承人92人，"中央、省、市"三级保护体系已经形成。韩城还拥有几十家学协会，它们都是文化韩城的重要组成部分。其中，楹联学会坚持25年举办新春全球征联活动，展现了韩城文化独特的魅力。韩城还把特色产物打造成一种文化，例如"花椒文化"品牌，已成为一张与"司马迁故里"相媲美的韩城第二张靓丽的名片。

文化引领旅游崛起。韩城围绕文化旅游产业做足文章，成功举办三届全国锣鼓大赛，邀请国际、国内近百支优秀鼓队参赛。2017年中国·韩城"一带一路"国际灯光艺术节、韩城国际郁金香文化节、祭祀司马迁大典、桃花节、万人游韩城、全国首届睡莲文化节、中国·韩城首届"强大杯"国际篮球对抗赛等活动成功举办，引爆千年古城。其中，国家级的非遗项目"韩城行鼓"、歌剧《司马迁》等已走向全国，走向世界。此外，《史阙疑》《状元王杰》《毓秀龙门》《韩城方言从书》等每年50余部小说、诗歌、散文集等著作出版。

文化发力为民惠民。通过财政扶持、PPP模式、鼓励社会资金投入等办法，斥巨资改善文化基础设施，建设了集专业演出、数字影院等功能为一体的综合性文化中心，承接大型体育赛事活动的强盛广场体育中心，以及城市运动公园、南湖公园、国家文史公园等大型便民运动休闲服务场所。充分发挥了文化底蕴深厚、文化资源丰富、文化风格独特的优势，创作编排了大量贴近群众、贴近生活、反映成就和风貌的优秀文化文艺作品。

（六）生态为基，洗净铅华闪亮山水林原滩自然元素

韩城紧扣区域中心城市建设，引领黄河经济带协同发展目标，积极实施"生态立市、绿色发展"战略，扎实开展国家卫生城市、园林城市、森林城市、文明城市和环保模范城市"五城联创"。全面打响"保卫蓝天"战役，开展铁腕治霾"1+8"行动、20项环境专项整治、工业"治污双百工程"、建设"最美乡村"等工作，全力建设天蓝、地绿、水清、宜居、宜游、宜业的美丽新韩城。

打造"蓝天韩城"。强力推进铁腕治霾"1+8"行动和20项专项整治，严格落实"减煤、控车、抑尘、治源、禁燃、增绿"六项措施。投资234亿元实施生态环保项目107个，关闭了28家污染企业和20家采石场，全面取缔了黄标车和城区燃煤锅炉，铲除了盘踞龙门地区几十年的面源污染，将实现镇办污水处理、垃圾填埋和平原镇村"气化"全覆盖。推动工业源头治理，加速推进焦化企业脱硫工程和废水深度处理工程、小火电机组和20蒸吨以上燃煤锅炉超低排放改造工程。形成挥发性有机物治理长效机制，全市党政机关及企事业单位、学校食堂、餐饮单位油烟净化设备全部安装到位，加油加气站全部完成三次油气回收改造。持续深化扬尘治理，增配环卫专用车辆，城市道路实施全天候"8冲6扫"，敦促企业完成封闭料仓建设，建成1个散煤配送中心、4个封闭煤仓。统筹推进重点污染减排项目，"气化韩城"农村覆盖不断提高，余热暖民占比达12%以上，化学需氧量、二氧化硫等四项主要污染物超额完成省考指标任务，空气质量大幅改善。

打造"水润韩城"。东部黄河西岸滩涂，依托正在实施的黄河控导工程，结合规划实施的黄河西岸韩城段生态治理工程，打造一条长32公里、224万平方米水面、600万立方米水量，兼顾水上航运和生态修复的黄金水道。西部山区利用已成的薛峰、盘河、西南水库，依托在建的小迷川、侯家峪水库抗旱应急水源项目和列入"十三五"规划的林源水库以及8条黄河支流，连接贯通西部山区规划范围的涝池，形成库连渠、渠连池，进行西部山区生态水系建设。中部平原，以引黄入城济濩工程为主线，形成9条河流、8大湖泊、6座水库自北向南、多线连通的水系网络，由禹门口抽黄改造工程、城市水系渠道工程、节点调蓄工程、河流生态治理工程和农村涝池五部分组成，实施"引黄入城济濩"工程，自北向南形成"黄河—涧沟河—白矾河—盘河水库灌区—汶水—泌水—北海—城市水系—东湖—南湖—濩水河—司马湖—龙湖—黄河"的濩水河百里水系长廊。

打造"森林韩城"。2015年春季，韩城绿化加速，利用三季时间，全面完成"北林"栽植任务。同时，按照"提升绿化品位，打造园林景观"的思路，重点实施"北林"西禹高速公路两侧景观绿化、108国道两侧景观绿化、芝川镇西部塬区绿化、镇村（社区）绿化、象山森林公园建设、龙门西部沿山生态恢复和林业产业建设等七大造林绿化板块。积极开展"森林村庄"创建工作，对全市所有村庄和镇区全面绿化，在进村主干道、房前屋后、庭院等区域广栽乔木及花草，乔灌结合，栽植苗木多以乡土树种为主，做到"应绿尽绿"，全面改善了农村人居环境和村容村貌，村庄林木绿化率达到30%以上。在增加绿量的基础上，韩城狠抓依法治林，加强森林资源管理；继续实行封山禁牧，积极开展森林病虫害防治，加强古树名木保护。与此同时，积极探索发展林下经济，建成了以花椒为主的经济林55万亩，种植林下苦参、射干、知母等药材2000余亩，林业收入已成为韩城农村尤其是山区群众经济收入的主要来源。

打造"多彩韩城"。为了将韩城市打造为"三季有绿、四季有花"的多彩城市，韩城不断优化、美化环境，相继启动了"月季进城"和樱花栽植工程。近3年来，按照大面积、立体化、全覆盖的原则，全市共栽植各类各色月季200余种410万株，栽植樱花10万余株，使城乡环境得到了美化、彩化，极大提升了城市形象和品位。同时，在城市运动公园、文星公园、濩水河沿线、西禹高速公路沿线、韩合国家农业公园和广大乡村，采取"点""线""面"结合的方式，大力实施樱花栽植工程，着力打造"樱花之都"。先后打造出文星公园、梁带村景区、城市运动公园、象山森林公园、东台塬等5个樱花观赏区,304省道、濛水河二环南路等6个樱花观赏林带及打柳村、露沉村等17个乡村樱花观赏点。

(七)壮大非公经济,坚定不移释放经济社会潜动力

自改革开放以来,历经40年的艰苦奋斗,韩城民营经济从无到有、从小到大、从弱到强,成为韩城市场经济中最富活力、最具潜力、最有创造力的部分,是繁荣城乡经济、扩大就业、增加税收的有力支撑。2017年,韩城非公有制经济增加值203.6亿元,占GDP的比重为58.3%,比上年提升2.3个百分点,全市民营经济从业人员9.1万人,民营企业纳税过亿元企业3个,超过2000万元的纳税大户16个,民企超越国企跃居纳税"第一大户"。

引导民营企业提质增效。韩城以"优钢、升化、稳煤"为方针,引导传统民营企业向纵向和横向发展,延伸产业链,提高产品附加值,使传统产业在转型升级时实现工业产值和税收倍增。积极帮助企业梳理产业链,实现产业顺利转型和换挡升级,号召企业实现百年经营目标,为韩城经济发展做出企业更大的贡献。韩城还充分加强与全国工商联、中企会、工业类院校、国内外知名企业的联系互动,充分利用各类平台的资源和社会影响力,在发展民营经济、招商引资和服务会员企业等方面强强联合,引进工业类院校、国内外企业的前沿技术和优秀人才,推动韩城民营经济实现高质量发展。

"三大融合"拓展民营经济发展空间。韩城着力推动军民融合、省市融合、央地融合"三大融合",以拓展民营企业的发展空间。特别是在国家构建军民深度融合发展格局的背景下,韩城充分结合现有产业优势和特点推动军民融合,整合军民融合公共服务平台,支持军转民项目在韩城优先发展,在军民融合产业园、新能源汽车电池、通用航空管理、无人机培训基地建设等方面,深化与航天十二院、青岛蓝水量子公司、京东集团等知名企业的合作,创建全省军民融合产业发展创新示范区。

以营商环境优化增强民营企业信心。韩城对进驻政务服务大厅的35个部门351项审批事项进行动态调整,公开办理事项、简化办理时限,共删减审批环节30个,累计压缩审批时限600个工作日,办事效率同比提高20%。例如,"企业登记网上办理系统"1个工作日可完成办理;企业办理不动产登记时间由原来的5个工作日减少为2个工作日;全面实施"一人一机双系统单POS"办税模式。2018年1—9月,韩城市通过深入推进"1+10"行动,新增各类市场主体4557户,同比增长18.11%,增速居全省第2名。民间投资增速为72%,列全省第1名,网上和自助终端办理达到73.8%。在全省12个设区市考核中,得到91.09分,排名第4,全市的营商环境建设工作取得显著成效。

发挥党建对非公企业发展的促进作用。由于体制的原因,在最初的一段时间里,党建工作一直是非公企业的短板,党员人数少,党组织不健全,党的建设工作没有引起足够的重视。为了让党员有家,让企业有魂,发挥党员在企业发展中的中流砥柱作用,韩城全面加强非公党建工作,积极开展了"把企业骨干培养成党员,把党员培养成企业骨干,把党员骨干培养成企业党组织的负责人"的三培养活动,并将推动非公企业党组织和党的工作"两个覆盖",作为加强非公企业党建工作的首要任务。同时,韩城市还坚持把标准化建设作为非公党建的重要内容,并编制《韩城市非公有制经济组织基层党组织建设标准》,对非公经济组织党建工作相关名词、党组织设置、班子队伍建设、党员教育管理等方面进行了规范,提出了标准,为韩城非公经济组织基层党组织标准化、规范化建设提供了有力依据,也为在非公企业充分发挥党员的先锋模范作用提供坚实保障。

(八)繁荣民生事业,初心不改实现人民生活新期待

提升公共服务水平建设幸福韩城。韩城将四所公立医院及已经托管的西安交通大学第一附属医院,共同交给新成立的医疗联合体全面托管,让老百姓在家门口享受到省级医疗服务。推动西安交大韩城教育园区的落地,促进韩城教育与省级优质教育资源接轨,2017年全市11所院校集中开学,新增学位12150个,2018年春秋两学期开学共有700多名学生返回农村学校就读。围绕深化"放管服"改革,推进行政审批制度变革,成立政府服务大厅,将全市涉及群众和企业生产生活相关业务办理的34个政府部门、351项审批事项集中到政府服务大厅,实行"一厅式一窗口"受理运行机制,将有"上下游"关联的单位安排到一个办公室,便利群众办理从登记到缴费领证的所有事项。

建设城乡福利院护航居民养老。2016年开工建设社会福利园,分别建设有社会福利综合服务区、医疗护理区、健康养老产业综合服务街区和候鸟式养老公寓四个板块,逐步实现了"社会保障体系领先、社会救助体系领先、社会福利体系领先、养老事业发展领先、健康产业发展领先"的民生发展目标。而早在2015年启动的农村幸福院建设项目,截至2018年9月底,共实施农村幸福院项目159个,有效解决了农村老年人的养老问题,将推动韩城养老服务能力迈上一个新的台阶。

推动集中供热和镇村气化提升生活品质。城市集中供热项目是提升韩城城市品位,改善群众生活的一项重大民生工程。此项目的实施改写了韩城自古以来以煤取暖的历史。自2015年城区实施集中供热以来,实际供热面积已达400万平方米,基本实现主城区全覆盖。2017年年初韩城又提出加快实施"气化韩城"战略,全面启动了天然气"镇村气化"工程,计划利用3年的时间,实现韩城市城乡"同网、同质、同价、同服务"的城乡一体化供气格局。当前,韩城市天然气城乡一体化供气新格局已基本形成,韩城市也将成为陕西省第一个实现管道天然气"城乡一体化"的城市。集中供热和镇村气化工程,对于提高城市供暖质量同时也为韩城城乡人民享用洁净能源、提升生活品质,提供了坚实的保障。

健全扶贫体系多措并举助脱贫。韩城制定出台了"五个全覆盖、八个全保障、一个全配套"的脱贫攻坚帮扶措施,精准施策,全面帮扶,截至2017年年底,全市剩余11个贫困村,建档立卡贫困户1215户2741人,贫困发生率由2015年年底的9%下降到1.1%,计划于2018年年底实现全市整体脱贫目标。"五个全覆盖"是指"贫困对象全覆盖、产业增收全覆盖、就业创业全覆盖、技能培训全覆盖、幸福院建设全覆盖","八个全保障"是指"教育资助全保障、健康医疗全保障、民生兜底全保障、扶残助残全保障、安全住房全保障、养老托管全保障、基本权益全保障、法律援助全保障","一个全配套"是指"基础设施和公共服务全配套"。在扶贫攻坚的过程中,韩城还充分发挥基层党组的作用,通过打造以社区党组织为"轴心",市、街道、社区三级联动,驻区单位、在职党员、商铺门店协同发挥作用的"一心三联三动"城市党建综合体,使党的组织优势转化成保障城市贫困群众生活的工作优势。

四 韩城的发展愿景

根据韩城自身具备的发展优势，以及各级区域规划明确指出的需要由韩城承担的主要功能和任务，韩城的发展愿景可以表述为以下三个方面：关中地区最具特色的生态文化名城；陕晋豫黄河沿岸区域性中心城市；"黄河旅游带"上的重要节点城市。

（一）关中地区最具特色的生态文化名城

建设"关中地区最具特色的生态文化名城"是韩城的长期发展愿景，反映的是韩城作为一个城市单元，在生态和文化方面所具有的独特属性，是最具有统领性和本质性的发展愿景。"关中地区最具特色的生态文化名城"分别从区域属性、发展层级、本质内容等方面表达了韩城的特质。

"生态文化名城"表达了三层含义：其一，要打造"文化韩城"。这种文化打造包含多方面的维度。既要弘扬区域性的黄河文化，又要塑造地域性的特色文化，更要彰显独特的史记文化。同时，还需要充分展现古城风韵、民俗风情。在此过程中，还需要注重增强历史文化与现代文化、现代文明的结合，包含内容方面的结合和承载形式的结合。其二，要打造"生态韩城"。这种生态打造包含自然生态、城乡生态和人文生态等多方面。打造自然生态是要凸显韩城的山、水、林、原、滩等自然元素，拒绝破坏和污染，即使在建设的过程中也要注重维护原生态的特色；打造城乡生态是要更加重视城乡的有机融通、城乡建筑的设计、城乡空间的规划等，主要推动人和产业活动空间的生态化；人文生态则是要推动生产和生活等行为的生态化，包括清洁生产、循环经济、垃圾分类、绿色出行等。其三，要打造"名城"。它则强调了韩城未来所要达到的发展层次，即要在全国乃至世界达到知"名"的程度。韩城的知"名"既要建立在自身内涵基础上，特别是体现在生态和文化建设上，同时也要注重城市的宣传和营销，包括各类媒体的运用和各类宣传品的制作，而且有些宣传品自身也是文化品，例如重大节庆活动的举办和优秀影视音像品的制作等。

"关中地区最具特色"则强调和明确了韩城建设"生态文化名城"区

域限定性和区域竞争地位。其区域限定是"关中地区",着眼于陕西境内部分区域;其区域竞争地位则是"最具特色",它立足于韩城自身独特的文化特征和生态地理特征的有机结合。"关中地区"是文化名城广布之区域,单独的文化和单独的生态,韩城都难以"最具特色",但是二者的有机结合,有可能使韩城一跃成为关中地区最具特色的生态文化名城。由于关中地区在全国乃至全世界生态文化建设中的特殊地位,韩城"生态文化名城"由此也就具有全国性乃至全世界性的竞争力。

"关中地区最具特色的生态文化名城"将韩城的生态和文化两大资源优势凝为一体,并强调了其所要达到的目标高度,凸显了韩城所拥有的鲜明特质,提出这一发展愿景,有利于清晰树立韩城的发展目标和城市形象,增强外界对韩城的感知程度,并通过凝聚共识和集聚资源,有力推动这一愿景的自我实现,并为关中城市群的建设增添浓墨重彩的一笔。韩城的山、水、林、原、滩,以及所拥有的黄河文化、史记文化、古城文化,都是非常独特的,是许多地方羡之而不可得的,众多生态和文化元素的集聚和凝练,将完全可能催生出一个具有世界水平的"生态文化名城"。"关中地区"是对"最具特色"的区域限定,但对于"生态文化名城"更多是其区域属性的标识,"生态文化名城"区域限定更应该是全国的乃至世界的。

(二) 陕晋豫黄河沿岸区域性中心城市

建设"陕晋豫黄河沿岸区域性中心城市"是韩城在区域竞争概念上的发展愿景,强调了韩城在区域经济协同发展中所期望要达到的地位。这一愿景一方面表达了韩城作为一个区域单元,对其他区域单元发展所应承担的中心功能,另一方面也表达了韩城相对其他区域单元期望通过竞争所要达到的某种层级。

"陕晋豫黄河沿岸区域性中心城市"这一愿景表达了两层含义:其一,韩城的发展目标应该是一个"区域性中心城市",这一层含义突出了韩城的城市属性,强调了韩城的城市竞争地位和发展目标高度,也隐含了韩城所应承担的中心城市职能;其二,"陕晋豫黄河沿岸"则表达了韩城发展目标的区域限定性,即韩城作为一个县级城市,其影响力仍然是区域性的,即主要限定于"陕晋豫黄河沿岸"。这一区域限定虽然突破了省市的行政界限，但仍然只是相对有限区域。

"陕晋豫黄河沿岸区域性中心城市"这一愿景突出了韩城在陕晋豫黄河沿岸区域所应达到的地位，将有利于韩城紧密围绕区域性中心城市的定位进行规划布局，并继而提高韩城在陕晋豫黄河金三角中的地位，特别是还会增强区域内城市对韩城区域性中心城市的身份认同，促使它们在进行规划布局时更加重视与韩城的交通对接和产业协同，进一步密切该区域城市之间的联系和融通，提高该区域城市在全国的整体竞争力。

韩城是西部与中部、陕西省与山西省、关中与陕西省的交汇点，是华北入陕的第一道门槛。同时，韩城又是丝路经济带、陕甘宁经济带、黄河金三角与陕西东大门经济带上重要的一极。韩城打造区域性中心城市的地理区位条件是毋庸置疑的。同时，韩城还是秦晋黄河岸边重要的工业能源与文化旅游城市，而周边也缺乏具有区域带动能力的中心城市，使韩城有能力也有必要建设成为"陕晋豫黄河沿岸区域性中心城市"。而韩城黄河沿岸区域性中心城市的建设，不仅能增强韩城自身的资源集聚能力，做大城市规模，提升城市功能，也能扩大韩城对周边区域城市的带动能力，并不断发挥区域性纽带作用，促进该区域各城市之间的交流与合作，实现该区域内城市发展的"1+1>2"的效应。

韩城要承担区域性中心城市的功能，需要具有集散人流、物流、资金流和信息流的能力。除了要继续提升至邻近城市的交通通达性外，韩城还需要在产业集聚、教育医疗、商业设施、商务服务、休闲娱乐等各方面不断提高自己，通过做大规模和提高质量，增强吸引和辐射两个能力，在形成对区域内其他城市的强大竞争优势同时，构筑彼此之间互联互通、合作共赢的共进局面。

（三）"黄河旅游带"上的重要支点城市

建设"'黄河旅游带'上的重要支点城市"是韩城特定的区域功能性发展愿景，强调了韩城作为一个主体功能区，在黄河流域旅游目的地建设方面所应承担的特殊功能。

"'黄河旅游带'上的重要支点城市"这一愿景蕴含了两个层面的意思：第一，强调了韩城的旅游功能及其地理区位归属，即归属于"黄河旅游带"。而"黄河旅游带"是陕西省着力打造的旅游板块，共包含4市

13县（区）。随着"黄河旅游带"品牌的逐渐叫响，未来也将有更多省份的县（区）加入进来，最终发展成为全国性的黄金旅游线路。归属于这样一个旅游带，将避免单个旅游景点或旅游区域分散营销的被动局面，通过资源整合和整体营销，提高自身旅游品牌的知名度和影响力。第二，强调了韩城在旅游带上的重要地位，即韩城要成为旅游带上的"重要支点城市"。"支点"之区别于"节点"，突出表现在其存在的不可或缺性，而"节点"的意义在于其连接性，但不至于重要到不可或缺。"'黄河旅游带'上的重要支点城市"突出了韩城作为一个旅游点位的重要性，没有韩城，旅游带将出现缺憾。这一愿景也对韩城旅游功能区建设提出了更高要求，促使韩城在生态文明、城镇化特色、文化旅游、区域合作等方面做出表率。

"黄河旅游带"是陕西省建设"国际一流文化旅游中心"的重要支撑，立足于一体打造、文化融入、共建共享，把黄河沿线的景、城、镇、村、店有机结合起来，推动城乡一体化发展，创造全域旅游发展新模式，使黄河旅游带成为贯通呼包银榆经济区、陕甘宁革命老区、关天经济区、辐射环渤海、长江三角区、珠江三角区等经济区的旅游金腰带，并推动沿黄观光路真正成为陕西全新的扶贫脱贫致富带、文化旅游观光带、特色产业发展带和沿黄生态城镇带。韩城自2016年入选国家首批全域旅游示范区以来，全域旅游进入发展快车道，旅游业态多点开花，已形成了司马迁祠、党家村、明清古城、梁带村遗址、普照寺、大禹庙"六大精品景区"格局，濮水河文史公园、猴山度假休闲区、清水温泉体验区日渐完善，"人在旅途，处处是景点、路路是景观"的全域旅游目标初步实现，韩城"中国历史文化名城""中国优秀旅游城市"形象深入人心。同时，韩城处于陕北地区和关中地区的分界处，更是从华北入陕的关键通道。韩城拥有如此独特和雄厚的旅游基础和条件，其重要支点地位自然是不言而喻的。

五 韩城的功能定位

根据韩城所要承担的功能，结合韩城的发展愿景，其功能定位可以简要表述如下：史记文化和黄河文明的主体承载区、世界知名的文化旅游目的地、黄河沿岸重要的高端产业集聚区、全国著名的特色农业生产基地、国家循环经济示范区。

（一）史记文化和黄河文明的主体承载区

"史记文化和黄河文明的主体承载区"是韩城最为核心的功能定位，也是韩城之所以敢于提出打造"史记韩城，黄河特区"品牌的基础支撑。2017年中共中央办公厅、国务院办公厅印发的《关于实施中华优秀传统文化传承发展工程的意见》指出，要坚守中华文化立场、传承中华文化基因，不断增强中华优秀传统文化的生命力和影响力，创造中华文化新辉煌。韩城作为史记文化的核心区和黄河文明的发源地，对史记文化和黄河文明的传承功能甚至超过其旅游功能。

《史记》和司马迁身上所蕴藏的无穷智慧和文化精髓，令世人惊叹和折服。司马迁与《史记》不仅是汉代的文化品牌、陕西省的文化品牌，更是中国的文化品牌。在新时代，守护和弘扬这一文化品牌，对于坚定文化自信具有积极意义。韩城作为司马迁故里，兼有司马迁古祠，在传承史记文化基因方面不仅具有不可替代的地位，而且也具有不可推卸的责任。2014年，韩城"徐村司马迁祭祀"作为祭祖习俗入选第四批国家级非物质文化遗产代表性项目名录；2015年、2017年，相继推出了大型原创历史话剧《司马迁》、大型秦腔历史剧《司马迁》；司马迁景区2014年跻身国家4A级景区行列；国家文史公园的建成开放以及祭祀史圣司马迁大典、《史记》国际论坛等一系列活动的开展，让司马迁《史记》这一文化品牌影响力与日俱增。

中华文明在长达数千年的历史长河中，主体与核心一直是无可置疑的，那就是黄河文明。黄河文明的传承是中华民族集体记忆的延续。黄河在秦晋大峡谷这一段，留下太多的上古传说。伏羲在这里观象于天，始做八卦，在天地间以黄河画太极。大禹在这里凿龙门而治水患。龙门、石门加上再往上游的孟门，就是黄河三门。这里也是秦晋大峡谷最后的一段，是黄河中游气势最为壮丽的一段，被称为"南有长江三峡，北有黄河三门"。而韩城正位于三门之最下游龙门旁，"禹门春浪"的形胜奇景，当仁不让成为韩城古八景之一。这些都是中华黄河文明的宝贵基因，而韩城所具有的丰厚文化底蕴和独特文化区位，使其成为传承黄河文明的不二选择。

（二）世界知名的文化旅游目的地

"世界知名的文化旅游目的地"这一功能定位既是对韩城建设"'黄河旅游带'上的重要支点城市"的必要支撑，也是韩城建设"关中地区最具特色生态文化名城"的自然反映。这一定位强调了韩城在全国乃至世界休闲旅游产业中的地位，也是韩城对休闲旅游产业发展所要达到高度的自我要求，要做到"世界知名"。

韩城建设"世界知名的文化旅游目的地"不仅具有坚实基础，而且已经取得了较大成就。过去韩城虽有司马迁祠、黄河、古城、党家村等众多驰名中外的旅游景点，但缺少"一轮明月"。为此，近年来韩城依托"黄河文明""史记文化""生态绿谷"等优势资源，构建了"一环、三带、五区"全域旅游格局。以司马迁祠、党家村、古城三庙3个4A景区为核心的"六大景区"功能趋于完善；城市"五化（绿化、美化、净化、亮化、优化）"工程提速，月季之城、樱花之都、北部水乡初具形象；六大要素不断完善，立体交通格局显现，标准化酒店、饭店达到20家，7大旅游专业市场陆续推出；乡村旅游"四大聚集区"加速形成，滑雪场、温泉酒店、狩猎场等一批新型业态全面运营，标准化农家乐、乡土民宿179家，西庄镇、芝川镇跻身省级旅游特色名镇。当前，一个生态和文化有机融合、城市和村镇相互融通、景点和景区彼此连缀的全域旅游系统在韩城正逐渐形成。

（三）黄河沿岸重要的高端产业集聚区

"黄河沿岸重要的高端产业集聚区"是韩城的产业功能定位，表明韩城应在高端产业发展方面所应承担的功能。高端产业集聚区将主要包含千亿新能源、千亿新材料、千亿循环、千亿新装备、千亿健康等"五大千亿产业集群"。高端产业集聚区建设是韩城建设"黄河沿岸区域性中心城市"的重要支撑，只有形成高端产业集聚，才能在人口规模、财政基础、产业带动能力等方面更上一层楼，也才能充分发挥对周边县（市）的辐射作用。

韩城高端产业集聚区的发展既依托传统产业的转型升级，又依托新兴产业的突飞猛进。当前，韩城已形成以钢、电、煤、化、建等传统产业为支撑，高端装备、新材料等新兴产业竞相发展的新格局，特别是建成了初具规模的陕西省新能源汽车及零配件生产基地、西部高端环保陶瓷生产基地、陕西省精细化工生产基地等产业集聚中心，成为引领区域产业协同发展的新高地。2018年，韩城省级高新技术产业开发区正式获批，新能源汽车研究院、煤化工研究院、中德铸造研究院、新型环保陶瓷产业研究院等创新实体已入驻高新区，为园区的工业创新驱动发展提供了强有力的支持。截至目前，韩城高新区已初步形成了以高端装备制造、节能环保、新材料、光电等产业为主导，以大数据、生命科学等专业孵化器为支撑，以现代服务业为保障的发展态势。

韩城市煤化工产业以焦化产业为主，经多年发展，已基本形成"焦、炭黑、苯、醇"的主线，培育了以陕西龙门煤化工有限责任公司等为代表的12家规模以上企业。汴一体化产业对接的重点之一，就是实现汽车及零部件产业的协同发展，韩城汽车产业集聚位居中间，已然成为郑州汽车产业园的重要组成部分。当前，韩城紧紧把握汽车产业发展方向，紧盯新能源、新材料等行业高端科技前沿，积极"走出去引进来"，强力引进领军品牌企业，同时突出"整车+零部件"产业集聚，积极开展延链、补链、强链招商，汽车产业集聚区的集聚效应日渐增强。韩城已在郑开科创走廊上的雁鸣湖创新科技园规划布局生物医药科技园，依托郑开科创走廊上的强大科研力量，生物医药产业最终形成集聚发展将是可以预料的。韩城将生物医药产业列为先进制造业基地的重要发展方向，主要是因为可以充分利用郑州开封等地区的科教资源，同时该行业附加值高，单位土地面积产出高，可以避免对韩城土地空间形成过度挤压。

（四）全国著名的特色农业生产基地

"全国著名的特色农业生产基地"突出强调了韩城作为全国优质农产品供应和农旅融合发展示范区的功能，同时也明确了韩城承担这一使命所要达到的高度或目标，即要做到"全国著名"。

韩城位于关中平原与黄土高原的交汇之处，是黄河流域古老的农业区域之一，农业生产条件良好、特色鲜明，已形成了椒、果、菜、畜等主导产业。2018年，全市花椒种植面积达55万亩，年产量2700万公斤；

发展蔬菜面积4.65万亩，产量22.3万吨；发展果业面积18.7万亩，其中苹果面积15.8万亩，产量12.5万吨。全市共发展花卉生产及经营主体46家，特色花卉苗木繁育基地2000余亩，产业布局和结构日趋完善。其中，大红袍花椒是韩城农业的龙头产业，距今已有上千年种植历史，占全国花椒产量的1/6，先后荣获"中国地理标志产品""中国驰名商标"，韩城被命名为"中国名特优经济林花椒之乡""国家花椒生物产业基地""中国花椒之都"。韩城紧抓乡村振兴战略发展机遇，谋划建设国家农业公园、国家级花椒产业示范园、中哈域外农业基地、万亩设施农业、苗木花卉、生态休闲观光等现代农业基地及国家森林城市，特别是160万亩林业资源和"引黄入城济澽"百里生态水系长廊建设，为韩城打造全国著名的特色农业生产基地，推动特色农业、生态农业和观光农业有机结合奠定了坚实的基础。

（五）国家循环经济示范区

"国家循环经济示范区"功能既是对韩城打造高端产业集群、推动生态文化名城建设的规范和约束，也是对韩城在"循环经济"发展中所应承担功能的要求，即要发挥"示范"作用。

多年之前，韩城还是一座能源型工业城市，污染十分严重。计划单列后的韩城决定全面升级改造传统工业，创建国家新能源示范市，把昔日的"煤城"建成"生态城"。为此，韩城提出了一个"三年千亿元产业振兴计划"，计划用3年的时间，培育打造循环、高效、生态的新型工业体系。韩城"百亿新型环保陶瓷产业园区"通过发展循环经济，对韩城当地煤矸石、粉煤灰、铁矿尾渣等固体废弃物进行提纯，使之成为生产建筑陶瓷胚体的重要原材料。煤化工产业方面，韩城打破传统的技术，实现煤的气化和液化，并向非金属材料方面发展甲醇等最基础的化工原料，为树脂类新型产业打基础，同时建设一个高端装备业特种材料基地，将非金属与特种金属相结合，向清洁能源迈进。韩城年产焦炭1070万吨，而焦炉煤气所含丰富的甲烷、氢、氮、一氧化碳等是生产LNG的必备原料，韩城引进焦炉煤气制LNG项目，对这些原料循环利用，并发展装备制造业，解决新能源氢、LNG、CNG的生产、储存以及水科技产业的水储装备。当前，在韩城经开区发初步形成了"一大、四小、五利用"的循环经济发展模式。"一大"：即以煤炭、铁矿石原料为基础，焦炭、钢、甲醇、LGN、炭黑、电、尿素、水泥为最终产品的衔接顺畅、完整闭合的大循环产业链条。"四小"：即在园区产业、企业内部建成了焦化、钢铁、发电、建材等四条自我循环、自我利用的内循环链条。"五利用"：即对煤气、尾气的综合利用、对废渣的综合利用、对焦化副产品的综合利用、对余热资源的回收利用和废水的回收利用。2015年韩城被纳入国家循环经济示范城市（县）建设名单，成为陕西省唯一的国家循环经济示范区，2018年韩城经开区入选"国家资源循环利用基地"，韩城循环经济步入良性发展轨道。

附　　录

附表一　　　　　　全国 400 样本县（市）的地区分布

县（市）	所属城市	核心城市	省份（或自治区）	地区
正定县	石家庄	石家庄	河北	东部地区
辛集市	石家庄	石家庄	河北	东部地区
昌黎县	秦皇岛	天津	河北	东部地区
滦县	唐山	天津	河北	东部地区
滦南县	唐山	天津	河北	东部地区
迁西县	唐山	北京	河北	东部地区
玉田县	唐山	北京	河北	东部地区
遵化市	唐山	北京	河北	东部地区
迁安市	唐山	北京	河北	东部地区
武安市	邯郸	石家庄	河北	东部地区
沙河市	邢台	石家庄	河北	东部地区
涿州市	保定	北京	河北	东部地区
定州市	保定	石家庄	河北	东部地区
任丘市	沧州	北京	河北	东部地区
黄骅市	沧州	天津	河北	东部地区
固安县	廊坊	北京	河北	东部地区
香河县	廊坊	北京	河北	东部地区
文安县	廊坊	天津	河北	东部地区
霸州市	廊坊	北京	河北	东部地区
三河市	廊坊	北京	河北	东部地区
长治县	长治	太原	山西	中部地区
襄垣县	长治	太原	山西	中部地区

续表

县（市）	所属城市	核心城市	省份（或自治区）	地区
泽州县	晋城	郑州	山西	中部地区
高平市	晋城	郑州	山西	中部地区
山阴县	朔州	太原	山西	中部地区
怀仁市	朔州	太原	山西	中部地区
灵石县	晋中	太原	山西	中部地区
介休市	晋中	太原	山西	中部地区
河津市	运城	西安	山西	中部地区
洪洞县	临汾	太原	山西	中部地区
孝义市	吕梁	太原	山西	中部地区
土默特右旗	包头	包头	内蒙古	西部地区
达茂旗	包头	包头	内蒙古	西部地区
扎鲁特旗	通辽	沈阳	内蒙古	西部地区
霍林郭勒市	通辽	沈阳	内蒙古	西部地区
达拉特旗	鄂尔多斯	包头	内蒙古	西部地区
准格尔旗	鄂尔多斯	包头	内蒙古	西部地区
鄂托克旗	鄂尔多斯	包头	内蒙古	西部地区
伊金霍洛旗	鄂尔多斯	包头	内蒙古	西部地区
满洲里市	呼伦贝尔市	哈尔滨	内蒙古	西部地区
锡林浩特市	锡林郭勒盟	呼和浩特	内蒙古	西部地区
法库县	沈阳	沈阳	辽宁	东部地区
新民市	沈阳	沈阳	辽宁	东部地区
瓦房店市	大连	大连	辽宁	东部地区
庄河市	大连	大连	辽宁	东部地区
海城市	鞍山	沈阳	辽宁	东部地区
东港市	丹东	大连	辽宁	东部地区
凤城市	丹东	大连	辽宁	东部地区
盖州市	营口	大连	辽宁	东部地区
大石桥市	营口	沈阳	辽宁	东部地区
盘山县	盘锦	沈阳	辽宁	东部地区
绥中县	直管	沈阳	辽宁	东部地区
农安县	长春	长春	吉林	中部地区

续表

县（市）	所属城市	核心城市	省份（或自治区）	地区
榆树市	长春	长春	吉林	中部地区
德惠市	长春	长春	吉林	中部地区
桦甸市	吉林	长春	吉林	中部地区
磐石市	吉林	长春	吉林	中部地区
公主岭市	四平	长春	吉林	中部地区
梅河口市	通化	长春	吉林	中部地区
抚松县	白山	长春	吉林	中部地区
前郭县	松原	长春	吉林	中部地区
扶余市	松原	长春	吉林	中部地区
延吉市	延边州	长春	吉林	中部地区
敦化市	延边州	长春	吉林	中部地区
宾县	哈尔滨	哈尔滨	黑龙江	中部地区
五常市	哈尔滨	哈尔滨	黑龙江	中部地区
安达市	绥化	哈尔滨	黑龙江	中部地区
肇东市	绥化	哈尔滨	黑龙江	中部地区
江阴市	无锡	上海	江苏	东部地区
宜兴市	无锡	上海	江苏	东部地区
丰县	徐州	南京	江苏	东部地区
沛县	徐州	南京	江苏	东部地区
睢宁县	徐州	南京	江苏	东部地区
新沂市	徐州	南京	江苏	东部地区
邳州市	徐州	南京	江苏	东部地区
溧阳市	常州	南京	江苏	东部地区
常熟市	苏州	上海	江苏	东部地区
张家港市	苏州	上海	江苏	东部地区
昆山市	苏州	上海	江苏	东部地区
太仓市	苏州	上海	江苏	东部地区
海安市	南通	上海	江苏	东部地区
如东县	南通	上海	江苏	东部地区
启东市	南通	上海	江苏	东部地区
如皋市	南通	上海	江苏	东部地区

续表

县（市）	所属城市	核心城市	省份（或自治区）	地区
海门市	南通	上海	江苏	东部地区
东海县	连云港	南京	江苏	东部地区
灌云县	连云港	南京	江苏	东部地区
灌南县	连云港	南京	江苏	东部地区
涟水县	淮安	南京	江苏	东部地区
盱眙县	淮安	南京	江苏	东部地区
金湖县	淮安	南京	江苏	东部地区
响水县	盐城	南京	江苏	东部地区
滨海县	盐城	南京	江苏	东部地区
阜宁县	盐城	南京	江苏	东部地区
射阳县	盐城	南京	江苏	东部地区
建湖县	盐城	南京	江苏	东部地区
东台市	盐城	南京	江苏	东部地区
宝应县	扬州	南京	江苏	东部地区
仪征市	扬州	南京	江苏	东部地区
高邮市	扬州	南京	江苏	东部地区
丹阳市	镇江	南京	江苏	东部地区
扬中市	镇江	南京	江苏	东部地区
句容市	镇江	南京	江苏	东部地区
兴化市	泰州	南京	江苏	东部地区
靖江市	泰州	上海	江苏	东部地区
泰兴市	泰州	上海	江苏	东部地区
沭阳县	宿迁	南京	江苏	东部地区
泗阳县	宿迁	南京	江苏	东部地区
泗洪县	宿迁	南京	江苏	东部地区
桐庐县	杭州	杭州	浙江	东部地区
淳安县	杭州	杭州	浙江	东部地区
建德市	杭州	杭州	浙江	东部地区
象山县	宁波	宁波	浙江	东部地区
宁海县	宁波	宁波	浙江	东部地区
余姚市	宁波	宁波	浙江	东部地区

续表

县（市）	所属城市	核心城市	省份（或自治区）	地区
慈溪市	宁波	宁波	浙江	东部地区
永嘉县	温州	温州	浙江	东部地区
平阳县	温州	温州	浙江	东部地区
苍南县	温州	温州	浙江	东部地区
瑞安市	温州	温州	浙江	东部地区
乐清市	温州	温州	浙江	东部地区
嘉善县	嘉兴	上海	浙江	东部地区
海盐县	嘉兴	上海	浙江	东部地区
海宁市	嘉兴	上海	浙江	东部地区
平湖市	嘉兴	上海	浙江	东部地区
桐乡市	嘉兴	上海	浙江	东部地区
德清县	湖州	杭州	浙江	东部地区
长兴县	湖州	杭州	浙江	东部地区
安吉县	湖州	杭州	浙江	东部地区
新昌县	绍兴	宁波	浙江	东部地区
诸暨市	绍兴	杭州	浙江	东部地区
嵊州市	绍兴	宁波	浙江	东部地区
武义县	金华	杭州	浙江	东部地区
浦江县	金华	杭州	浙江	东部地区
兰溪市	金华	杭州	浙江	东部地区
义乌市	金华	杭州	浙江	东部地区
东阳市	金华	杭州	浙江	东部地区
永康市	金华	杭州	浙江	东部地区
龙游县	衢州	杭州	浙江	东部地区
江山市	衢州	杭州	浙江	东部地区
岱山县	舟山	宁波	浙江	东部地区
玉环市	台州	温州	浙江	东部地区
天台县	台州	温州	浙江	东部地区
温岭市	台州	温州	浙江	东部地区
临海市	台州	宁波	浙江	东部地区
青田县	丽水	温州	浙江	东部地区

续表

县（市）	所属城市	核心城市	省份（或自治区）	地区
缙云县	丽水	温州	浙江	东部地区
长丰县	合肥	合肥	安徽	中部地区
肥东县	合肥	合肥	安徽	中部地区
肥西县	合肥	合肥	安徽	中部地区
庐江县	合肥	合肥	安徽	中部地区
巢湖市	合肥	合肥	安徽	中部地区
芜湖县	芜湖	南京	安徽	中部地区
繁昌县	芜湖	南京	安徽	中部地区
南陵县	芜湖	南京	安徽	中部地区
无为县	芜湖	南京	安徽	中部地区
怀远县	蚌埠	合肥	安徽	中部地区
五河县	蚌埠	合肥	安徽	中部地区
固镇县	蚌埠	合肥	安徽	中部地区
凤台县	淮南	合肥	安徽	中部地区
当涂县	马鞍山	南京	安徽	中部地区
濉溪县	淮北	合肥	安徽	中部地区
怀宁县	安庆	合肥	安徽	中部地区
枞阳县	安庆	合肥	安徽	中部地区
桐城市	安庆	合肥	安徽	中部地区
凤阳县	滁州	合肥	安徽	中部地区
天长市	滁州	南京	安徽	中部地区
临泉县	阜阳	合肥	安徽	中部地区
太和县	阜阳	合肥	安徽	中部地区
颍上县	阜阳	合肥	安徽	中部地区
界首市	阜阳	合肥	安徽	中部地区
萧县	宿州	合肥	安徽	中部地区
霍邱县	六安	合肥	安徽	中部地区
舒城县	六安	合肥	安徽	中部地区
涡阳县	亳州	合肥	安徽	中部地区
蒙城县	亳州	合肥	安徽	中部地区
利辛县	亳州	合肥	安徽	中部地区

续表

县（市）	所属城市	核心城市	省份（或自治区）	地区
广德县	宣城	杭州	安徽	中部地区
宁国市	宣城	杭州	安徽	中部地区
闽侯县	福州	福州	福建	东部地区
连江县	福州	福州	福建	东部地区
罗源县	福州	福州	福建	东部地区
平潭县	福州	福州	福建	东部地区
福清市	福州	福州	福建	东部地区
仙游县	莆田	福州	福建	东部地区
永安市	三明	厦门	福建	东部地区
惠安县	泉州	厦门	福建	东部地区
安溪县	泉州	厦门	福建	东部地区
永春县	泉州	厦门	福建	东部地区
石狮市	泉州	厦门	福建	东部地区
晋江市	泉州	厦门	福建	东部地区
南安市	泉州	厦门	福建	东部地区
漳浦县	漳州	厦门	福建	东部地区
长泰县	漳州	厦门	福建	东部地区
龙海市	漳州	厦门	福建	东部地区
邵武市	南平	福州	福建	东部地区
上杭县	龙岩	厦门	福建	东部地区
福安市	宁德	福州	福建	东部地区
福鼎市	宁德	福州	福建	东部地区
南昌县	南昌	南昌	江西	中部地区
进贤县	南昌	南昌	江西	中部地区
乐平市	景德镇	南昌	江西	中部地区
分宜县	新余	南昌	江西	中部地区
贵溪市	鹰潭	南昌	江西	中部地区
丰城市	宜春	南昌	江西	中部地区
樟树市	宜春	南昌	江西	中部地区
高安市	宜春	南昌	江西	中部地区
上饶县	上饶	南昌	江西	中部地区

续表

县（市）	所属城市	核心城市	省份（或自治区）	地区
平阴县	济南	济南	山东	东部地区
济阳县	济南	济南	山东	东部地区
胶州市	青岛	青岛	山东	东部地区
平度市	青岛	青岛	山东	东部地区
莱西市	青岛	青岛	山东	东部地区
桓台县	淄博	济南	山东	东部地区
高青县	淄博	济南	山东	东部地区
沂源县	淄博	济南	山东	东部地区
滕州市	枣庄	济南	山东	东部地区
广饶县	东营	济南	山东	东部地区
龙口市	烟台	青岛	山东	东部地区
莱阳市	烟台	青岛	山东	东部地区
莱州市	烟台	青岛	山东	东部地区
蓬莱市	烟台	青岛	山东	东部地区
招远市	烟台	青岛	山东	东部地区
海阳市	烟台	青岛	山东	东部地区
昌乐县	潍坊	青岛	山东	东部地区
青州市	潍坊	济南	山东	东部地区
诸城市	潍坊	青岛	山东	东部地区
寿光市	潍坊	济南	山东	东部地区
安丘市	潍坊	青岛	山东	东部地区
高密市	潍坊	青岛	山东	东部地区
昌邑市	潍坊	青岛	山东	东部地区
微山县	济宁	济南	山东	东部地区
嘉祥县	济宁	济南	山东	东部地区
汶上县	济宁	济南	山东	东部地区
曲阜市	济宁	济南	山东	东部地区
邹城市	济宁	济南	山东	东部地区
宁阳县	泰安	济南	山东	东部地区
新泰市	泰安	济南	山东	东部地区
肥城市	泰安	济南	山东	东部地区

续表

县（市）	所属城市	核心城市	省份（或自治区）	地区
荣成市	威海	青岛	山东	东部地区
乳山市	威海	青岛	山东	东部地区
沂水县	临沂	青岛	山东	东部地区
兰陵县	临沂	济南	山东	东部地区
费县	临沂	济南	山东	东部地区
莒南县	临沂	青岛	山东	东部地区
临邑县	德州	济南	山东	东部地区
齐河县	德州	济南	山东	东部地区
禹城市	德州	济南	山东	东部地区
茌平县	聊城	济南	山东	东部地区
高唐县	聊城	济南	山东	东部地区
临清市	聊城	济南	山东	东部地区
无棣县	滨州	济南	山东	东部地区
博兴县	滨州	济南	山东	东部地区
邹平县	滨州	济南	山东	东部地区
曹县	菏泽	济南	山东	东部地区
单县	菏泽	济南	山东	东部地区
成武县	菏泽	济南	山东	东部地区
巨野县	菏泽	济南	山东	东部地区
郓城县	菏泽	济南	山东	东部地区
鄄城县	菏泽	济南	山东	东部地区
东明县	菏泽	济南	山东	东部地区
中牟县	郑州	郑州	河南	中部地区
巩义市	郑州	郑州	河南	中部地区
荥阳市	郑州	郑州	河南	中部地区
新密市	郑州	郑州	河南	中部地区
新郑市	郑州	郑州	河南	中部地区
登封市	郑州	郑州	河南	中部地区
尉氏县	开封	郑州	河南	中部地区
孟津县	洛阳	洛阳	河南	中部地区
新安县	洛阳	洛阳	河南	中部地区

续表

县（市）	所属城市	核心城市	省份（或自治区）	地区
栾川县	洛阳	洛阳	河南	中部地区
伊川县	洛阳	洛阳	河南	中部地区
偃师市	洛阳	洛阳	河南	中部地区
宝丰县	平顶山	郑州	河南	中部地区
汝州市	平顶山	郑州	河南	中部地区
林州市	安阳	郑州	河南	中部地区
长垣县	新乡	郑州	河南	中部地区
辉县市	新乡	郑州	河南	中部地区
沁阳市	焦作	郑州	河南	中部地区
孟州市	焦作	郑州	河南	中部地区
禹州市	许昌	郑州	河南	中部地区
长葛市	许昌	郑州	河南	中部地区
渑池县	三门峡	洛阳	河南	中部地区
灵宝市	三门峡	洛阳	河南	中部地区
邓州市	南阳	郑州	河南	中部地区
永城市	商丘	郑州	河南	中部地区
济源市	省辖	郑州	河南	中部地区
阳新县	黄石	武汉	湖北	中部地区
大冶市	黄石	武汉	湖北	中部地区
丹江口市	十堰	武汉	湖北	中部地区
宜都市	宜昌	武汉	湖北	中部地区
当阳市	宜昌	武汉	湖北	中部地区
枝江市	宜昌	武汉	湖北	中部地区
南漳县	襄阳	武汉	湖北	中部地区
谷城县	襄阳	武汉	湖北	中部地区
老河口市	襄阳	武汉	湖北	中部地区
枣阳市	襄阳	武汉	湖北	中部地区
宜城市	襄阳	武汉	湖北	中部地区
京山市	荆门	武汉	湖北	中部地区
沙洋县	荆门	武汉	湖北	中部地区
钟祥市	荆门	武汉	湖北	中部地区

续表

县（市）	所属城市	核心城市	省份（或自治区）	地区
云梦县	孝感	武汉	湖北	中部地区
应城市	孝感	武汉	湖北	中部地区
汉川市	孝感	武汉	湖北	中部地区
松滋市	荆州	武汉	湖北	中部地区
麻城市	黄冈	武汉	湖北	中部地区
武穴市	黄冈	武汉	湖北	中部地区
赤壁市	咸宁	武汉	湖北	中部地区
广水市	随州	武汉	湖北	中部地区
恩施市	恩施州	重庆	湖北	中部地区
仙桃市	省直管	武汉	湖北	中部地区
潜江市	省直管	武汉	湖北	中部地区
天门市	省直管	武汉	湖北	中部地区
长沙县	长沙	长沙	湖南	中部地区
宁乡市	长沙	长沙	湖南	中部地区
浏阳市	长沙	长沙	湖南	中部地区
攸县	株洲	长沙	湖南	中部地区
醴陵市	株洲	长沙	湖南	中部地区
湘潭县	湘潭	长沙	湖南	中部地区
湘乡市	湘潭	长沙	湖南	中部地区
衡南县	衡阳	长沙	湖南	中部地区
祁东县	衡阳	长沙	湖南	中部地区
耒阳市	衡阳	长沙	湖南	中部地区
常宁市	衡阳	长沙	湖南	中部地区
邵东县	邵阳	长沙	湖南	中部地区
汨罗市	岳阳	长沙	湖南	中部地区
桃源县	常德	长沙	湖南	中部地区
桂阳县	郴州	长沙	湖南	中部地区
宜章县	郴州	长沙	湖南	中部地区
永兴县	郴州	长沙	湖南	中部地区
资兴市	郴州	长沙	湖南	中部地区
冷水江市	娄底	长沙	湖南	中部地区

续表

县（市）	所属城市	核心城市	省份（或自治区）	地区
涟源市	娄底	长沙	湖南	中部地区
台山市	江门	广州	广东	东部地区
开平市	江门	广州	广东	东部地区
鹤山市	江门	广州	广东	东部地区
廉江市	湛江	广州	广东	东部地区
高州市	茂名	广州	广东	东部地区
化州市	茂名	广州	广东	东部地区
信宜市	茂名	广州	广东	东部地区
四会市	肇庆	广州	广东	东部地区
博罗县	惠州	深圳	广东	东部地区
惠东县	惠州	深圳	广东	东部地区
海丰县	汕尾	深圳	广东	东部地区
阳春市	阳江	广州	广东	东部地区
普宁市	揭阳	深圳	广东	东部地区
新兴县	云浮	广州	广东	东部地区
宾阳县	南宁	南宁	广西	东部地区
横县	南宁	南宁	广西	西部地区
藤县	梧州	广州	广西	西部地区
岑溪市	梧州	广州	广西	西部地区
平南县	贵港	南宁	广西	西部地区
桂平市	贵港	南宁	广西	西部地区
陆川县	玉林	南宁	广西	西部地区
博白县	玉林	南宁	广西	西部地区
北流市	玉林	南宁	广西	西部地区
平果县	百色	南宁	广西	西部地区
垫江县	重庆	重庆	重庆	西部地区
金堂县	成都	成都	四川	西部地区
新津县	成都	成都	四川	西部地区
彭州市	成都	成都	四川	西部地区
简阳市	资阳	成都	四川	西部地区
广汉市	德阳	成都	四川	西部地区

续表

县（市）	所属城市	核心城市	省份（或自治区）	地区
什邡市	德阳	成都	四川	西部地区
绵竹市	德阳	成都	四川	西部地区
江油市	绵阳	成都	四川	西部地区
峨眉山市	乐山	成都	四川	西部地区
仁寿县	眉山	成都	四川	西部地区
宣汉县	达州	成都	四川	西部地区
大竹县	达州	成都	四川	西部地区
安岳县	资阳	成都	四川	西部地区
西昌市	凉山州	成都	四川	西部地区
会理县	凉山州	成都	四川	西部地区
开阳县	贵阳	贵阳	贵州	西部地区
清镇市	贵阳	贵阳	贵州	西部地区
水城县	六盘水	贵阳	贵州	西部地区
盘州市	六盘水	贵阳	贵州	西部地区
仁怀市	遵义	贵阳	贵州	西部地区
金沙县	毕节	贵阳	贵州	西部地区
兴义市	黔西南州	贵阳	贵州	西部地区
凯里市	黔东南州	贵阳	贵州	西部地区
安宁市	昆明	昆明	云南	西部地区
宣威市	曲靖	昆明	云南	西部地区
楚雄市	楚雄州	昆明	云南	西部地区
个旧市	红河州	昆明	云南	西部地区
弥勒市	红河州	昆明	云南	西部地区
文山市	文山州	昆明	云南	西部地区
大理市	大理州	昆明	云南	西部地区
彬州市	咸阳	西安	陕西	西部地区
定边县	榆林	银川	陕西	西部地区
韩城市	渭南	西安	陕西	西部地区
神木市	榆林	太原	陕西	西部地区
府谷县	榆林	太原	陕西	西部地区
靖边县	榆林	西安	陕西	西部地区

续表

县（市）	所属城市	核心城市	省份（或自治区）	地区
格尔木市	海西州	西宁	青海	西部地区
灵武市	银川	银川	宁夏	西部地区
青铜峡市	吴忠	银川	宁夏	西部地区
昌吉市	昌吉州	乌鲁木齐	新疆	西部地区
库尔勒市	巴音郭楞州	乌鲁木齐	新疆	西部地区
石河子市	新疆生产建设兵团	乌鲁木齐	新疆	西部地区

附表二　全国县域经济400强竞争力各项指标原始值

县(市)	Z1.1 GDP规模(亿元)	Z1.2 人均GDP(元)	Z1.3 GDP增长率(%)	Z2.1 第一产业增加值占GDP比重(%)	Z2.2 第三产业增加值占GDP比重(%)	Z3.1 投资消费规模(亿元)	Z3.2 投资消费占GDP比重(%)	Z4.1 地方公共财政收入(亿元)	Z4.2 人均地方公共财政收入(元)	Z4.3 地方公共财政收入占GDP比重(%)	Z5.1 居民储蓄额(亿元)	Z5.2 人均居民储蓄额(元)	Z6.1 城镇居民人均可支配收入(元)	Z6.2 农村居民人均可支配收入(元)	Z7.1 小学在校生占常住人口的比重(%)	Z7.2 中学在校生占常住人口的比重(%)	Z8.1 千人医院床位数(张)	Z8.2 千人福利床位数(张)	Z8.3 城市低保标准占比(%)	Z8.4 农村低保标准占比(%)	Z9.1 建成区绿化覆盖率(%)	Z9.2 森林覆盖率(%)
昆山市	3520	211763	7.0	0.9	44.7	1704	48.4	352.5	21205	10.0	1155.1	69486	59191	30489	7.88	2.88	4.32	6.07	17.74	34.44	44.3	20.0
江阴市	3488	211385	7.2	1.2	44.4	2016	57.8	235.2	14250	6.7	1079.7	65429	59165	30532	5.68	3.43	4.92	7.57	17.04	33.01	43.0	24.0
张家港市	2606	207191	7.3	1.2	46.4	1309	50.2	210.0	16697	8.1	1018.2	80953	59200	30188	6.38	3.37	7.65	9.43	17.74	34.78	45.5	23.5
常熟市	2280	150356	7.2	1.8	47.0	1351	59.3	191.8	12652	8.4	1192.8	78672	59015	30288	5.39	2.94	5.21	10.59	17.79	34.67	45.2	17.7
太仓市	1241	173367	7.2	2.9	46.5	777	62.6	140.9	19679	11.4	522.7	73029	58458	30026	6.21	2.96	5.41	11.24	17.96	34.97	43.3	29.6
义乌市	1158	89758	7.5	1.9	65.8	1287	111.1	85.0	6588	7.3	1362.0	105569	66081	33393	7.89	3.57	3.87	4.47	14.07	27.85	40.9	52.0
长沙县	1431	137464	11.3	5.3	30.6	1435	100.3	80.0	7686	5.6	450.0	43228	43144	29209	6.54	4.02	4.19	3.84	15.30	22.60	39.8	49.8
慈溪市	1488	99051	10.2	3.6	35.1	1423	95.6	157.3	10473	10.6	1081.0	71974	54894	32088	5.28	3.03	2.52	4.51	15.74	26.93	40.6	21.5
宜兴市	1558	124193	7.1	3.2	45.0	1177	75.5	111.2	8859	7.1	958.6	76401	49826	25653	4.82	3.29	4.24	9.01	16.86	32.74	43.2	31.5
龙口市	1191	169947	7.0	3.3	40.2	1167	98.0	98.0	13985	8.2	488.8	69745	45013	16870	4.07	4.42	5.96	10.89	15.46	25.25	44.9	55.6
晋江市	1982	94223	8.2	1.1	38.6	1696	85.6	126.8	6028	6.4	760.1	36141	45883	21870	8.53	4.16	2.28	2.75	16.48	34.57	44.0	18.5
胶州市	1137	127283	9.2	4.5	43.8	1441	126.7	96.5	10805	8.5	400.4	44825	42029	19948	7.09	3.29	6.13	10.65	17.13	29.48	44.6	41.0
荣成市	1160	160490	8.3	7.9	47.7	1291	111.3	71.9	9948	6.2	419.9	58096	41313	20731	3.57	4.01	6.67	16.95	16.85	21.71	46.5	43.1
余姚市	1023	93446	13.1	4.5	38.3	1054	103.0	90.7	8279	8.9	737.0	67304	52982	31019	6.41	3.65	3.00	9.75	16.31	27.85	43.0	45.1
浏阳市	1365	102840	10.8	7.8	23.4	1213	88.9	62.4	4701	4.6	396.6	29877	42925	29244	7.67	4.98	5.74	6.12	13.98	20.52	35.2	66.2
诸暨市	1180	99844	7.0	4.3	44.1	1264	107.1	77.0	6516	6.5	717.1	60679	57844	33073	5.63	6.12	4.64	8.01	14.38	25.14	43.0	61.0

续表

县(市)	Z1 经济规模竞争力			Z2 经济结构竞争力		Z3 市场需求竞争力		Z4 公共财政竞争力			Z5 金融资源竞争力		Z6 居民收入竞争力		Z7 基础教育竞争力		Z8 卫生福利竞争力				Z9 生态环境竞争力	
	Z1.1 GDP规模(亿元)	Z1.2 人均GDP(元)	Z1.3 GDP增长率(%)	Z2.1 第一产业增加值占GDP比重(%)	Z2.2 第三产业增加值占GDP比重(%)	Z3.1 投资消费规模(亿元)	Z3.2 投资消费占GDP比重(%)	Z4.1 地方公共财政收入(亿元)	Z4.2 人均地方公共财政收入(元)	Z4.3 地方公共财政收入占GDP比重(%)	Z5.1 居民储蓄额(亿元)	Z5.2 人均居民储蓄额(元)	Z6.1 城镇居民人均可支配收入(元)	Z6.2 农村居民人均可支配收入(元)	Z7.1 小学在校生占常住人口的比重(%)	Z7.2 中学在校生占常住人口的比重(%)	Z8.1 千人医院床位数(张)	Z8.2 千人福利床位数(张)	Z8.3 城市低保标准占比(%)	Z8.4 农村低保标准占比(%)	Z9.1 建成区绿化覆盖率(%)	Z9.2 森林覆盖率(%)
海门市	1100	121413	7.8	5.0	45.4	1010	91.8	72.5	8007	6.6	766.5	84608	44138	22515	5.24	3.65	4.08	12.13	16.31	31.98	42.3	34.1
宁乡市	1224	95496	10.3	10.1	24.0	1377	112.5	44.1	3438	3.6	365.3	28492	39798	24858	6.09	5.24	5.32	3.52	15.08	24.14	43.0	51.0
乐清市	947	67000	9.1	2.3	53.7	1083	114.3	79.4	5615	8.4	738.4	52215	54504	29423	7.29	4.15	2.58	8.91	16.23	28.59	38.7	51.7
伊金霍洛旗	564	269527	6.9	1.4	43.5	536	95.1	63.0	30086	11.2	232.1	110828	44960	16774	5.71	2.77	5.68	3.08	17.16	31.83	48.5	87.0
启东市	980	102963	8.0	7.0	45.4	988	100.8	71.1	7473	7.3	767.2	80609	40759	21691	3.91	2.96	4.30	9.34	17.66	33.19	41.7	35.0
温岭市	990	72342	7.9	7.7	51.0	1105	111.6	68.1	4974	6.9	830.5	60666	53178	28412	6.73	3.93	3.68	14.34	15.91	29.78	42.1	35.3
准格尔旗	922	246105	6.1	1.1	43.5	626	67.9	67.4	17978	7.3	283.6	75666	44969	16756	6.92	4.06	5.03	3.43	15.10	31.44	43.0	75.0
神木市	1110	235639	7.8	1.2	28.7	352	31.7	71.5	15163	6.4	415.6	88192	32784	13918	8.81	4.07	5.73	1.59	21.96	38.37	38.9	43.2
如皋市	1038	83213	8.5	6.4	46.2	977	94.1	71.3	5717	6.9	716.9	57468	39918	18463	4.92	3.82	4.79	11.97	17.74	31.20	43.7	23.0
丹阳市	1270	129183	7.1	4.2	45.5	882	69.5	61.1	6209	4.8	566.3	57593	45151	23603	4.96	3.28	3.26	8.07	17.41	33.30	40.8	22.6
福清市	997	76369	9.9	10.6	39.7	1437	144.2	62.3	4775	6.3	627.5	48084	41587	21095	8.78	5.11	2.49	2.44	20.20	25.60	46.8	47.3
海宁市	866	102664	8.0	2.5	42.1	998	115.3	77.7	9213	9.0	650.5	77113	56139	32661	5.11	3.25	4.84	9.85	14.19	24.40	39.6	19.8
海安市	865	99942	8.5	6.6	46.6	911	105.3	60.0	6934	6.9	696.8	80505	40656	19640	3.71	3.09	5.74	12.25	17.71	33.60	38.0	22.2
瑞安市	863	60400	8.7	2.6	56.3	1007	116.7	63.5	4442	7.4	771.6	54004	55127	27903	6.56	3.87	2.80	12.88	15.67	30.96	41.4	49.1
溧阳市	858	112530	8.0	5.9	45.5	862	100.5	61.4	8050	7.2	478.5	62755	45739	23835	5.07	3.45	3.88	10.84	19.94	38.26	42.3	29.2
泰兴市	964	89431	8.6	5.9	47.3	1040	107.9	63.1	5854	6.5	465.3	43167	39749	19476	4.54	3.93	4.06	9.79	18.42	32.66	41.5	19.1
靖江市	923	134345	7.8	2.6	48.9	737	79.8	60.1	8743	6.5	472.2	68698	43152	21361	4.12	3.47	6.22	9.31	16.96	34.27	42.4	27.1

续表

县（市）	Z1 经济规模竞争力			Z2 经济结构竞争力			Z3 市场需求竞争力		Z4 公共财政竞争力			Z5 金融资源竞争力		Z6 居民收入竞争力		Z7 基础教育竞争力		Z8 卫生福利竞争力				Z9 生态环境竞争力	
	Z1.1 GDP规模（亿元）	Z1.2 人均GDP（元）	Z1.3 GDP增长率（%）	Z2.1 第一产业增加值占GDP比重（%）	Z2.2 第三产业增加值占GDP比重（%）	Z3.1 投资规模（亿元）	Z3.2 投资消费占GDP比重（%）	Z4.1 地方公共财政收入（亿元）	Z4.2 人均地方公共财政收入（元）	Z4.3 地方公共财政收入占GDP比重（%）	Z5.1 居民储蓄额（亿元）	Z5.2 人均居民储蓄额（元）	Z6.1 城镇居民人均可支配收入（元）	Z6.2 农村居民人均可支配收入（元）	Z7.1 小学在校生占常住人口的比重（%）	Z7.2 中学在校生占常住人口的比重（%）	Z8.1 千人医院床位数（张）	Z8.2 千人福利床位数（张）	Z8.3 城市低保标准占比（%）	Z8.4 农村低保标准占比（%）	Z9.1 建成区绿化覆盖率（%）	Z9.2 森林覆盖率（%）
新郑市	738	114878	7.9	2.8	46.1	857	116.2	68.4	10652	9.3	302.1	47050	30886	19873	12.14	6.13	5.86	3.11	23.31	22.95	42.8	32.0
仁怀市	641	113363	12.3	4.5	25.7	951	148.4	45.0	7958	7.0	143.9	25454	31406	11244	8.62	8.04	3.65	3.37	22.93	32.12	39.9	45.2
东阳市	554	65963	7.5	3.3	49.8	626	112.9	58.6	6976	10.6	565.8	67382	48645	26939	8.18	5.28	5.63	12.96	17.22	31.09	40.7	61.3
桐乡市	803	95635	7.1	3.2	46.2	882	109.9	61.7	7351	7.7	629.6	75019	52056	31984	5.31	3.73	4.11	9.55	18.35	29.86	38.5	16.2
邹城市	969	83974	8.0	6.1	41.7	837	86.4	75.1	6513	7.8	357.2	30971	34268	15691	6.11	4.12	5.54	13.14	19.61	28.68	42.0	35.7
南安市	977	65202	8.5	2.8	38.3	1099	112.5	41.1	2742	4.2	570.7	38070	42541	19864	7.89	4.08	3.51	1.52	15.99	25.37	42.5	52.7
邳州市	918	63598	8.4	13.3	42.7	1121	122.2	60.1	4162	6.5	361.4	25043	31189	16725	13.32	5.20	3.94	7.65	22.55	35.16	45.5	34.7
如东县	854	87116	8.0	8.2	46.3	911	106.6	55.6	5668	6.5	601.6	61371	40416	18683	2.98	2.57	4.24	11.10	17.81	35.33	42.7	23.0
招远市	740	130089	7.2	6.0	43.2	702	94.9	57.5	10107	7.8	323.0	56769	42645	19756	3.66	4.61	3.67	13.98	16.32	21.56	42.2	45.0
广饶县	850	157706	7.0	5.1	29.8	683	80.3	41.0	7607	4.8	262.2	48645	39891	18715	5.00	5.88	5.32	5.61	17.15	24.04	44.4	31.9
石狮市	773	111816	8.5	2.9	46.2	958	123.9	41.6	6020	5.4	392.4	56783	54457	22803	8.79	5.42	2.32	1.70	13.88	33.15	42.4	18.0
临海市	600	57112	5.5	7.8	47.1	592	98.6	54.3	5166	9.0	481.1	45771	47309	25052	8.13	4.40	4.80	12.54	18.26	34.49	41.0	64.4
迁安市	1047	134416	7.5	4.5	33.5	985	94.0	40.5	5199	3.9	503.1	64578	37339	21473	8.04	4.29	5.33	7.56	17.68	18.22	41.2	43.8
东台市	813	82907	7.5	12.0	47.5	927	114.0	54.0	5509	6.6	510.7	52091	35380	21431	3.52	3.07	5.21	10.23	18.99	26.88	41.4	27.2
惠东县	653	69894	7.5	7.8	46.1	738	113.1	37.9	4059	5.8	255.2	27330	26033	19389	11.01	5.80	3.59	1.51	34.11	45.80	40.0	72.2
诸城市	825	74363	6.5	8.0	43.0	850	103.0	71.2	6420	8.6	401.3	36187	36998	18670	6.79	4.97	5.03	9.91	16.54	23.03	44.6	39.1
博罗县	680	63622	8.3	7.5	36.5	595	87.4	44.1	4125	6.5	346.7	32418	30600	19100	10.77	5.20	3.73	1.67	29.02	46.49	42.3	55.6

续表

县(市)	Z1 经济规模竞争力			Z2 经济结构竞争力			Z3 市场需求竞争力		Z4 公共财政竞争力			Z5 金融资源竞争力		Z6 居民收入竞争力		Z7 基础教育竞争力		Z8 卫生福利竞争力				Z9 生态环境竞争力	
	Z1.1 GDP规模(亿元)	Z1.2 人均GDP(元)	Z1.3 GDP增长率(%)	Z2.1 第一产业增加值占GDP比重(%)	Z2.2 第三产业增加值占GDP比重(%)		Z3.1 投资规模(亿元)	Z3.2 投资消费占GDP比重(%)	Z4.1 地方公共财政收入(亿元)	Z4.2 人均地方公共财政收入(元)	Z4.3 地方公共财政收入占GDP比重(%)	Z5.1 居民储蓄额(亿元)	Z5.2 人均居民储蓄额(元)	Z6.1 城镇居民人均可支配收入(元)	Z6.2 农村居民人均可支配收入(元)	Z7.1 小学在校生占常住人口的比重(%)	Z7.2 中学在校生占常住人口的比重(%)	Z8.1 千人医院床位数(张)	Z8.2 千人福利床位数(张)	Z8.3 城市低保标准占比(%)	Z8.4 农村低保标准占比(%)	Z9.1 建成区绿化覆盖率(%)	Z9.2 森林覆盖率(%)
南昌县	782	81707	9.2	7.2	27.7		1068	136.5	63.8	6666	8.2	322.1	33656	33987	17971	10.09	6.16	2.46	0.03	18.71	20.37	42.1	22.5
平湖市	606	87950	9.5	2.5	38.8		612	101.0	68.9	10003	11.4	386.9	56172	53654	31479	4.03	2.72	4.42	8.00	17.80	30.34	37.0	20.0
长兴县	553	83302	8.1	6.1	44.2		721	130.3	49.5	7454	8.9	304.6	45864	50286	29341	5.37	4.04	4.44	11.51	14.68	25.15	46.5	51.8
滕州市	1150	68536	6.5	6.6	43.1		1113	96.8	70.4	4192	6.1	440.4	26237	33116	15229	6.47	4.45	4.70	5.45	16.67	25.61	40.0	30.0
新密市	766	94589	7.8	2.7	46.1		829	108.2	32.0	3957	4.2	281.1	34718	30704	18865	8.41	5.88	5.83	3.61	23.45	24.17	40.5	44.0
盘州市	578	54538	12.5	9.3	31.2		743	128.5	50.5	4764	8.7	185.8	17521	26752	9347	6.32	7.07	5.05	4.66	26.91	38.64	36.0	50.5
寿光市	867	74861	6.0	11.0	46.5		865	99.8	90.3	7800	10.4	519.8	44902	37606	19249	5.78	2.74	4.59	5.97	16.27	22.34	44.1	27.8
嘉善县	521	90380	8.6	4.2	40.1		589	113.0	51.7	8973	9.9	381.8	66245	54138	31976	5.69	3.18	3.66	8.16	17.64	29.87	43.0	18.1
永康市	518	68534	5.5	1.5	60.0		487	94.2	52.4	6940	10.1	630.9	83554	50412	25704	8.37	4.47	3.65	14.14	15.81	27.92	41.1	56.5
瓦房店市	957	88465	6.9	10.0	37.8		601	62.8	51.0	4718	5.3	469.2	43364	29055	16280	3.76	1.92	6.59	6.19	27.67	33.17	42.3	42.9
仪征市	628	110666	8.0	3.7	44.0		671	106.8	47.8	8417	7.6	295.7	52084	39686	19033	4.16	3.36	4.20	7.81	18.14	37.83	40.7	28.1
兴义市	417	50040	12.7	9.4	56.2		557	133.6	36.3	4359	8.7	226.3	27179	29561	10940	10.00	10.11	5.89	2.40	24.36	33.02	31.0	45.0
安宁市	318	84113	15.5	4.4	52.5		410	129.0	28.9	7648	9.1	174.5	46224	39815	16584	6.26	4.58	10.28	2.61	16.88	23.15	41.4	51.2
嵊州市	532	76999	7.8	7.3	42.9		584	109.7	38.0	5501	7.1	390.6	56520	52039	26994	4.88	4.23	4.72	22.91	15.52	24.14	37.2	65.4
登封市	647	91545	7.4	2.8	40.9		712	110.0	25.0	3540	3.9	219.7	31069	29711	17063	11.60	8.96	5.84	6.78	24.23	22.50	44.8	33.0
巩义市	784	94162	9.0	1.6	37.9		927	118.3	42.4	5087	5.4	252.5	30322	30305	21164	6.29	4.56	4.11	1.92	20.39	15.31	42.6	29.5

续表

县(市)	Z1 经济规模竞争力			Z2 经济结构竞争力		Z3 市场需求竞争力		Z4 公共财政竞争力			Z5 金融资源竞争力		Z6 居民收入竞争力		Z7 基础教育竞争力		Z8 卫生福利竞争力				Z9 生态环境竞争力	
	Z1.1 GDP规模(亿元)	Z1.2 人均GDP(元)	Z1.3 GDP增长率(%)	Z2.1 第一产业增加值占GDP比重(%)	Z2.2 第三产业增加值占GDP比重(%)	Z3.1 投资消费规模(亿元)	Z3.2 投资消费占GDP比重(%)	Z4.1 地方公共财政收入(亿元)	Z4.2 人均地方公共财政收入(元)	Z4.3 地方公共财政收入占GDP比重(%)	Z5.1 居民储蓄额(亿元)	Z5.2 人均居民储蓄额(元)	Z6.1 城镇居民人均可支配收入(元)	Z6.2 农村居民人均可支配收入(元)	Z7.1 小学在校生占常住人口的比重(%)	Z7.2 中学在校生占常住人口的比重(%)	Z8.1 千人医院床位数(张)	Z8.2 千人福利院位数(张)	Z8.3 城市低保标准占比(%)	Z8.4 农村低保标准占比(%)	Z9.1 建成区绿化覆盖率(%)	Z9.2 森林覆盖率(%)
扬中市	546	159103	7.6	2.5	46.0	487	89.1	32.0	9321	5.9	276.8	80623	49764	25895	4.18	2.82	3.21	9.33	15.79	30.35	40.0	20.5
沛县	757	67591	8.6	13.2	39.3	900	118.9	54.5	4864	7.2	324.3	28968	29776	17269	9.69	3.37	4.39	7.18	23.62	29.88	45.3	23.4
闽侯县	564	78879	9.6	7.1	33.5	838	148.6	71.1	9943	12.6	235.2	32894	38445	16976	7.35	4.07	2.02	1.25	21.85	31.81	38.6	57.6
栟合县	581	114766	7.6	3.3	38.0	703	121.1	35.3	6971	6.1	191.9	37907	38051	18221	4.08	6.41	7.84	8.42	15.77	23.05	45.0	29.5
平度市	875	62941	8.1	12.5	36.4	1192	136.2	54.2	3898	6.2	440.9	31705	39355	18583	5.37	2.69	3.39	2.84	18.30	31.64	42.0	33.6
惠安县	689	90078	8.1	3.7	30.7	519	75.3	35.3	4662	5.1	336.6	44465	40232	19014	9.70	5.70	4.85	3.63	16.94	26.51	42.7	31.1
莱州市	769	86641	0.5	9.5	40.6	890	115.7	58.0	6533	7.5	493.7	55607	42082	19586	3.36	4.43	7.94	8.90	16.54	21.75	41.3	35.7
兴化市	862	68665	7.5	13.5	48.1	678	78.6	36.1	2871	4.2	483.6	38512	36485	18465	5.10	3.18	3.81	11.00	20.06	33.79	42.3	16.0
新泰市	843	66128	6.2	7.0	44.9	1001	118.8	40.6	3186	4.8	416.3	32669	33723	15686	5.44	6.26	4.83	7.75	17.79	24.23	45.8	39.8
肥城市	773	79450	6.6	7.0	45.0	967	125.1	40.4	4150	5.2	340.2	34969	34259	16371	5.27	5.31	4.68	5.65	17.51	23.21	46.5	41.3
青州市	658	68508	6.8	8.4	47.5	757	114.9	46.5	4838	7.1	503.3	52368	35151	17598	5.18	4.49	5.22	5.24	17.41	23.30	44.9	38.0
德清县	470	92528	8.5	4.7	43.4	493	104.9	48.7	9583	10.4	290.7	57196	50450	29842	4.85	3.66	2.91	9.61	14.63	24.73	43.2	45.9
莱西市	596	77953	7.0	11.1	40.5	851	142.8	52.8	6903	8.9	267.7	35024	39555	19026	4.53	3.76	5.69	9.43	17.90	29.64	44.5	35.7
新沂市	644	70519	8.6	11.0	47.2	792	123.0	47.5	5195	7.4	217.9	23848	27261	15886	13.42	3.93	3.90	6.77	25.80	37.01	42.0	26.9
新昌县	393	101712	7.6	5.7	45.6	359	91.2	36.4	9405	9.2	213.3	55176	51223	15886	6.34	5.35	6.35	13.51	15.77	31.25	41.9	66.3
沭阳县	765	49355	8.0	12.4	42.4	768	100.4	48.0	3097	6.3	323.2	20851	25871	15484	10.55	4.90	4.72	5.90	23.19	32.55	43.1	46.5
武安市	661	77926	7.0	3.1	36.6	558	84.5	41.6	4909	6.3	406.6	47969	34403	14593	9.53	5.60	3.67	4.75	19.53	25.08	50.0	40.7

续表

县（市）	Z1 经济规模竞争力			Z2 经济结构竞争力		Z3 市场需求竞争力		Z4 公共财政竞争力			Z5 金融资源竞争力		Z6 居民收入竞争力		Z7 基础教育竞争力		Z8 卫生福利竞争力				Z9 生态环境竞争力	
	Z1.1 GDP规模（亿元）	Z1.2 人均GDP（元）	Z1.3 GDP增长率（%）	Z2.1 第一产业增加值占GDP比重（%）	Z2.2 第三产业增加值占GDP比重（%）	Z3.1 投资消费规模（亿元）	Z3.2 投资消费占GDP比重（%）	Z4.1 地方公共财政收入（亿元）	Z4.2 人均地方公共财政收入（元）	Z4.3 地方公共财政收入占GDP比重（%）	Z5.1 居民储蓄额（亿元）	Z5.2 人均居民储蓄额（元）	Z6.1 城镇居民人均可支配收入（元）	Z6.2 农村居民人均可支配收入（元）	Z7.1 小学在校生占常住人口的比重（%）	Z7.2 中学在校生占常住人口的比重（%）	Z8.1 千人医院床位数（张）	Z8.2 千人福利床位数（张）	Z8.3 城市低保标准占比（%）	Z8.4 农村低保标准占比（%）	Z9.1 建成区绿化覆盖率（%）	Z9.2 森林覆盖率（%）
中牟县	313	62608	6.1	8.0	60.8	557	177.6	48.0	9594	15.3	319.0	63866	28199	17969	14.10	7.26	6.65	1.30	25.53	25.38	41.0	27.5
玉环市	530	84502	8.0	6.5	40.2	406	76.6	48.5	7734	9.2	315.4	50304	61057	29996	7.59	3.40	2.92	6.18	14.15	28.80	39.5	45.3
荥阳市	690	110115	6.2	4.2	36.1	888	128.7	42.9	6846	6.2	218.2	34812	30856	18924	7.40	5.00	3.71	6.84	23.33	24.10	37.9	35.1
宁海县	542	79501	7.8	8.6	39.9	555	102.4	55.5	8135	10.2	256.8	37647	51804	28410	7.21	4.27	2.53	7.92	15.38	28.05	40.6	63.0
肥西县	686	88911	8.2	7.7	25.5	780	113.8	46.7	6054	6.8	240.3	31162	33798	19770	5.24	4.05	3.52	6.23	19.39	21.85	43.6	23.0
金堂县	375	51959	10.9	12.4	40.5	494	131.8	30.7	4254	8.2	231.1	32021	32731	17720	6.70	4.65	8.53	6.36	20.53	37.92	42.0	36.8
高邮市	608	81754	8.2	12.2	43.8	750	123.3	32.6	4385	5.4	345.6	46441	34230	18494	3.61	3.58	3.57	10.95	20.51	37.96	41.8	23.9
林州市	558	69690	7.0	4.1	43.0	814	145.8	20.0	2502	3.6	360.1	44983	29108	18312	13.06	7.37	5.97	2.31	17.73	17.53	38.6	43.0
孔山市	545	96595	8.0	8.0	47.0	857	157.3	31.8	5636	5.8	243.9	43234	35591	16088	2.40	2.84	4.02	17.23	19.56	27.97	45.7	33.4
射阳县	500	56531	8.3	17.2	46.4	521	104.2	24.2	2734	4.8	278.0	31429	28816	18064	5.50	3.55	4.47	9.05	22.07	28.57	44.0	28.3
蓬莱市	488	106844	6.8	5.1	42.9	617	126.4	32.7	7166	6.7	259.1	56707	42027	19557	3.63	4.22	5.11	9.90	16.56	21.78	42.3	48.0
邹平县	910	112181	3.6	4.7	37.2	482	52.9	67.8	8355	7.4	289.7	35706	33557	17168	6.02	4.94	4.49	8.99	18.60	23.07	31.5	36.9
济源市	612	83785	8.3	3.3	30.4	738	120.5	40.4	5527	6.6	239.6	32781	30698	16939	7.09	5.40	4.49	2.42	18.81	21.25	41.9	44.4
苍南县	500	40300	9.2	5.8	41.0	838	167.6	33.7	2716	6.7	390.3	31457	43457	20286	7.83	4.75	3.39	6.56	17.29	37.03	40.0	49.7
韩城市	349	86946	9.5	4.5	23.8	546	156.4	30.1	7510	8.6	193.6	48228	38921	13538	5.26	5.21	5.77	7.05	16.34	27.33	39.5	45.3
枣阳市	618	61627	8.3	16.8	36.5	747	121.0	30.7	3064	5.0	282.7	28218	32287	16850	7.10	4.09	5.96	5.48	22.67	29.91	38.0	23.0

续表

县(市)	Z1 经济规模竞争力			Z2 经济结构竞争力		Z3 市场需求竞争力		Z4 公共财政竞争力			Z5 金融资源竞争力		Z6 居民收入竞争力		Z7 基础教育竞争力		Z8 卫生福利竞争力				Z9 生态环境竞争力	
	Z1.1 GDP规模(亿元)	Z1.2 人均GDP(元)	Z1.3 GDP增长率(%)	Z2.1 第一产业增加值占GDP比重(%)	Z2.2 第三产业增加值占GDP比重(%)	Z3.1 投资消费规模(亿元)	Z3.2 投资消费占GDP比重(%)	Z4.1 地方公共财政收入(亿元)	Z4.2 人均地方公共财政收入(元)	Z4.3 地方公共财政收入占GDP比重(%)	Z5.1 居民储蓄额(亿元)	Z5.2 人均居民储蓄额(元)	Z6.1 城镇居民人均可支配收入(元)	Z6.2 农村居民人均可支配收入(元)	Z7.1 小学在校生占常住人口的比重(%)	Z7.2 中学在校生占常住人口的比重(%)	Z8.1 千人医院床位数(张)	Z8.2 千人福利床位数(张)	Z8.3 城市低保标准占比(%)	Z8.4 农村低保标准占比(%)	Z9.1 建成区绿化覆盖率(%)	Z9.2 森林覆盖率(%)
肥东县	596	67128	8.1	11.0	23.7	721	121.0	35.7	4015	6.0	262.4	29552	31868	19410	6.07	7.17	4.10	5.29	20.56	22.26	42.3	29.5
大理市	380	56383	8.1	6.5	0.0	157	41.3	31.7	4703	8.3	321.9	47803	33857	14609	6.44	5.84	10.55	1.92	17.90	21.73	37.2	60.0
海盐县	460	100174	7.1	4.4	37.0	456	99.1	40.7	8850	8.8	294.0	64005	54633	32177	5.32	3.63	4.45	8.50	17.48	29.69	38.1	13.8
安吉县	360	74443	8.8	7.2	48.5	359	99.8	39.5	8165	11.0	237.3	49022	48237	27904	5.87	4.38	3.80	14.55	15.30	26.45	44.6	71.1
桐庐县	400	93240	8.5	6.2	41.0	377	94.4	27.8	6487	7.0	220.6	51421	46024	26713	5.61	3.56	4.14	8.52	17.57	27.27	43.2	72.4
句容市	530	84629	7.4	8.5	44.7	544	102.7	44.0	7023	8.3	287.8	45941	44015	20527	3.95	2.67	2.81	9.03	17.86	38.29	42.2	28.5
高密市	643	70406	5.6	8.1	43.1	752	117.0	49.1	5379	7.6	316.5	34638	35943	16885	7.26	4.83	3.51	6.77	17.03	24.28	41.6	38.5
建德市	390	87706	8.5	8.9	42.6	357	91.5	24.4	5483	6.3	221.6	49787	45061	23998	4.65	4.09	5.71	11.25	17.95	30.35	38.7	76.0
鄂托克旗	426	262330	6.8	2.0	26.3	420	98.7	20.8	12824	4.9	84.5	52118	42881	16724	6.26	2.97	4.72	7.57	15.84	31.50	41.7	65.0
永嘉县	384	45920	9.3	3.8	50.4	520	135.7	31.6	3784	8.2	358.8	42962	41760	20271	7.64	5.38	4.77	6.47	17.82	31.20	32.1	73.1
楚雄市	358	59793	10.0	7.4	41.2	565	157.6	23.2	3869	6.5	181.0	30210	33388	10787	6.10	6.68	9.66	1.74	18.15	29.43	35.2	76.9
新津县	301	94308	10.5	5.8	34.8	427	141.7	22.1	6914	7.3	177.2	55447	34453	20194	4.61	3.78	7.16	5.78	19.50	33.28	35.8	30.4
大冶市	591	64889	8.6	9.2	24.2	864	146.3	43.7	4803	7.4	215.8	23700	36192	18346	7.36	3.94	3.73	3.63	18.90	30.42	38.9	33.4
建湖县	523	71589	7.5	9.4	47.8	591	112.9	26.3	3602	5.0	284.5	38936	32171	18576	5.44	3.68	4.94	8.60	19.77	27.78	40.8	19.0
宜都市	576	147325	2.2	8.7	30.6	528	91.7	28.0	7164	4.9	149.1	38139	33877	19221	3.85	2.63	5.95	10.21	22.32	27.47	43.3	59.3
长葛市	594	85655	9.6	4.5	22.3	643	108.1	24.3	3503	4.1	197.5	28477	28876	15903	9.79	5.66	3.20	4.82	18.70	20.75	35.0	38.0
醴陵市	607	62695	8.2	9.2	32.7	647	106.5	39.7	4099	6.5	224.3	23158	36558	24335	6.45	3.66	5.23	4.17	13.79	12.43	36.2	55.2

续表

县(市)	Z1 经济规模竞争力			Z2 经济结构竞争力		Z3 市场需求竞争力		Z4 公共财政竞争力			Z5 金融资源竞争力		Z6 居民收入竞争力		Z7 基础教育竞争力		Z8 卫生福利竞争力				Z9 生态环境竞争力	
	Z1.1 GDP规模(亿元)	Z1.2 人均GDP(元)	Z1.3 GDP增长率(%)	Z2.1 第一产业增加值占GDP比重(%)	Z2.2 第三产业增加值占GDP比重(%)	Z3.1 投资消费规模(亿元)	Z3.2 投资消费占GDP比重(%)	Z4.1 地方公共财政收入(亿元)	Z4.2 人均地方公共财政收入(元)	Z4.3 地方公共财政收入占GDP比重(%)	Z5.1 居民储蓄额(亿元)	Z5.2 人均居民储蓄额(元)	Z6.1 城镇居民人均可支配收入(元)	Z6.2 农村居民人均可支配收入(元)	Z7.1 小学在校生占常住人口的比重(%)	Z7.2 中学在校生占常住人口的比重(%)	Z8.1 千人医院床位数(张)	Z8.2 千人福利床位数(张)	Z8.3 城市低保标准占比(%)	Z8.4 农村低保标准占比(%)	Z9.1 建成区绿化覆盖率(%)	Z9.2 森林覆盖率(%)
平阳县	411	51648	9.2	4.0	58.8	614	149.6	29.8	3749	7.3	305.2	38401	43305	20725	7.52	5.09	3.29	5.72	17.60	36.77	31.0	55.2
龙海市	519	74861	8.5	11.8	41.9	377	72.8	19.9	2873	3.8	248.0	35807	34435	17400	9.08	5.58	4.34	3.81	21.95	26.72	41.8	56.2
西昌市	481	61938	5.3	9.3	51.7	642	133.3	41.1	5283	8.5	258.1	33205	34025	16323	10.30	7.06	7.48	1.93	17.28	20.22	36.8	54.9
霍林郭勒市	309	302968	4.5	0.9	37.0	288	93.2	15.2	14930	4.9	49.4	48454	43384	25520	7.56	6.06	9.13	1.94	18.26	18.81	45.0	50.0
仙桃市	719	62792	7.8	12.5	33.7	898	125.0	30.9	2700	4.3	407.3	35589	29266	16736	6.94	4.59	4.45	4.60	21.32	25.10	40.6	11.5
昌吉市	400	84816	5.7	8.8	41.7	623	155.7	42.1	8918	10.5	236.6	50110	29285	18537	5.53	6.31	8.08	0.17	18.03	28.48	39.3	19.5
库尔勒市	556	91229	7.1	7.8	24.4	591	106.4	40.8	6692	7.3	376.0	61723	29731	19362	8.19	4.55	7.28	1.39	15.18	18.59	40.0	19.3
宝应县	575	75689	8.1	12.0	43.3	609	105.8	27.6	3632	4.8	286.7	37745	29284	18847	4.80	4.24	3.06	9.01	23.97	38.05	41.1	18.4
新安县	479	97873	9.1	4.6	34.7	702	146.8	22.2	4547	4.6	112.8	23075	31820	14615	7.90	6.77	4.58	2.52	16.97	22.31	40.0	40.0
睢宁县	560	54466	7.7	16.5	41.2	561	100.2	39.9	3882	7.1	285.7	27781	25540	15130	10.06	4.62	4.45	8.66	26.22	34.10	41.5	38.2
象山县	499	94850	6.5	14.7	40.7	384	77.1	39.3	7466	7.9	238.7	45378	50677	28385	6.90	4.06	3.85	15.55	15.72	28.07	35.8	55.6
迁西县	484	116322	5.0	5.2	30.6	402	83.2	12.4	2981	2.6	204.9	49255	36157	15935	8.38	4.71	4.78	22.00	18.25	24.55	48.1	63.0
三河市	548	68237	5.7	5.7	43.5	802	146.4	54.2	6755	9.9	542.9	67660	41115	17543	8.05	4.71	6.03	6.45	20.43	47.88	36.0	25.0
阜宁县	447	53745	7.5	13.0	43.5	502	112.3	26.1	3143	5.8	266.8	32080	27754	16850	7.81	4.17	5.05	8.04	24.21	34.18	42.2	25.4
永安市	384	108223	7.6	8.1	33.8	411	106.9	17.6	4961	4.6	100.6	28345	33362	16374	6.97	4.62	7.23	4.58	19.85	40.45	44.4	78.1
任丘市	641	73637	6.5	12.0	43.7	433	67.6	32.0	3676	5.0	412.3	47368	33153	15325	9.60	4.59	5.04	4.38	19.91	22.84	40.7	40.0

续表

县(市)	Z1 经济规模竞争力			Z2 经济结构竞争力		Z3 市场需求竞争力		Z4 公共财政竞争力			Z5 金融资源竞争力		Z6 居民收入竞争力		Z7 基础教育竞争力		Z8 卫生福利竞争力				Z9 生态环境竞争力	
	Z1.1 GDP规模(亿元)	Z1.2 人均GDP(元)	Z1.3 GDP增长率(%)	Z2.1 第一产业增加值占GDP比重(%)	Z2.2 第三产业增加值占GDP比重(%)	Z3.1 投资消费规模(亿元)	Z3.2 投资消费占GDP比重(%)	Z4.1 地方公共财政收入(亿元)	Z4.2 人均地方公共财政收入(元)	Z4.3 地方公共财政收入占GDP比重(%)	Z5.1 居民储蓄额(亿元)	Z5.2 人均居民储蓄额(元)	Z6.1 城镇居民人均可支配收入(元)	Z6.2 农村居民人均可支配收入(元)	Z7.1 小学在校生占常住人口的比重(%)	Z7.2 中学在校生占常住人口的比重(%)	Z8.1 千人医院床位数(张)	Z8.2 千人福利床位数(张)	Z8.3 城市低保标准占比(%)	Z8.4 农村低保标准占比(%)	Z9.1 建成区绿化覆盖率(%)	Z9.2 森林覆盖率(%)
宁国市	290	75403	8.8	7.6	33.0	467	160.8	28.9	7506	10.0	127.9	33209	36897	16402	4.76	3.51	4.88	7.71	16.26	36.58	53.8	77.7
永城市	516	41884	9.3	12.0	40.1	588	113.9	37.4	3035	7.2	287.3	23302	29248	13196	12.68	5.94	4.77	3.60	17.64	24.33	41.8	22.8
潜江市	672	69623	6.9	10.9	36.7	772	114.9	25.1	2600	3.7	368.2	38159	29284	16397	5.11	3.89	4.18	2.86	21.72	25.54	40.4	19.6
简阳市	414	50449	8.0	15.0	30.4	513	124.0	21.4	2615	5.2	320.1	39031	31541	14884	10.10	7.08	8.25	5.69	21.31	37.09	39.2	37.8
湄镇市	314	63798	12.8	8.2	44.6	412	130.9	16.2	3281	5.1	105.6	21433	31317	13885	7.64	5.81	4.03	3.52	22.99	27.66	43.0	45.3
高州市	543	39200	8.6	22.0	46.0	487	89.6	17.4	1254	3.2	347.6	25085	23476	16136	9.02	7.99	6.17	0.49	29.65	29.75	38.6	67.4
丰城市	484	35471	9.3	15.0	36.0	565	116.8	49.7	3646	10.3	316.8	23233	31805	15573	7.28	5.98	3.37	4.20	20.75	24.66	41.3	51.0
府谷县	486	180599	5.8	1.4	26.3	179	36.8	23.0	8546	4.7	264.9	98524	32716	12539	7.40	4.64	6.22	2.97	20.61	31.10	36.5	37.9
开平市	342	50036	7.9	9.3	4.1	490	143.6	37.2	5446	10.9	376.7	55176	26493	17675	7.87	5.98	3.75	2.67	31.71	40.74	44.8	42.8
安溪县	515	50572	8.9	8.1	39.9	625	121.3	26.6	2607	5.2	225.9	22169	29767	15145	10.69	4.54	3.51	1.38	20.80	33.28	40.4	65.6
禹州市	647	56037	9.5	5.0	37.1	922	142.4	18.7	1619	2.9	260.1	22512	29937	16290	0.93	3.82	3.34	2.83	18.04	20.26	40.0	37.5
天台县	228	56925	6.6	6.0	52.3	323	141.7	19.2	4800	8.4	197.5	49365	29933	16290	9.02	7.42	5.86	20.93	13.36	27.20	39.2	71.0
石河子市	505	77938	7.9	16.4	43.3	468	92.6	44.0	6787	8.7	244.3	37683	61057	22304	3.44	0.00	6.33	4.06	13.55	22.60	42.0	17.0
泗阳县	436	51549	7.6	13.9	37.2	522	119.7	26.2	3099	6.0	194.7	23017	37200	25536	10.64	5.94	5.63	8.15	23.50	33.03	43.8	47.8
汝州市	434	45879	9.6	8.7	49.5	524	120.9	30.1	3181	6.9	209.0	22112	26130	15460	12.92	6.14	5.59	6.21	19.75	20.76	36.3	25.0
偃师市	500	87165	8.5	4.2	43.0	563	112.5	20.6	3588	4.1	222.7	38821	29994	17992	6.67	5.27	4.76	0.11	18.40	18.12	36.0	23.3
遵化市	568	73181	5.7	8.1	40.8	560	98.5	12.4	1591	2.2	355.2	45730	35586	15436	7.90	5.27	3.97	10.04	18.55	25.34	42.5	59.5

续表

县（市）	Z1 经济规模竞争力			Z2 经济结构竞争力		Z3 市场需求竞争力		Z4 公共财政竞争力			Z5 金融资源竞争力		Z6 居民收入竞争力		Z7 基础教育竞争力		Z8 卫生福利竞争力				Z9 生态环境竞争力	
	Z1.1 GDP规模（亿元）	Z1.2 人均GDP（元）	Z1.3 GDP增长率（%）	Z2.1 第一产业增加值占GDP比重（%）	Z2.2 第三产业增加值占GDP比重（%）	Z3.1 投资消费规模（亿元）	Z3.2 投资消费占GDP比重（%）	Z4.1 地方公共财政收入（亿元）	Z4.2 人均地方公共财政收入（元）	Z4.3 地方公共财政收入占GDP比重（%）	Z5.1 居民储蓄额（亿元）	Z5.2 人均居民储蓄额（元）	Z6.1 城镇居民人均可支配收入（元）	Z6.2 农村居民人均可支配收入（元）	Z7.1 小学在校生占常住人口的比重（%）	Z7.2 中学在校生占常住人口的比重（%）	Z8.1 千人医院床位数（张）	Z8.2 千人福利床位数（张）	Z8.3 城市低保标准占比（%）	Z8.4 农村低保标准占比（%）	Z9.1 建成区绿化覆盖率（%）	Z9.2 森林覆盖率（%）
普宁市	695	32965	5.2	6.1	29.2	829	119.4	21.2	1008	3.1	499.2	23693	25000	13561	9.15	7.41	2.98	2.27	29.42	39.91	40.0	61.8
滦县	530	93478	7.0	9.8	30.8	566	106.8	17.2	3039	3.3	303.1	53421	37039	15960	7.09	4.52	3.90	9.65	17.82	24.51	40.6	29.5
江油市	385	48653	9.2	11.9	49.4	403	104.7	19.1	2412	5.0	317.9	40212	30798	15642	4.31	3.45	9.23	8.05	17.92	21.10	42.0	48.4
资兴市	363	103663	8.3	7.4	30.9	451	124.3	23.1	6597	6.4	127.8	36546	31658	18408	7.17	4.47	5.83	4.65	15.92	16.95	40.9	75.8
彭州市	413	52915	8.9	12.4	29.8	359	87.0	27.3	3495	6.6	344.5	44189	31260	19549	4.66	3.07	6.82	5.41	21.50	34.38	43.8	45.3
曲阜市	450	68661	7.1	8.5	59.1	520	115.4	25.4	3871	5.6	201.1	30655	27930	14324	6.09	4.33	4.60	6.23	24.06	31.42	41.6	38.5
信宜市	453	45396	9.0	20.7	45.7	477	105.5	10.1	1014	2.2	246.0	24677	23201	15421	11.18	9.57	5.28	2.33	30.00	31.13	39.5	69.5
青田县	223	62877	7.2	3.8	43.4	236	105.8	16.8	4739	7.5	355.9	100400	40214	20713	9.03	4.92	3.47	15.42	20.11	29.31	41.7	80.4
贵溪市	415	71732	8.9	5.4	30.0	502	120.9	32.0	5532	7.7	133.1	22984	31807	14732	8.66	4.31	3.05	3.04	20.00	24.84	42.3	60.7
上杭县	319	85040	8.9	11.4	32.4	398	124.7	25.1	6693	7.9	105.6	28164	35991	15355	6.59	4.69	5.01	7.48	19.34	25.79	42.3	77.1
延吉市	336	56314	4.5	1.4	0.0	487	144.6	26.1	4376	7.8	435.1	72832	32261	13833	4.86	3.69	7.49	1.18	20.46	31.81	40.2	62.7
霸州市	434	62245	3.4	3.6	38.3	510	117.6	23.5	3373	5.4	351.0	50377	39862	15948	10.83	4.71	3.77	2.73	18.06	45.15	40.9	30.0
江山市	302	62874	7.3	7.3	43.9	333	110.5	16.7	3481	5.5	246.0	51286	41545	21932	6.88	5.81	4.58	13.34	17.68	25.11	44.4	71.9
盱眙县	396	60335	7.5	14.2	46.0	532	134.6	18.3	2790	4.6	161.9	24684	33406	15762	8.62	4.64	5.52	10.72	19.76	35.02	44.2	28.4
樟树市	376	66754	8.6	10.5	39.0	406	108.1	32.8	5829	8.7	209.1	37156	32150	15671	7.73	4.93	3.99	3.35	20.53	24.50	44.5	21.0
滨海县	443	47355	8.1	14.0	45.4	545	123.2	27.3	2921	6.2	176.7	18905	28867	16280	8.99	3.71	5.25	9.12	22.03	31.70	41.4	30.9

续表

县(市)	Z1 经济规模竞争力			Z2 经济结构竞争力		Z3 市场需求竞争力		Z4 公共财政竞争力			Z5 金融资源竞争力		Z6 居民收入竞争力		Z7 基础教育竞争力		Z8 卫生福利竞争力				Z9 生态环境竞争力	
	Z1.1 GDP规模(亿元)	Z1.2 人均GDP(元)	Z1.3 GDP增长率(%)	Z2.1 第一产业增加值占GDP比重(%)	Z2.2 第三产业增加值占GDP比重(%)	Z3.1 投资消费规模(亿元)	Z3.2 投资消费占GDP比重(%)	Z4.1 地方公共财政收入(亿元)	Z4.2 人均地方公共财政收入(元)	Z4.3 地方公共财政收入占GDP比重(%)	Z5.1 居民储蓄额(亿元)	Z5.2 人均居民储蓄额(元)	Z6.1 城镇居民人均可支配收入(元)	Z6.2 农村居民人均可支配收入(元)	Z7.1 小学在校生占常住人口的比重(%)	Z7.2 中学在校生占常住人口的比重(%)	Z8.1 千人医院床位数(张)	Z8.2 千人福利床位数(张)	Z8.3 城市低保标准占比(%)	Z8.4 农村低保标准占比(%)	Z9.1 建成区绿化覆盖率(%)	Z9.2 森林覆盖率(%)
谷城县	344	67792	7.9	11.6	25.6	441	128.2	18.9	3716	5.5	180.2	35496	29764	14927	6.65	3.86	6.87	8.17	24.59	33.76	37.0	70.8
仙游县	375	43486	8.3	8.6	41.6	498	132.8	21.8	2523	5.8	240.4	27854	29571	14937	7.94	6.25	2.92	4.55	23.54	46.60	41.1	70.0
长丰县	447	67670	8.2	13.6	23.2	618	138.3	35.1	5319	7.9	137.7	20857	30490	17596	6.82	4.33	2.87	10.62	22.79	24.55	36.4	19.5
昌邑市	443	71635	7.2	8.7	40.4	589	133.1	30.8	4980	7.0	288.6	46678	33693	17662	5.37	4.00	3.09	4.15	18.16	23.21	41.0	26.8
灵武市	436	147411	11.2	24.0	13.0	155	35.6	30.3	10255	7.0	100.5	33985	30600	13700	7.92	5.26	3.74	2.73	22.35	49.93	43.0	18.0
沂水县	400	41148	7.4	9.4	47.9	557	139.0	20.1	2068	5.0	317.3	32608	33580	12990	7.02	4.62	6.82	7.40	16.08	28.48	41.7	45.1
鹤山市	319	62796	8.8	7.2	41.5	390	122.4	27.4	5393	8.6	216.0	42528	30303	16207	6.98	4.26	3.37	2.83	27.72	51.83	37.1	53.3
凯里市	231	42370	0.5	6.8	70.2	232	100.5	24.2	4431	10.5	201.7	37029	29355	10786	9.97	9.20	10.17	5.15	24.53	33.49	37.5	55.9
孝义市	439	89958	6.3	2.5	29.8	251	57.2	21.0	4304	4.8	284.8	58380	32575	16027	8.19	6.23	8.38	4.90	15.47	22.69	43.8	32.7
广汉市	400	66572	9.0	8.5	40.3	401	100.2	17.0	2829	4.2	302.0	50248	32908	16915	4.16	3.00	5.03	4.49	18.96	24.83	45.0	17.4
兰溪市	330	58294	7.5	6.5	52.0	384	116.2	24.2	4271	7.3	232.0	40981	38225	18243	5.86	4.51	4.03	8.07	21.41	43.68	39.5	49.5
东海县	484	49822	7.3	14.4	41.8	609	125.9	21.1	2175	4.4	212.0	21828	29758	15882	12.20	5.42	6.40	10.00	17.54	30.98	42.4	26.5
淳安县	256	71010	8.6	14.2	55.4	265	103.8	17.3	4796	6.8	150.1	41695	40269	17721	4.49	4.32	4.49	6.40	19.82	45.03	42.3	75.2
当涂县	342	72548	8.1	8.3	26.5	545	159.4	28.4	6030	8.3	174.9	37144	33463	21622	4.52	3.95	4.03	7.66	19.58	24.92	41.1	18.5
开阳县	235	62672	13.1	13.2	30.5	427	181.6	14.8	3933	6.3	75.4	20108	31482	13640	6.31	6.63	4.07	5.36	22.87	28.15	42.2	53.2
繁昌县	279	103717	8.0	3.5	27.0	376	134.8	31.8	11803	11.4	137.3	51056	26194	26122	4.52	4.69	2.73	5.72	27.49	27.56	38.1	34.9
天长市	361	58378	9.0	8.9	29.3	484	133.8	33.0	5334	9.1	184.9	29876	29566	16668	4.81	4.46	5.40	5.30	20.29	19.44	39.3	13.4

续表

县(市)	Z1 经济规模竞争力			Z2 经济结构竞争力		Z3 市场需求竞争力		Z4 公共财政竞争力			Z5 金融资源竞争力		Z6 居民收入竞争力		Z7 基础教育竞争力		Z8 卫生福利竞争力				Z9 生态环境竞争力	
	Z1.1 GDP规模(亿元)	Z1.2 人均GDP(元)	Z1.3 GDP增长率(%)	Z2.1 第一产业增加值占GDP比重(%)	Z2.2 第三产业增加值占GDP比重(%)	Z3.1 投资消费规模(亿元)	Z3.2 投资消费占GDP比重(%)	Z4.1 地方公共财政收入(亿元)	Z4.2 人均地方公共财政收入(元)	Z4.3 地方公共财政收入占GDP比重(%)	Z5.1 居民储蓄额(亿元)	Z5.2 人均居民储蓄额(元)	Z6.1 城镇居民人均可支配收入(元)	Z6.2 农村居民人均可支配收入(元)	Z7.1 小学在校生占常住人口的比重(%)	Z7.2 中学在校生占常住人口的比重(%)	Z8.1 千人医院床位数(张)	Z8.2 千人福利床位数(张)	Z8.3 城市低保标准占比(%)	Z8.4 农村低保标准占比(%)	Z9.1 建成区绿化覆盖率(%)	Z9.2 森林覆盖率(%)
泗洪县	445	49509	7.4	15.0	42.0	526	118.3	26.3	2932	5.9	192.9	21472	24973	14941	10.02	4.90	5.10	7.58	23.55	31.32	42.4	21.7
涟水县	429	50563	7.5	13.8	47.5	524	122.0	19.2	2261	4.5	187.5	22081	27422	14561	9.55	5.25	4.85	8.65	24.07	37.91	40.9	23.6
廉江市	531	35289	8.5	20.4	33.2	686	129.2	11.7	778	2.2	265.1	17626	23937	15345	8.45	5.47	3.17	2.47	29.08	31.28	31.2	83.9
天门市	528	41157	8.0	14.3	6.6	791	149.7	19.3	1500	3.6	432.0	33658	26528	15367	5.66	4.09	4.40	4.89	21.71	24.73	42.6	14.5
涿州市	330	50212	10.3	7.3	56.2	400	121.2	26.1	3966	7.9	299.3	45488	33163	17220	6.13	3.94	6.11	5.14	18.09	19.56	35.2	26.6
钟祥市	456	49996	8.0	14.0	32.0	671	147.2	20.6	2255	4.5	339.4	37211	30314	17623	4.72	3.47	5.05	3.74	19.79	25.53	36.7	36.9
茌平县	510	95154	7.0	11.0	26.0	419	82.1	31.6	5903	6.2	195.3	36444	26441	12817	7.76	4.75	3.67	7.73	19.06	28.09	38.3	27.2
台山市	399	41920	7.9	16.6	30.4	491	122.9	26.7	2802	6.7	384.8	40404	25245	15741	5.24	3.76	3.53	6.14	33.27	45.74	44.0	48.8
金沙县	253	44379	12.7	12.2	33.6	271	106.9	31.9	5586	12.6	69.9	12231	29054	9468	10.98	5.08	4.80	3.46	21.97	37.26	32.0	54.1
个旧市	243	51694	9.3	5.9	40.8	401	164.5	12.1	2558	4.9	160.3	34043	31839	14068	7.08	4.17	7.75	7.27	19.03	22.60	48.9	39.2
海阳市	328	50702	6.9	21.7	42.2	682	208.0	30.4	4699	9.3	256.3	39633	40186	17480	3.62	4.43	4.94	3.91	17.32	24.37	44.6	35.0
正定县	322	65030	7.0	9.6	50.2	472	146.6	22.1	4463	6.9	289.5	58470	30455	17604	8.02	5.13	3.98	7.80	21.67	22.72	45.0	28.1
赤壁市	391	79829	8.1	12.5	44.8	612	156.3	18.5	3774	4.7	131.6	26851	29023	15776	7.03	3.95	5.18	5.37	22.74	27.26	39.2	42.1
齐河县	435	70076	8.2	9.3	42.1	429	98.6	28.3	4564	6.5	165.7	26687	25010	13634	5.39	4.61	3.55	4.18	20.15	27.28	39.2	47.2
桂阳县	385	53571	8.2	12.2	40.6	493	128.1	16.3	2268	4.2	161.7	22502	31931	17992	9.91	5.88	5.09	3.66	15.78	18.67	39.4	61.1
沁阳市	427	96985	8.0	4.9	30.3	488	114.4	14.2	3228	3.3	124.8	28351	29654	17513	6.79	6.36	3.48	1.47	19.02	19.19	41.2	20.0

续表

县(市)	Z1 经济规模竞争力			Z2 经济结构竞争力		Z3 市场需求竞争力		Z4 公共财政竞争力			Z5 金融资源竞争力		Z6 居民收入竞争力		Z7 基础教育竞争力		Z8 卫生福利竞争力				Z9 生态环境竞争力	
	Z1.1 GDP规模(亿元)	Z1.2 人均GDP(元)	Z1.3 GDP增长率(%)	Z2.1 第一产业增加值占GDP比重(%)	Z2.2 第三产业增加值占GDP比重(%)	Z3.1 投资消费规模(亿元)	Z3.2 投资消费占GDP比重(%)	Z4.1 地方公共财政收入(亿元)	Z4.2 人均地方公共财政收入(元)	Z4.3 地方公共财政收入占GDP比重(%)	Z5.1 居民储蓄额(亿元)	Z5.2 人均居民储蓄额(元)	Z6.1 城镇居民人均可支配收入(元)	Z6.2 农村居民人均可支配收入(元)	Z7.1 小学在校生占常住人口的比重(%)	Z7.2 中学在校生占常住人口的比重(%)	Z8.1 千人医院床位数(张)	Z8.2 千人福利床位数(张)	Z8.3 城市低保标准占比(%)	Z8.4 农村低保标准占比(%)	Z9.1 建成区绿化覆盖率(%)	Z9.2 森林覆盖率(%)
丰县	457	48013	7.3	18.1	39.0	449	98.3	25.0	2627	5.5	251.8	26453	25117	15335	9.41	4.50	4.27	7.43	28.00	38.34	40.1	36.0
耒阳市	473	41058	8.1	15.0	50.5	553	116.8	14.3	1238	3.0	345.0	29935	31946	18841	10.17	6.64	4.23	2.05	15.78	17.20	35.2	47.2
微山县	450	69059	7.5	9.5	46.5	365	81.2	32.7	5025	7.3	143.8	22076	28708	14372	7.06	3.03	4.45	4.88	23.41	31.31	39.3	31.0
伊川县	378	47885	8.9	7.1	38.7	727	192.3	20.1	2546	5.3	144.2	18257	28635	13212	10.66	6.40	3.31	0.29	18.86	24.67	39.3	45.0
永春县	373	80282	8.7	7.0	37.3	1024	274.3	11.1	2388	3.0	126.3	27168	29795	14476	7.50	4.93	4.63	5.73	20.94	34.82	42.8	69.5
固安县	237	45849	8.5	14.8	61.5	305	128.7	41.4	8012	17.5	207.2	40108	33908	14812	7.95	4.17	2.14	4.76	21.94	50.23	41.8	35.0
辛集市	457	71850	7.2	10.5	32.3	485	106.0	14.6	2293	3.2	304.9	47899	31907	15761	6.59	4.87	3.35	5.78	22.57	25.13	35.3	39.6
长垣县	343	45137	9.7	10.5	40.0	418	121.9	21.0	2764	6.1	269.1	35425	30948	17779	12.46	7.97	3.79	3.30	21.38	18.06	35.4	20.2
枝江市	492	98281	2.0	1.7	32.0	488	99.3	17.8	3560	3.6	186.3	37252	31889	19377	3.06	2.40	4.51	4.25	24.43	27.25	38.2	23.1
垫江县	277	40076	8.5	15.1	33.4	453	163.6	19.5	2820	7.0	231.1	33467	31889	13979	8.91	7.39	5.84	7.74	18.82	30.05	37.6	33.9
昌乐县	308	48927	7.3	12.5	45.0	501	162.6	24.0	3816	7.8	213.4	33899	32562	16782	6.21	6.09	6.07	4.83	18.79	24.43	41.9	35.2
福安市	420	72882	7.1	12.1	27.9	316	75.3	20.7	3594	4.9	125.2	21744	32491	15348	9.14	5.36	4.03	4.22	19.94	26.06	43.9	64.9
芜湖县	242	80033	9.0	8.2	31.2	402	166.2	27.3	9040	11.3	121.9	40355	32835	25775	5.87	4.75	3.17	4.67	21.93	27.93	40.4	15.5
老河口市	346	72126	7.2	13.4	33.2	340	98.4	25.4	5298	7.3	141.9	29593	31536	17196	7.20	3.84	5.65	6.76	23.21	29.31	40.8	26.0
临清市	421	54904	8.3	6.5	37.5	504	119.7	18.7	2437	4.4	253.6	33044	24133	12185	11.36	4.51	4.53	6.67	20.88	29.54	37.0	31.8
响水县	320	63854	7.8	13.2	37.9	394	123.3	23.9	4770	7.5	93.6	18679	27832	15586	9.73	4.47	5.22	6.88	24.14	36.96	41.5	27.0
邵东县	382	40835	10.1	14.0	39.2	480	125.7	14.4	1545	3.8	285.8	30589	30100	18945	10.45	7.36	4.48	2.85	16.74	15.97	36.0	38.3

续表

县(市)	Z1 经济规模竞争力			Z2 经济结构竞争力		Z3 市场需求竞争力		Z4 公共财政竞争力			Z5 金融资源竞争力		Z6 居民收入竞争力		Z7 基础教育竞争力		Z8 卫生福利竞争力				Z9 生态环境竞争力	
	Z1.1 GDP规模(亿元)	Z1.2 人均GDP(元)	Z1.3 GDP增长率(%)	Z2.1 第一产业增加值占GDP比重(%)	Z2.2 第三产业增加值占GDP比重(%)	Z3.1 投资消费规模(亿元)	Z3.2 投资消费占GDP比重(%)	Z4.1 地方公共财政收入(亿元)	Z4.2 人均地方公共财政收入(元)	Z4.3 地方公共财政收入占GDP比重(%)	Z5.1 居民储蓄额(亿元)	Z5.2 人均居民储蓄额(元)	Z6.1 城镇居民人均可支配收入(元)	Z6.2 农村居民人均可支配收入(元)	Z7.1 小学在校生占常住人口的比重(%)	Z7.2 中学在校生占常住人口的比重(%)	Z8.1 千人医院床位数(张)	Z8.2 千人福利床位数(张)	Z8.3 城市低保标准占比(%)	Z8.4 农村低保标准占比(%)	Z9.1 建成区绿化覆盖率(%)	Z9.2 森林覆盖率(%)
郓城县	364	32773	9.1	10.5	36.5	359	98.7	23.9	2148	6.6	319.1	28706	24513	12030	11.39	6.39	4.65	4.56	20.56	29.93	42.1	33.0
湘潭县	404	46724	8.9	15.5	34.4	338	83.5	20.0	2315	5.0	230.1	26589	32321	16975	5.31	5.76	4.09	3.90	17.08	24.04	40.9	45.0
歙县	401	60534	7.5	14.3	40.0	260	64.7	25.7	3876	6.4	168.0	25361	35755	24050	6.71	4.60	5.16	5.60	14.10	13.97	38.0	58.0
永兴县	353	64995	8.2	8.2	41.1	412	117.0	13.8	2544	3.9	117.2	21611	29765	16438	10.77	5.61	5.52	3.59	16.93	18.47	36.0	68.0
冷水江市	302	86592	7.6	3.7	33.7	340	112.6	11.1	3187	3.7	125.6	36049	31729	21184	9.99	6.01	7.83	1.96	15.88	15.52	37.1	51.5
京山县	373	66206	8.2	16.0	29.0	413	110.6	17.5	3104	4.7	216.2	38345	30252	17195	4.29	3.11	4.88	6.53	19.83	26.17	42.1	45.1
香河县	237	60373	5.0	7.5	43.0	255	107.5	33.3	8469	14.0	258.4	65713	39839	16553	7.39	4.24	4.16	4.71	18.07	43.50	36.7	40.0
博兴县	347	69038	6.9	7.5	43.0	407	117.3	29.1	5778	8.4	227.3	45202	33168	15630	6.04	5.18	3.38	9.01	18.81	26.87	39.5	35.2
什邡市	285	67931	9.7	10.2	39.7	289	101.5	16.1	3842	5.7	176.1	42026	32389	16867	3.92	3.10	7.11	6.53	19.27	24.90	44.4	52.8
莱阳市	378	43091	7.4	13.0	40.5	512	135.5	18.1	2065	4.8	288.2	32847	45013	20554	3.71	4.16	4.45	4.21	15.46	20.73	42.8	30.3
达拉特旗	334	99892	5.0	10.9	41.9	80	24.0	13.0	3893	3.9	128.1	38320	39315	16618	6.84	4.39	5.44	3.67	17.28	31.70	41.6	78.8
梅河口市	360	59448	6.1	7.0	50.0	527	146.4	21.0	3468	5.8	204.3	33742	28858	13975	4.25	3.63	4.77	2.11	22.87	27.62	43.9	28.8
湘乡市	406	50213	8.9	15.1	34.9	345	85.0	15.0	1856	3.7	230.3	28459	32510	16697	5.56	4.49	4.95	3.84	16.98	24.44	37.8	45.6
龙游县	233	62910	7.5	6.0	45.6	317	135.9	14.8	3989	6.3	156.2	42110	40694	20502	5.45	4.44	4.49	24.04	18.05	26.87	44.9	56.8
四会市	382	77380	5.0	13.1	40.0	471	123.2	13.8	2796	3.6	230.7	46671	30924	21482	10.53	5.74	2.61	3.28	26.39	37.99	40.0	57.0
峨眉山市	253	55874	9.6	6.8	42.4	327	129.5	15.9	3518	6.3	214.6	47479	31791	16022	3.99	3.34	6.02	7.67	18.12	21.35	43.5	57.5

续表

县（市）	Z1 经济规模竞争力			Z2 经济结构竞争力		Z3 市场需求竞争力		Z4 公共财政竞争力			Z5 金融资源竞争力		Z6 居民收入竞争力		Z7 基础教育竞争力		Z8 卫生福利竞争力				Z9 生态环境竞争力	
	Z1.1 GDP规模（亿元）	Z1.2 人均GDP（元）	Z1.3 GDP增长率（%）	Z2.1 第一产业增加值占GDP比重（%）	Z2.2 第三产业增加值占GDP比重（%）	Z3.1 投资消费规模（亿元）	Z3.2 投资消费占GDP比重（%）	Z4.1 地方公共财政收入（亿元）	Z4.2 人均地方公共财政收入（元）	Z4.3 地方公共财政收入占GDP比重（%）	Z5.1 居民储蓄额（亿元）	Z5.2 人均居民储蓄额（元）	Z6.1 城镇居民人均可支配收入（元）	Z6.2 农村居民人均可支配收入（元）	Z7.1 小学在校生占常住人口的比重（%）	Z7.2 中学生在校生占常住人口的比重（%）	Z8.1 千人医院床位数（张）	Z8.2 千人福利床位数（张）	Z8.3 城市低保标准占比（%）	Z8.4 农村低保标准占比（%）	Z9.1 建成区绿化覆盖率（%）	Z9.2 森林覆盖率（%）
连江县	432	73534	6.8	34.4	26.5	599	138.4	31.5	5362	7.3	236.3	40189	33593	16374	7.71	4.20	1.86	2.15	25.01	32.98	43.2	52.3
巢湖市	334	42123	8.6	9.2	37.2	425	127.2	18.3	2314	5.5	264.4	33373	30522	18162	5.28	4.72	5.33	6.10	21.47	23.79	40.1	23.3
黄骅市	281	59693	7.6	11.5	40.5	407	145.0	16.4	3482	5.8	225.3	47918	31507	14996	9.02	5.21	6.82	1.85	20.95	23.34	38.9	20.4
汉川市	500	48228	6.6	12.2	28.6	662	132.3	22.3	2152	4.5	233.4	22506	30887	17109	5.41	3.05	4.63	2.70	21.37	26.30	35.2	16.1
庄河市	633	68841	6.8	23.0	33.5	346	54.6	26.2	2844	4.1	403.2	43828	31730	16117	3.16	2.88	3.60	3.91	25.34	33.50	38.0	44.0
无为县	418	40029	8.5	10.1	39.7	514	122.9	23.5	2251	5.6	304.6	29176	32016	16708	4.92	4.47	2.84	7.49	20.99	26.07	31.5	26.6
化州市	487	38191	8.1	20.2	47.7	386	79.2	11.9	930	2.4	252.8	19809	23500	15800	11.28	8.65	3.53	2.35	29.62	30.38	38.0	48.3
宜城市	334	63494	7.7	16.8	24.8	440	131.8	23.1	4400	6.9	134.9	25674	29142	16926	5.66	3.54	5.67	3.74	25.12	29.78	37.9	40.5
邵武市	232	83617	7.9	14.1	37.8	507	218.9	11.6	4170	5.0	98.4	35513	31691	16788	6.69	4.58	8.56	5.52	21.96	22.37	42.3	76.5
缙云县	215	58485	7.3	5.2	44.4	222	103.1	13.1	3542	6.1	146.5	39768	38229	17711	8.24	5.91	5.29	11.99	21.35	42.82	44.8	78.8
宁阳县	445	57442	7.1	12.7	44.1	594	133.6	11.5	1485	2.6	178.6	23056	32256	14853	4.41	5.94	4.05	5.95	17.49	24.57	42.0	38.0
武义县	237	65577	5.1	6.7	41.6	229	96.4	24.3	6707	10.2	207.2	57222	35986	16261	7.49	3.86	3.87	10.55	22.18	49.07	41.5	72.0
邓州市	420	29676	9.3	24.9	39.5	537	127.9	14.6	1032	3.5	244.5	17286	26774	13918	12.55	5.74	7.61	1.04	20.17	23.06	36.0	18.8
漳浦县	342	41053	9.0	16.0	45.1	433	126.6	15.5	1862	4.5	169.4	20336	33573	18106	7.29	4.66	3.41	3.75	22.52	23.06	42.4	56.0
乐平市	307	36132	9.0	11.2	37.6	514	167.6	27.4	3223	8.9	202.1	23815	31620	15051	10.53	5.33	3.76	0.27	20.11	24.32	35.6	42.9
平阴县	273	78211	8.2	12.1	31.4	386	141.3	20.1	5748	7.3	115.7	33139	26534	13743	5.45	4.69	4.88	15.67	26.95	31.12	40.0	34.8
绵竹市	261	56996	8.1	11.2	37.6	310	119.1	21.4	4679	8.2	170.7	37312	32437	16855	4.01	2.89	6.36	13.51	19.24	24.92	38.0	51.0

续表

县(市)	Z1 经济规模竞争力			Z2 经济结构竞争力		Z3 市场需求竞争力		Z4 公共财政竞争力			Z5 金融资源竞争力		Z6 居民收入竞争力		Z7 基础教育竞争力		Z8 卫生福利竞争力				Z9 生态环境竞争力	
	Z1.1 GDP规模(亿元)	Z1.2 人均GDP(元)	Z1.3 GDP增长率(%)	Z2.1 第一产业增加值占GDP比重(%)	Z2.2 第三产业增加值占GDP比重(%)	Z3.1 投资消费规模(亿元)	Z3.2 投资消费占GDP比重(%)	Z4.1 地方公共财政收入(亿元)	Z4.2 人均地方公共财政收入(元)	Z4.3 地方公共财政收入占GDP比重(%)	Z5.1 居民储蓄额(亿元)	Z5.2 人均居民储蓄额(元)	Z6.1 城镇居民人均可支配收入(元)	Z6.2 农村居民人均可支配收入(元)	Z7.1 小学在校生占常住人口的比重(%)	Z7.2 中学在校生占常住人口的比重(%)	Z8.1 千人医院床位数(张)	Z8.2 千人福利床位数(张)	Z8.3 城市低保标准占比(%)	Z8.4 农村低保标准占比(%)	Z9.1 建成区绿化覆盖率(%)	Z9.2 森林覆盖率(%)
长泰县	236	106253	9.8	7.6	32.0	310	131.1	12.8	5740	5.4	69.7	31373	34764	17588	7.07	3.36	3.65	4.80	21.75	23.31	42.4	65.8
岳山县	205	96682	9.3	19.8	40.0	372	182.0	15.5	7335	7.6	85.4	40380	46553	30851	3.34	2.26	2.75	12.78	17.12	25.83	41.2	45.6
浦江县	215	51191	6.1	4.9	43.5	253	117.7	17.8	4241	8.3	208.8	49738	41654	19611	7.34	4.77	5.50	5.94	19.01	40.39	39.4	71.4
分宜县	247	78003	8.6	9.0	48.1	272	110.3	26.1	8259	10.6	65.0	20540	29596	16166	8.67	4.95	3.71	4.32	21.49	22.64	43.2	64.0
金湖县	268	80659	7.7	13.1	49.1	322	120.1	20.2	6076	7.5	129.6	39014	33509	17126	3.88	2.84	4.70	8.67	19.70	32.23	43.8	20.4
丹江口市	225	56461	9.5	13.5	36.2	326	144.6	14.1	3541	6.3	166.7	41813	27122	10327	5.99	5.03	8.10	9.00	22.12	37.18	40.5	55.9
当阳市	493	105017	1.8	17.6	29.2	468	95.0	17.5	3728	3.5	182.7	38912	32220	19231	3.91	3.04	4.33	4.52	23.46	27.46	39.0	39.5
格尔木市	327	136070	9.0	2.0	32.6	301	91.8	14.0	5821	4.3	113.5	47213	30436	16851	7.73	5.18	6.27	1.67	17.76	19.70	20.1	3.1
南陵县	232	55669	8.5	13.2	38.9	370	160.0	20.1	4832	8.7	157.1	37763	31708	20411	6.60	6.15	3.56	5.80	22.71	35.28	37.9	39.1
文山市	229	45629	10.0	8.1	47.2	330	144.4	20.1	4006	8.8	167.7	33469	31039	10178	9.95	6.75	3.53	2.16	19.72	31.93	35.2	39.1
锡林浩特市	200	74906	5.0	9.5	47.7	232	116.0	19.6	7341	9.8	154.3	57772	42542	24136	6.47	7.38	5.42	5.03	18.33	32.32	36.1	49.7
广德县	230	46505	9.1	9.7	40.4	372	161.8	23.4	4727	10.2	131.7	26600	36349	16509	5.52	4.22	4.27	6.87	16.51	23.26	41.0	58.4
孟州市	330	88297	7.3	6.4	23.7	479	145.2	13.7	3661	4.1	97.1	25995	29405	17065	5.26	4.06	5.67	2.41	19.18	19.69	38.3	32.1
辉县市	367	48485	6.4	10.8	32.9	381	104.0	24.3	3213	6.6	212.7	28123	28391	14927	12.80	5.75	4.00	1.51	19.02	21.50	35.8	29.5
孟津县	298	69750	9.0	9.0	36.0	432	145.0	15.4	3605	5.2	109.3	25591	27500	12500	7.15	6.50	4.23	1.98	19.64	26.08	39.0	28.0
灵宝市	526	71564	7.2	11.0	0.0	602	114.5	21.8	2965	4.1	212.8	28941	27837	15053	6.71	4.90	3.67	2.45	18.54	21.59	35.0	46.9

续表

县(市)	Z1 经济规模竞争力			Z2 经济结构竞争力		Z3 市场需求竞争力		Z4 公共财政竞争力			Z5 金融资源竞争力		Z6 居民收入竞争力		Z7 基础教育竞争力		Z8 卫生福利竞争力				Z9 生态环境竞争力	
	Z1.1 GDP规模(亿元)	Z1.2 人均GDP(元)	Z1.3 GDP增长率(%)	Z2.1 第一产业增加值占GDP比重(%)	Z2.2 第三产业增加值占GDP比重(%)	Z3.1 投资消费规模(亿元)	Z3.2 投资消费占GDP比重(%)	Z4.1 地方公共财政收入(亿元)	Z4.2 人均地方公共财政收入(元)	Z4.3 地方公共财政收入占GDP比重(%)	Z5.1 居民储蓄额(亿元)	Z5.2 人均居民储蓄额(元)	Z6.1 城镇居民人均可支配收入(元)	Z6.2 农村居民人均可支配收入(元)	Z7.1 小学在校生占常住人口的比重(%)	Z7.2 中学在校生占常住人口的比重(%)	Z8.1 千人医院床位数(张)	Z8.2 千人福利床位数(张)	Z8.3 城市低保标准占比(%)	Z8.4 农村低保标准占比(%)	Z9.1 建成区绿化覆盖率(%)	Z9.2 森林覆盖率(%)
济阳县	336	60541	10.1	15.9	32.8	494	147.1	20.7	3730	6.2	130.2	23460	29524	15499	6.39	3.37	3.18	5.07	24.22	27.60	39.5	25.0
岑溪市	313	38573	10.6	11.7	21.0	392	125.5	18.2	2246	5.8	142.7	17606	30910	13353	10.34	4.65	3.08	2.74	19.80	25.09	39.2	73.0
沂罗县	283	50382	8.0	11.0	46.0	390	138.1	20.0	3566	7.1	149.5	26650	35679	16119	3.98	6.25	3.19	5.90	16.82	26.06	44.7	58.0
泪罗市	379	60016	6.3	11.5	32.8	395	104.4	18.1	2868	4.8	132.7	21027	29392	16552	6.96	4.53	6.00	4.00	17.96	18.85	39.0	47.0
高唐县	435	88750	6.5	9.5	27.0	369	84.8	15.6	3175	3.6	140.9	28749	24980	12611	7.62	4.71	3.32	4.00	19.22	28.55	45.6	34.0
兰陵县	382	31742	7.6	15.9	48.9	469	122.9	14.2	1180	3.7	234.4	19486	30561	13066	12.22	6.29	4.97	4.86	19.22	28.32	40.0	31.3
巨野县	298	32155	8.5	9.9	37.2	293	98.1	23.7	2559	8.0	240.6	25949	24891	11926	12.15	5.06	4.65	4.85	17.67	30.19	43.3	35.0
灌南县	342	53705	7.0	15.8	36.5	357	104.2	21.9	3434	6.4	108.1	16957	26635	13639	9.87	5.26	5.37	7.93	20.25	36.07	40.2	29.2
水城县	258	32343	11.2	19.4	28.3	392	151.7	21.5	2695	8.3	82.9	10384	25867	8470	7.69	6.21	3.33	3.64	19.60	42.64	35.3	50.1
恩施市	211	27249	7.9	13.7	46.3	382	180.7	21.1	2724	10.0	193.9	25010	29138	9931	6.80	5.47	8.80	5.25	27.83	35.24	38.0	55.4
湘池县	270	76659	9.0	7.1	27.5	455	168.3	23.8	6750	8.8	98.0	27784	29845	14722	8.76	5.92	4.70	2.46	19.77	22.08	19.0	30.1
费县	302	36044	8.2	11.5	43.3	336	111.1	20.5	2443	6.8	209.1	24917	33520	12300	8.27	4.09	3.78	3.28	17.29	30.08	40.2	46.1
麻城市	303	34382	8.1	21.8	39.3	545	179.9	19.3	2190	6.4	245.4	27876	27756	11699	6.24	4.79	5.06	4.99	16.11	31.63	36.6	74.2
怀仁市	225	66529	10.1	4.3	42.3	140	62.2	9.2	2720	4.1	164.2	48565	33030	15040	11.33	15.18	3.89	2.02	19.46	22.61	40.4	40.9
桃源县	350	40759	8.3	21.5	43.4	431	123.3	11.4	1333	3.3	218.2	25438	27695	13450	5.66	3.92	5.44	6.62	16.06	22.61	40.4	40.9
高安市	236	28268	8.7	17.7	39.0	351	148.6	25.0	2991	10.6	232.9	27907	30626	15072	8.93	5.78	4.25	3.34	21.66	25.48	43.9	65.2
灌云县	366	45295	7.3	18.0	37.7	473	129.0	20.6	2543	5.6	147.0	18174	25034	14231	8.71	5.14	4.18	7.21	19.65	31.20	41.0	25.5

续表

县（市）	Z1 经济规模竞争力			Z2 经济结构竞争力		Z3 市场需求竞争力		Z4 公共财政竞争力			Z5 金融资源竞争力		Z6 居民收入竞争力		Z7 基础教育竞争力		Z8 卫生福利竞争力				Z9 生态环境竞争力	
	Z1.1 GDP规模（亿元）	Z1.2 人均GDP（元）	Z1.3 GDP增长率（%）	Z2.1 第一产业增加值占GDP比重（%）	Z2.2 第三产业增加值占GDP比重（%）	Z3.1 投资消费规模（亿元）	Z3.2 投资消费占GDP比重（%）	Z4.1 地方公共财政收入（亿元）	Z4.2 人均地方公共财政收入（元）	Z4.3 地方公共财政收入占GDP比重（%）	Z5.1 居民储蓄额（亿元）	Z5.2 人均居民储蓄额（元）	Z6.1 城镇居民人均可支配收入（元）	Z6.2 农村居民人均可支配收入（元）	Z7.1 小学在校生占常住人口的比重（%）	Z7.2 中学在校生占常住人口的比重（%）	Z8.1 千人医院床位数（张）	Z8.2 千人福利院位数（张）	Z8.3 城市低保标准占比（%）	Z8.4 农村低保标准占比（%）	Z9.1 建成区绿化覆盖率（%）	Z9.2 森林覆盖率（%）
东明县	316	42657	9.0	8.2	32.2	309	97.9	19.1	2573	6.0	160.3	21636	23389	11598	12.14	6.87	3.07	5.75	21.55	31.04	34.5	33.0
安丘市	336	35744	7.1	15.6	44.7	190	56.6	22.5	2392	6.7	293.5	31203	31778	16445	7.04	4.12	2.85	5.20	19.26	24.93	40.7	33.6
农安县	472	41490	8.8	18.8	52.9	632	134.0	14.3	1258	3.0	246.7	21696	25100	13429	5.46	2.26	3.50	1.89	20.56	27.18	38.0	13.2
大竹县	308	34060	9.0	20.0	33.0	434	141.0	13.0	1440	4.2	285.7	31596	29348	15451	7.90	5.66	4.06	6.49	19.63	22.52	42.5	41.2
仁寿县	386	31921	5.1	19.9	31.0	439	113.9	23.4	1936	6.1	395.5	32726	30478	13737	5.59	2.70	4.61	16.13	16.54	24.02	43.0	38.0
阳春市	409	46242	5.9	16.9	52.5	361	88.3	11.3	1277	2.8	217.6	24586	25487	14708	9.14	4.96	4.25	1.25	27.31	32.64	36.0	67.3
平果县	201	43710	10.8	8.1	20.8	239	118.8	16.4	3565	8.2	86.1	18712	31924	11465	8.42	5.91	3.97	4.26	19.92	30.53	38.9	54.6
进贤县	341	46648	8.7	16.9	33.1	256	75.2	15.7	2148	4.6	206.4	28239	31818	16829	8.27	6.30	3.09	1.59	19.99	21.75	45.2	26.0
北流市	324	26939	8.1	14.6	37.8	388	119.6	16.3	1351	5.0	215.2	17888	34006	14605	14.01	7.90	3.17	1.96	19.41	23.96	33.0	61.0
宣威市	279	20437	10.0	22.0	50.2	567	203.2	13.1	957	4.7	194.8	14272	32700	11150	9.16	7.26	4.42	0.69	18.53	28.48	35.5	47.2
平潭县	231	51296	7.2	16.1	55.6	529	229.3	29.7	6593	12.9	116.2	25829	35738	14643	6.50	4.70	3.16	1.68	19.14	27.04	40.0	35.8
沙河市	263	58710	6.4	2.8	43.7	308	116.8	10.1	2258	3.8	194.4	43357	28780	14033	9.23	6.65	3.49	5.55	19.14	23.52	42.6	37.6
曹县	357	25181	8.5	10.7	37.4	438	122.7	17.2	1213	3.4	266.7	18813	23939	11649	11.59	5.71	4.91	4.18	21.05	30.90	30.0	33.7
宝丰县	295	58738	8.5	7.8	38.0	341	115.9	10.0	2000	3.4	113.8	22694	24535	14540	11.30	5.17	4.87	2.13	22.01	22.08	47.9	28.1
松滋市	270	35143	7.7	15.7	34.7	439	162.5	18.2	2371	6.7	233.9	30437	28680	16100	4.19	3.21	4.05	5.05	20.92	27.95	40.0	54.4
滦南县	364	62280	6.5	25.8	42.1	490	134.6	11.0	1884	3.0	190.2	32547	34577	13918	5.74	5.03	4.10	11.65	21.00	30.95	39.0	30.0
德惠市	482	56564	9.0	15.9	47.1	456	94.6	10.8	1267	2.2	213.1	25011	24860	13535	6.41	4.17	2.92	1.97	18.97	27.41	30.5	13.0

续表

县(市)	Z1 经济规模竞争力			Z2 经济结构竞争力		Z3 市场需求竞争力		Z4 公共财政竞争力			Z5 金融资源竞争力		Z6 居民收入竞争力		Z7 基础教育竞争力		Z8 卫生福利竞争力				Z9 生态环境竞争力	
	Z1.1 GDP规模(亿元)	Z1.2 人均GDP(元)	Z1.3 GDP增长率(%)	Z2.1 第一产业增加值占GDP比重(%)	Z2.2 第三产业增加值占GDP比重(%)	Z3.1 投资消费规模(亿元)	Z3.2 投资消费占GDP比重(%)	Z4.1 地方公共财政收入(亿元)	Z4.2 人均地方公共财政收入(元)	Z4.3 地方公共财政收入占GDP比重(%)	Z5.1 居民储蓄额(亿元)	Z5.2 人均居民储蓄额(元)	Z6.1 城镇居民人均可支配收入(元)	Z6.2 农村居民人均可支配收入(元)	Z7.1 小学在校生占常住人口的比重(%)	Z7.2 中学在校生占常住人口的比重(%)	Z8.1 千人医院床位数(张)	Z8.2 千人福利床位数(张)	Z8.3 城市低保标准占比(%)	Z8.4 农村低保标准占比(%)	Z9.1 建成区绿化覆盖率(%)	Z9.2 森林覆盖率(%)
桐城市	273	40206	8.6	10.4	27.0	440	161.0	15.1	2230	5.5	276.4	40709	28234	13918	4.53	4.86	2.91	10.99	21.89	44.40	35.8	31.6
公主岭市	470	44185	6.5	0.0	40.4	571	121.5	13.5	1269	2.9	270.4	25421	26164	12342	6.02	4.11	4.15	3.77	22.93	30.55	31.2	23.4
常宁市	331	40185	8.7	16.1	46.9	314	94.8	9.7	1182	2.9	184.6	22412	29773	15418	8.77	5.83	4.80	3.18	16.93	20.24	39.8	54.6
福鼎市	360	66518	3.4	14.1	27.5	399	110.8	17.6	3259	4.9	126.5	23387	32646	15063	7.08	4.26	3.67	3.34	19.85	26.56	44.1	60.3
尉氏县	370	42427	8.5	14.1	33.0	469	126.7	17.6	2018	4.8	143.7	16472	25106	12964	10.62	5.18	3.74	2.50	20.55	24.76	31.4	24.6
海城市	523	44404	1.6	7.3	64.1	416	79.4	36.8	3121	7.0	598.6	50778	28500	16506	5.54	2.64	3.58	4.12	22.11	24.49	35.1	32.2
莒南县	278	36618	7.1	12.2	46.2	364	130.9	13.4	1766	4.8	269.5	35521	30515	12020	7.29	5.87	4.78	5.76	17.70	30.78	44.3	38.4
禹城市	279	54429	7.2	12.7	39.5	418	149.5	18.9	3672	6.7	145.1	28267	24827	13555	6.21	5.21	3.73	7.06	19.33	25.23	39.2	35.9
武汉市	290	44134	7.9	19.3	33.0	415	143.0	18.6	2831	6.4	203.6	30959	28826	14126	9.81	4.85	5.10	5.15	18.73	26.19	36.0	21.1
单县	327	29922	8.8	12.3	38.5	325	99.4	12.8	1175	3.9	230.8	21135	23087	11718	9.01	5.77	5.11	6.86	21.83	30.72	35.6	33.0
滕县	271	30924	12.2	19.6	22.1	371	137.2	16.2	1847	6.0	136.6	15613	26878	10979	9.89	6.41	3.03	4.32	22.77	30.51	35.0	72.1
定州市	354	28953	7.3	23.6	27.0	490	138.6	20.1	1646	5.7	371.0	30378	27777	14748	8.00	5.89	4.05	2.69	21.60	24.82	40.3	18.5
葡南县	350	36978	8.2	21.0	36.4	371	106.1	15.6	1649	4.5	192.5	20349	30207	19023	6.58	6.03	4.06	2.42	16.68	16.40	41.3	42.0
弥勒市	288	51038	7.0	10.3	27.1	383	133.1	17.2	3056	6.0	111.0	19698	32312	12124	7.52	5.39	5.65	3.03	18.75	26.23	45.0	50.0
南漳县	256	47027	7.5	21.0	41.0	396	154.9	13.3	2450	5.2	135.9	25008	28913	14520	4.82	3.12	4.66	5.56	25.32	34.71	32.8	80.8
荥川县	180	50761	9.2	8.3	36.1	190	105.3	18.6	5245	10.3	87.5	24663	29247	10780	8.15	5.45	5.25	5.02	18.46	30.24	40.0	82.4
灌溪县	297	28429	9.1	14.4	3.2	413	139.2	16.7	1600	5.6	255.2	24443	26501	11570	7.29	5.08	4.00	4.90	22.64	34.75	40.2	18.5

续表

县(市)	Z1 经济规模竞争力			Z2 经济结构竞争力		Z3 市场需求竞争力		Z4 公共财政竞争力			Z5 金融资源竞争力		Z6 居民收入竞争力		Z7 基础教育竞争力		Z8 卫生福利竞争力				Z9 生态环境竞争力	
	Z1.1 GDP规模(亿元)	Z1.2 人均GDP(元)	Z1.3 GDP增长率(%)	Z2.1 第一产业增加值占GDP比重(%)	Z2.2 第三产业增加值占GDP比重(%)	Z3.1 投资消费规模(亿元)	Z3.2 投资消费占GDP比重(%)	Z4.1 地方公共财政收入(亿元)	Z4.2 人均地方公共财政收入(元)	Z4.3 地方公共财政收入占GDP比重(%)	Z5.1 居民储蓄额(亿元)	Z5.2 人均居民储蓄额(元)	Z6.1 城镇居民人均可支配收入(元)	Z6.2 农村居民人均可支配收入(元)	Z7.1 小学在校生占常住人口的比重(%)	Z7.2 中学在校生占常住人口的比重(%)	Z8.1 千人医院床位数(张)	Z8.2 千人福利院位数(张)	Z8.3 城市低保标准占比(%)	Z8.4 农村低保标准占比(%)	Z9.1 建成区绿化覆盖率(%)	Z9.2 森林覆盖率(%)
吴县	351	60905	7.4	16.1	50.8	291	82.9	6.6	1145	1.9	101.5	17607	24699	14712	5.57	3.70	3.40	2.37	26.24	25.69	38.5	29.2
临邑县	285	53497	8.3	11.4	41.1	395	138.7	15.5	2909	5.4	154.8	29058	24790	13469	6.61	4.80	3.84	6.83	20.81	28.06	35.2	31.2
怀远县	293	29596	8.5	24.0	34.8	452	154.3	17.0	1715	5.8	174.1	17589	27371	13878	10.14	5.74	4.33	10.36	23.15	27.51	37.4	39.0
太和县	243	16979	10.0	21.0	33.5	405	166.6	25.0	1748	10.3	334.4	23383	27592	11006	9.78	6.08	5.01	4.90	24.09	33.47	31.0	18.2
玉田县	420	58722	4.8	18.5	32.8	419	99.6	10.2	1426	2.4	331.4	46328	33431	15628	6.92	4.58	3.49	5.50	19.74	25.03	35.9	18.1
庐江县	285	28470	7.0	16.8	37.9	478	167.7	17.6	1759	6.2	263.5	26333	28843	17204	5.96	4.83	3.36	5.40	22.72	25.11	40.0	18.5
灵石县	226	83029	8.0	2.2	32.5	146	64.4	16.1	5910	7.1	158.7	58252	35366	16052	8.91	5.28	3.27	1.46	17.64	21.18	43.1	16.4
界首市	189	31410	11.0	13.4	25.3	210	111.0	16.3	2710	8.6	163.6	27123	28910	11726	8.88	5.32	5.37	5.59	23.24	32.75	37.0	32.9
宜章县	222	37335	8.2	10.2	51.1	337	151.9	11.8	1977	5.3	127.5	21427	27930	8772	10.98	6.25	5.37	2.37	18.47	34.50	38.5	20.6
海丰县	270	35005	8.3	12.1	43.9	517	191.6	7.7	999	2.9	156.9	20349	26470	14511	10.28	6.01	4.13	3.61	21.99	29.36	35.7	62.3
土默特右旗	283	96285	5.0	8.7	35.0	349	123.4	14.8	5020	5.2	81.3	27632	34439	16164	4.39	3.06	2.89	6.84	21.60	32.17	38.4	58.0
宣汉县	267	25679	8.8	23.1	37.2	441	165.4	17.0	1638	6.4	250.1	24082	24439	9068	9.05	6.38	3.40	6.33	23.57	38.38	38.0	43.0
罗源县	225	106460	8.8	18.5	21.6	226	100.6	12.7	6029	5.7	57.3	27149	30295	13736	7.30	4.08	5.06	4.24	27.73	30.58	42.3	60.0
新兴县	266	58537	6.2	21.0	38.9	228	85.6	17.5	3854	6.6	161.5	35536	25256	15839	7.77	5.04	3.55	1.68	27.56	43.94	35.0	58.3
嘉祥县	226	32015	8.0	13.1	43.0	309	136.8	13.5	1915	6.0	229.8	32616	27349	13996	13.32	7.27	4.54	3.05	22.82	29.58	37.3	70.2
上饶县	225	31127	8.4	8.4	15.2	161	71.6	15.5	2141	6.9	145.8	20204	26104	9520	10.07	6.65	3.85	2.75	24.36	38.45	49.2	73.6
桂平市	357	22569	8.6	18.7	31.7	397	111.0	10.1	640	2.8	271.2	17125	28270	12644	10.56	7.10	2.90	1.48	20.37	25.31	40.0	47.4

续表

县(市)	Z1经济规模竞争力			Z2经济结构竞争力		Z3市场需求竞争力		Z4公共财政竞争力			Z5金融资源竞争力		Z6居民收入竞争力		Z7基础教育竞争力		Z8卫生福利竞争力				Z9生态环境竞争力	
	Z1.1 GDP规模(亿元)	Z1.2 人均GDP(元)	Z1.3 GDP增长率(%)	Z2.1 第一产业增加值占GDP比重(%)	Z2.2 第三产业增加值占GDP比重(%)	Z3.1 投资消费规模(亿元)	Z3.2 投资消费占GDP比重(%)	Z4.1 地方公共财政收入(亿元)	Z4.2 人均地方公共财政收入(元)	Z4.3 地方公共财政收入占GDP比重(%)	Z5.1 居民储蓄额(亿元)	Z5.2 人均居民储蓄额(元)	Z6.1 城镇居民人均可支配收入(元)	Z6.2 农村居民人均可支配收入(元)	Z7.1 小学在校生占常住人口的比重(%)	Z7.2 中学在校生占常住人口的比重(%)	Z8.1 千人医院床位数(张)	Z8.2 千人福利床位数(张)	Z8.3 城市低保标准占比(%)	Z8.4 农村低保标准占比(%)	Z9.1 建成区绿化覆盖率(%)	Z9.2 森林覆盖率(%)
靖边县	304	80549	7.8	7.5	27.0	247	81.2	14.0	3708	4.6	106.7	28291	34114	12899	10.49	5.71	4.28	2.37	19.70	26.90	40.0	43.0
安岳县	328	29155	7.0	23.6	36.8	334	101.8	13.0	1158	4.0	308.8	27469	30728	14585	8.10	5.27	5.26	9.22	17.96	22.63	38.0	42.2
彬州市	214	64753	8.7	8.9	17.3	291	136.1	10.0	3034	4.7	101.9	30874	33093	11441	8.11	2.88	5.93	5.07	18.49	30.33	42.8	38.5
汶上县	285	40425	7.7	15.2	39.2	382	134.4	13.6	1932	4.8	180.6	25665	27868	14272	7.70	2.76	4.41	3.05	22.39	29.01	36.0	29.0
蒙城县	272	23876	9.2	19.4	41.3	337	123.9	16.5	1450	6.1	192.7	16929	27260	11901	11.31	5.61	3.67	4.73	22.45	34.70	41.1	17.4
无棣县	275	65125	6.5	13.0	37.0	324	118.0	14.8	3498	5.4	118.4	28034	31825	15359	7.63	4.97	4.24	4.89	19.80	27.35	38.1	32.0
应城市	287	47384	6.0	17.0	27.0	443	154.3	16.8	2768	5.8	181.4	29931	31191	17621	4.07	3.02	4.14	6.69	21.16	25.54	39.9	11.5
高青县	220	59195	8.0	11.9	40.3	243	110.6	14.6	3923	6.6	104.0	27991	29886	14187	4.12	5.89	3.89	6.41	20.08	29.60	43.0	29.5
广水市	292	37899	7.1	18.6	32.9	467	159.9	12.1	1576	4.2	246.6	31997	26719	15127	5.82	3.67	3.92	8.55	19.76	24.79	32.0	40.0
泗阳县	277	21366	9.3	15.8	40.0	345	124.5	12.7	980	4.6	228.9	17664	24257	10850	9.06	5.13	2.96	6.13	26.12	39.72	39.0	20.0
萧县	270	22554	9.5	19.8	40.8	435	161.2	16.8	1400	6.2	221.5	18507	22298	10789	7.04	4.58	2.16	3.66	28.42	35.22	36.5	34.9
昌黎县	260	48171	7.4	23.3	37.0	231	89.0	10.6	1966	4.1	238.8	44285	29334	14799	5.69	4.46	5.15	7.05	28.45	23.65	39.8	20.4
祁东县	296	29827	8.9	23.1	43.5	301	101.6	7.7	773	2.6	234.8	23629	24556	13005	7.02	5.60	4.21	2.51	20.52	25.10	40.3	43.7
舒城县	193	25117	9.0	15.6	38.2	275	142.8	21.0	2737	10.9	226.3	29463	24858	10916	4.87	4.42	2.81	5.83	24.14	34.81	38.7	48.2
介休市	181	42835	9.8	2.9	38.1	148	81.5	12.9	3049	7.1	207.3	49008	32734	13073	8.61	4.70	4.87	2.11	19.06	26.01	38.5	38.0
颍上县	249	19638	9.5	19.8	29.3	341	137.0	17.2	1355	6.9	216.3	17042	27724	10824	9.31	5.17	3.27	6.28	17.63	34.37	42.3	20.4
怀宁县	219	36122	8.5	10.8	26.7	311	142.1	11.8	1949	5.4	245.2	40458	29038	13456	4.98	4.20	2.51	7.57	21.28	28.09	38.7	33.0

续表

县(市)	Z1 经济规模竞争力			Z2 经济结构竞争力		Z3 市场需求竞争力		Z4 公共财政竞争力			Z5 金融额竞争力		Z6 居民收入竞争力		Z7 基础教育竞争力		Z8 卫生福利竞争力				Z9 生态环境竞争力	
	Z1.1 GDP规模(亿元)	Z1.2 人均GDP(元)	Z1.3 GDP增长率(%)	Z2.1 第一产业增加值占GDP比重(%)	Z2.2 第三产业增加值占GDP比重(%)	Z3.1 投资消费规模(亿元)	Z3.2 投资消费占GDP比重(%)	Z4.1 地方公共财政收入(亿元)	Z4.2 人均地方公共财政收入(元)	Z4.3 地方公共财政收入占GDP比重(%)	Z5.1 居民储蓄额(亿元)	Z5.2 人均居民储蓄额(元)	Z6.1 城镇居民人均可支配收入(元)	Z6.2 农村居民人均可支配收入(元)	Z7.1 小学在校生占常住人口的比重(%)	Z7.2 中学在校生占常住人口的比重(%)	Z8.1 千人医院床位数(张)	Z8.2 千人福利床位数(张)	Z8.3 城市低保标准占比(%)	Z8.4 农村低保标准占比(%)	Z9.1 建成区绿化覆盖率(%)	Z9.2 森林覆盖率(%)
云梦县	235	43923	6.5	16.0	30.0	341	144.7	13.7	2565	5.8	150.5	28085	30703	17389	4.97	3.34	4.32	6.96	21.50	25.88	36.2	15.7
陆川县	251	31823	5.5	13.3	37.0	288	114.4	15.2	1924	6.0	142.1	17987	29004	2782	11.35	7.28	3.15	2.53	22.76	125.81	38.0	58.9
敦化市	181	46120	4.3	15.0	40.9	260	143.8	10.6	2691	5.8	171.5	43712	24671	13510	5.20	4.20	5.55	2.61	25.78	31.09	43.2	84.9
沙洋县	277	47561	7.4	22.9	35.1	296	106.6	8.6	1479	3.1	153.7	26343	30058	16889	3.20	2.04	4.75	6.60	19.96	26.64	38.0	29.0
平南县	268	22505	8.7	21.0	37.4	278	103.7	11.8	988	4.4	201.3	16897	28767	12399	10.03	7.27	3.38	2.84	20.02	25.81	31.4	56.8
横县	305	33656	7.0	23.9	36.4	375	123.0	13.4	1484	4.4	185.6	20511	31762	12703	9.13	1.82	4.17	1.93	18.13	27.55	41.6	47.8
五常市	437	51940	6.4	25.0	50.0	307	70.2	7.2	851	1.6	172.1	20446	23676	16346	4.44	2.30	3.69	7.59	27.37	23.12	31.6	54.0
凤台县	267	44892	6.7	12.6	26.3	253	94.8	24.3	4085	9.1	136.0	22862	30769	13313	9.39	5.36	2.28	3.90	20.48	30.20	41.0	11.7
襄垣县	184	65739	8.9	3.5	28.0	105	57.2	13.9	4979	7.6	157.7	56491	33935	14610	5.95	4.10	4.74	0.32	21.39	23.89	47.5	15.9
抚松县	195	67201	6.1	11.7	41.9	213	109.1	5.0	1723	2.6	97.6	33631	22617	13509	4.60	2.91	9.64	6.41	25.47	26.65	42.1	34.0
成武县	202	31566	8.2	12.4	34.0	204	100.9	7.8	1211	3.8	161.3	25157	23064	11836	12.21	5.10	3.26	9.64	21.85	30.42	39.1	87.0
固镇县	215	37424	9.4	27.0	36.3	303	140.7	11.2	1939	5.2	107.5	18691	27635	13959	7.63	4.40	3.56	8.86	22.93	27.35	40.0	18.2
博白县	262	18699	7.5	31.6	35.0	379	144.8	16.6	1186	6.3	214.9	15353	27250	12943	11.19	7.17	2.78	4.01	24.22	27.04	39.0	64.0
榆树市	433	38223	5.5	18.9	53.5	424	97.8	10.0	886	2.3	195.8	17274	22821	13504	5.31	4.04	3.66	2.64	18.93	26.10	39.0	5.8
定边县	255	76215	9.5	7.8	30.2	280	109.5	11.6	3469	4.6	98.9	29516	33263	12885	6.81	4.90	5.25	1.06	20.20	26.93	26.2	29.2
阳新县	222	30037	7.9	27.0	39.3	443	200.0	15.0	2034	6.8	168.5	22842	24005	10956	12.25	4.95	3.49	4.36	24.99	38.34	37.2	42.0
宾阳县	218	26140	9.4	22.5	46.2	392	179.4	12.6	1508	5.8	153.8	18404	31489	12867	8.25	6.26	3.11	2.67	18.29	27.20	26.5	0.0

续表

县(市)	Z1 经济规模竞争力			Z2 经济结构竞争力		Z3 市场需求竞争力		Z4 公共财政竞争力			Z5 金融资源竞争力		Z6 居民收入竞争力		Z7 基础教育竞争力		Z8 卫生福利竞争力				Z9 生态环境竞争力	
	Z1.1 GDP规模(亿元)	Z1.2 人均GDP(元)	Z1.3 GDP增长率(%)	Z2.1 第一产业增加值占GDP比重(%)	Z2.2 第三产业增加值占GDP比重(%)	Z3.1 投资消费规模(亿元)	Z3.2 投资消费占GDP比重(%)	Z4.1 地方公共财政收入(亿元)	Z4.2 人均地方公共财政收入(元)	Z4.3 地方公共财政收入占GDP比重(%)	Z5.1 居民储蓄额(亿元)	Z5.2 人均居民储蓄额(元)	Z6.1 城镇居民人均可支配收入(元)	Z6.2 农村居民人均可支配收入(元)	Z7.1 小学在校生占常住人口的比重(%)	Z7.2 中学在校生占常住人口的比重(%)	Z8.1 千人医院床位数(张)	Z8.2 千人福利床位数(张)	Z8.3 城市低保标准占比(%)	Z8.4 农村低保标准占比(%)	Z9.1 建成区绿化覆盖率(%)	Z9.2 森林覆盖率(%)
枞阳县	241	28033	7.1	14.1	31.8	334	138.8	8.7	1015	3.6	264.6	30805	23937	11114	4.21	4.70	3.14	4.98	27.27	40.81	39.5	36.3
涟源市	286	29125	8.3	18.8	38.0	358	124.9	7.7	787	2.7	153.1	15577	20322	9096	6.30	4.49	4.28	4.67	24.80	35.36	36.3	42.3
五河县	199	33452	8.0	27.5	41.3	316	158.5	11.6	1942	5.8	116.7	19605	27436	13845	7.92	4.72	4.63	6.58	23.09	27.58	39.1	19.5
文安县	159	28445	6.8	7.6	35.0	226	142.6	9.7	1734	6.1	221.7	39780	35050	15388	11.34	4.15	2.95	4.21	20.54	46.79	38.0	0.0
满洲里市	163	64336	4.9	2.2	77.3	255	156.2	10.2	4028	6.3	121.7	48061	34400	16150	3.40	3.93	3.64	2.43	21.49	0.00	35.0	42.0
利辛县	215	17403	8.7	21.9	47.6	259	120.3	12.3	995	5.7	212.2	17172	26679	10740	11.30	6.12	2.96	4.81	23.75	40.13	39.9	17.3
泽州县	253	51063	5.7	5.7	31.2	117	46.2	15.3	3093	6.1	100.6	20330	31280	14073	4.03	3.89	3.78	1.18	20.75	26.69	48.2	36.8
鄠城县	193	25447	8.4	13.9	36.8	221	114.5	8.4	1105	4.3	192.0	25326	21925	11352	11.09	6.31	4.27	5.24	22.99	31.71	38.0	37.7
会理县	224	50516	6.3	19.0	27.9	167	74.6	12.3	2782	5.5	88.9	20050	28445	15762	6.74	5.03	4.34	5.39	20.67	20.94	38.6	52.1
凤阳县	186	27634	8.4	20.1	40.9	246	132.2	19.0	2816	10.2	129.5	19216	23133	10491	7.16	4.82	2.68	5.39	25.94	30.88	37.8	17.8
长治县	173	48868	9.6	3.9	34.1	84	48.2	19.2	5423	11.1	105.6	29805	30131	16017	6.18	4.67	2.29	1.42	21.67	22.76	45.0	31.0
河津市	206	49940	6.8	3.8	34.4	128	62.1	11.8	2861	5.7	139.8	33960	27211	12736	7.18	5.85	5.28	2.55	21.61	27.98	38.0	28.0
高平市	208	41962	6.1	7.2	34.4	133	64.2	14.8	2989	7.1	186.7	37711	30240	13069	4.97	5.56	2.93	4.10	21.47	28.74	41.5	18.3
达茂旗	160	162577	2.6	6.8	32.8	252	157.8	5.5	5602	3.4	28.1	28598	37223	13757	3.29	1.82	4.71	15.11	19.99	37.80	33.0	27.0
肇东市	396	46312	1.0	24.0	32.0	340	85.8	5.5	971	2.1	140.1	16392	26621	15028	3.54	3.35	2.63	7.94	24.34	25.15	33.7	14.6
磐石市	239	47767	4.2	18.2	47.5	303	126.7	7.1	1417	3.0	114.4	22822	24058	13305	4.31	3.53	4.50	2.18	21.45	28.56	37.4	44.6
前郭县	348	58106	4.0	21.0	44.0	457	131.2	10.5	1752	3.0	164.7	27479	25016	12418	5.44	3.93	2.73	1.64	20.15	24.96	35.0	25.2

续表

县(市)	Z1 经济规模竞争力			Z2 经济结构竞争力			Z3 市场需求竞争力		Z4 公共财政竞争力			Z5 金融资源竞争力		Z6 居民收入竞争力		Z7 基础教育竞争力		Z8 卫生福利竞争力				Z9 生态环境竞争力	
	Z1.1 GDP规模(亿元)	Z1.2 人均GDP(元)	Z1.3 GDP增长率(%)	Z2.1 第一产业增加值占GDP比重(%)	Z2.2 第三产业增加值占GDP比重(%)		Z3.1 投资消费规模(亿元)	Z3.2 投资消费占GDP比重(%)	Z4.1 地方公共财政收入(亿元)	Z4.2 人均地方公共财政收入(元)	Z4.3 地方公共财政收入占GDP比重(%)	Z5.1 居民储蓄额(亿元)	Z5.2 人均居民储蓄额(元)	Z6.1 城镇居民人均可支配收入(元)	Z6.2 农村居民人均可支配收入(元)	Z7.1 小学在校生占常住人口的比重(%)	Z7.2 中学在校生占常住人口的比重(%)	Z8.1 千人医院床位数(张)	Z8.2 千人福利床位数(张)	Z8.3 城市低保标准占比(%)	Z8.4 农村低保标准占比(%)	Z9.1 建成区绿化覆盖率(%)	Z9.2 森林覆盖率(%)
扎鲁特旗	163	60204	4.2	20.9	39.1		135	82.7	7.7	2840	4.7	39.8	14705	26552	13628	6.26	2.97	6.39	2.35	28.02	35.22	37.8	85.0
扶余市	374	55721	3.5	21.9	43.4		369	98.7	5.3	790	1.4	91.2	13587	21000	12550	5.05	4.13	1.27	2.13	20.00	28.29	34.8	14.0
山阴县	158	63838	6.0	7.2	56.0		58	36.5	11.5	4646	7.3	122.8	49605	32481	15278	5.82	4.71	2.03	3.27	16.33	22.25	39.7	12.0
临泉县	191	11704	8.2	37.7	36.4		269	141.1	12.4	760	6.5	309.2	18955	25375	10292	9.17	6.31	2.80	5.34	24.59	34.98	32.0	19.3
大石桥市	293	42682	6.6	15.5	34.5		201	68.6	16.1	2343	5.5	301.2	43947	33211	16437	4.83	2.19	4.53	2.72	17.56	22.94	34.5	30.6
安达市	331	78598	0.8	16.0	34.0		263	79.4	7.0	1660	2.1	103.3	24507	26315	14816	3.56	3.18	4.10	3.02	24.62	25.51	29.3	23.0
桦甸市	217	51013	1.7	18.8	39.4		280	129.1	6.1	1437	2.8	106.8	25088	27000	13000	5.22	4.20	4.00	3.05	20.00	29.23	40.8	65.5
青铜峡市	150	50642	6.2	11.7	26.5		159	105.4	8.0	2677	5.3	82.0	27596	25547	13135	6.91	4.94	3.35	2.44	20.67	23.98	39.0	15.5
凤城市	180	31747	3.0	15.0	56.0		149	83.2	11.1	1961	6.2	235.7	41676	22454	14523	4.12	2.56	6.38	3.15	30.46	28.09	39.5	67.8
东港市	237	35882	3.1	29.8	39.4		217	91.8	13.1	1987	5.5	325.5	49374	27599	15682	3.81	2.72	4.34	4.80	24.78	26.02	38.0	30.1
霍邱县	234	19639	6.4	21.1	36.8		218	93.3	13.6	1141	5.8	180.4	15131	23644	10162	8.06	4.06	2.99	5.97	25.38	37.39	33.0	16.0
新民市	233	35789	0.1	29.0	36.1		161	68.9	10.4	1600	4.5	197.9	30345	27293	15380	4.97	2.44	3.87	3.33	27.92	33.16	33.0	30.5
洪洞县	170	22375	1.4	6.0	39.2		128	75.3	7.2	946	4.2	160.9	21147	26229	11178	6.58	4.74	2.90	1.06	21.05	31.67	47.0	16.9
法库县	201	50328	-3.8	19.0	39.0		91	45.2	9.1	2283	4.5	98.3	24636	25552	14398	4.37	3.34	2.44	1.14	29.82	35.42	36.0	31.0
绥中县	151	26305	6.0	34.0	62.0		124	82.0	10.8	1890	7.2	203.3	35417	21206	11821	5.94	5.12	2.00	4.63	28.86	30.88	36.2	46.4
盖州市	170	26031	3.3	28.0	42.0		163	96.0	8.3	1263	4.9	192.4	29397	26343	14829	4.08	2.37	3.26	6.30	22.14	25.42	37.0	65.0
盘山县	166	58721	8.7	35.0	30.6		162	97.9	12.7	4516	7.7	119.5	42367	26373	16288	3.29	2.67	3.65	4.77	21.93	0.00	31.0	15.9

附录 / 305

附表三　全国县域经济400强投资潜力各项指标原始值

县(市)	FZ1 经济指数 FZ1.1 GDP增长率(%)	FZ2 供给潜力指数 FZ2.1 固定资产投资增长率(%)	FZ3 财政保障指数 FZ3.1 地方公共财政收入增长率(%)	FZ3.2 人均地方公共财政收入(元)	FZ4 金融便利指数 FZ4.1 居民储蓄占GDP比重(%)	FZ4.2 金融机构贷款占GDP比重(%)	FZ5 研发能力指数 FZ5.1 百亿GDP专利申请量(件)	FZ5.2 发明申请量占专利申请量比重(%)	FZ6 园区发展指数 FZ6.1 国家级经济开发区(高新区)(个)	FZ6.2 省级高新开发区(个)	FZ7 空间区位指数 FZ7.1 核心城市经济规模(亿元)	FZ7.2 核心城市城镇居民可支配收入(元)	FZ8 交通通达指数 FZ8.1 百公里机场的客流量(百万人次)	FZ8.2 境内高速公路向数(条)	FZ8.3 25公里内火车站车次(列次)
金堂县	10.9	12.2	29.1	4254	68.3	65.8	386.4	27.1	0	0	12401	34748	49.8	5	327
嘉善县	8.6	14.3	22.5	8973	79.6	114.6	696.2	14.1	1	0	18153	37708	70.0	5	68
界首市	11.0	35.0	8.1	2710	95.9	58.1	1175.3	26.4	0	1	1210	6371	0.6	2	4
固安县	8.5	15.6	-7.6	8012	94.9	163.7	206.4	23.3	0	1	23334	52005	0.0	4	0
德清县	8.5	13.5	15.5	9583	67.1	112.3	1077.6	14.4	0	0	12556	56276	35.6	5	569
新津县	10.5	12.0	10.9	6914	65.0	75.6	542.4	20.2	0	0	13889	38918	49.8	5	327
灵武市	11.2	10.7	29.3	10255	25.6	53.9	36.5	10.7	1	0	1582	28931	7.9	4	36
闽侯县	9.6	21.6	11.8	9943	45.7	49.9	519.7	19.0	1	0	7104	40973	12.5	5	344
慈溪市	10.2	5.1	13.7	10473	80.1	132.4	502.7	8.1	1	0	7240	40924	9.4	3	134
平湖市	9.5	15.5	16.5	10003	69.9	101.3	460.5	12.3	1	0	15374	31937	70.0	4	238
中牟县	6.1	10.5	15.4	9594	108.2	85.9	188.6	12.1	0	0	9130	36050	24.3	9	591
长沙县	11.3	17.2	20.2	7686	35.0	73.4	58.9	7.9	1	0	10536	46948	0.0	9	604
韩城市	9.5	20.6	39.4	7510	60.7	57.9	30.1	17.1	0	0	1705	8798	0.0	2	8
开阳县	13.1	22.4	9.2	3933	36.3	45.5	137.9	22.2	0	1	2391	21747	18.1	4	62
安宁市	15.5	-16.2	13.1	7648	63.5	104.2	102.0	5.6	0	0	4261	34902	44.7	4	172
太仓市	7.2	0.4	10.3	19679	45.2	107.6	636.8	23.4	1	0	28428	59053	70.0	3	521

续表

县(市)	FZ1 经济增长指数 FZ1.1 GDP增长率(%)	FZ2 供给潜力指数 FZ2.1 固定资产投资增长率(%)	FZ3 财政保障指数 FZ3.1 地方公共财政收入增长率(%)	FZ3.2 人均地方公共财政收入(元)	FZ4 金融便利指数 FZ4.1 居民储蓄占GDP比重(%)	FZ4.2 金融机构贷款占GDP比重(%)	FZ5 研发能力指数 FZ5.1 百亿GDP专利申请量(件)	FZ5.2 发明申请量占专利申请量比重(%)	FZ6 园区发展指数 FZ6.1 国家级经济开发区(高新区)(个)	FZ6.2 省级高新开发区(个)	FZ7 空间区位指数 FZ7.1 核心城市经济规模(亿元)	FZ7.2 核心城市城镇居民可支配收入(元)	FZ8 交通通达指数 FZ8.1 百公里内机场的客流量(百万人次)	FZ8.2 境内高速公路通向数(条)	FZ8.3 25公里内火车站车次(列次)
舒城县	9.0	19.0	19.0	2737	127.9	98.2	485.2	16.8	0	0	6936	36512	9.1	2	248
岱山县	9.3	78.3	10.0	7335	45.6	51.5	170.1	4.6	0	0	5024	28396	1.0	0	0
清镇市	12.8	22.3	9.0	3281	37.9	65.0	31.5	11.1	0	0	3538	32186	18.1	4	296
涿州市	10.3	3.3	23.7	3966	99.9	99.6	117.1	10.6	0	1	19445	43338	95.8	5	57
昆山市	7.0	0.1	10.5	21205	35.1	77.6	372.3	12.0	2	0	22157	46026	70.0	8	521
太和县	10.0	29.0	22.3	1748	151.5	82.4	378.1	12.3	1	0	1409	7416	0.6	4	4
福清市	9.9	16.4	11.5	4775	69.2	78.0	156.2	13.4	0	0	6124	35322	12.5	4	63
天长市	9.0	16.5	17.5	5334	55.8	66.0	425.1	22.3	0	1	5424	25249	1.8	4	0
正定县	7.0	9.0	38.2	4463	96.2	88.0	181.7	2.7	0	0	6461	32929	9.6	7	433
肥东县	8.1	13.2	12.5	4015	47.6	58.4	355.8	25.9	0	1	7213	37972	9.1	5	324
海安县	8.5	10.2	4.2	6934	87.4	100.2	752.3	9.2	1	0	7279	15120	2.0	4	38
昌吉市	5.7	43.2	13.0	8918	62.4	127.7	82.4	5.5	1	0	2744	36993	21.5	3	147
长兴县	8.1	13.4	8.9	7454	59.5	102.6	834.0	15.5	1	0	6155	27586	35.6	5	82
鹤山市	8.8	16.5	11.6	5393	73.7	83.2	265.3	8.2	0	0	16047	41343	65.8	5	0
余姚市	13.1	7.8	7.8	8279	77.5	124.6	558.5	8.5	1	0	8792	49693	9.4	2	134
宁海县	7.8	10.4	11.4	8135	51.0	139.3	567.7	4.5	1	0	6394	36140	9.4	4	41
胶州市	9.2	5.1	4.8	10805	38.5	53.4	188.4	8.4	1	0	9682	41382	23.2	5	26

续表

县(市)	FZ1 经济增长指数 FZ1.1 GDP增长率(%)	FZ2 供给潜力指数 FZ2.1 固定资产投资增长率(%)	FZ3 财政保障指数 FZ3.1 地方公共财政收入增长率(%)	FZ3.2 人均地方公共财政收入(元)	FZ4 金融便利指数 FZ4.1 居民储蓄占GDP比重(%)	FZ4.2 金融机构贷款占GDP比重(%)	FZ5 研发能力指数 FZ5.1 百亿GDP专利申请量(件)	FZ5.2 发明申请量占专利申请量比重(%)	FZ6 园区发展指数 FZ6.1 国家级经济开发区(高新区)(个)	FZ6.2 省级高新开发区(个)	FZ7 空间区位指数 FZ7.1 核心城市经济规模(亿元)	FZ7.2 核心城市城镇居民可支配收入(元)	FZ8 交通通达指数 FZ8.1 百公里内机场的客流量(百万人次)	FZ8.2 境内高速公路向数(条)	FZ8.3 25公里内火车站车次(列次)
浏阳市	10.8	17.1	12.1	4701	32.2	38.4	68.8	8.6	1	0	6931	30887	23.8	7	0
临泉县	8.2	39.7	24.1	760	175.2	81.5	328.4	20.9	0	0	1252	6592	0.6	2	0
新昌县	7.6	18.9	15.4	9405	58.4	93.7	1878.4	10.2	0	1	4436	25070	9.4	5	0
博罗县	8.3	19.1	11.5	4125	55.2	47.7	345.7	8.2	0	0	11219	26469	45.6	8	40
广汉市	9.0	13.2	2.6	2829	82.3	68.4	227.2	17.6	0	1	11201	31385	49.8	4	327
东阳市	7.5	18.0	12.0	6976	109.8	140.7	343.4	9.1	0	0	4130	18512	1.3	5	253
青田县	7.2	12.5	7.1	4739	171.2	107.4	597.6	9.2	1	0	4260	40520	9.3	3	59
义乌市	7.5	18.2	7.5	6588	126.4	191.9	358.5	6.4	1	0	4549	20390	1.3	3	253
安吉县	8.8	13.3	13.9	8165	71.6	129.8	925.0	16.4	0	0	8371	37517	35.6	4	0
永嘉县	9.3	13.5	6.3	3784	102.3	139.0	664.9	9.4	0	0	5453	51866	9.3	4	223
临海市	8.0	12.5	19.1	5166	86.6	120.5	365.3	8.2	0	0	3492	19736	0.8	6	40
宁乡市	10.3	17.3	3.6	3438	32.9	40.7	73.5	9.7	1	0	10536	46948	23.8	6	604
兴义市	12.7	19.9	4.2	4359	61.2	112.1	94.3	12.5	0	0	586	5329	0.9	4	4
新郑市	7.9	4.5	4.7	10652	44.2	67.1	183.0	14.6	0	0	9130	36050	24.3	6	591
仪征市	8.0	16.8	6.8	8417	50.8	59.0	502.7	7.6	0	0	9763	45448	25.8	4	40
乐清市	9.1	13.9	6.3	5615	85.0	128.2	557.0	8.0	0	0	5453	51866	9.3	4	223
彭州市	8.9	16.8	23.5	3495	90.9	60.7	139.6	7.8	0	0	10065	28201	49.8	4	12

续表

县(市)	FZ1 经济指数 FZ1.1 GDP增长率(%)	FZ2 供给潜力指数 FZ2.1 固定资产投资增长率(%)	FZ3 财政保障指数 FZ3.1 地方公共财政收入增长率(%)	FZ3.2 人均地方公共财政收入(元)	FZ4 金融便利指数 FZ4.1 居民储蓄占GDP比重(%)	FZ4.2 金融机构贷款占GDP比重(%)	FZ5 研发能力指数 FZ5.1 百亿GDP专利申请量(件)	FZ5.2 发明申请量占专利申请量比重(%)	FZ6 园区发展指数 FZ6.1 国家级经济开发区(高新区)(个)	FZ6.2 省级高新开发区(个)	FZ7 空间区位指数 FZ7.1 核心城市经济规模(亿元)	FZ7.2 核心城市城镇居民可支配收入(元)	FZ8 交通通达指数 FZ8.1 百公里内机场的客流量(百万人次)	FZ8.2 境内高速公路向数(条)	FZ8.3 25公里内火车站车次(列次)
句容市	7.4	9.3	8.7	7023	58.3	113.6	710.7	14.5	0	0	11715	54538	25.8	5	739
肥西县	8.2	14.8	10.8	6054	37.9	45.4	472.6	26.9	0	0	7213	37972	9.1	4	324
海宁市	8.0	11.0	6.5	9213	81.1	118.5	536.2	14.8	0	1	11771	24452	35.6	5	94
常熟市	7.2	1.0	10.5	12652	56.1	100.6	188.1	16.2	2	0	14628	30386	6.7	4	0
平潭县	7.2	17.1	12.2	6593	54.0	121.3	133.9	6.5	1	0	5382	31040	12.5	2	0
如皋市	8.5	10.1	0.1	5717	74.9	74.2	541.6	19.9	1	1	8144	16918	2.0	5	16
宁国市	8.8	8.5	5.9	7506	47.9	71.2	308.0	24.0	0	0	3875	17369	0.0	4	4
瑞安市	8.7	13.8	7.3	4442	97.2	125.2	711.6	9.0	0	0	5453	51866	9.3	5	223
农安县	8.8	69.4	8.6	1258	56.9	84.4	23.5	10.8	0	0	3982	20224	11.7	2	18
温岭市	7.9	18.7	9.5	4974	90.5	119.0	385.0	7.1	0	0	2501	23792	0.8	4	69
仁怀市	12.3	9.2	22.3	7958	25.2	41.0	49.2	20.3	0	0	917	8338	0.0	4	0
楚雄市	10.0	25.2	7.3	3869	55.6	92.8	41.0	13.6	1	0	1396	11433	0.0	4	13
南昌县	9.2	12.5	7.7	6666	45.0	57.0	123.5	5.5	1	0	5003	37675	10.9	5	362
平阳县	9.2	13.7	8.1	3749	81.2	121.2	575.9	5.1	0	0	5453	51866	9.3	5	223
海盐县	7.1	12.8	13.3	8850	68.4	127.4	697.7	10.0	0	0	12989	26981	70.0	6	0
绵竹市	8.1	16.0	25.5	4679	70.8	49.1	193.3	18.3	0	0	6039	16921	49.8	2	0

续表

县（市）	FZ1 经济增长指数 FZ1.1 GDP增长率（%）	FZ2 供给潜力指数 FZ2.1 固定资产投资增长率（%）	FZ3 财政保障指数		FZ4 金融便利指数		FZ5 研发能力指数		FZ6 园区发展指数		FZ7 空间区位指数		FZ8 交通通达指数		
			FZ3.1 地方公共财政收入增长率（%）	FZ3.2 人均地方公共财政收入（元）	FZ4.1 居民储蓄占GDP比重（%）	FZ4.2 金融机构贷款占GDP比重（%）	FZ5.1 百亿GDP专利申请量（件）	FZ5.2 发明申请量占专利申请量比重（%）	FZ6.1 国家级经济开发区（高新区）（个）	FZ6.2 省级高新开发区（个）	FZ7.1 核心城市经济规模（亿元）	FZ7.2 核心城市城镇居民可支配收入（元）	FZ8.1 百公里内机场的客流量（百万人次）	FZ8.2 境内高速公路向数（条）	FZ8.3 25公里内火车站车次（列次）
麻城市	8.1	12.3	22.9	2190	87.6	70.5	71.4	8.8	0	1	5731	18549	23.1	6	76
泰兴市	8.6	16.3	10.3	5854	52.4	65.5	151.9	11.4	0	0	7533	15649	1.8	5	0
长丰县	8.2	21.2	5.3	5319	33.3	46.9	152.5	10.7	0	1	3963	20864	9.1	6	74
萧县	9.5	17.0	6.7	1400	89.9	45.4	132.2	21.8	1	0	1179	6205	1.9	3	77
张家港市	7.3	0.3	10.5	16697	41.9	82.1	221.1	16.4	0	1	11329	23532	6.7	4	0
芜湖县	9.0	15.3	-2.7	9040	55.0	73.7	891.2	26.4	0	0	4649	21642	0.0	4	95
启东市	8.0	9.0	0.2	7473	84.6	77.7	399.5	17.6	0	0	14214	29526	70.0	3	0
汝州市	9.6	13.7	30.2	3181	52.8	43.9	92.7	3.7	0	0	3836	15147	0.9	4	16
溧阳市	8.0	9.1	4.0	8050	60.2	100.6	122.4	8.8	0	1	5230	24347	25.8	6	77
诸暨市	7.0	1.4	10.7	6516	65.0	108.2	872.5	9.4	1	0	6899	30921	35.6	5	114
桐城市	8.6	15.8	-3.6	2230	110.0	86.6	457.1	26.6	0	0	3279	17260	0.5	3	7
济阳县	10.1	26.6	11.4	3730	42.7	37.4	204.5	5.8	0	0	7202	46642	14.3	4	180
永康市	5.5	11.2	7.6	6940	128.6	184.5	1161.7	2.2	0	1	2803	12562	1.3	4	81
嵊州市	7.8	16.0	19.2	5501	79.1	10.5	605.5	7.4	1	1	4827	27282	9.4	6	0
长葛市	9.6	13.3	7.5	3503	36.4	34.6	385.3	7.8	1	0	5247	20719	24.3	6	82
丰城市	9.3	12.5	2.8	3646	71.6	57.3	109.8	12.1	0	0	3207	24151	10.9	5	24
苍南县	9.2	12.4	7.6	2716	85.2	147.2	456.0	8.9	0	0	4070	38706	9.3	4	57

续表

县(市)	FZ1 经济增长指数 FZ1.1 GDP增长率(%)	FZ2 供给潜力指数 FZ2.1 固定资产投资增长率(%)	FZ3 财政保障指数 FZ3.1 地方公共财政收入增长率(%)	FZ3.2 人均地方公共财政收入(元)	FZ4 金融便利指数 FZ4.1 居民储蓄占GDP比重(%)	FZ4.2 金融机构贷款占GDP比重(%)	FZ5 研发能力指数 FZ5.1 百亿GDP专利申请量(件)	FZ5.2 发明申请量占专利申请量比重(%)	FZ6 园区发展指数 FZ6.1 国家级经济开发区(高新区)(个)	FZ6.2 省级高新开发区(个)	FZ7 空间区位指数 FZ7.1 核心城市经济规模(亿元)	FZ7.2 核心城市城镇居民可支配收入(元)	FZ8 交通通达指数 FZ8.1 百公里内机场的客流量(百万人次)	FZ8.2 境内高速公路间数(条)	FZ8.3 25公里内火车站车次(列次)
海门市	7.8	9.2	0.2	8007	75.1	80.8	312.5	7.4	1	0	11958	24840	2.0	4	0
荥阳市	6.2	3.5	15.3	6846	33.6	28.8	74.3	8.0	0	0	9130	36050	24.3	5	591
桐乡市	7.1	11.1	5.1	7351	84.0	115.6	492.3	14.6	0	0	11958	24840	35.6	7	72
巢湖县	8.6	23.3	3.0	2314	86.0	111.8	363.2	19.0	0	0	3878	20415	9.1	6	63
湘潭县	8.9	14.3	2.9	2315	62.0	50.6	63.8	22.1	1	1	6841	30486	23.8	6	84
扬中市	7.6	5.8	-1.5	9321	54.5	85.0	608.6	12.8	0	0	5050	23508	1.8	3	0
凤阳县	8.4	19.5	1.4	2816	75.4	68.9	417.2	19.7	0	1	2312	12171	9.1	5	202
禹城市	7.2	8.3	-1.0	3672	55.7	61.6	83.8	18.8	0	1	5296	34296	14.3	4	293
个旧市	9.3	20.1	6.2	2558	72.0	88.2	57.9	12.8	1	0	931	7622	0.0	5	0
惠安县	8.1	17.0	3.6	4662	52.8	75.4	936.1	6.2	0	0	1942	22330	0.0	3	25
平果县	10.8	11.1	-1.2	3565	47.4	74.8	125.3	24.6	0	0	1634	13181	0.1	3	54
浦江县	6.1	10.4	8.0	4241	103.1	128.9	797.3	11.4	0	0	4650	20843	1.3	3	253
大冶市	8.6	14.2	5.4	4803	39.7	52.4	144.2	13.7	1	0	5831	18872	0.0	5	124
惠东县	8.0	20.0	6.2	4059	42.2	37.6	75.4	10.4	0	0	9589	22623	0.0	6	31
当涂县	8.1	9.3	-31.7	6030	55.3	51.1	361.7	24.7	0	0	8024	37355	25.8	4	65
长垣县	9.7	13.7	25.0	2764	86.1	58.4	461.9	7.2	0	0	3085	12179	0.0	4	2

续表

县(市)	FZ1 经济增长指数	FZ2 供给潜力指数	FZ3 财政保障指数		FZ4 金融便利指数		FZ5 研发能力指数		FZ6 园区发展指数		FZ7 空间区位指数		FZ8 交通通达指数		
	FZ1.1 GDP增长率(%)	FZ2.1 固定资产投资增长率(%)	FZ3.1 地方公共财政收入增长率(%)	FZ3.2 人均地方公共财政收入(元)	FZ4.1 居民储蓄占GDP比重(%)	FZ4.2 金融机构贷款占GDP比重(%)	FZ5.1 百亿GDP专利申请量(件)	FZ5.2 发明申请量占专利申请量比重(%)	FZ6.1 国家级经济开发区(高新区)(个)	FZ6.2 省级高新开发区(个)	FZ7.1 核心城市经济规模(亿元)	FZ7.2 核心城市城镇居民可支配收入(元)	FZ8.1 百公里内机场的客流量(百万人次)	FZ8.2 境内高速公路通向数(条)	FZ8.3 25公里内火车站车次(列次)
文山市	10.0	18.4	10.0	4006	80.7	137.5	70.9	14.8	0	0	794	6501	0.1	3	0
南安市	8.5	18.1	6.8	2742	63.3	87.6	451.2	5.7	1	0	2176	25010	5.3	5	0
江油市	9.2	19.1	8.1	2412	90.3	54.4	166.9	7.3	0	1	3880	10871	3.5	3	70
江阴市	7.2	1.8	2.3	14250	33.2	82.7	157.1	16.5	1	0	9476	19684	6.7	5	106
丹阳市	7.1	6.2	-6.9	6209	47.7	81.3	307.3	12.2	0	1	6891	32081	2.5	4	146
开平市	7.9	8.5	8.9	5446	119.0	84.1	418.9	14.6	1	0	8813	22705	0.0	4	0
玉环市	8.0	15.8	10.5	7734	64.3	86.5	368.6	4.3	0	0	1818	17289	9.3	2	0
天台县	6.6	14.3	13.0	4800	92.4	128.0	675.9	7.0	0	0	1482	14094	0.8	5	0
松滋市	7.7	9.9	11.1	2371	93.3	46.8	83.3	5.3	0	0	2403	7779	2.2	2	3
南陵县	8.5	12.5	3.8	4832	73.6	64.3	525.9	24.3	0	0	3905	18179	0.0	3	26
繁昌县	8.0	11.5	-5.7	11803	53.2	47.4	395.7	23.1	0	0	3985	18550	0.0	5	14
嵩明市	8.7	14.9	-4.3	2991	107.3	113.8	236.5	5.2	2	0	4035	30383	10.9	3	24
石河子市	7.9	4.4	13.0	6787	52.2	50.8	143.7	12.9	1	0	933	12583	21.5	2	24
淳安县	8.6	8.8	8.6	4796	63.8	79.3	183.0	10.9	0	0	3852	17263	0.7	2	0
金湖县	7.7	13.1	-8.3	6076	52.1	69.0	294.5	9.1	0	0	4068	18937	1.3	0	5
颍上县	9.5	25.7	2.4	1355	95.0	66.9	471.9	21.6	1	0	2122	11168	0.6	3	5
招远市	7.2	9.4	5.1	10107	46.8	37.4	66.5	12.0	1	0	3100	13252	6.5	3	0

续表

县（市）	FZ1 经济增长指数	FZ2 供给潜力指数	FZ3 财政保障指数		FZ4 金融便利指数		FZ5 研发能力指数		FZ6 园区发展指数		FZ7 空间区位指数		FZ8 交通通达指数		
	FZ1.1 GDP增长率（%）	FZ2.1 固定资产投资增长率（%）	FZ3.1 地方公共财政收入增长率（%）	FZ3.2 人均地方公共财政收入（元）	FZ4.1 居民储蓄占GDP比重（%）	FZ4.2 金融机构贷款占GDP比重（%）	FZ5.1 百亿GDP专利申请量（件）	FZ5.2 发明申请量占专利申请量比重（%）	FZ6.1 国家级经济开发区（高新区）（个）	FZ6.2 省级高新开发区（个）	FZ7.1 核心城市经济规模（亿元）	FZ7.2 核心城市城镇居民可支配收入（元）	FZ8.1 百公里内机场的客流量（百万人次）	FZ8.2 境内高速公路向数（条）	FZ8.3 25公里内火车站车次（列次）
晋江市	8.2	12.5	5.0	6028	41.5	70.5	280.4	6.6	1	0	2719	31262	24.5	3	63
鲅鱼山市	9.6	16.5	8.6	3518	93.1	70.2	63.0	11.9	0	0	4395	12316	0.0	2	35
垫江县	8.5	12.6	12.5	2820	90.6	64.8	72.6	5.5	1	0	6866	11336	6.7	4	36
宜兴市	7.1	5.0	2.3	8859	65.9	95.7	240.8	12.1	0	0	7107	14763	0.0	4	143
广德县	9.1	17.1	-0.1	4727	62.4	76.5	298.4	19.9	0	1	3629	16265	9.1	5	6
庐江县	7.0	11.1	0.4	1759	99.0	83.8	230.6	14.9	0	0	4684	24657	0.9	3	5
新安县	9.1	12.9	14.6	4547	25.7	24.4	77.1	7.9	0	0	4343	33273	35.6	4	171
建德市	8.5	15.1	7.7	5483	61.6	69.7	180.6	4.4	0	0	4484	20099	12.5	3	0
罗源县	8.8	21.6	43.3	6029	27.7	74.5	101.5	11.8	0	1	5074	29266	0.0	4	50
京山市	8.2	11.8	16.0	3104	62.7	39.0	74.8	8.6	0	0	4354	14093	6.5	4	9
龙口市	7.0	9.2	3.4	13985	43.9	51.9	55.9	15.3	0	1	2216	9473	21.0	6	0
霸州市	3.4	11.8	7.4	3373	83.7	102.6	207.5	1.3	0	1	14142	31518	0.0	3	81
无为县	8.5	14.1	0.8	2251	79.1	69.9	501.1	29.0	0	0	3755	17480	0.0	6	36
金沙县	12.7	19.5	14.9	5586	31.1	55.6	67.5	6.4	0	0	983	8941	0.0	3	0
禹州市	9.5	13.3	10.7	1619	44.0	32.1	305.8	14.6	0	0	5247	20719	24.3	4	36
巩义市	9.0	13.7	10.3	5087	35.1	28.9	64.3	10.9	0	0	6340	25035	24.3	3	38

续表

县(市)	FZ1 经济增长指数 FZ1.1 GDP 增长率 (%)	FZ2 供给潜力指数 FZ2.1 固定资产投资增长率 (%)	FZ3 财政保障指数 FZ3.1 地方公共财政收入增长率 (%)	FZ3.2 人均地方公共财政收入 (元)	FZ4 金融便利指数 FZ4.1 居民储蓄占GDP比重 (%)	FZ4.2 金融机构贷款占GDP比重 (%)	FZ5 研发能力指数 FZ5.1 百亿GDP专利申请量 (件)	FZ5.2 发明申请量占专利申请量比重 (%)	FZ6 园区发展指数 FZ6.1 国家级经济开发区(高新区) (个)	FZ6.2 省级高新开发区 (个)	FZ7 空间区位指数 FZ7.1 核心城市经济规模 (亿元)	FZ7.2 核心城市城镇居民可支配收入 (元)	FZ8 交通通达指数 FZ8.1 百公里内机场的客流量 (百万人次)	FZ8.2 境内高速公路条数 (条)	FZ8.3 25公里内火车站车次 (列次)
海阳市	6.9	9.4	3.3	4699	83.6	86.3	62.2	8.8	0	0	3914	16729	23.2	5	32
恩施市	7.9	18.2	9.2	2724	99.0	184.7	163.3	20.0	0	0	2731	4509	0.8	4	89
盘州市	12.5	21.9	2.7	4764	36.1	45.3	16.1	12.9	0	0	630	5727	0.0	5	0
简阳市	8.0	-8.1	14.5	2615	83.6	55.5	110.2	18.4	0	0	10851	30405	49.8	6	18
漳浦县	9.0	24.9	14.9	1862	54.0	71.0	363.3	3.7	0	0	1908	21938	24.5	2	39
石狮市	8.5	14.1	3.1	6020	55.1	100.7	174.7	5.7	0	0	2444	28101	24.5	3	63
连江县	6.8	-6.8	15.3	5362	58.4	77.8	163.1	12.6	0	0	7104	40973	12.5	5	344
孟津县	9.0	12.4	10.8	3605	40.0	25.6	115.8	6.1	0	0	4343	33273	0.9	6	171
射阳县	8.3	11.0	12.0	2734	60.2	57.3	181.8	14.3	0	0	1830	8522	1.3	3	0
济源市	8.3	4.0	10.7	5527	42.4	45.6	136.2	9.6	0	1	3023	11937	0.9	6	5
平度市	8.1	5.3	8.8	3898	54.5	40.4	142.3	12.0	0	0	5358	22901	23.2	5	4
平阳县	8.2	20.3	12.6	5748	45.8	37.3	100.0	7.3	0	0	3712	24042	14.3	4	0
定州市	7.3	7.0	10.5	1646	112.6	66.7	137.4	3.9	0	1	3940	20079	9.6	4	74
兰溪市	7.5	16.0	6.0	4271	75.6	116.1	446.4	12.4	0	0	3171	14211	1.3	4	240
钟祥市	8.0	16.8	5.6	2255	80.4	37.1	143.4	10.6	0	1	3193	10335	0.0	5	9
黄骅市	7.6	3.1	5.0	3482	86.4	88.9	88.7	4.4	0	0	9891	21424	21.0	6	0
上杭县	8.9	21.3	9.6	6693	36.1	55.3	208.8	3.3	0	0	914	10508	0.1	5	19

续表

县(市)	FZ1 经济增长指数 FZ1.1 GDP增长率(%)	FZ2 供给潜力指数 FZ2.1 固定资产投资增长率(%)	FZ3 财政保障指数		FZ4 金融便利指数		FZ5 研发能力指数		FZ6 园区发展指数		FZ7 空间区位指数		FZ8 交通通达指数		
			FZ3.1 地方财政收入增长率(%)	FZ3.2 人均地方公共财政收入(元)	FZ4.1 居民储蓄占GDP比重(%)	FZ4.2 金融机构贷款占GDP比重(%)	FZ5.1 百亿GDP专利申请量(件)	FZ5.2 发明申请量占专利申请量比重(%)	FZ6.1 国家级经济开发区(高新区)(个)	FZ6.2 省级高新开发区(个)	FZ7.1 核心城市经济规模(亿元)	FZ7.2 核心城市城镇居民可支配收入(元)	FZ8.1 百公里内机场的客流量(百万人次)	FZ8.2 境内高速公路向数(条)	FZ8.3 25公里内火车站车次(列次)
荣成市	8.3	11.9	4.5	9948	39.2	43.4	147.4	17.4	0	0	1877	8023	2.0	1	36
龙海市	8.5	17.4	12.7	2873	51.9	101.6	113.4	3.7	0	0	3885	44660	24.5	3	0
伊川县	8.9	11.8	10.4	2546	41.5	57.8	87.3	7.0	0	0	4343	33273	0.9	4	171
仙桃市	7.8	16.9	8.1	2700	61.1	33.4	94.8	16.2	1	0	6639	21488	23.1	4	25
费县	8.2	15.8	13.9	2443	74.8	52.9	75.4	6.1	0	0	1667	10797	1.3	2	15
永城县	11.2	21.9	3.2	2695	35.7	39.8	30.2	12.8	0	0	779	7089	18.1	5	28
香河县	5.0	-20.0	-17.0	8469	114.3	208.2	54.3	6.2	0	0	21539	48005	95.8	4	159
莱阳市	7.4	9.5	15.4	2065	81.9	49.8	100.8	8.7	0	0	3754	16046	23.2	6	47
东明县	9.0	18.5	15.7	2573	55.3	66.3	55.1	14.4	0	0	1225	7932	0.0	3	2
靖江市	7.8	8.0	2.0	8743	55.1	81.0	451.3	14.9	1	0	9022	18741	1.8	4	0
盱眙县	7.5	13.0	-40.5	2790	44.0	60.4	276.0	17.0	1	0	4506	20976	1.3	4	0
仙游县	8.3	22.9	18.0	2523	69.4	70.6	80.7	3.3	0	0	2450	14129	5.3	6	46
龙游县	7.5	13.2	9.7	3989	72.0	104.5	271.2	5.2	0	1	3171	14211	0.2	4	38
汉川市	6.6	16.9	3.8	2152	49.7	41.5	70.2	6.3	0	0	9444	30567	23.1	5	43
稻合县	7.6	9.0	6.6	6971	35.5	70.0	68.7	13.3	0	0	3159	20457	14.3	4	154
林州市	7.0	10.1	20.7	2502	69.5	29.9	45.2	7.5	1	0	1826	7210	0.6	5	0

续表

县（市）	FZ1 经济增长指数 FZ1.1 GDP 增长率（%）	FZ2 供给潜力指数 FZ2.1 固定资产投资增长率（%）	FZ3 财政保障指数 FZ3.1 地方公共财政收入增长率（%）	FZ3.2 人均地方公共财政收入（元）	FZ4 金融便利指数 FZ4.1 居民储蓄占GDP比重（%）	FZ4.2 金融机构贷款占GDP比重（%）	FZ5 研发能力指数 FZ5.1 百亿GDP专利申请量（件）	FZ5.2 发明申请量占专利申请量比重（%）	FZ6 园区发展指数 FZ6.1 国家级经济开发区（高新区）（个）	FZ6.2 省级高新开发区（个）	FZ7 空间区位指数 FZ7.1 核心城市经济规模（亿元）	FZ7.2 核心城市城镇居民可支配收入（元）	FZ8 交通通达指数 FZ8.1 百公里内机场的客流量（百万人次）	FZ8.2 境内高速公路向数（条）	FZ8.3 25公里内火车站车次（列次）
偃师市	8.5	13.0	12.5	3588	48.3	28.2	78.6	5.1	0	0	4343	33273	0.9	4	0
高邮市	8.2	23.6	-4.4	4385	61.5	57.3	607.0	5.3	0	0	3508	16329	1.8	3	0
宣威市	10.0	25.0	8.2	957	76.8	60.5	52.7	9.5	0	0	964	7894	0.0	3	25
大理市	8.1	6.0	5.3	4703	91.6	158.8	56.9	7.9	0	1	712	5834	1.6	5	59
巨野县	8.5	11.2	18.6	2559	87.6	62.5	68.4	11.3	0	0	1707	11053	1.0	4	10
如东县	8.0	9.1	2.1	5668	76.1	62.5	121.9	8.5	0	0	8709	18091	2.0	3	4
文安县	6.8	-30.4	16.9	1734	149.4	103.1	176.0	3.2	0	0	14996	32482	21.0	4	0
什邡市	9.7	17.3	4.5	3842	67.9	51.0	131.7	8.0	0	0	7159	20061	49.8	2	87
临邑县	8.3	8.7	10.4	2909	58.8	40.4	72.6	11.1	0	0	5001	32390	14.3	2	28
武义县	5.1	6.1	7.5	6707	91.7	147.8	644.5	4.6	0	0	3108	13930	1.3	2	81
东台市	7.5	10.6	-10.4	5509	67.5	52.2	203.4	15.6	0	0	2431	11315	1.3	2	14
瓦房店市	6.9	86.8	17.6	4718	52.4	46.5	31.0	10.4	0	0	4782	26355	17.5	3	35
渑池县	9.0	14.0	8.0	6750	39.5	25.6	21.1	7.0	0	0	2585	19805	0.9	3	30
桐庐县	8.5	-10.5	8.1	6487	59.8	90.1	297.8	4.9	0	0	7054	31616	35.6	2	0
邹城市	8.0	8.9	2.2	6513	39.8	60.2	142.8	17.6	0	0	1885	12210	1.0	3	14
宾阳县	9.4	13.5	2.5	1508	77.0	55.5	118.1	22.9	0	0	3269	26363	13.9	6	98
怀宁县	8.5	14.4	-5.5	1949	121.5	72.9	179.5	20.9	0	0	2487	13094	0.5	5	7

续表

县(市)	FZ1 经济增长指数	FZ2 供给潜力指数	FZ3 财政保障指数		FZ4 金融便利指数		FZ5 研发能力指数		FZ6 园区发展指数		FZ7 空间区位指数		FZ8 交通通达指数		
	FZ1.1 GDP增长率(%)	FZ2.1 固定资产投资增长率(%)	FZ3.1 地方公共财政收入增长率(%)	FZ3.2 人均地方公共财政收入(元)	FZ4.1 居民储蓄占GDP比重(%)	FZ4.2 金融机构贷款占GDP比重(%)	FZ5.1 百亿GDP专利申请量(件)	FZ5.2 发明申请量占专利申请量比重(%)	FZ6.1 国家级经济开发区(高新区)(个)	FZ6.2 省级高新开发区(个)	FZ7.1 核心城市经济规模(亿元)	FZ7.2 核心城市城镇居民可支配收入(元)	FZ8.1 百公里内机场的客流量(百万人次)	FZ8.2 境内高速公路通向数(条)	FZ8.3 25公里内火车站车次(列次)
新沂市	8.6	8.5	-4.9	5195	36.7	41.5	73.1	16.1	0	1	1842	8575	1.9	5	27
醴陵市	8.2	14.6	-1.1	4099	40.0	24.6	106.2	7.6	0	0	4833	21536	23.8	4	57
五河县	8.0	21.6	-4.8	1942	63.3	58.0	209.5	27.8	0	0	2576	13561	1.9	3	0
博兴县	6.9	11.2	4.4	5778	70.0	129.6	140.0	14.8	0	0	2501	16195	0.5	3	2
涡阳县	9.3	24.8	7.6	980	90.4	48.3	232.9	22.8	0	0	1274	6709	0.6	5	14
阳新县	7.9	16.1	10.0	2034	82.1	53.0	139.5	17.2	0	1	4470	14468	0.0	6	68
枞阳县	7.1	19.1	4.4	1015	117.7	42.8	277.8	29.0	0	0	2437	12828	0.5	3	0
进贤县	8.7	13.1	6.5	2148	65.8	52.4	108.2	1.6	1	0	2811	21166	10.9	5	52
缙云县	7.3	13.1	8.3	3542	73.0	95.7	650.2	5.8	0	1	1633	15529	0.0	4	81
鄂托克旗	6.8	7.7	28.1	12824	21.2	31.2	14.1	13.3	0	0	523	6722	0.0	4	0
象山县	6.5	10.8	2.3	7466	51.0	142.2	608.5	8.5	1	0	6744	38121	9.4	2	84
四会市	5.0	9.1	12.3	2796	63.3	94.5	196.1	16.8	1	0	14335	36933	65.8	6	47
莱西市	7.0	-19.7	1.6	6903	48.1	55.6	203.5	19.3	0	0	4245	18145	23.2	5	57
江山市	7.3	13.0	7.1	3481	87.5	107.5	335.2	6.1	0	0	2334	10460	0.2	2	0
丹江口市	9.5	16.5	9.0	3541	81.1	74.9	74.6	6.0	0	0	1774	5741	1.0	4	0
长泰县	9.8	19.7	8.0	5740	32.4	32.5	551.7	5.4	0	0	4351	50019	24.5	4	120

续表

县(市)	FZ1 经济增长指数 FZ1.1 GDP增长率(%)	FZ2 供给潜力指数 FZ2.1 固定资产投资增长率(%)	FZ3 财政保障指数 FZ3.1 地方公共财政收入增长率(%)	FZ3.2 人均地方公共财政收入(元)	FZ4 金融便利指数 FZ4.1 居民储蓄占GDP比重(%)	FZ4.2 金融机构贷款占GDP比重(%)	FZ5 研发能力指数 FZ5.1 百亿GDP专利申请量(件)	FZ5.2 发明申请量占专利申请量比重(%)	FZ6 园区发展指数 FZ6.1 国家级经济开发区(高新区)(个)	FZ6.2 省级高新开发区(个)	FZ7 空间区位指数 FZ7.1 核心城市经济规模(亿元)	FZ7.2 核心城市城镇居民可支配收入(元)	FZ8 交通通达指数 FZ8.1 百公里内机场的客流量(百万人次)	FZ8.2 境内高速公路向数(条)	FZ8.3 25公里内火车站车次(列次)
建湖县	7.5	9.0	-24.8	3602	58.5	62.0	185.8	13.9	0	1	2219	10329	1.3	3	0
蓬莱市	6.8	5.0	3.9	7166	56.7	66.5	89.1	12.6	0	0	2253	9628	6.5	3	6
鄄城县	9.1	10.3	5.2	2148	95.6	55.3	61.8	8.0	0	0	1819	11778	1.0	4	7
应城市	6.0	8.6	1.3	2768	67.0	44.0	132.7	15.0	0	0	6705	21703	23.1	4	7
昌乐县	7.3	0.3	1.8	3816	74.3	84.9	221.1	8.1	1	0	2801	11974	0.6	5	145
潜江市	6.9	16.7	7.6	2600	58.6	28.5	46.4	10.6	0	0	4382	14185	0.0	6	76
兴化市	7.5	15.5	-2.7	2871	60.3	53.4	219.2	11.4	0	0	2900	13500	1.8	3	0
齐河县	8.2	8.1	-1.6	4564	41.2	38.8	77.2	8.6	0	1	7202	46642	14.3	4	307
孟州市	7.3	12.8	8.5	3661	31.6	22.8	121.9	6.5	0	0	3261	12875	0.9	2	0
樟树市	8.6	10.5	-5.3	5829	60.4	60.4	113.4	7.3	0	0	2843	21406	0.0	4	28
灵石县	8.0	-19.8	43.3	5910	75.8	39.4	18.6	19.0	0	0	1044	9713	0.0	2	48
湘乡市	8.9	13.8	6.5	1856	61.7	42.2	41.3	4.8	0	0	5375	23953	23.8	6	10
上饶县	8.4	10.7	-17.3	2141	70.4	97.8	89.5	9.5	1	0	973	7330	0.0	4	241
高密市	5.6	3.1	2.3	5379	52.0	59.3	134.8	8.0	0	0	5110	21841	23.2	2	58
安丘市	7.1	-10.0	8.2	2392	93.5	101.2	186.5	15.3	0	0	3428	14651	0.6	4	0
枣阳市	8.3	16.2	-18.1	3064	49.6	30.5	64.1	12.4	0	0	2726	8822	1.0	4	28
响水县	7.8	10.5	-19.3	4770	31.5	47.1	1017.5	24.7	0	0	1953	9090	1.3	2	0

续表

县(市)	FZ1 经济增长指数 FZ1.1 GDP增长率(%)	FZ2 供给潜力指数 FZ2.1 固定资产投资增长率(%)	FZ3 财政保障指数 FZ3.1 地方公共财政收入增长率(%)	FZ3.2 人均地方公共财政收入(元)	FZ4 金融便利指数 FZ4.1 居民储蓄占GDP比重(%)	FZ4.2 金融机构贷款占GDP比重(%)	FZ5 研发能力指数 FZ5.1 百亿GDP专利申请量(件)	FZ5.2 发明专利申请量占专利申请量比重(%)	FZ6 园区发展指数 FZ6.1 国家级经济开发区(高新区)(个)	FZ6.2 省级高新开发区(个)	FZ7 空间区位指数 FZ7.1 核心城市经济规模(亿元)	FZ7.2 核心城市城镇居民可支配收入(元)	FZ8 交通通达指数 FZ8.1 百公里内机场的客流量(百万人次)	FZ8.2 境内高速公路向数(条)	FZ8.3 25公里内火车站车次(列次)
安溪县	8.9	11.1	9.3	2607	47.7	65.7	377.2	3.9	0	0	2501	28747	5.3	5	0
灌溪县	9.1	13.9	3.5	1600	93.8	67.3	248.7	20.3	0	0	1279	6733	1.9	5	35
桃源县	8.3	16.8	2.5	1333	67.6	34.0	68.6	13.3	0	1	2832	12620	0.4	4	33
固镇县	9.4	14.6	3.8	1939	54.6	47.0	68.3	16.3	1	0	1960	10318	1.9	0	5
涟水县	7.5	13.1	-33.7	2261	46.9	49.3	155.8	9.9	0	0	2461	11458	1.3	4	0
宝应县	8.1	18.9	-10.5	3632	53.9	55.4	458.1	5.6	0	0	2737	12743	1.8	2	0
藤县	12.2	14.6	-1.9	1847	56.6	45.1	113.1	15.0	0	0	3645	9390	0.0	5	43
武穴市	7.9	1.7	11.6	2831	75.7	40.5	68.2	8.6	0	0	3644	11795	0.0	4	9
怀仁市	10.1	14.6	66.5	2720	80.4	22.4	21.3	8.3	0	0	668	6219	0.6	2	16
云梦县	6.5	-15.7	9.0	2565	68.1	33.5	117.2	10.5	0	0	6842	22145	23.1	4	76
介休市	9.8	-20.9	20.5	3049	125.6	147.3	34.8	7.9	0	0	1253	11655	0.0	4	52
昌邑市	7.2	5.5	2.9	4980	69.9	52.5	136.8	13.2	0	0	3386	14471	0.6	5	0
台山市	7.9	18.0	11.7	2802	104.0	79.3	78.9	4.8	0	0	8084	20827	0.0	3	0
三河市	0.1	8.8	-25.4	6755	99.3	262.2	124.4	10.4	1	0	22951	51152	95.8	3	5
岑溪市	10.6	13.7	-8.7	2246	50.5	46.0	81.6	22.0	0	0	3867	9964	0.0	4	2
长治县	9.6	0.6	53.4	5423	66.8	32.8	34.6	5.0	0	0	717	6667	0.6	3	19

续表

县(市)	FZ1.经济增长指数 FZ1.1 GDP增长率(%)	FZ2.供给潜力指数 FZ2.1固定资产投资增长率(%)	FZ3.财政保障指数 FZ3.1地方公共财政收入增长率(%)	FZ3.2人均地方公共财政收入(元)	FZ4.金融便利指数 FZ4.1居民储蓄占GDP比重(%)	FZ4.2金融机构贷款占GDP比重(%)	FZ5.研发能力指数 FZ5.1百亿GDP专利申请量(件)	FZ5.2发明申请量占专利申请量比重(%)	FZ6.园区发展指数 FZ6.1国家级经济开发区(高新区)(个)	FZ6.2省级高新开发区(个)	FZ7.空间区位指数 FZ7.1核心城市经济规模(亿元)	FZ7.2核心城市镇居民可支配收入(元)	FZ8.交通通达指数 FZ8.1百公里内机场的客流量(百万人次)	FZ8.2境内高速公路流向数(条)	FZ8.3 25公里内火车站车次(列次)
神木市	7.8	11.1	34.7	15163	40.3	40.7	23.8	7.6	0	0	508	4725	1.8	4	4
岢岚县	7.4	6.0	8.8	1145	31.0	46.4	72.6	12.2	1	0	3454	19318	0.0	2	0
天门市	8.0	11.4	6.9	1500	88.3	31.4	150.5	21.5	0	1	4689	15177	0.0	6	72
沭阳县	8.0	9.1	-33.1	3097	45.6	57.0	343.1	3.6	1	0	2115	9844	1.1	2	9
诸城市	6.5	-10.0	-2.7	6420	51.8	65.5	196.4	15.9	0	0	4884	20874	23.2	4	8
高州市	8.6	15.0	2.0	1254	69.5	30.3	104.4	8.1	0	0	2890	7446	2.1	4	1
蔚氏县	8.5	15.2	8.6	2018	42.1	29.5	30.8	2.6	0	0	5072	20028	24.3	6	0
青州市	6.8	-13.2	1.1	4838	81.6	73.0	154.5	10.8	0	0	2265	14667	0.6	4	62
平南县	8.7	16.5	4.7	988	81.6	57.5	171.2	18.5	0	0	749	6039	0.0	4	58
乐平市	9.0	13.5	2.5	3223	71.8	50.5	46.0	5.7	0	0	1573	11847	0.6	4	4
邹平县	3.6	0.1	6.6	8355	33.0	85.8	74.8	6.5	1	0	4677	30287	14.3	4	0
乳山市	8.0	11.0	1.6	5636	48.3	33.1	60.0	14.4	0	0	3100	13252	6.5	4	6
遵化市	5.7	8.9	23.1	1591	66.1	35.7	26.9	12.4	0	0	8642	19261	0.5	3	0
宣汉县	8.8	16.8	9.7	1638	102.0	48.8	63.0	5.4	0	0	1426	3996	0.4	4	45
沛县	8.6	11.4	-5.6	4864	46.5	31.9	90.0	18.9	0	0	1375	6401	1.9	4	0
阜宁县	7.5	9.0	-27.9	3143	64.2	57.9	412.1	13.9	0	0	1914	8911	1.3	2	5
寿光市	6.0	-13.3	-4.6	7800	63.6	88.8	143.0	10.9	0	1	2023	13102	0.6	6	0

续表

县(市)	FZ1 经济增长指数		FZ2 供给潜力指数	FZ3 财政保障指数		FZ4 金融便利指数		FZ5 研发能力指数		FZ6 园区发展指数		FZ7 空间区位指数		FZ8 交通通达指数		
	FZ1.1 GDP增长率(%)		FZ2.1 固定资产投资增长率(%)	FZ3.1 地方公共财政收入增长率(%)	FZ3.2 人均地方公共财政收入(元)	FZ4.1 居民储蓄占GDP比重(%)	FZ4.2 金融机构贷款占GDP比重(%)	FZ5.1 百亿GDP专利申请量(件)	FZ5.2 发明申请量占专利申请量比重(%)	FZ6.1 国家级经济开发区(高新区)(个)	FZ6.2 省级高新开发区(个)	FZ7.1 核心城市经济规模(亿元)	FZ7.2 核心城市城镇居民可支配收入(元)	FZ8.1 百公里内机场的客流量(百万人次)	FZ8.2 境内高速公路向条数(条)	FZ8.3 25公里内火车站车次(列次)
利辛县	8.7		11.5	6.0	995	107.3	78.6	294.3	21.8	0	0	1617	8514	0.6	6	0
舍城县	7.9		16.9	-4.7	3716	56.5	32.4	48.8	9.5	0	0	1894	6131	1.0	5	20
怀远县	8.5		15.0	-7.0	1715	64.5	72.7	113.7	13.8	0	0	2487	13094	0.0	4	202
潢县	7.0		10.8	10.5	3039	61.1	27.7	20.4	7.4	0	0	5283	11442	0.5	5	25
辛集市	7.2		-28.0	19.2	2293	71.5	39.8	65.6	7.0	0	1	4038	20581	9.6	2	36
邓州市	8.4		9.7	-3.8	4162	42.7	43.2	80.4	17.2	0	0	1678	7813	1.9	5	22
新密市	7.8		1.0	4.0	3957	39.6	25.0	46.6	7.8	0	0	9130	36050	24.3	5	591
沙河市	6.4		10.0	10.2	2258	78.6	81.1	33.1	8.0	0	1	2183	11125	0.7	4	128
宝丰县	8.5		13.0	10.6	2000	41.9	39.0	37.7	8.1	0	0	3192	12605	0.0	5	19
凤台县	6.7		-15.0	8.7	4085	54.3	72.7	104.5	24.0	0	0	2576	13561	0.0	4	0
沂源县	8.0		5.5	4.7	3566	57.1	58.4	141.2	17.8	0	0	2791	18078	0.0	2	0
秋县	7.5		13.3	7.0	3876	45.0	29.2	55.3	15.8	0	0	2773	12355	0.0	3	3
弥勒市	7.0		21.4	6.1	3056	41.3	56.0	20.9	6.7	0	0	1868	15303	44.7	4	30
沙洋县	7.4		16.9	12.0	1479	59.5	28.2	45.4	7.1	0	0	3163	10237	0.0	4	0
海丰县	8.3		20.1	10.7	999	63.0	39.0	91.1	2.8	0	0	6375	15039	0.0	4	76
蒙城县	9.2		15.6	6.2	1450	77.4	76.6	198.7	23.1	0	0	1535	8079	0.6	4	0

续表

县（市）	FZ1 经济增长指数 FZ1.1 GDP增长率（%）	FZ2 供给潜力指数 FZ2.1 固定资产投资增长率（%）	FZ3 财政保障指数 FZ3.1 地方公共财政收入增长率（%）	FZ3.2 人均地方公共财政收入（元）	FZ4 金融便利指数 FZ4.1 居民储蓄占GDP比重（%）	FZ4.2 金融机构贷款占GDP比重（%）	FZ5 研发能力指数 FZ5.1 百亿GDP专利申请量（件）	FZ5.2 发明申请量占专利申请量比重（%）	FZ6 园区发展指数 FZ6.1 国家级经济开发区（高新区）（个）	FZ6.2 省级高新开发区（个）	FZ7 空间区位指数 FZ7.1 核心城市经济规模（亿元）	FZ7.2 核心城市城镇居民可支配收入（元）	FZ8 交通通达指数 FZ8.1 百公里内机场的客流量（百万人次）	FZ8.2 境内高速公路（条）	FZ8.3 25公里内火车站车次（列次）
格尔木市	9.0	15.9	-22.7	5821	37.8	98.3	51.3	13.7	1	0	79	1848	0.2	2	7
宜城市	7.7	16.8	3.7	4400	43.5	34.5	54.0	8.3	0	0	2109	6825	1.0	6	5
邵东县	10.1	17.1	4.8	1545	82.5	50.6	147.8	3.9	0	0	2595	11564	0.0	4	25
赤壁市	8.1	16.8	8.1	3774	36.4	32.8	57.5	7.6	0	0	5004	16196	0.0	4	49
西昌市	5.3	12.6	8.1	5283	56.5	78.1	74.8	23.1	0	0	1589	4453	0.6	2	15
武安市	7.0	5.2	11.5	4909	65.9	46.2	58.6	6.2	0	1	1640	8358	0.7	4	6
东海县	7.3	25.0	-6.6	2175	47.0	55.2	176.7	3.2	0	1	1664	7747	1.1	3	3
库尔勒市	7.1	20.6	4.0	6692	72.5	68.9	29.2	9.9	1	0	283	3822	1.3	2	15
南漳县	7.5	17.4	2.6	2450	57.2	32.9	181.9	13.1	0	0	2149	6956	1.0	3	0
高青县	8.0	9.0	4.9	3923	51.1	53.3	57.3	14.3	0	0	2501	16195	0.0	3	0
肥城市	6.6	9.4	-4.3	4150	46.9	39.6	54.3	6.9	0	1	3674	23797	14.3	4	0
滨海县	8.1	10.5	-19.9	2921	43.2	60.9	184.4	15.0	0	0	1966	9151	1.3	2	0
大竹县	9.0	13.0	8.1	1440	101.1	50.1	116.9	4.4	0	0	1745	4889	0.4	4	0
达拉特旗	5.0	11.0	13.6	3893	40.3	41.2	17.1	14.0	0	0	3440	44231	2.1	4	4
睢宁县	7.7	12.3	-6.1	3882	54.9	43.1	178.4	7.1	0	0	2122	9880	1.9	3	0
曲阜市	7.1	8.4	-4.9	3871	47.8	34.9	154.5	10.1	0	0	2182	14134	1.0	4	112
任丘市	6.5	10.1	14.2	3676	68.5	31.3	92.2	3.7	0	0	9460	21083	0.0	4	22

续表

县(市)	FZ1 经济增长指数 FZ1.1 GDP增长率(%)	FZ2 供给潜力指数 FZ2.1 固定资产投资增长率(%)	FZ3 财政保障指数 FZ3.1 地方公共财政收入增长率(%)	FZ3.2 人均地方公共财政收入(元)	FZ4 金融便利指数 FZ4.1 居民储蓄占GDP比重(%)	FZ4.2 金融机构贷款占GDP比重(%)	FZ5 研发能力指数 FZ5.1 百亿GDP专利申请量(件)	FZ5.2 发明申请量占专利申请量的比重(%)	FZ6 园区发展指数 FZ6.1 国家级经济开发区(高新区)(个)	FZ6.2 省级高新开发区(个)	FZ7 空间区位指数 FZ7.1 核心城市经济规模(亿元)	FZ7.2 核心城市城镇居民可支配收入(元)	FZ8 交通通达指数 FZ8.1 百公里内机场的客流量(百万人次)	FZ8.2 境内高速公路网向数(条)	FZ8.3 25公里内火车站车次(列次)
山阴县	6.0	1.2	99.7	4646	82.4	57.4	3.8	1.0	0	0	809	7528	0.6	5	14
德惠市	9.0	4.4	11.5	1267	48.2	34.0	16.8	12.3	0	0	3051	15499	11.7	2	29
广水市	7.1	16.2	8.5	1576	90.4	31.3	67.8	11.6	0	0	4624	14967	0.0	4	6
青铜峡市	6.2	13.2	11.2	2677	57.9	94.0	99.7	8.0	0	0	1288	23558	7.9	4	11
仁寿县	5.1	-14.9	9.0	1936	107.7	54.5	52.1	10.9	0	0	8791	24632	49.8	7	0
沁阳市	8.0	12.3	6.9	3228	31.6	20.8	43.6	5.4	0	0	4476	17672	0.9	3	1
永城市	9.3	13.7	6.8	3035	60.8	54.7	55.8	3.8	0	0	1375	5429	0.0	6	0
栾川县	9.2	-53.1	2.8	5245	53.1	42.5	83.3	8.0	0	0	1448	11091	0.9	2	0
河津市	6.8	1.4	55.3	2861	72.6	59.4	62.7	13.2	0	0	1494	7707	1.4	6	5
邓州市	9.3	10.6	11.5	1032	63.7	43.3	83.6	4.8	0	0	1359	5365	1.0	4	13
伊金霍洛旗	6.9	7.0	-20.1	30086	42.6	31.8	12.8	4.2	0	0	1062	13652	2.1	4	0
茌平县	7.0	3.2	2.0	5903	41.0	40.2	37.1	10.1	0	0	3601	23321	14.3	4	0
永春县	8.7	16.2	3.3	2388	36.8	32.3	397.8	5.2	0	0	1532	17612	5.3	6	0
新兴县	6.2	11.0	4.1	3854	64.5	52.9	165.7	8.4	0	0	7314	18844	0.0	6	0
衡南县	8.2	18.4	11.1	1649	59.5	26.8	39.4	5.8	0	0	2428	10818	0.0	6	230
泗阳县	7.6	9.5	-21.4	3099	48.0	77.7	72.2	5.4	0	0	2569	11960	1.3	2	3
昌黎县	7.4	13.7	6.0	1966	98.7	37.5	41.6	7.4	0	0	4696	10171	0.0	2	17

续表

县(市)	FZ1经济增长指数 FZ1.1 GDP增长率(%)	FZ2供给潜力指数 FZ2.1固定资产投资增长率(%)	FZ3财政保障指数		FZ4金融便利指数		FZ5研发能力指数		FZ6园区发展指数		FZ7空间区位指数		FZ8交通通达指数		
			FZ3.1地方公共财政收入增长率(%)	FZ3.2人均地方公共财政收入(元)	FZ4.1居民储蓄占GDP比重(%)	FZ4.2金融机构贷款占GDP比重(%)	FZ5.1百亿GDP专利申请量(件)	FZ5.2发明申请量占专利申请量比重(%)	FZ6.1国家级经济开发区(高新区)(个)	FZ6.2省级高新开发区(个)	FZ7.1核心城市经济规模(亿元)	FZ7.2核心城市城镇居民可支配收入(元)	FZ8.1百公里内机场的客流量(百万人次)	FZ8.2境内高速公路向数(条)	FZ8.3 25公里内火车站车次(列次)
苍南县	7.1	6.2	-1.5	1766	103.9	87.2	130.7	20.4	0	0	2442	10437	1.3	2	10
登封市	7.4	-0.9	6.1	3540	36.4	22.1	558.0	12.0	0	0	6522	25750	24.3	6	0
北流市	8.1	16.5	2.8	1351	71.8	59.4	91.7	17.5	0	0	936	7549	0.0	4	39
襄垣县	8.9	7.4	12.0	4979	93.6	102.3	44.1	9.9	0	0	919	8551	0.6	2	3
凯里市	0.5	-47.2	-32.4	4431	87.8	145.0	288.3	9.2	0	0	961	8746	0.0	6	80
贵溪市	8.9	13.5	-6.5	5532	34.9	39.7	199.3	6.8	0	0	1296	9760	0.0	4	12
滦南县	6.5	11.1	7.8	1884	55.7	26.5	59.4	9.3	0	0	5534	11987	0.5	6	0
老河口市	7.2	10.0	-9.9	5298	44.0	36.0	19.1	9.1	0	0	1921	6218	1.0	4	24
分宜县	8.6	12.1	5.3	8259	28.6	44.1	64.4	3.1	1	0	1429	10764	0.0	4	10
府谷县	5.8	9.7	63.9	8546	57.7	57.1	12.4	13.3	1	0	585	5444	0.0	4	2
永安市	7.6	10.7	1.0	4961	28.2	55.8	92.9	5.0	0	0	791	9094	0.0	5	2
延吉市	4.5	-5.2	-15.2	4376	135.2	112.0	66.0	12.2	1	0	765	3884	1.4	4	61
灌云县	7.3	24.8	-4.4	2543	43.1	53.8	115.4	4.0	0	0	2034	9468	1.1	4	0
彬州市	8.7	17.1	33.2	3034	51.8	48.9	19.7	9.5	0	0	2576	13288	0.0	2	2
临清市	8.3	14.0	-2.1	2437	65.2	50.9	62.0	13.0	0	0	2369	15343	0.0	4	9
沂水县	7.4	11.7	-12.1	2068	85.1	77.2	114.6	8.3	0	0	2732	11677	0.0	4	5
冷水江市	7.6	8.0	0.6	3187	44.8	50.6	25.9	6.4	0	0	2321	10341	0.0	3	6

续表

县（市）	FZ1 经济增长指数	FZ2 供给潜力指数	FZ3 财政保障指数		FZ4 金融便利指数		FZ5 研发能力指数		FZ6 园区发展指数		FZ7 空间区位指数		FZ8 交通通达指数		
	FZ1.1 GDP增长率(%)	FZ2.1 固定资产投资增长率(%)	FZ3.1 地方公共财政收入增长率(%)	FZ3.2 人均地方公共财政收入(元)	FZ4.1 居民储蓄占GDP比重(%)	FZ4.2 金融机构贷款占GDP比重(%)	FZ5.1 百亿GDP专利申请量(件)	FZ5.2 发明申请量占专利申请量比重(%)	FZ6.1 国家级经济开发区(高新区)(个)	FZ6.2 省级高新开发区(个)	FZ7.1 核心城市经济规模(亿元)	FZ7.2 核心城市城镇居民可支配收入(元)	FZ8.1 百公里内机场的客流量(百万人次)	FZ8.2 境内高速公路向数(条)	FZ8.3 25公里内火车站车次(列次)
信宜市	9.0	10.2	10.9	1014	59.3	31.0	76.2	16.5	0	0	4301	11080	0.0	4	1
汶上县	7.7	9.4	-4.2	1932	68.4	45.2	104.4	6.7	0	0	2182	14134	1.0	6	0
丰县	7.3	12.3	-28.6	2627	59.1	41.6	949.4	8.0	0	0	1334	6212	1.9	2	0
新泰市	6.2	9.4	-4.0	3186	52.5	48.0	74.1	14.9	0	1	2749	17802	0.0	3	0
泗洪县	7.4	9.2	-17.0	2932	46.6	69.7	60.7	10.0	0	0	2900	13500	1.0	3	0
嘉祥县	8.0	4.4	-17.2	1915	110.0	58.2	114.4	4.3	0	0	1652	10698	1.1	4	7
灌南县	7.0	15.8	-2.5	3434	33.8	41.9	259.5	5.0	0	0	2169	10100	1.0	4	0
单县	8.8	10.8	-21.8	1175	76.8	55.3	141.4	8.2	0	1	1259	8154	0.5	2	1
迁安市	5.5	9.5	11.7	5199	50.7	45.3	8.9	5.4	0	0	6222	13868	0.0	3	37
祁东县	8.9	18.2	1.3	773	86.3	28.6	74.9	8.6	0	0	2570	11451	1.7	3	0
博白县	7.5	16.0	6.1	1186	88.3	58.9	215.4	25.5	0	0	733	5910	0.5	4	52
广饶县	7.0	5.0	0.2	7607	33.0	125.2	52.6	5.8	0	0	2417	15652	0.0	5	12
桂平市	8.6	16.0	-2.0	640	82.4	52.1	132.6	19.2	0	0	936	7549	2.1	3	11
廉江市	8.5	4.5	6.0	778	54.2	29.8	115.3	3.9	0	0	2622	6756	0.5	4	0
玉田县	4.8	3.4	6.3	1426	82.7	46.5	85.7	5.6	0	0	10000	22288	0.0	2	9
资兴市	8.3	13.3	-23.2	6597	38.2	23.5	38.1	8.7	0	0	1710	7621	0.0	1	
霍林郭勒市	4.5	13.0	14.2	14930	16.7	37.9	7.8	12.5	0	0	497	3505			

续表

县(市)	FZ1 经济增长指数	FZ2 供给潜力指数	FZ3 财政保障指数		FZ4 金融便利指数		FZ5 研发能力指数		FZ6 园区发展指数		FZ7 空间区位指数		FZ8 交通通达指数		
	FZ1.1 GDP 增长率(%)	FZ2.1 固定资产投资增长率(%)	FZ3.1 地方公共财政收入增长率(%)	FZ3.2 人均地方公共财政收入(元)	FZ4.1 居民储蓄占GDP比重(%)	FZ4.2 金融机构贷款占GDP比重(%)	FZ5.1 百亿GDP专利申请量(件)	FZ5.2 发明申请量占专利申请量比重(%)	FZ6.1 国家级经济开发区(高新区)(个)	FZ6.2 省级高新开发区(个)	FZ7.1 核心城市经济规模(亿元)	FZ7.2 核心城市城镇居民可支配收入(元)	FZ8.1 百公里内机场客流量(百万人次)	FZ8.2 境内高速公路条数(条)	FZ8.3 25公里内火车站车次(列次)
泽州县	5.7	6.3	23.4	3093	42.1	36.0	40.4	16.7	0	0	1492	5891	0.6	4	11
高平市	6.1	6.5	16.6	2989	95.4	58.1	52.0	31.5	0	0	1666	6579	0.6	4	9
横县	7.0	10.1	3.0	1484	65.2	42.1	98.5	24.0	0	0	1760	14195	13.9	6	0
宜章县	8.2	13.0	-30.3	1977	62.1	41.1	60.8	11.1	0	0	1662	7405	0.0	6	5
汨罗市	6.3	13.5	17.4	2868	37.2	21.1	45.9	5.2	0	0	5216	23242	23.8	4	38
迁西县	5.0	9.8	17.8	2981	44.5	22.3	13.0	9.5	0	0	6542	14581	0.5	1	0
桂阳县	8.2	13.1	-22.4	2268	45.4	31.8	46.0	11.3	0	0	1577	7028	0.0	4	189
滕州市	6.5	7.7	2.0	4192	40.8	36.8	77.7	6.9	0	0	1644	10649	1.0	3	71
绥中县	6.0	27.2	13.0	1890	142.7	98.3	61.6	8.6	0	0	900	6343	0.0	2	0
鄄城县	8.4	4.9	-3.7	1105	107.9	57.5	70.0	6.7	0	0	1675	10847	0.0	2	1
耒阳市	8.1	15.2	-29.3	1238	78.8	28.7	156.6	15.1	0	0	2261	10075	0.0	2	41
陆川县	5.5	10.2	5.2	1924	59.6	38.0	146.8	29.0	0	0	783	6315	0.0	3	12
常宁市	8.7	20.0	-27.4	1182	60.6	34.4	69.8	11.3	0	0	2082	9278	0.0	3	0
高唐县	6.5	-9.6	3.5	3175	34.5	46.9	74.5	8.6	0	0	3430	22210	14.3	4	0
曹县	8.5	13.5	-25.5	1213	81.1	63.0	289.9	1.9	0	0	1200	7774	0.0	4	12
成武县	8.2	2.4	-5.0	1211	86.2	49.8	127.5	8.5	0	0	1470	9519	1.0	4	0
涟源市	8.3	11.9	-0.7	787	57.9	41.6	69.2	5.6	0	0	3272	14580	0.0	5	7

续表

县（市）	FZ1 经济增长指数	FZ2 供给潜力指数	FZ3 财政保障指数		FZ4 金融便利指数		FZ5 研发能力指数		FZ6 园区发展指数		FZ7 空间区位指数		FZ8 交通通达指数		
	FZ1.1 GDP增长率（%）	FZ2.1 固定资产投资增长率（%）	FZ3.1 地方公共财政收入增长率（%）	FZ3.2 人均地方公共财政收入（元）	FZ4.1 居民储蓄占GDP比重（%）	FZ4.2 金融机构贷款占GDP比重（%）	FZ5.1 百亿GDP专利申请量（件）	FZ5.2 发明申请量占专利申请量比重（%）	FZ6.1 国家级经济开发区（高新区）（个）	FZ6.2 省级高新开发区（个）	FZ7.1 核心城市经济规模（亿元）	FZ7.2 核心城市城镇居民可支配收入（元）	FZ8.1 百公里内机场的客流量（百万人次）	FZ8.2 境内高速公路向数（条）	FZ8.3 25公里内火车站车次（列次）
梅河口市	6.1	7.0	-31.1	3468	60.2	41.5	20.0	9.7	0	0	2066	10496	0.0	6	1
无棣县	6.5	11.0	-2.2	3498	45.8	58.4	99.3	9.2	0	0	2279	14760	0.0	5	0
敦化市	4.3	-4.2	-27.1	2691	98.9	97.7	38.1	5.8	1	0	1070	5437	0.0	4	54
锡林浩特市	5.0	-9.0	-33.3	7341	81.0	151.0	39.0	6.4	0	0	193	3069	0.6	2	7
会理县	6.3	11.8	6.2	2782	42.2	35.1	21.4	12.5	0	0	1169	3276	0.6	2	0
公主岭市	6.5	3.6	-50.7	1269	61.3	74.3	18.5	9.2	0	0	5183	26324	11.7	3	69
兰陵县	7.6	9.0	-5.7	1180	66.1	54.5	37.7	17.4	0	0	1291	8359	1.3	4	3
邵武市	7.9	13.8	11.4	4170	45.8	49.3	104.9	5.3	0	0	1121	6463	0.2	6	2
辉县市	6.4	9.4	9.5	3213	61.7	39.0	68.7	4.4	0	0	3623	14306	0.0	3	120
盘山县	8.7	14.9	39.3	4516	78.4	29.6	41.7	8.7	0	0	2036	14361	0.2	4	44
安岳县	7.0	-19.7	8.5	1158	100.8	44.1	57.7	9.5	0	0	2993	8388	0.0	4	0
永兴县	8.2	13.6	-24.5	2544	36.0	20.2	42.5	11.3	0	0	1792	7984	0.0	4	0
普宁市	5.2	12.3	5.2	1008	75.6	45.6	159.4	4.1	0	0	4050	9556	4.9	5	89
微山县	7.5	6.6	-1.9	5025	34.4	23.1	113.4	7.6	0	0	1385	8970	0.0	2	107
福安市	7.1	13.3	10.9	3594	32.0	59.6	152.2	8.5	0	0	2248	12966	0.0	4	23
土默特右旗	5.0	2.0	-63.0	5020	30.1	32.0	5.3	13.3	0	0	2150	27644	2.1	2	0
孝义市	6.3	17.6	34.9	4304	69.0	37.0	20.5	10.0	0	0	1262	11742	0.0	2	50